汽车底盘构造、原理与检修（上）

汽车传动系统

主　编　赵振宁
副主编　李明清　徐　磊
主　审　李春明

北京理工大学出版社
BEIJING INSTITUTE OF TECHNOLOGY PRESS

内容简介

本书共分八章，第一章汽车传动系统概述；第二章汽车离合器结构原理与检修；第三章手动变速器原理与检修；第四章四轮驱动技术；第五章驱动桥和万向传动原理与检修；第六章机械式自动变速器；第七章液力自动变速器；第八章无级变速器技术。

图书在版编目（CIP）数据

汽车底盘构造、原理与检修．上，汽车传动系统／赵振宁主编．—北京：北京理工大学出版社，2015.3

ISBN 978-7-5682-0194-0

Ⅰ．①汽…　Ⅱ．①赵…　Ⅲ．①汽车-底盘-构造 ②汽车-底盘-车辆修理 ③汽车-传动系-构造 ④汽车-传动系-车辆修理　Ⅳ．①U472.41

中国版本图书馆 CIP 数据核字（2015）第 051516 号

出版发行／北京理工大学出版社有限责任公司
社　　址／北京市海淀区中关村南大街 5 号
邮　　编／100081
电　　话／（010）68914775（总编室）
　　　　　82562903（教材售后服务热线）
　　　　　68948351（其他图书服务热线）
网　　址／http：//www.bitpress.com.cn
经　　销／全国各地新华书店
印　　刷／三河市华骏印务包装有限公司
开　　本／787 毫米×1092 毫米　1/16
印　　张／16
字　　数／375 千字
版　　次／2015 年 3 月第 1 版　2015 年 3 月第 1 次印刷
定　　价／49.00 元

责任编辑／张慧峰
文案编辑／杜春英
责任校对／周瑞红
责任印制／马振武

编 委 会

主　编　赵振宁
副主编　李明清　徐　磊
参　编　何应俊　赵宏涛　代孝红　郭紫威　李新伟
　　　　冯　茹　蔡文博　朱　朋　谭红艳

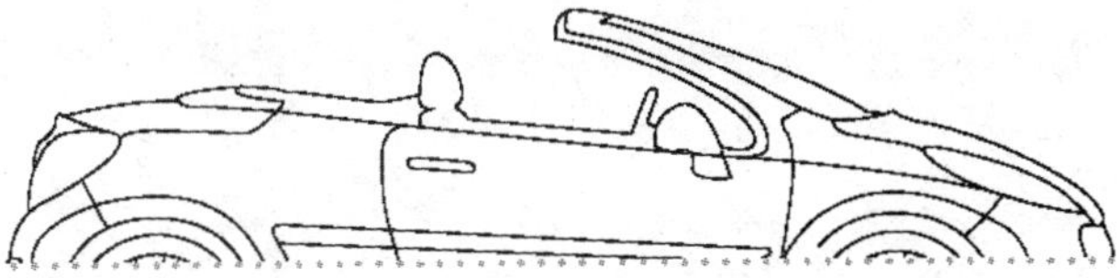

前言

PREFACE

人们对汽车底盘的了解大多停留在诸如离合器、变速箱、驱动桥等一些机械总成部件上，虽然偶尔也涉及一些电控技术，但多为产品的功能介绍，这不利于在实践中解决实际问题。

近年来，随着汽车底盘电控技术的迅速发展，其在实车上的应用越来越普遍，因此急需一些技术细节完整的教材。为了使现代高等教育的内容跟上汽车生产和售后服务的步伐，我们编写了这本书。本书可作为高等院校“新能源汽车技术”“汽车检测与维修”和“汽车电子”等专业的教材，也可供从事相关技术工作的工程开发和售后维修技术人员参考使用。

本书共分八章，第一章汽车传动系统概述；第二章汽车离合器结构原理与检修；第三章手动变速器原理与检修；第四章四轮驱动技术；第五章驱动桥和万向传动原理与检修；第六章机械式自动变速器；第七章液力自动变速器；第八章无级变速器技术。

本书特色：编者具有四年传统汽车修理经验、四年中职授课经验、三年高职授课经验、近两年新能源汽车企业开发和生产经验。本教材内容完整、内容时效性强，采用了任务驱动的结构；技师指导到位。本书由中国汽车技术视频网（chinaautotech. com）全力支持。

本书作者出版教材有《电控发动机原理与检修》《自动变速器原理与检修》《现代汽车新技术》《新能源汽车技术》《混合动力汽车构造、原理与检修》和《汽车底盘构造、原理与检修》等，使用这些教材时，可参考中国汽车技术视频网（chinaautotech. com）作者的讲解，以增加对相关知识的理解。

由于时间仓促，加之编者水平以及本书篇幅所限，书中难免会有错漏之处，希望读者不吝指正，以利于编者把最新最准确的汽车技术展现在读者面前。未经作者同意，严禁复制和摘抄书中任何内容。

本书由赵振宁主编，李明清、徐磊任副主编。李春明担任本书主审，在此对他的工作深表感谢。

编　者

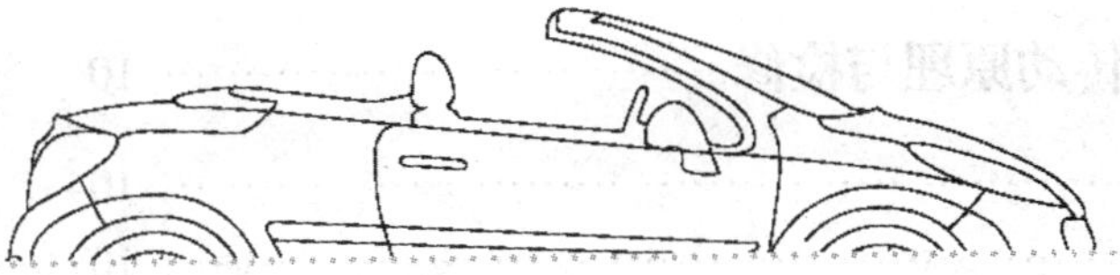

目录

CONTENTS

第一部分 手动变速器传动系统

第二部分 自动变速器原理与检修

第一部分

手动变速器传动系统

第一章

汽车传动系统概述

一、汽车传动系统作用

汽车一般是由发动机、底盘、电气三大系统和车身组成，底盘由传动系统、行驶系统、转向系统和制动系统四个分系统组成，其中传动系统和制动系统是两个较大的系统。

汽车传动系统是从发动机到驱动车轮所有动力传递装置的总称，其功用是将发动机的动力传给驱动车轮。

二、汽车传动系统组成

载货汽车及部分乘用车，其传动系统一般是由离合器、手动变速器、万向传动装置(万向节和传动轴)、驱动桥等组成的，如图 1-1 所示。汽车若采用自动变速器，则可取代离合器和手动变速器，因为自动变速器兼具离合器和变速器的功用。对于四轮驱动汽车，变速器后还包括分动器。

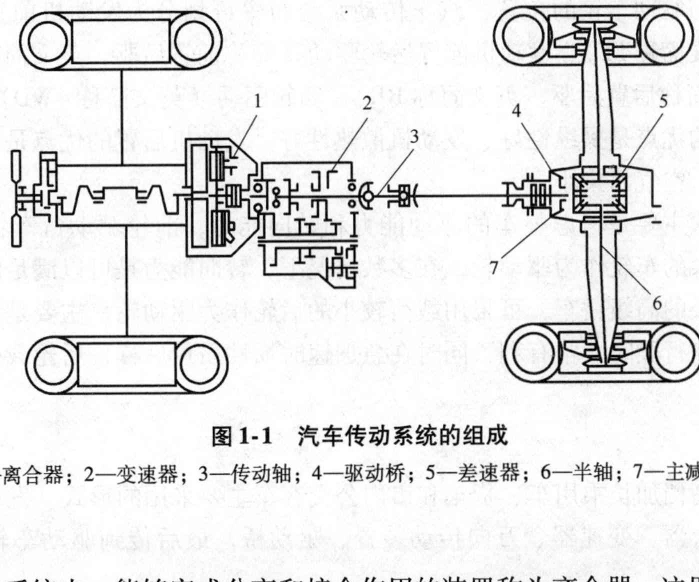

图 1-1　汽车传动系统的组成

1—离合器；2—变速器；3—传动轴；4—驱动桥；5—差速器；6—半轴；7—主减速器

1. 离合器

在汽车传动系统中，能够完成分离和接合作用的装置称为离合器，这里说的离合器是位于发动机和手动变速器之间的离合器。其作用是通过驾驶员迅速踩下离合器踏板，将发动机输往变速器的动力中断，通过慢抬离合器可重新将发动机动力输往变速器。离合器的设计目的是保证有级变速器换挡平顺，必要时可中断动力传递。换挡平顺是在踩下离合器换挡时，通过慢抬离合器来实现的，这时离合器本身就是个无级变速装置，可有效降低换挡瞬间加在发动机上的阻力，防止发动机因转速过度下降而熄火。

2. 变速器

能够改变速比（即传动比）的装置称为变速器。变速器的作用是通过操纵换挡杆改变变速器内部的速比值，进而改变变速器的输出扭矩。

3. 四驱分动器

两轮驱动时，汽车质量只有一半通过驱动轮作用在地面上，车轮可以利用的附着力仅与一半车重和地面有关，通过采用分动器可将动力传向另外两个车轮，使整车质量通过四个驱动轮作用在地面上。汽车车轮抓地能力增大一倍，这样行驶在冰雪、泥泞和沙地等低附着系数路面上时，发动机的动力能充分发挥出来，避免车轮打滑而损失动力，严重时甚至不能行驶。

4. 万向传动装置

万向传动装置由万向节和传动轴组成。变速器和驱动桥在汽车底盘中距地面的高度是不同的，变速器布置得稍高，驱动桥布置得较低，且驱动桥在行驶中存在上下运动，通过万向节和传动轴可实现正常的动力传递。

5. 驱动桥

驱动桥由主减速器、差速器和半轴组成。主减速器将传动轴传过来的转速降速增扭后传给差速器壳体，对于后轮驱动的汽车还可改变传动方向。差速器内的半轴齿轮将动力传给两半轴，并允许左右半轴以不同的转速转动，半轴最后将动力传给驱动车轮。

三、汽车传动系统的布置

根据发动机与驱动车轮的位置，汽车传动系统布置可划分为发动机前置前轮驱动（简称前置前驱，英文简称 FF）、发动机前置后轮驱动（简称前置后驱，英文简称 FR）、发动机后置后轮驱动（简称后置后驱，英文简称 RR）、四轮驱动（英文简称 4WD）等。

发动机前置的优点是操纵性好、发动机散热性好。发动机后置的优点是发动机传到乘客舱的运转噪声小、空气污染小。

驱动轮的布置主要是考虑整车的驱动能力和转向能力，前轮驱动汽车：由于发动机前置，使用载荷较大的车轮作为驱动轮，在多数情况下，转向能力是可以满足的。后轮驱动汽车：对于车身较长的高级轿车，可采用载荷较小的后轮作为驱动轮，主要是考虑让前轮仅用于转向，这在高速行驶时非常有利，同时在急加速时惯性质量后移，后轮载荷会增加，驱动能力也较好。

1. 前置后驱

前置后驱是高档加长乘用车、货车和市内公交客车主要采用的形式。发动机布置在汽车前部，动力经离合器、变速器、万向传动装置、驱动桥，最后传到驱动车轮，使汽车行驶（参见图 1-1）。

2. 前置前驱

前置前驱是国内大多数乘用车采用的布置形式，根据发动机布置的方向又可以分为发动机前横置前驱和前纵置前驱两种，分别如图 1-2（a）、（b）所示。发动机布置在汽车前部，动力经离合器、变速器、前驱动桥，最后传到前驱动车轮。变速器与驱动桥之间省去了万向传动装置，使结构简单紧凑，整车质量小，高速行驶时操纵稳定性好。

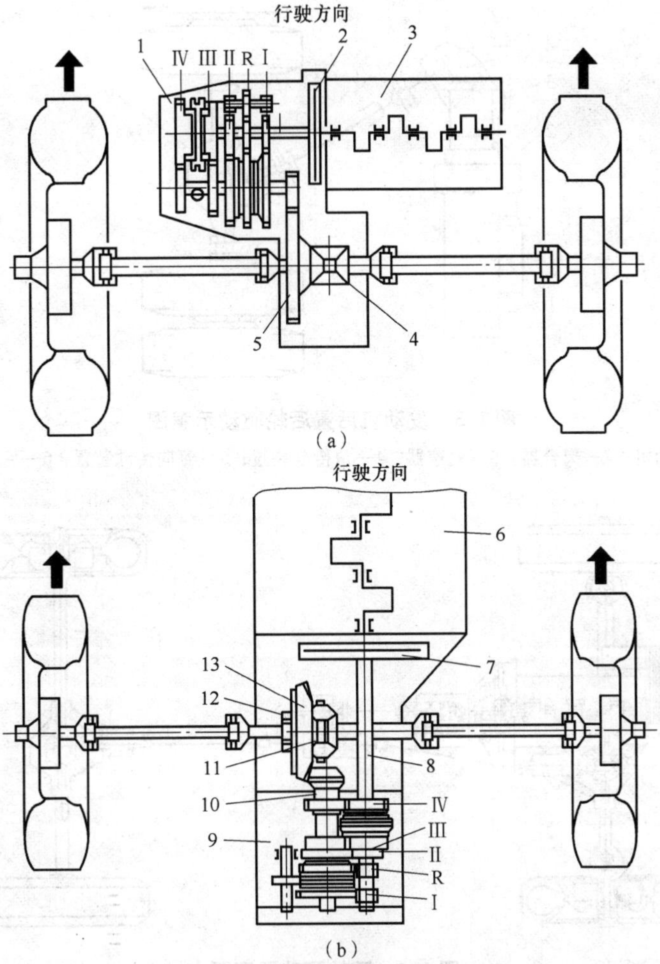

图 1-2　发动机前置前轮驱动示意图

（a）发动机前横置前轮驱动示意图；（b）发动机前纵置前轮驱动示意图

1，9—变速器；2，7—离合器；3，6—发动机；4，11—差速器；5—主减速器；8—变速器输入轴；10—主动齿轮（输出轴）；12—车速表齿轮；13—从动齿轮；

Ⅰ—一挡齿轮；Ⅱ—二挡齿轮；Ⅲ—三挡齿轮；Ⅳ—四挡齿轮；R—倒挡齿轮

3. 后置后驱

如图 1-3 所示，发动机布置在汽车后部，动力经离合器、变速器、角传动装置、万向传动装置、后驱动桥，最后传到后驱动车轮，使汽车行驶。这种布置形式便于车身内部的布置，可以减小发动机传入乘客舱内的噪声，多用于长途客车。

4. 四轮驱动

四轮驱动应用在越野汽车或城市运动型四驱上，如图 1-4 所示，发动机布置在汽车前部，动力经离合器、变速器、分动器、前后万向传动装置，到达前、后驱动桥，从而驱动车轮使汽车行驶。由于四个车轮都是驱动轮，充分利用了整车质量，故提高了汽车的驱动能力。

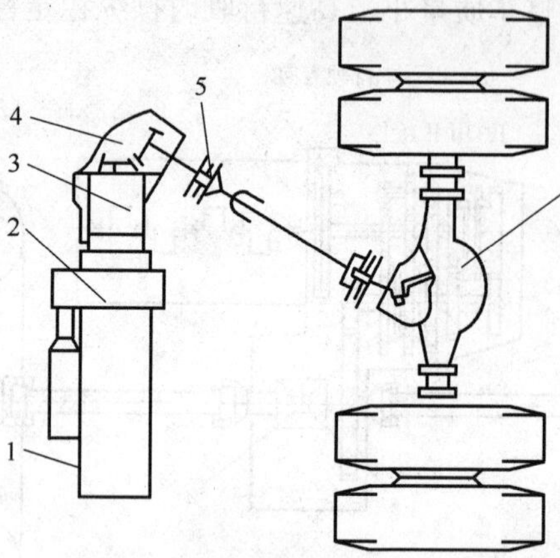

图 1-3　发动机后置后轮驱动示意图

1—发动机；2—离合器；3—变速器；4—角传动装置；5—万向传动装置；6—后驱动桥

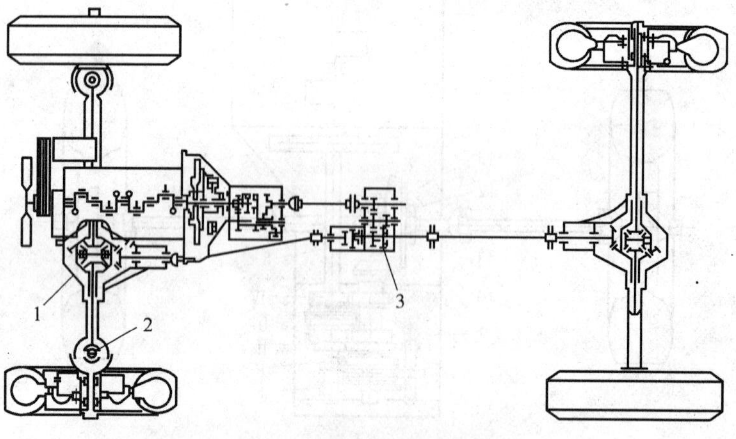

图 1-4　四轮驱动示意图

1—前驱动桥；2—万向节；3—分动器

四、传动系统的维护与保养

（一）变速器传动系统

在手动变速器的传动系统中，由于全部通过齿轮传动，没有液压系统，所以定期或定里程更换齿轮油是一个常规工作。在手动变速器、分动器、驱动桥中，采用的都是齿轮油，其中，变速器和分动器的齿轮油黏度相当，驱动桥齿轮间传递的力较大，因此采用黏度和抗压能力更大的齿轮油。

［**完成任务**］写出图 1-1 中需要润滑的部位，并上网查找汽油机机油、变速器齿轮油和驱动桥齿轮油的特点。

图 1-1 中需要润滑的部位：____。

汽油机机油特点：____。

变速器齿轮油特点：____。

驱动桥齿轮油特点：____。

目前汽车上常见的自动变速箱都是基于液压传动原理工作的，其工作的正常进行依赖于自动变速箱油 ATF（Automatic Transmission Fluid）。ATF 在自动变速箱中作为液压介质，具有润滑、冷却的作用。ATF 的成分复杂，其基体由石油提炼而成（现在已出现全合成的 ATF），另外加上各种功能不同的添加剂，如防锈剂、防泡沫剂、清洁剂、抗磨损剂、抗氧化剂、黏稠度调节剂等，此外还要人为地添加染色剂，以使其明显区别于车上使用的其他液体（主要是发动机机油），避免混淆（通常都是染成红色）。

（二）自动变速器油和油底滤网需同时更换

自动变速器油又称 ATF 油，当达到换油周期或质量发生变化时，应更换 ATF 油。具体操作方法如下：

（1）车辆运行至自动变速器达到正常工作温度（70 ℃ ~80 ℃）后停车熄火。

（2）拆下自动变速器油底壳上的放油螺塞，将油底壳内的液压油放净（带有溢流管的将溢流管拆下）。

（3）为更换油底壳内的滤网，需拆下油底壳。清洗油底壳时，要将油底壳内磁铁上的铁屑清洗干净后放回原位置。从自动变速器加油口加入规定牌号和数量的液压油。

（4）启动发动机，检查自动变速器油面高度。应注意的是由于新加入的油液温度较低，油面高度应在油尺刻线的下限附近，如过低，应继续加油至规定油面高度。行驶至发动机和自动变速器达到正常工作温度时，再次检查油面高度看其是否在油尺刻线的上限附近，如过低，应继续加油直至满足规定要求为止。过多的液压油会导致齿轮变速机构将油打出气泡，使油压降低，气泡会在温度较高时从通气孔中溢出，滴在排气管上易引起火灾，所以应把油放掉一些。

[技师指导] 上述只换油底壳内部液压油的换油方法是厂家的标准操作，然而采用这种方法换油，散热器和变矩器内的液压油是不更换的，这种情况下新液压油和旧液压油是混用的。若想换油彻底，可用压缩空气将散热器内的残余液压油吹出。

若 ATF 液压油严重变质，想换出变矩器内部的液压油时，可先按上述方法换油，然后，启动发动机运转约 5 min，待变矩器内的液压油流回油底壳后，再次放掉油底壳中的液压油，重新加注 ATF 液压油。

近年来，服务站也采用专用变速器换油设备换油，方法是将设备串入外部连接散热器的油管内，用设备将油压注入变速器，同时旧油流出变速器。所以，两根管路中要找对从散热器回变速器的油管来注油。

注：有些汽车厂家有规定的换油方法，请参阅相关维修手册。

[完成任务] 请从老师处获得你校车型底盘的原厂修理资料，并阅读相关书籍及登录相关技术网站学习汽车底盘知识。

教师给的电子版修理资料名称：______________________________；

教师推荐的网站：______________________________；

教师推荐的书籍：______________________________。

第二章
汽车离合器结构原理与检修

第一节　离合器概述

一、离合器的作用

在汽车传动系统中，能够完成分离和接合作用的装置称为离合器，这里说的离合器是位于发动机和手动变速器之间的离合器。其作用是通过驾驶员迅速踩下离合器踏板将发动机输往变速器的动力中断，通过慢抬离合器重新将发动机动力输往变速器。

离合器的设计目的是保证有级变速器换挡平顺，必要时可中断动力传递。换挡平顺是在踩下离合器换挡时，通过慢抬离合器来实现的，这时离合器本身就是个无级变速装置，可有效降低换挡瞬间加在发动机上的阻力，防止发动机转速过度下降或熄火。

[技师指导] 变速器在空挡时，离合器踩不到底，变速器将无法挂入其他挡位，特别是在挂倒挡时打齿声明显。另外，若离合器踩不到底，想将在其他挡位的变速器换至空挡也很困难。修理时，操作人员将离合器踩到底，挂倒挡听是否有打齿声，以此作为离合器操纵机构调整是否正确的一个有效方法。

二、离合器的设计要求

根据离合器的功用，它应满足以下几个要求。

（1）在发动机运转驱动车轮时，能可靠地传递发动机的最大转矩。在汽车紧急制动时，驱动轮瞬间不动，如果发动机与传动系统刚性连接，发动机转速将急剧下降，其所有旋转零件将瞬间停转，惯性力矩会造成传动系统过载而损坏。当有离合器存在且传动系统承受载荷超过离合器所能传递的最大转矩时，离合器便会通过主、从动部分之间的打滑来消除这一危险，从而防止传动系统过载。

（2）旋转部分的平衡性好，且从动部分的转动惯量小。

（3）具有良好的通风散热能力，防止离合器温度过高。

（4）操纵机构应设计得操纵轻便，以减轻驾驶员的疲劳。

[技师指导] 离合器分离时，应迅速彻底，接合时应柔和。

三、离合器的组成和分类

这里讲的离合器仅指手动变速器的离合器，其组成和分类方式如图 2-1 所示。

- 手动变速器离合器的组成和分类
  - 压盘总成
    - 膜片弹簧式(轿车和货车)
      - 推式
      - 拉式
    - 中央螺旋弹簧式(少数货车)
    - 螺旋弹簧圆周均布式(货车和农用车)
  - 离合器片总成
    - 单片式(轿车、货车和客车)
    - 双片式(重型货车)
  - 操纵机构
    - 机械操纵机构 (轿车和小型货车，通常配有机械助力)
    - 液压操纵机构 (轿车和中型客车)
    - 气压助力操纵机构 (重型货车和大型客车)

图 2-1　手动变速器离合器的组成和分类

其中膜片弹簧单片离合器是本书重点，三种操纵机构中以机械操纵机构和液压操纵机构为重点。

第二节　膜片单片式离合器

一、离合器结构

离合器由离合器总成和操纵机构两部分组成，其中离合器总成由离合器片总成和压盘总成两部分组成。一般离合器的分解图如图 2-2 所示。

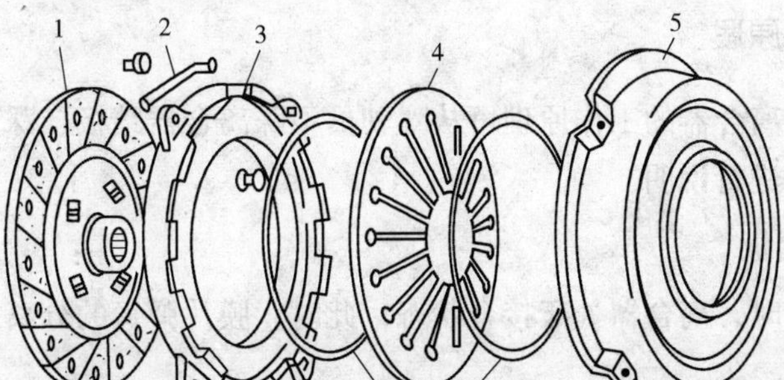

图 2-2　离合器的分解图

1—从动盘；2—传动片；3—压盘；4—膜片弹簧；5—离合器盖；6—支撑环

膜片单片式离合器结构如图 2-3 所示。由分离轴承经离合器拉索至离合器踏板的部分称为操纵机构，膜片弹簧、压盘及离合器壳等称为压盘总成。

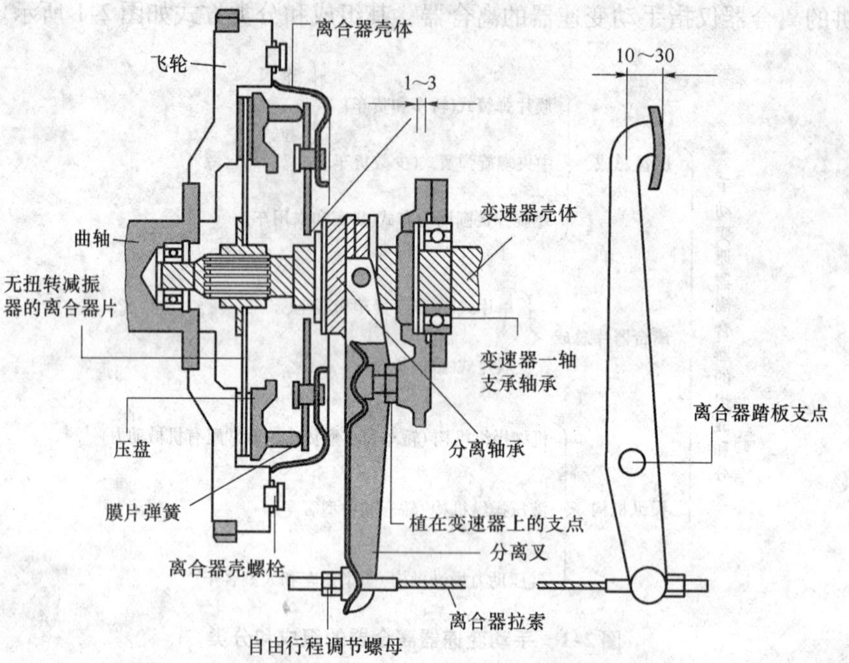

图 2-3　膜片单片式离合器结构

离合器片也称从动盘，为从动部分，为变速器一轴输入动力；压盘总成和飞轮为主动部分，前接发动机曲轴，而从离合器踏板到分离轴承的部分构成离合器的操纵机构。离合器操纵机构约有 10 倍的放大能力。

［**完成任务**］离合器压盘总成中的弹簧的作用是离合器“合”还是“离”：__________；操纵机构的作用是实现离合器的“合”还是“离”：__________。

结合离合器分类，把图 2-2 中的膜片弹簧换为中央螺旋弹簧称为__________；把图 2-2 中的膜片弹簧换为圆周均布弹簧称为__________。

二、离合器工作原理

如图 2-3 所示，离合器的工作原理可从驾驶员不踩离合器踏板、踩下离合器踏板和抬起离合器踏板三个动作进行说明。

1. 不踩离合器踏板

不踩离合器踏板时，离合器处于接合状态，此时，膜片弹簧的分离指与分离轴承之间有一定的自由间隙。

压紧弹簧将飞轮、从动盘和压盘三者压在一起，发动机的转矩经过飞轮及压盘并通过从动盘两摩擦面的摩擦作用传给从动轴，再由从动轴输入变速器。

1）自由间隙

自由间隙一般为几毫米，其是不能测的，但可通过调节自由间隙来解决驾驶员挂挡打齿的问题。

[**完成任务**] 设计自由间隙的目的是当离合器片磨损变薄后，压盘将向前移动压紧离合器片，膜片弹簧的分离指后移顶靠在分离轴承上，若离合器片进一步磨损将导致膜片弹簧的分离指靠在分离轴承上，膜片弹簧的分离指受力，导致离合器打滑，传递的转矩下降，车辆行驶无力，而且会加速从动盘的磨损。汽车行驶时间越长，这个自由间隙将越____________，所以要调整自由间隙。

如图2-3所示，调节自由行程调节螺母后，若中间段离合器拉索变短，则自由行程是增大还是减小了：____________。

2）踏板自由行程

为了保持合适的离合器自由间隙和操纵机构零件的弹性变形所需要的离合器踏板行程称为离合器踏板自由行程，可以通过调节操纵机构的离合器叉来改变分离拉杆的长度，从而对离合器踏板自由行程进行调整。

[**完成任务**] 踏板自由行程大，还是自由间隙大：____________。

2. 踩下离合器踏板

驾驶员迅速踩下离合器踏板，分离轴承在分离叉的推动下，先消除分离轴承与分离指内端之间的间隙，然后推动分离指内端左移，由于膜片弹簧的中间支点在壳体上不动，膜片弹簧外端右移，带动压盘克服压紧弹簧作用力右移，摩擦作用消失，离合器的主、从动部分分离，动力传递被中断。

3. 抬起离合器踏板

驾驶员缓慢抬起离合器踏板，在压紧弹簧的作用下，压盘向左移动并逐渐压紧从动盘，使接触面间的压力逐渐增加，摩擦力矩也逐渐增加；当飞轮、压盘和从动盘之间接合不紧密时，所能传递的摩擦力矩较小，离合器的主、从动部分有转速差，离合器处于打滑状态；随着离合器踏板的逐渐抬起，飞轮、压盘和从动盘之间的压紧程度逐渐紧密，主、从动部分的转速也渐趋相等，直到离合器完全接合而停止打滑，接合过程结束。在抬起离合器踏板的过程中，离合器有变速作用，这样可把车身负载缓慢加到发动机上，以防止发动机熄火。

三、离合器片总成

离合器片（从动盘）总成，由扭转减振器和摩擦片两部分组成。

1. 扭转减振器

抬起离合器踏板后，发动机发出的转矩经飞轮和压盘传给从动盘两侧的摩擦片，两侧的摩擦片带动从动盘本体和与从动盘本体铆接在一起的减振器盘转动。从动盘本体和减振器盘又通过减振器弹簧把转矩传给从动盘毂内的花键，进而传给变速器一轴。由于扭转减振器的作用，与发动机转速同步的扭转振动和传动系统受到的瞬间转动冲击可以得到缓和。传动系统中的扭转振动使从动盘毂相对于从动盘本体和减振器盘来回转动，夹在它们之间的阻尼片靠摩擦消耗扭转振动的能量，从而将扭转振动衰减下来。

如图2-4所示，从动盘的四个粗弹簧和两个细弹簧组成两级减振装置，第一级为预减振装置，第二级为减振弹簧，所以其扭转特性为变刚度（*K*）特性。

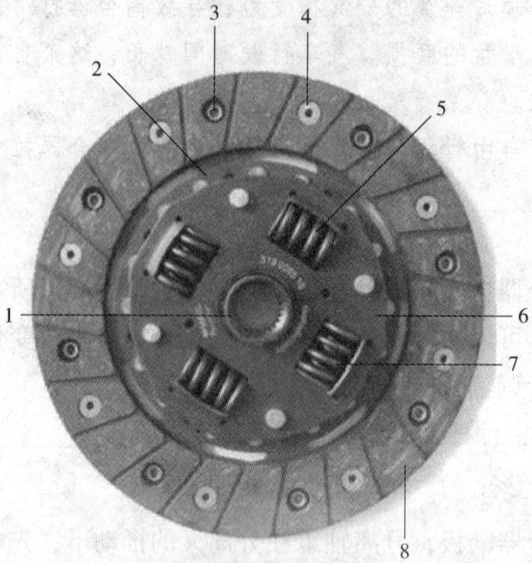

图2-4　离合器片总成

1—从动盘毂；2—离合器钢板；3—反面铆钉；4—正面铆钉；5—单弹簧；6—扭转减振器钢板；7—双弹簧；8—离合器片

[**技师指导**] 扭转减振器的损坏形式包括支撑环内出现粉末、扭转减振器板开裂（如图2-5所示）、从动盘阻尼片断裂、扭转减振器弹簧断裂（如图2-6所示）、花键磨损等，但这类故障很少，因此因离合器片"正常磨损"而更换离合器片总成是修理时的一个主要作业项目。

图2-5　扭转减振器板开裂

图2-6　扭转减振器弹簧断裂

如图2-7（a）所示，从动盘钢片周围铆接有波浪形弹簧钢片，摩擦衬片铆接在弹簧钢片上，从动盘钢片与减振器盘铆接在一起，两者之间夹有摩擦垫圈和从动盘毂。从动盘毂、从动盘钢片和减振器盘上都有6个圆周均布的窗孔，减振弹簧装在窗孔中。

如图2-7（b）、（c）所示，当从动盘受到扭转时，转矩从摩擦衬片传到从动盘钢片，再经减振弹簧传给从动盘毂，此时减振弹簧被压缩，以吸收发动机传来的扭转振动。

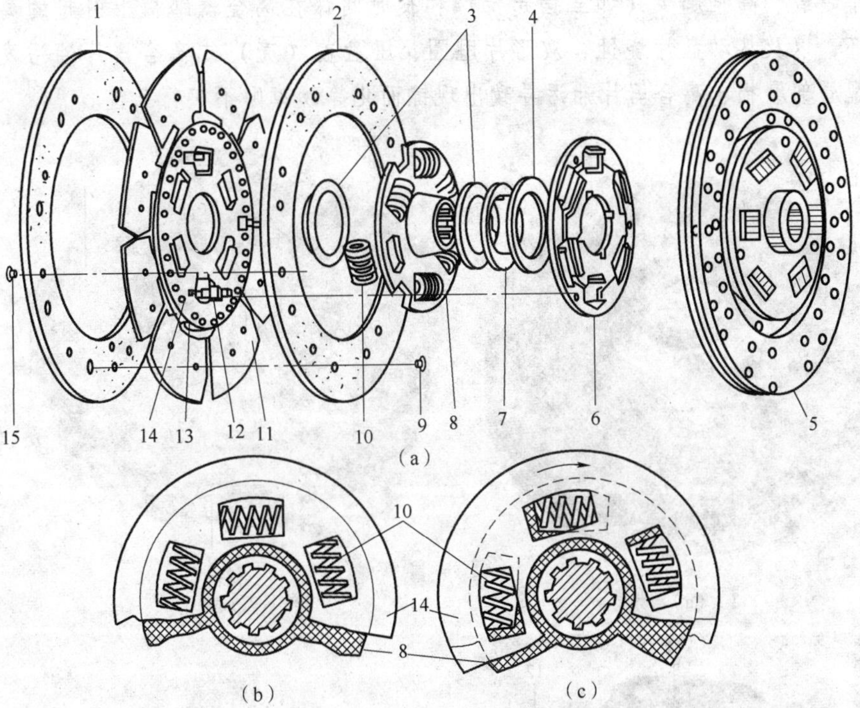

图 2-7　带扭转减振器的从动盘

(a) 结构；(b) 不工作时；(c) 工作时

1，2—摩擦衬片；3—摩擦垫圈；4—蝶形垫圈；5—组装后的从动盘总成；

6—减振器盘；7—摩擦板；8—从动盘毂；9，13，15—铆钉；10—减振弹簧；

11—波浪形弹簧钢片；12—止动销；14—从动盘钢片

[完成任务] 根据图 2-7，写出从动盘主要部件的连接关系。

在图 2-7 中，1 通过什么穿过 11 与 2 连接：＿＿＿＿＿＿。5 是否包括 1 ~4 和 6 ~15：＿＿＿＿＿＿。6、8、14 上的 6 个窗口是用来容纳什么的：＿＿＿＿＿＿。

四、压盘总成

各种类型的离合器压盘总成如图 2-8 所示。其特点是离合器壳下部是对应的三种弹簧的一种，弹簧下部是压盘，在圆周均布弹簧离合器压盘总成（图 2-8（a））中用可调支点来确保四个分离杠杆在同一平面上。从膜片弹簧离合器压盘总成（图 2-8（b））中可以看出，膜片弹簧（图 2-9）既是压紧弹簧，又是分离杠杆，使结构得到简化。另外，膜片弹簧在压压盘的力较均匀和弹簧刚度 K 可变化这两点上要优于圆柱螺旋弹簧，且工作可靠、操纵轻便，所以膜片弹簧离合器的应用越来越广泛，在各种车型上都有应用。

[完成任务] 在图 2-8 中，在圆周均布弹簧离合器中采用了几根弹簧：＿＿＿＿＿＿；采用了几个分离杠杆平面可调节支点：＿＿＿＿＿。离合器壳外沿的大孔为离合器壳与飞轮的连接螺栓位置，共有几个大孔：＿＿＿＿＿。

[技师指导] 铸铁（非冲压）离合器盖开裂、膜片弹簧分离指断裂、传动片断裂、分离

杠杆不能到位、分离指异常磨损、压盘龟裂等故障很少，厂家通常可以对上述故障实行三包。而对于超载、高挡起步（如三挡起步）和长时间踩在离合器踏板上引起的离合器过早和异常损坏，以及从动盘片烧蚀、波形片甩圈、压盘盖（壳）或离合器片油污发蓝黑、离合器片出现局部磨损、离合器片油污导致出现镜面化等故障则不实行三包。

图 2-8　各种压盘总成实物

（a）圆周均布弹簧离合器压盘总成（推式）；（b）膜片弹簧离合器压盘总成（推式）；
（c）膜片弹簧离合器压盘总成（正拉式）；（d）膜片弹簧离合器压盘总成（反拉式）
1—支点；2—分离杠杆；3—螺旋弹簧；4，7，12，14—离合器盖（壳）；
5—压盘；6，13—传动片；8—传动片铆钉；9—膜片弹簧；10—分离指；
11—向下凹的膜片弹簧分离指；15—定位孔；16—接发动机曲轴法兰盘

离合器盖和飞轮之间通过定位销进行定位。压盘与离合器盖之间通过周向均布的三组或四组传动片来传递转矩。传动片用弹簧钢片制成，每组两片，一端用铆钉铆在离合器盖上，另一端用螺钉连接在压盘上。

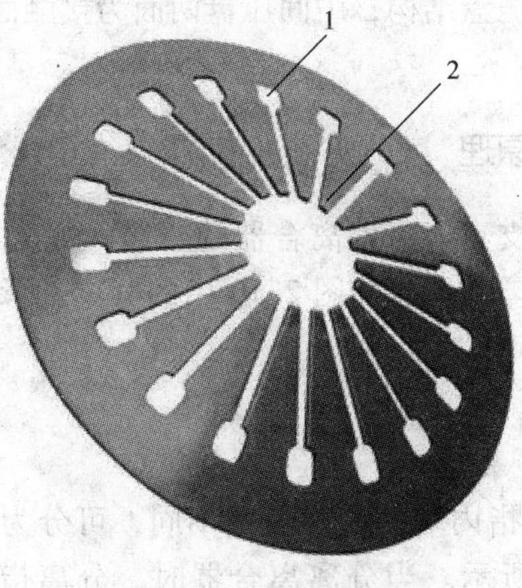

图 2-9　膜片弹簧构造

1—止裂孔；2—分离指

第三节　膜片式双片离合器

按从动盘的数目，可以将离合器分为单片离合器和双片离合器。乘用车、客车和部分中小型货车多采用单片离合器，因为发动机的最大转矩一般不是很大，所以单片从动盘就可以满足动力传递的要求。

一、双片离合器结构

双片离合器由于增加了一片从动盘，使得在其他条件不变的情况下，比单片离合器所能传递的转矩增大 1 倍，多用于重型货车和军用车辆上，其结构如图 2-10 所示。

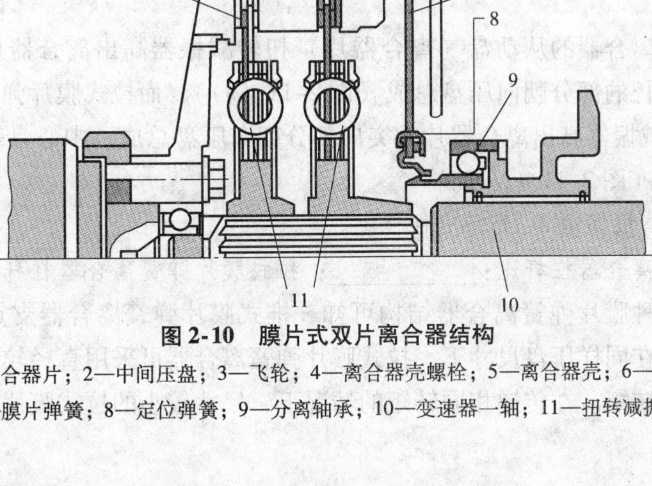

图 2-10　膜片式双片离合器结构

1—离合器片；2—中间压盘；3—飞轮；4—离合器壳螺栓；5—离合器壳；6—压盘；
7—膜片弹簧；8—定位弹簧；9—分离轴承；10—变速器一轴；11—扭转减振器

膜片式双片离合器采用双压盘结构，中间压盘两面为接触面，两个离合器片被膜片弹簧通过压盘叠压在飞轮上。

二、拉式双片离合器工作原理

由于以膜片弹簧的外沿为支点，所以离合器的“离”是通过操纵机构控制分离轴承向右移动而实现的，即通过同向“拉动”（图 2-10 中的分离轴承右移）实现，这是其与支点在中间的推式离合器的主要区别。

三、拉式和推式的区别

膜片弹簧离合器根据分离指内端的受力方向不同，可分为推式膜片弹簧离合器和拉式膜片弹簧离合器，如图 2-11 所示。当分离离合器时，分离指内端受力方向指向压盘的，称为推式膜片弹簧离合器；而分离指内端受力方向为离开压盘的，称为拉式膜片弹簧离合器。

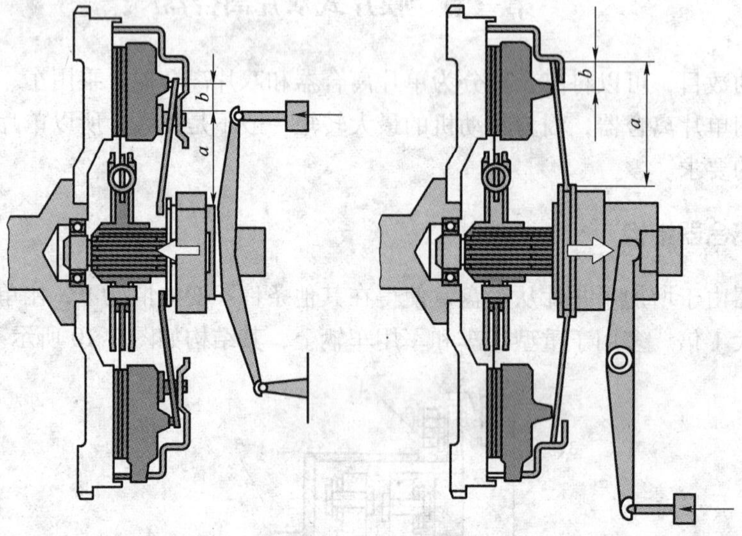

图 2-11　膜片弹簧离合器

（a）推式膜片弹簧离合器；（b）拉式膜片弹簧离合器

推式膜片弹簧离合器的从动盘（离合器片）扭转减振器高出离合器片的突出部分朝向飞轮，中心盘毂较长的部分朝向压盘总成（图 2-11（a））。而拉式膜片弹簧离合器的从动盘（离合器片）扭转减振器高出离合器片的突出部分朝向压盘总成，中心盘毂较长的部分朝向飞轮，与推式相反（图 2-11（b））。

［**完成任务**］请根据图 2-11 写出杠杆比。

推式膜片弹簧离合器杠杆比：__________；拉式膜片弹簧离合器杠杆比：__________。

通过分析这两种膜片弹簧离合器结构可知，推式膜片弹簧离合器支点在离合器壳体内侧，拉式在外侧，在同样压盘尺寸下，拉式膜片弹簧离合器可采用直径较大的膜片弹簧，从而可提高压紧力和转矩。在传递相同转矩的情况下，尺寸较小的拉式膜片弹簧离合器可以代替尺寸较大的推式膜片弹簧离合器。因此，拉式膜片弹簧离合器的结构更简单紧凑，质量更小，从动盘转动惯量也小，可以减小换挡时齿轮轮齿间的冲击，更便于换挡。

四、捷达轿车拉式膜片弹簧离合器

在大众捷达轿车的离合器上，压盘总成和飞轮两者位置对调了，飞轮占据了离合器盖的位置，离合器盖通过内部的螺栓与曲轴后端的法兰相连，如图 2-12 所示。离合器盖 12 通过螺栓 6 和中间板 10 固定在发动机曲轴 7 上。离合器分离盘 8 通过卡环 11 卡在膜片弹簧 13 的三个定位爪上。离合器从动盘 9 的花键毂与传动器输入轴 4 配合，输入轴 4 为空心轴，离合器分离推杆 5 从 4 中穿过。分离推杆的左端与离合器分离轴承 1 接触，右端则顶在离合器分离盘 8 的中央凹坑内。飞轮 14 用 9 个螺栓 15 反装在离合器盖 12 上。

当踩下离合器踏板时，通过一系列操纵机构，使离合器分离臂 2 转动，推压离合器分离轴承 1 右移，并使穿过传动器输入轴 4 的离合器分离推杆 5 向右轴向移动，推动离合器分离盘 8 右移，则分离盘推压膜片弹簧分离指右移（分离指内端受力方向为离开压盘），迫使压盘与从动盘分开，从而完成离合器的分离。

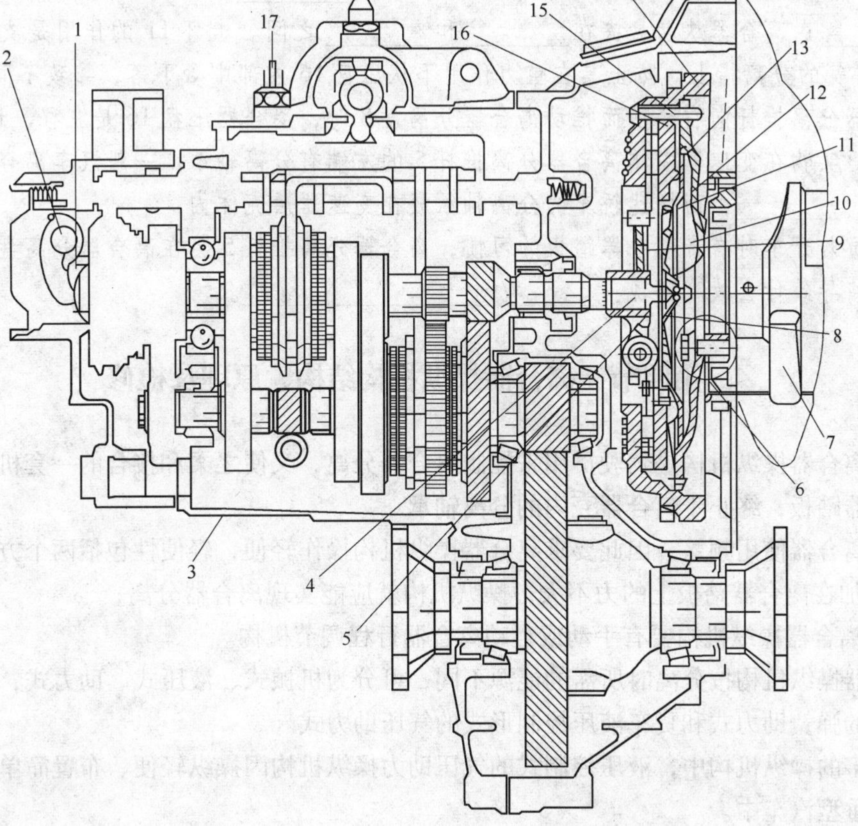

（a）

图 2-12 捷达轿车拉式膜片弹簧离合器

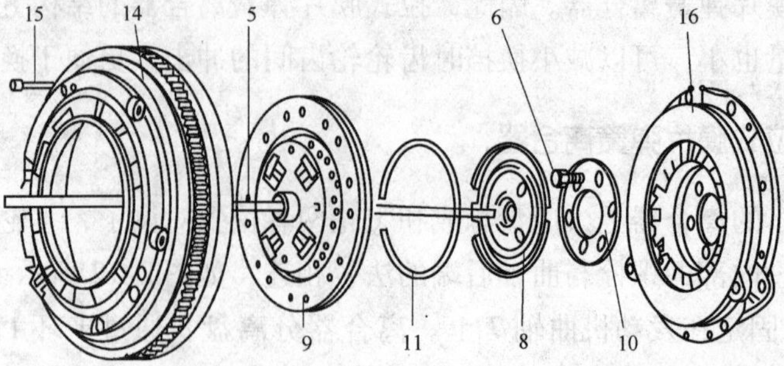

（b）

图 2-12　捷达轿车拉式膜片弹簧离合器（续）

（a）变速器与离合器结构；（b）离合器零部件分解图

1—离合器分离轴承；2—离合器分离臂；3—传动器总成；4—传动器输入轴；5—离合器分离推杆；6—螺栓；7—发动机曲轴；8—离合器分离盘；9—离合器从动盘；10—中间板；11—卡环；12—离合器盖；13—膜片弹簧；14—飞轮；15—螺栓；16—离合器压盘；17—倒车灯开关

[完成任务] 请根据图 2-12，完成下列问题。

螺栓 6 经过中间板 10 将离合器压盘 16 固定在：________；飞轮上螺栓 15 的作用是什么：________；离合器从动盘夹在________和________之间。卡环 11 的作用是支撑分离盘 8 在膜片弹簧的分离指上，防止其在重力作用下从压盘 16 内部中心下落，导致不同心。

离合器分离推杆向右移动而推动离合器分离盘 8 时，离合器压盘 16 是左移，还是右移：________。实物在变速器左侧离合器分离推杆 5 的左端有分离轴承，一般汽车离合器分离轴承是放在：________；而捷达轿车的分离轴承放在变速器后壳体内。

驾驶员若开车时有带离合器踏板的习惯，离合器分离推杆 5 会在离合器分离盘 8 中间磨个洞，这将导致什么故障出现：____________________。

第四节　离合器操纵机构结构、原理及检修

汽车离合器操纵机构是驾驶员用来控制离合器分离，又使之柔和接合的一套机构，它开始于离合器踏板，终止于离合器壳内的分离轴承。

由于离合器使用频繁，因此要求离合器操纵机构操作轻便，轻便性包括两个方面：

（1）加在离合器踏板上的力不大，操纵机构就应能实现离合器分离；

（2）离合器操纵机构要有手动或自动离合器行程调节机构。

离合器操纵机构按分离时所需的能源不同，可分为机械式、液压式、助力式，其中助力式有轿车的弹簧助力式和货车液压控制形式的气压助力式。

在众多的操纵机构中，液压控制式的气压助力操纵机构因操纵轻便、布置简单而广泛应用于中、重型汽车中。

一、机械式操纵机构

机械式操纵机构有杆式和绳索式两种。从离合器自由间隙调整看，绳索式可分为自调式和手调式两种，而杆式只有手调式。

杆式操纵机构结构简单，工作可靠，广泛应用于各种类型的汽车上。但杆式操纵机构杆件间铰接多，传动时摩擦损失大，车架或车身变形以及发动机位移都会影响其正常工作。

绳索式操纵机构如图 2-13 所示，可克服杆式操纵机构的一些缺点，并能采用便于驾驶员操纵的吊挂式踏板。但绳索寿命较短，拉伸刚度较小，故只适用于轻型、微型汽车中。

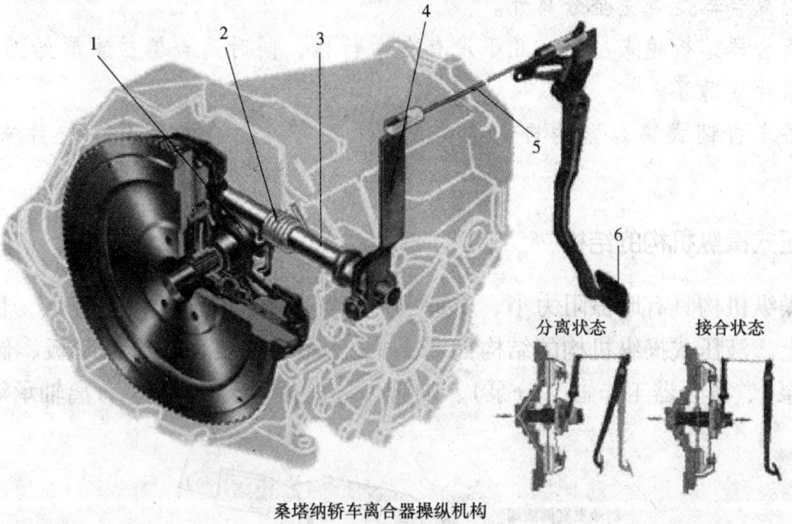

图 2-13　绳索式操纵机构（绳索外护套省略）

1—分离轴承；2—复位弹簧；3—分离轴；4—传动臂；5—拉索；6—踏板

［**技师指导**］离合器拉索突然断开导致离合器无法分离，只能靠路边停车，这是常见故障。离合器拉索在护套内会因为受潮、长期磨损而生锈，所以要定期用润滑脂润滑，否则离合器拉索容易断裂。

离合器拉索为软钢丝线，装在用螺旋金属做骨架的塑料管中，塑料管一旦内部摩擦产生拉毛会导致离合器踩踏沉重，抬离合器踏板也沉重。

如图 2-14 所示，捷达轿车的离合器间隙采用自调式设计，自调结构设计在离合器拉索上。

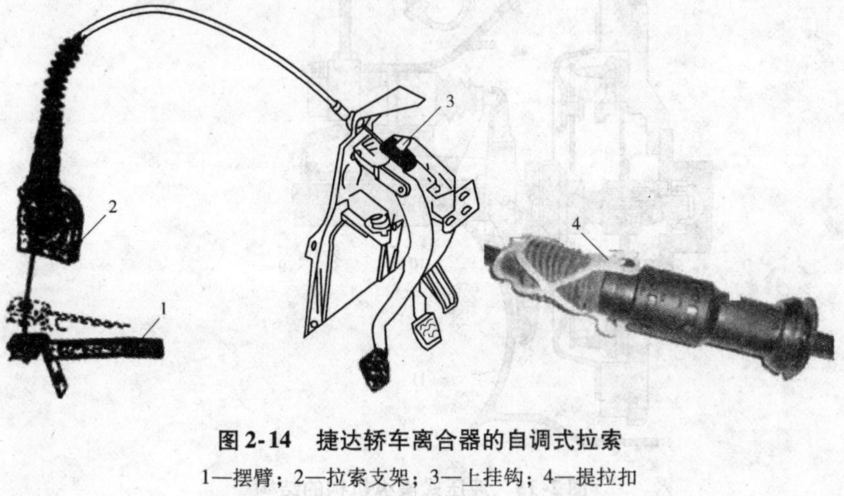

图 2-14　捷达轿车离合器的自调式拉索

1—摆臂；2—拉索支架；3—上挂钩；4—提拉扣

［**技师指导**］首先说一下拆卸，拆卸时，首先在机舱内看一下拉索，如果是原厂的，那

么在拉索上会有一个白色的塑料提拉扣，将这个塑料提拉扣卡到拉索上，拉索会有自由间隙。将离合器摆臂上的插片拿掉，然后到驾驶室内，从刹车踏板上方挂钩处将拉索拿下来。安装时塑料提拉扣不用再卡到拉索上。

如果要用其他汽车的自调拉索替代，则需要重新调整，在调整的时候，一般可用倒挡是否打齿来检验离合器是否完全分离开。

若感觉离合器踏板越来越高，几乎没有自由行程，同时离合器拉索原始弧度变得平坦，则说明离合器片变薄了。

若捷达轿车自调式离合器的自调结构失效，则可通过在摇臂处加垫片来缩短离合器行程。

二、液压式操纵机构的结构

液压式操纵机构具有摩擦阻力小、质量小、布置方便、接合柔和等优点，目前应用于各种类型的车上。液压式操纵机构的结构如图 2-15 所示，主要由离合器踏板、储液罐、离合器主缸（总泵）、离合器工作缸（分泵）、油管、分离板（分离叉）、分离轴承等组成。

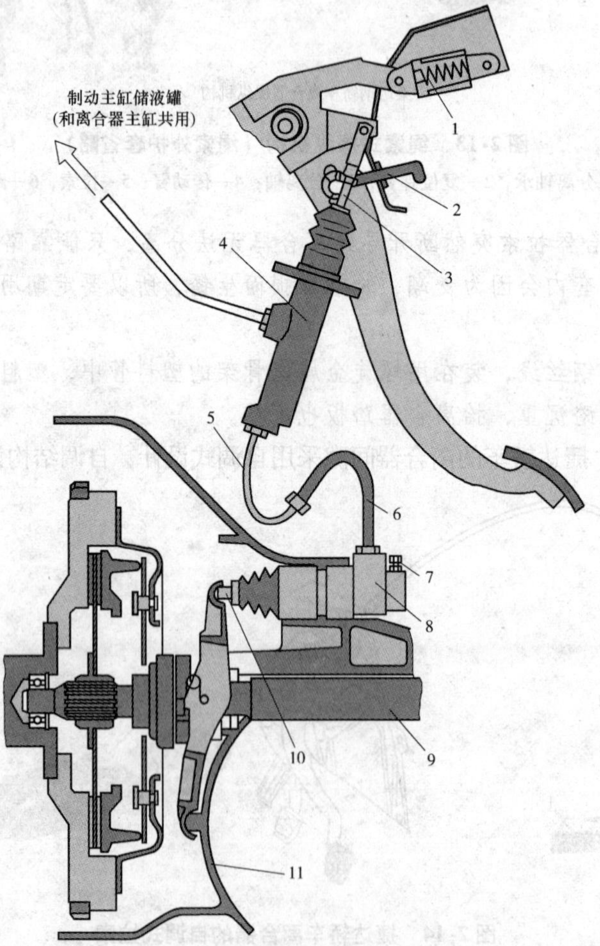

图 2-15　液压式操纵机构的结构

1—离合器助力装置；2—停止杆；3—离合器主缸推杆；4—离合器主缸；5—金属管；6—橡胶软管；7—放气螺塞；8—离合器分泵；9—变速器一轴；10—离合器分泵推杆；11—变速器壳体

离合器主缸一般不单设计独立的储液罐，通常从制动主缸上的储液罐分出一根制动液管进入离合器主缸作为离合器主缸的液压油源，即制动主缸和离合器主缸共用储液罐。

[**技师指导**] 液压式操纵机构主要的维修工作是更换总泵和分泵，两项工作都要对分泵进行放气。

1. 离合器主缸结构

离合器主缸的结构如图2-16所示，离合器踏板处于完全放松位置时，在主缸的回位弹簧作用下，活塞皮碗位于补偿孔与进油孔之间，两孔均打开。主缸补偿孔的作用是使受热膨胀的制动液返回储液罐，进油孔使制动液进入活塞皮碗后部，在抬起离合器踏板时，为防止左侧产生真空，制动液可从右侧越过皮碗进入左侧。

当踩下离合器踏板时，通过主缸推杆使总泵活塞向前移动，弹簧被压缩。当皮碗将补偿孔关闭后，管路中油液受压，压力增大。在油压作用下，离合器分泵活塞向前移动，并推动分离叉推杆，使分离叉推杆转动，从而带动分离套筒、分离杠杆等使离合器分离。

当迅速放松离合器踏板时，回位弹簧使离合器总泵活塞较快后移，而由于油液在管路中流动受到一定阻力，流动较慢，因此活塞前面可能形成一定的真空度。在左右压力差作用下，少量油液经进油孔推开弹簧片和皮碗形成的单向阀，由皮碗间隙中流到左面弥补真空。当原先已由总泵压到分泵的油液重新回到主缸时，由于已有少量补偿油经单向阀流入，故总油量过多，多余的油即从补偿孔流回储油室。当液压系统因泄漏而使油液容积变化时，则借补偿孔适时地增减整个油路中的油量，以保证正常油压和液压系统的工作可靠性。

[**技师指导**] 补偿孔是为不踩离合器踏板时设计的，进油孔是为抬起离合器踏板时设计的。

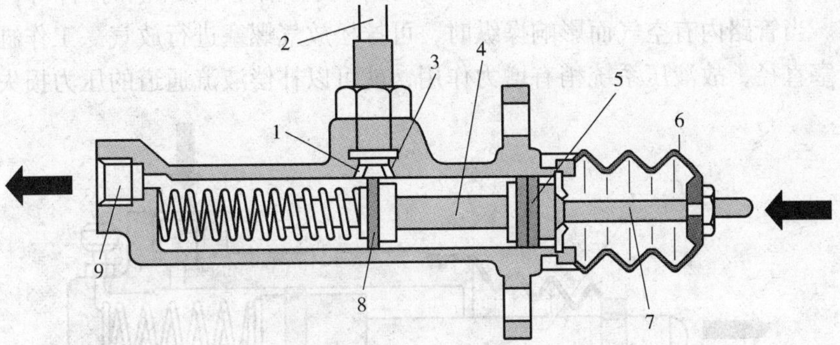

图2-16 离合器主缸的结构（活塞上的轴向小孔未画出）

1—补偿孔；2—接制动主缸储液罐；3—进油孔；4—活塞；5—活塞油封；6—防尘罩；7—推杆；8—活塞油封；9—接出油管

[**技师指导**] 更换离合器主缸常见故障。

更换离合器主缸时，导致对分泵放气时无油从分泵放气螺塞处喷出的原因是离合器主缸推杆调整不正确，导致活塞伸入缸内过多，补偿孔无法进油。正确的活塞位置应在补偿孔和进油孔之间。调整方法是重新旋松推杆叉锁紧螺母（见图2-17），转动推杆叉，再锁紧锁紧螺母，直至有油从离合器工作缸放气螺塞处流出。

[**技师指导**] 离合器分缸也可以直接装在分离轴承内部，这样在变速器外部是看不到离合器分缸的。

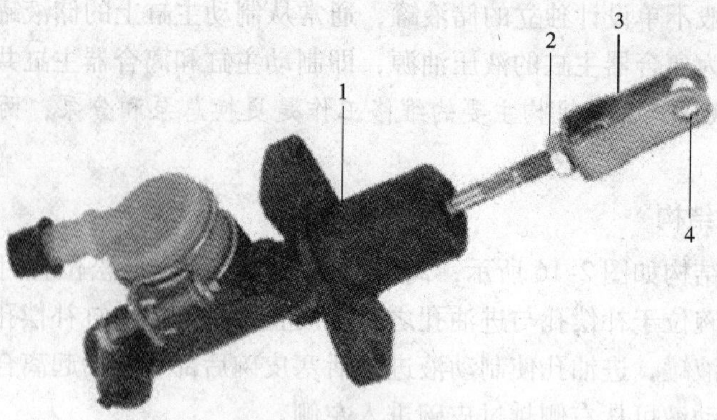

图 2-17　离合器主缸活塞位置调节

1—离合器主缸；2—推杆叉锁紧螺母；3—推杆叉；4—离合器踏板销轴从此孔穿过

维护和保养：离合器储液罐液面高度检查。

在离合器储液罐内，离合器液（制动液）面的高度应在“MAX”最大和“MIN”最小位置之间，少则补加，但不可超过 MAX。如果离合器液溅到油漆表面，应立即用水冲洗，以避免损坏油漆表面。

维护和保养：离合器液压操纵机构泄漏检查。

液压操纵机构泄漏检查主要是检查主缸与油管、工作缸与油管及油封等部位是否有离合器液的痕迹。

2. 离合器工作缸结构

离合器工作缸的结构如图 2-18 所示，工作缸内装有活塞、皮碗和推杆等，缸体上还设有放气螺塞。当管路内有空气而影响操纵时，可拧松放气螺塞进行放气。工作缸活塞直径略大于主缸活塞直径，故液压系统稍有增力作用，就可以补偿液流通道的压力损失。

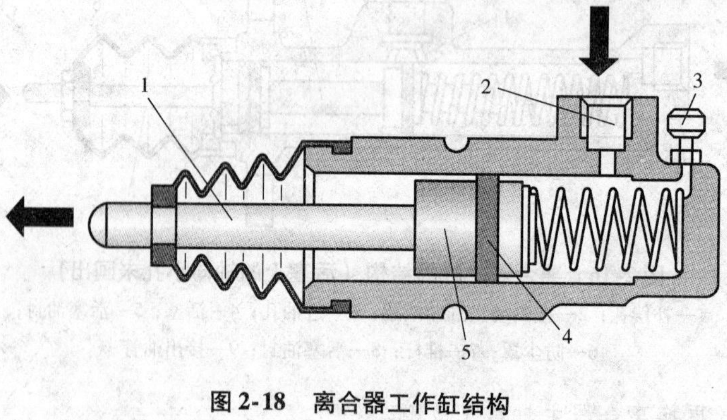

图 2-18　离合器工作缸结构

1—推杆；2—进油孔；3—放气螺塞；4—密封圈；5—活塞

当踩下离合器踏板时，离合器主缸油液进入离合器分缸。在油压作用下，工作缸活塞左移（如图 2-18 左边箭头所示），推动推杆，使分离叉在支点上摆动，从而带动分离轴承使离合器分离。

［技师指导］ 离合器液压系统放气。

离合器液压操纵系统经过检修之后，管路内可能进入空气，添加制动液时也可能使液压系统进入空气。空气进入后，由于缩短了主缸推杆行程即踏板工作行程，从而使离合器分离不彻底。因此，液压系统检修后或液压系统进入空气时，应排出液压系统中的空气。

“二人协作”排气方法如下：

（1）将主缸储液罐中的制动液加至规定高度，甲上车操纵离合器踏板，乙举升起汽车。

（2）乙在离合器工作缸的放气阀上安装一透明软管，软管连接到一个用于盛装制动液的容器内。

（3）排空气需要两个人配合工作，甲以 1 Hz 的频率踩踏离合器踏板数次，一般为 8 ~ 10 次，车上甲感到踏板升高同时踩下踏板的阻力增大时，车下乙听到规定的次数后，会叫车上甲踩住离合器踏板不动，同时车下乙拧松放气阀直至制动液开始流出，然后再拧紧放气阀。

（4）按上述方法连续操作几次，直到流出的制动液中没有气泡为止。

（5）空气排除干净之后，需要再次检查及调整踏板自由行程。

（6）再次检查主缸储液罐液面高度，必要时添加制动液。

也可以使用专用工具和维修设备给离合器工作缸排气，方法是排气设备与储液罐口螺纹对接，向储液罐中充入 0.2 MPa 的压力给系统供气，打开排气阀，排出约 100 mL 的制动液，关闭排气阀。

3. 弹簧助力式操纵机构

为了尽可能减小作用于离合器踏板上的力，降低驾驶员的劳动强度，有的离合器采用了弹簧助力式操纵机构。

图 2-19 所示为某乘用车弹簧助力式操纵机构示意图。当离合器踏板完全放松，即离合器接合时，助力弹簧轴线位于踏板转轴下方。踩下离合器踏板，踏板绕自身转轴顺时针转动，压缩助力弹簧，此时助力弹簧起阻碍作用，即助力弹簧的伸张力产生一个阻碍踏板转动的逆时针力矩，但这个力矩是比较小的。当踏板转动到助力弹簧的轴线与踏板转轴处于一条直线上时，该阻碍力矩为零。随着踏板的进一步踩下，助力弹簧轴线位于踏板转轴上方，此时助力弹簧的伸张力产生一个有助于踏板转动的顺时针力矩。在踏板后段行程中是最需要助力作用的，因此，这种弹簧助力式操纵机构可以有效地减轻驾驶员的疲劳。

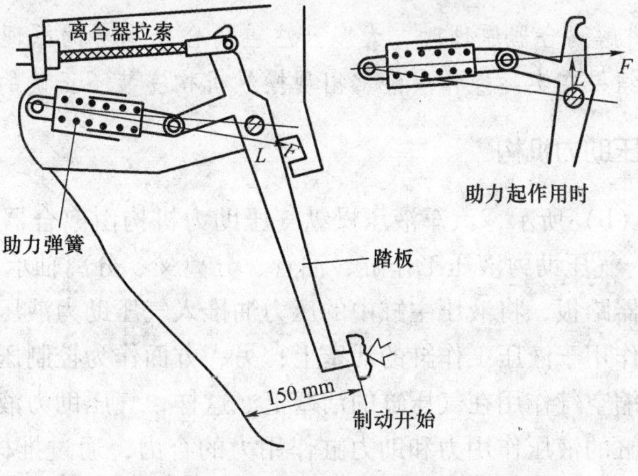

图 2-19　拉索式离合器的弹簧助力式操纵机构

[**完成任务**] 在图2-20中找出弹簧助力式操纵机构的元件代号，并写在横线上。

____。

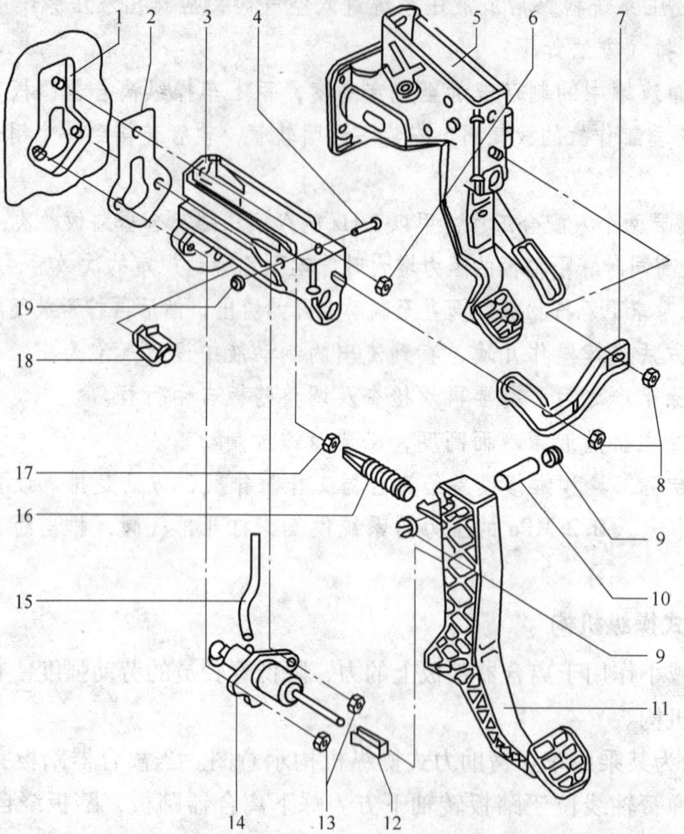

图2-20 大众液压离合器的踏板组件（带有弹簧助力的操纵机构）

1—横隔板；2—密封垫；3—离合器安装支架；4—螺栓；5—加速踏板和制动踏板支架；6，8，13，19—自锁六角螺母（25 N·m）；7—连接板；9—安装衬套；10—支撑销；11—离合器踏板；12—定位器；14—总泵；15—总泵供油管（从制动液罐引出）；16—偏心弹簧；17—偏心弹簧座；18—限位器

[**技师指导**] 在讲解离合器原理时，大多只注重离合器本身的原理，而忽略了对操纵机构具体结构的说明，结果在实际操作中经常出现操纵机构安装不正确的问题。

三、液压操纵气压助力机构

如图2-21（a）、（b）所示，汽车液压操纵气压助力机构由离合器踏板、离合器液压主缸（总泵）、储油筒、气压助力液压工作缸、油管、分离叉、分离轴承、气压源等组成。

驾驶员通过离合器踏板，将液压主缸中的压力油推入气压助力液压工作缸的压力缸，一方面作为工作压力，作用于液压工作缸的活塞上；另一方面作为控制压力，打开工作缸气阀门，从气压源来的压缩空气作用在气压缸的活塞上。这样，气压助力液压工作缸的工作推杆上的活塞受到来自主缸的液压作用力和助力缸作用力的合力，通过推杆传到离合器分离叉，推动分离轴承，分离轴承推动离合器的分离指，使离合器摩擦片与发动机飞轮脱离，从而达到分离离合器的目的。当离合器踏板位于某一位置时，油管中的油压保持一定，气压助力的进气阀门关闭，整个系统达到平衡状态。气压助力液压缸的输出力与所需的踏板力呈递增函数关系，在离合器踏板回升的过程（即离合器接合的过程）中也存在着这样的关系。当抬起脚使踏板回升时，离合器分离指的力作用于分离轴承，通过分离叉作用于工作缸的推杆上，将工作缸里的油压回主缸并送到储油筒中。这样，离合器摩擦片与飞轮接合，汽车可以起步。如果气压助力系统失效，驾驶员只要将离合器踏板的行程稍微加大，同时加大踏板力以形成足够的液压，直接推动液压工作缸中的活塞，即可使离合器分离。

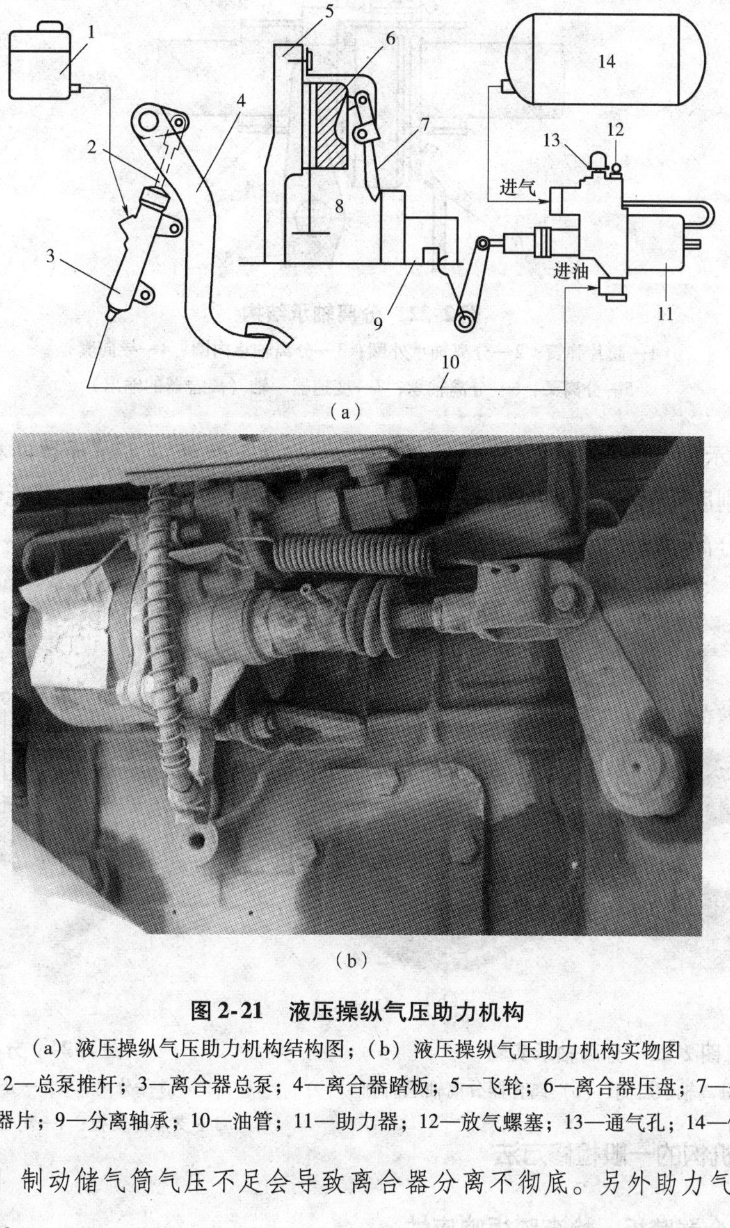

图 2-21　液压操纵气压助力机构

（a）液压操纵气压助力机构结构图；（b）液压操纵气压助力机构实物图

1—储油筒；2—总泵推杆；3—离合器总泵；4—离合器踏板；5—飞轮；6—离合器压盘；7—分离杠杆；8—离合器片；9—分离轴承；10—油管；11—助力器；12—放气螺塞；13—通气孔；14—储气筒

［**技师指导**］制动储气筒气压不足会导致离合器分离不彻底。另外助力气缸有间隙可调式和自调式两种。

四、分离轴承和分离叉

操纵机构的作用是使离合器分离，从踏板到分离轴承的部件中，最末端两部件是分离轴承和分离叉。分离轴承结构和实物分别如图 2-22 和图 2-23 所示。长时间使用后，轴承会在驾驶员踩下离合器踏板时产生“嗡嗡”的异响。从车上抬下变速器时，分离轴承会有很厚的油泥，只要不产生异响，就不影响使用，切勿用汽油洗净油泥，因为汽油会将分离轴承内的润滑脂洗掉。

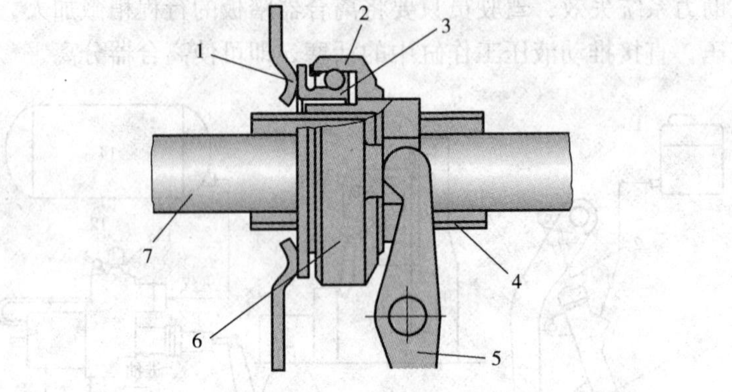

图 2-22　分离轴承结构

1—膜片弹簧；2—分离轴承外圈；3—分离轴承内圈；4—导向套；
5—分离叉；6—分离轴承；7—变速器一轴（离合器的输出）

图 2-24 所示为分离叉实物。分离叉有自身形变和从支点到叉间开裂两种常见故障，一般是由分离叉刚度不够或在加工过程中冲压支点凹坑时力过大造成的，可能会使驾驶员踩下离合器踏板时分离不彻底，造成换挡打齿现象。

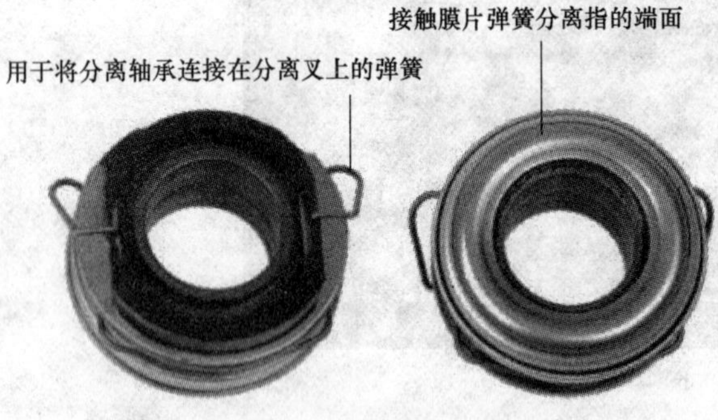

图 2-23　分离轴承实物

(a) 离合器分离轴承后侧；(b) 离合器分离轴承前侧

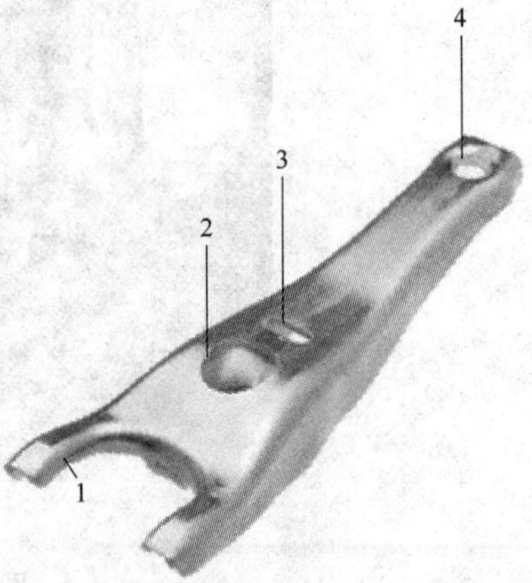

图 2-24　分离叉实物

1—分离叉；2—分离叉支点凹坑；
3—支点弹簧孔；4—离合器工作缸推杆作用点

五、操纵机构的一般检修方法

1. 踩下离合器踏板，检查踏板响应性

(1) 检查踏板回弹是否有力，无力为踏板回位弹簧故障。

(2) 有异响，多为生锈，应用润滑脂润滑。

(3) 踏板是否过度松动，过松则可能因为离合器拉索调得过松，从而导致踏板上挂钩和离合器拉索松动接触；也可能是因为踏板销轴过度磨损造成的。

(4) 踏板沉重，应检查助力和润滑。

2. 检查离合器踏板高度

离合器踏板高度的检查方法是掀起地毯或地板革，用直尺测量驾驶室地板到离合器踏板上表面的距离。如果超出标准，则应调整踏板高度。离合器踏板高度可以通过踏板后的限位螺栓进行调整。

3. 检查离合器踏板自由行程

通常，踏板自由行程的检查是用一个直尺抵在驾驶室地板上，先测量踏板完全放松时的高度，再用手轻按踏板，当感到阻力增大时再次测量踏板高度，两次测量的高度差即踏板的自由行程。但维修时这个测量方法的实际意义不大，首先空间有限，操作难；其次不同汽车地板基准不同且没有统一的自由行程。因此，自由行程作为描述用的意义远大于实际应用。实际可行的方法是一个人调节自由行程，另一个人在车内感觉离合器踏板的响应性。

[**技师指导**] 自由行程调整方法。

(1) 在农用车和三轮车中采用杆式操纵机构，可通过调整调节杆的长度来调节自由行程，此方法主要适用于车速低或车较轻的情况。

(2) 轿车采用绳索式操纵机构可调整外护套的弧度，护套固定支架不能移位或变形，否则可能调节不出自由行程。离合器拉索挂在离合器踏板上的钩形位置，离合器踏板支点在中间（这与液压离合器操纵机构不同）。调节离合器护套弧度时，踏板变低是离合器拉索变紧的现象，同时自由间隙变小，因为离合器踏板的回位弹簧总是试图使踏板抬高。

捷达轿车的操纵机构具有自由行程自调装置，可以免除离合器踏板自由行程的调整。

(3) 液压式操纵机构离合器踏板支点在上端，推杆在中间，换句话说是绳索式是向驾驶室内拉拉索，而液压式是推液压出去。

液压式操纵机构分离轴承和分离指之间没有间隙，因为抬离合器踏板时，膜片弹簧复位顶分离轴承，分离叉顶离合器工作缸活塞，离合器工作缸活塞后的弹簧会一直有推动推杆伸出的趋势。离合器主缸的弹簧推动活塞后移，不能充分受缸内行程限位控制，离合器主缸推杆和主缸活塞间也没有间隙。

一般是调整主缸推杆的长度，即先将主缸推杆锁紧螺母旋松，然后转动主缸推杆，从而调整踏板自由行程，调整后应将锁紧螺母旋紧。但要注意的是，推杆调得过短，活塞将在进油孔后；推杆调得过长，活塞将在补偿孔前，两者都会导致故障。同时自由行程的改变会导致踏板高度的变化。

(4) 对于货车，有助力的可设计自由行程调节杆作为调节装置，也可设计间隙自动补偿装置，可事先查阅相关资料。

4. 离合器分离点的检查

不踩离合器踏板，操纵换挡杆到倒挡（当然此时不能切入倒挡），这时会有齿轮打齿的噪声出现，此时逐渐踩下离合器踏板，直到噪声刚消失能换入倒挡的离合器踏板位置点。

实际测量时，空间很小且不方便，测量的实际意义不大。

第五节　离合器常见故障和检修方法

1. 从动盘的检查

先目视检查，看从动盘摩擦片是否有裂纹、铆钉外露、减振器弹簧断裂等情况，如有，则更换从动盘。然后检查从动盘的端面圆跳动，在距从动盘外边缘 2.5 mm 处测量，离合器从动盘最大端面圆跳动量不应超过 0.4 mm，测量方法如图 2-25 所示。如果不符合要求，则可用扳钳校正或更换从动盘。最后检查从动盘摩擦片的磨损程度，可用游标卡尺进行测量，如图 2-26 所示，铆钉头埋入深度应不小于 0.2 mm。如果检查结果超过要求，则应更换从动盘。

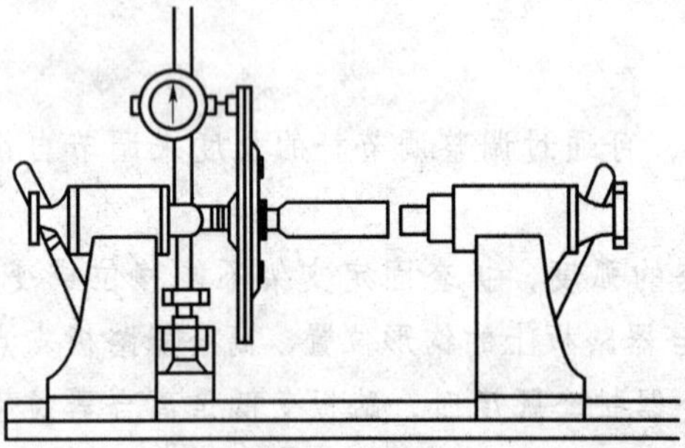

图 2-25　从动盘端面圆跳动的检查

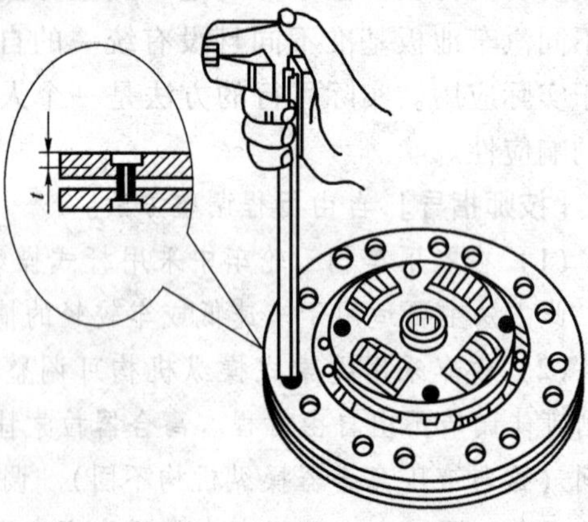

图 2-26　摩擦片磨损的检查

2. 压盘和离合器盖的检修

压盘损伤主要是翘曲、破裂或过度磨损等。先检查压盘表面粗糙度，压盘表面不应有明显的沟槽，沟槽深度应小于 0.3 mm，轻微的磨损可用油石修平。再检查压盘平面度，检查方法如图 2-27 所示，用钢直尺压在压盘上，然后用塞尺测量，其平面度不应超过 0.2 mm。压盘平面度或表面粗糙度超过要求时可用平面磨床磨平或车床车平，但磨、车加工的厚度应小于 2 mm，否则应更换压盘。离合器盖与飞轮接合面的平面度应小于 0.5 mm，如有翘曲、裂纹、螺纹磨损等应更换离合器盖。

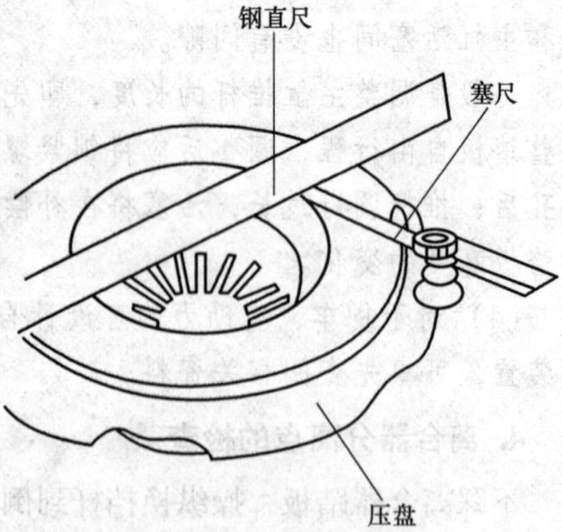

图 2-27　压盘平面度的检查

3. 膜片弹簧的检查

（1）检查膜片弹簧的磨损程度。

如图 2-28 所示，用游标卡尺测量膜片弹簧与分离轴承接触部位磨损的深度和宽度。深度应小于 0.6 mm，宽度应小于 5.0 mm，否则应更换膜片弹簧。

（2）检查膜片弹簧的变形。

如图 2-29 所示，用专业工具盖住弹簧分离指内端（小端），然后用塞尺测量弹簧分离指内端与专用工具之间的间隙。弹簧分离指内端应与专用工具在同一平面内，间隙不大于0.5 mm，否则应用维修工具对变形过大的弹簧分离指翘起进行调整。

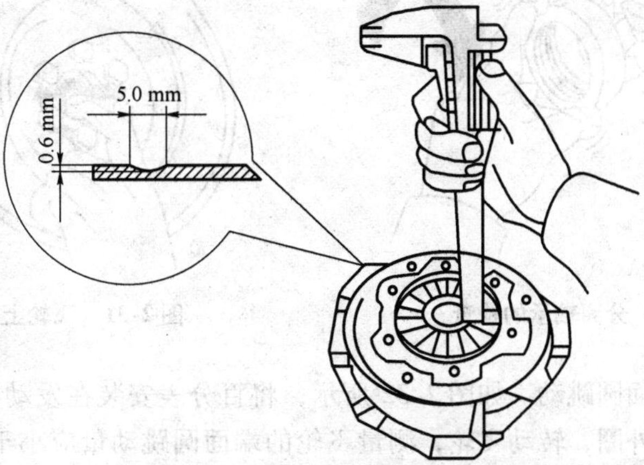

图2-28　膜片弹簧磨损检查

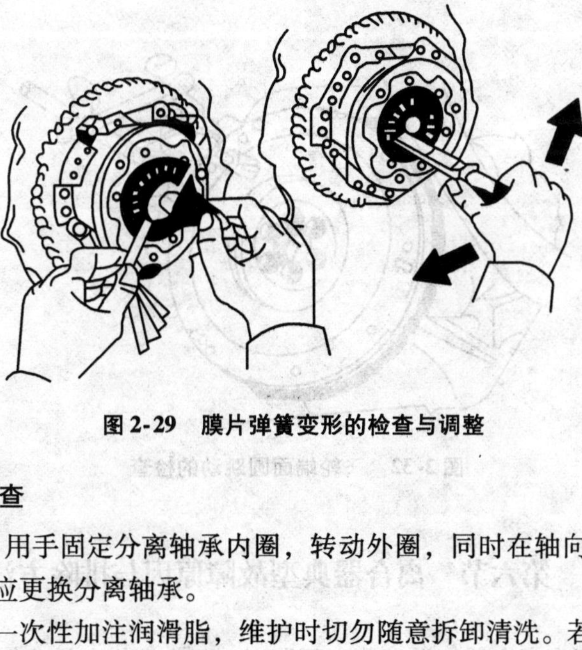

图2-29　膜片弹簧变形的检查与调整

4. 分离轴承的检查

如图2-30所示，用手固定分离轴承内圈，转动外圈，同时在轴向施加压力，如有阻滞或有明显间隙感，则应更换分离轴承。

分离轴承通常是一次性加注润滑脂，维护时切勿随意拆卸清洗。若有脏污，可用干净抹布擦净表面。

5. 飞轮的检查

首先通过目视检查，检查齿圈轮齿是否磨损或打齿，并检查飞轮端面是否有烧蚀、沟槽、翘曲和裂纹等。如果有，则应修理或更换飞轮。

其次检查飞轮上的轴承。如图2-31所示，用手转动轴承，并在轴向加力，如果有阻滞或有明显间隙感，则应更换轴承。

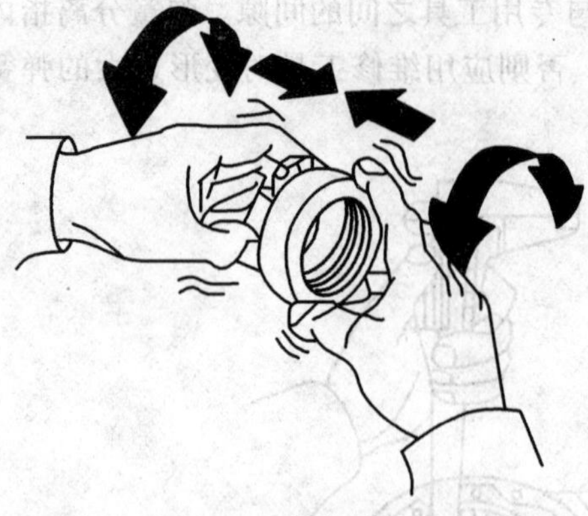

图 2-30　分离轴承的检查

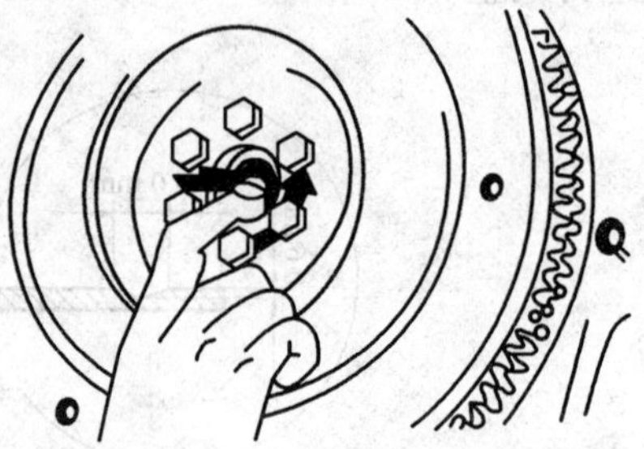

图 2-31　飞轮上轴承的检查

最后检查飞轮端面圆跳动。如图 2-32 所示，将百分表安装在发动机机体上，百分表测量触头抵在飞轮的最外圈，转动飞轮，测量飞轮的端面圆跳动量应小于 0.1 mm。如果端面圆跳动量超过标准，则应修磨或更换飞轮。

飞轮每次拆卸后，应更换连接螺栓。将飞轮安装到曲轴上时，应按对角线逐次以规定的力矩拧紧。

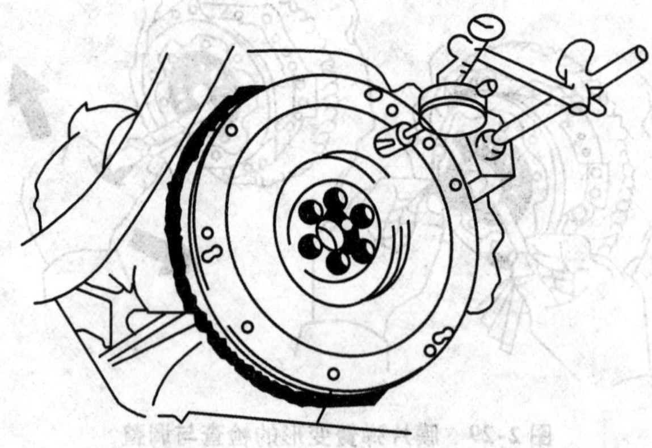

图 2-32　飞轮端面圆跳动的检查

第六节　离合器典型故障原因与排除方法

离合器的常见故障有离合器打滑、分离不彻底、起步发抖和异响等。

一、离合器打滑

1. 现象

汽车用低速挡起步时，放松离合器踏板后，汽车不能起步或起步困难；汽车加速行驶时，车速不能随发动机转速的提高而提高，行驶无力，严重时产生焦煳味或冒烟等现象。

2. 原因

(1) 离合器踏板没有自由行程，使分离轴承压在分离杠杆上。

（2）从动盘摩擦片、压盘或飞轮工作面磨损严重，离合器盖与飞轮的连接松动，使压紧力减弱。

（3）从动盘摩擦片有油污、烧蚀、表面硬化、铆钉外露、表面不平等，使摩擦系数下降。

（4）压紧弹簧疲劳或折断，膜片弹簧疲劳或开裂，使压紧力下降。

（5）离合器操纵杆系卡滞；分离轴承套筒与导管间有油污、尘腻等，甚至造成卡滞，使分离轴承不能回位。

（6）分离杠杆弯曲变形，出现运动干涉，不能回位。

3. 诊断与排除

（1）检查离合器踏板自由行程，如不符合规定应予以调整。

（2）如果自由行程正常，应拆下变速器壳，检查离合器与飞轮连接螺栓是否松动，如松动则应予以拧紧。

（3）如果离合器仍然打滑，应拆下离合器，检查从动盘摩擦片的状况。如果有油污，一般可用汽油清洗并烘干，然后找出油污来源并设法排除。如果摩擦片磨损严重或有铆钉外露，则应更换从动盘。

（4）如果从动盘完好，则应分解离合器，检查压紧弹簧，如果弹簧弹力过软则应更换。

二、离合器分离不彻底

1. 现象

发动机怠速运转时，踩下离合器踏板，挂挡有齿轮撞击声，且难以挂入挡位；如果勉强挂上挡，则在离合器踏板尚未完全放松时，发动机熄火。

2. 原因

（1）离合器踏板自由行程过大。

（2）膜片弹簧弹力减弱或变形。

（3）从动盘钢片翘曲、摩擦片破裂或铆钉松动。

（4）新换的摩擦片太厚，未进行自由行程调整。

（5）从动盘花键孔与变速器一轴花键轴卡滞。

（6）离合器液压操纵机构漏油、有空气进入或油量不足。

（7）发动机支撑胶磨损或损坏，发动机曲轴与变速器输入轴不同轴。

3. 诊断与排除

（1）检查离合器踏板自由行程。如果自由行程过大则进行调整。对于液压操纵机构，检查是否储液罐中油量不足或管路中有空气，并进行必要的排除。

（2）检查膜片弹簧内端高度。如果膜片弹簧高度太低或不在同一平面，则应进行调整。

（3）检查从动盘是否翘曲变形，是否铆钉脱落，从动盘是否轴向运动卡滞等。如果是，则进行更换或修理。

[技师指导] 当自由间隙调节螺母调到尽头后，仍不能换挡，则很可能是膜片弹簧的分

离指变软造成的。

三、起步发抖

1. 现象

汽车用低速挡起步时，按操作规程逐渐放松离合器踏板并缓慢踩下加速踏板，离合器不能平稳接合且产生抖振，严重时甚至整车产生抖振现象。

2. 原因

（1）膜片弹簧内端不处在同一平面上。

（2）从动盘或压盘翘曲变形，飞轮工作端面的端面圆跳动严重。

（3）从动盘摩擦片厚度不均匀、有油污、烧焦、表面不平整、表面硬化、铆钉头露出、铆钉松动或切断、波形弹簧片损坏。

（4）膜片弹簧疲劳，甚至有的膜片弹簧折断或开裂。

（5）从动盘上的缓冲片破裂或减振弹簧疲劳、折断。

（6）发动机支架、变速器、飞轮、飞轮壳等的固定螺栓松动。

（7）分离轴承套筒与导管有油污、尘腻等，使分离轴承不能回位。

3. 诊断与排除

（1）检查离合器踏板、分离轴承等回位是否正常。如果正常，则继续检查。

（2）检查发动机支架、变速器、飞轮、飞轮壳等的固定螺栓是否松动。如果松动，则紧固螺栓；否则，继续检查。

（3）检查膜片弹簧的内端是否在同一平面上。如果是，则继续检查。

（4）检查压盘、从动盘是否变形，铆钉是否松动、外露，压紧弹簧的弹力是否不在允许范围内。如果是，则更换或修理。

四、离合器异响

1. 现象

离合器分离或接合时发出不正常的响声。

2. 原因

（1）分离轴承缺少润滑剂，造成干磨或轴承损坏。

（2）分离轴承与分离杠杆内端之间无间隙。

（3）分离轴承套筒与导管之间有油污、尘腻等或分离轴承回位弹簧与踏板回位弹簧疲劳、折断、脱落，使分离轴承回位不佳。

（4）从动盘花键孔与其花键轴配合松旷。

（5）从动盘减振弹簧退火、疲劳或折断。

（6）从动盘摩擦片铆钉松动或铆钉头外露。

3. 诊断与排除

（1）稍稍踩下离合器踏板，使分离轴承与分离杠杆接触，如果有“沙沙”响声，则为分离轴承有异响；如果加油后仍有响声，则说明分离轴承磨损过度、松旷或损坏，应更换分离轴承。

（2）踩下、抬起离合器踏板，如果出现间断的碰撞声，说明分离轴承前后有窜动，应更换分离轴承回位弹簧。

（3）连续踩下踏板，如果离合器刚接合或刚分开时有响声，则说明从动盘铆钉松动或外露，应更换从动盘。

第三章

手动变速器原理与检修

第一节　变速器基本知识

一、变速器的功用

输入转速和输出转速的比值称为速比或传动比。

能够改变速比（传动比）的装置称为变速器。驾驶员通过改变换挡杆位置，改变变速器内部的速比值，从而改变变速器输出的扭矩。

［技师指导］ 速度变化和速比是完全不同的，发动机转速是可以改变的，但发动机只有转速输出，无转速输入，所以只能称为调速器，不能称为变速器。

二、换挡杆

图 3-1 所示为两轴、三轴变换器换挡手柄，功能如下所述。

图 3-1　两轴、三轴变速器换挡手柄

1. 前进挡

通常所说的变速器几挡是不包括倒挡的，6 挡变速器速比有 6 个前进速比，多数最高挡为超速挡，即速比小于 1，对于货车最高挡速比可能就是 1，不再设超速挡。6 个速比需要 6 对（或 6 副）齿轮来实现。

2. 倒挡 R

倒挡用 R 表示（R 为英文 Reverse 的首字母），挂入倒挡时发动机的旋转方向从前往后看为顺时针方向（本田车系除外）。为了实现汽车的向后行驶，变速器中设置了倒挡，在结构上增加了倒挡惰轴。

3. 空挡 N

空挡用 N 表示（N 为英文 Neutral 的首字母），在发动机启动、怠速运转、变速器换挡、汽车滑行和暂时停车等情况下，都需要中断发动机的动力传递，因此，变速器中设有空挡。

重型汽车通常采用四轴式变速器，变速器由主变速器和副变速器两部分构成。换挡手柄如图 3-2 所示，换挡手柄上的按钮在上部时为高挡区位置，副变速器为直接输出；当按钮在下部时为副变速器减速输出。

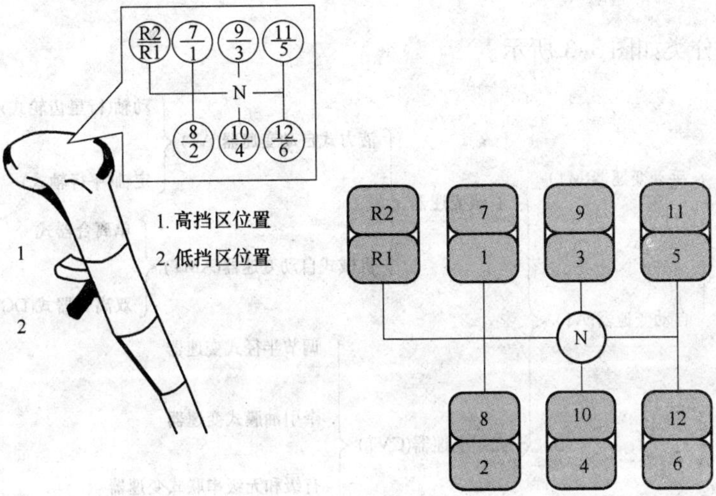

图 3-2　四轴手动变速器换挡手柄解释

三、汽车使用变速器的目的

发动机功率的提升主要靠发动机转速的提升来实现，因为汽车上发动机怠速转矩到最大转矩的变化范围很小，这与汽车实际需要大扭矩的行驶状况是不相适应的，对于轿车发动机，转矩要经传动系放大 20 ~ 40 倍才能驱动汽车行驶（通常变速器 1 挡速比为 4 ~ 5，主减速器速比为 5 ~ 8）。

汽车之所以能行驶，主要靠驱动桥内部的主减速器，其次才靠变速器。但由于主减速器结构简单，速比固定，且不用驾驶员去控制，所以它的功劳总被人们忽视。

现代变速器有增大最大传动比同时减小最小传动比的趋势，这样变速范围更宽、汽车性能更好。

1. 保证行驶时发动机转速波动范围小

传动系统的速比等于主减速器速比与变速器速比的乘积。若变速器只有一个大的速比，则汽车起步时动力强劲，但行驶起来的最高车速受发动机最高转速限制而无法实现车速要求。若变速器只有一个小的速比，汽车的最高车速可以实现，但起步行驶困难。因此变速器的速比要使发动机的转矩变化和转速变化适应汽车实际行驶的要求，变速器可以通过不同的挡位来达到这一目的。

2. 节省燃油和降低发动机噪声

变速器每次加挡时发动机会因负荷突然增大而转速下降，所以只能靠驾驶员通过慢抬离合器，把负荷缓慢加到发动机上。换挡后随车速升高，发动机转速也升高，气缸内燃料燃烧的能量在发动机高转速时推活塞的力变小，或理解为有劲使不上，发动机动力不能得到充分发挥。为了充分发挥发动机的有用功率，驾驶员就得通过加挡来压制发动机转速的提高以节省燃油和降低发动噪声。

四、汽车变速器分类

汽车变速器分类如图 3-3 所示。

- 汽车变速器分类
  - 手动变速器(MT)
  - 自动变速器(AT)
    - 有级变速器
      - 液力式自动变速器(AT)
        - 动轴(行星齿轮式)
        - 定轴(平行轴式)
      - 机械式自动变速器(AMT)
        - 单离合器式
        - 双离合器式(DCT)
    - 无级变速器(CVT)
      - 调节半径式变速器
      - 牵引油膜式变速器
      - 有级和无级串联式变速器
      - 电动机调节的无级变速器

图 3-3　汽车变速器分类

实际上，在变速器的第三级和第四级分类中，每种变速器还可以在不同分类方式上进行细分，本节只针对手动变速器进行细分。

五、手动变速器分类

手动变速器包括齿轮变速机构和操纵机构两大部分。齿轮变速机构的主要作用是改变齿轮的速比和方向；操纵机构是在驾驶员的操纵手柄（换挡手柄）控制下来实现改变速比的。

手动变速器一般可以按照变速器轴数、操纵方式和锁止机构布置方式进行分类。

1. 按变速器轴数分类

齿轮变速机构是变速器的主体，按壳体内轴的数量可分为轿车的二轴式变速器、轻中型货车的三轴式变速器、重型货车的四轴式变速器（这种变速器也称主、副箱变速器）三种。其中变速器壳体内倒挡轴是不计入变速器轴数内的。

2. 按变速器操纵方式分类

手动变速器操纵机构按照变速操纵杆（简称变速杆）和变速器之间位置的不同，可分为直接操纵式和远距离操纵式两种。

3. 按变速器锁止机构布置方式分类

按锁止机构布置方式分为拨叉轴布置和换挡轴布置两种。直接操纵式变速器大多为拨叉轴布置式，现已淘汰；换挡轴布置式的应用较为普遍，远距离操纵式变速器大多为换挡轴布置式。

第二节　齿轮传动

一、传动比/速比

1. 传动比 i 和变扭比 K

在纯机械传动中，速比 i 和变扭比 K 相等。速比增大，输出速度变慢，扭矩变大，本质上是在输入端增加了距离、输出端增加了扭矩。普通齿轮变速器是利用不同齿数的齿轮啮合传动来实现转矩和转速的改变的。齿轮传动型式如图 3-4 所示。

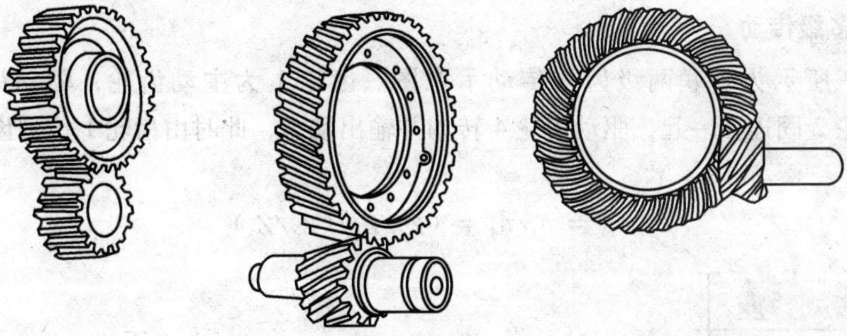

（a）　　（b）　　（c）

图 3-4　齿轮传动型式

（a）直齿圆柱齿轮传动；（b）斜齿圆柱齿轮传动；（c）双曲面齿轮传动

齿轮传动的基本原理如图 3-5 所示。一对齿数不同的齿轮啮合传动时，可以实现变速，而且两齿轮的转速比与其齿数成反比。设主动齿轮转速为 n_1，齿数为 Z_1；从动齿轮转速为 n_2，齿数为 Z_2，传动比（速比）用字母 i 表示。

由齿轮 1 传到齿轮 2 的传动比为

$$i_{12} = n_1/n_2 = Z_2/Z_1$$

当小齿轮为主动齿轮，带动大齿轮转动时，输出转速降低，称为减速传动，此时传动比 $i>1$，如图 3-5（a）所示；大齿轮驱动小齿轮时，输出转速升高，即 $i<1$，称为增速传动，此时实现升速降扭，如图 3-5（b）所示，这就是齿轮传动的变速原理。汽车变速器就是根据这一原理，利用若干大小不同的齿轮副传动来实现变速的。

2. 连续传动

如图 3-6 所示为齿轮连续传动示意图。齿轮 1 为主动齿轮，齿轮 2 为惰轮，齿轮 3 为从动齿轮，此时由齿轮 1 传到齿轮 3 的传动比为

$$i_{13} = n_1/n_3 = Z_3/Z_1$$

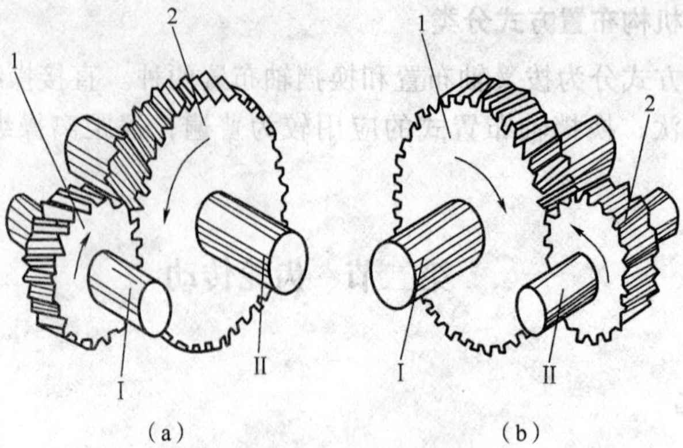

图 3-5　齿轮传动的基本原理

(a) 减速传动；(b) 增速传动

Ⅰ—输入轴；Ⅱ—输出轴；1—主动齿轮；2—从动齿轮

从公式可以看出，连续传动与中间齿轮（惰轮）的齿数无关，惰轮只起传力和换向作用。

3. 串联多级传动

如图 3-7 所示为串联两级齿轮传动示意图。齿轮 1 为主动齿轮，驱动齿轮 2 转动，齿轮 3 与齿轮 2 固连在一起，驱动齿轮 4 转动并输出动力，此时由齿轮 1 传到齿轮 4 的传动比为

$$i_{14} = n_1/n_4 = (Z_2/Z_1)(Z_4/Z_3)$$

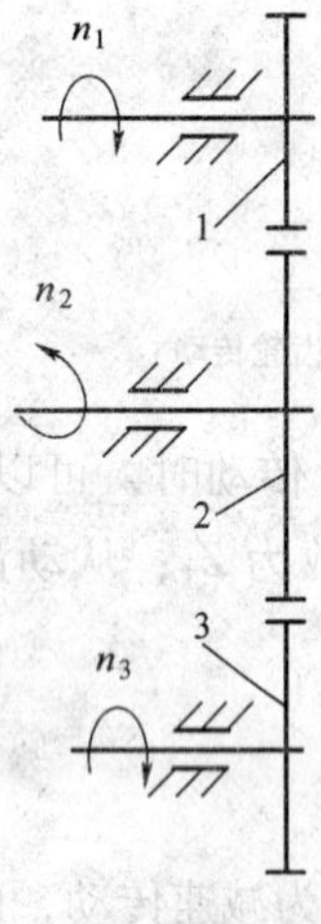

图 3-6　齿轮连续传动示意图

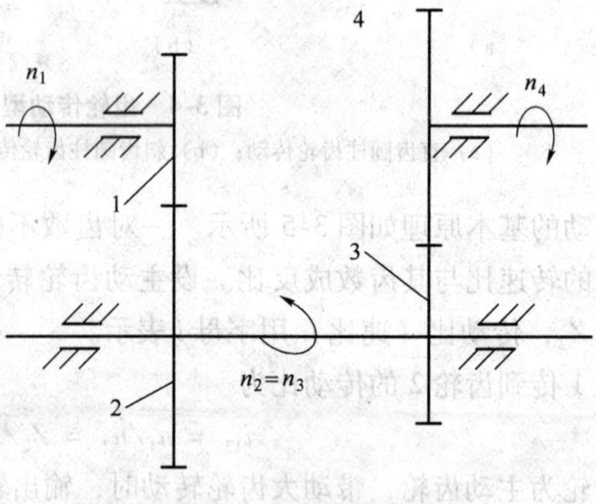

图 3-7　串联两级传动

理论知识补充：在输入功率不变的情况下，省力要费距离，增加距离就省力。在实际生活中总围绕动力机械和传动机械做功，力臂是固定值，力和扭矩成正比例。理论力学中功率计算是转矩乘以角速度，即：

$$P = T \times \omega$$

其中，P 为功率（Power），单位为 W；T 为扭矩或转矩（Torque），单位为 N · m；ω 为每秒钟转过的弧度，单位为 rad/s。但在工程计算中转速单位通常为 r/min，用 n 表示；扭矩 T 用

M 表示，单位为 N·m，这样换算后 $P = Mn/9\,550$，单位为 kW。

在上述表述中，若功率不变，转速和转矩成反比例变化，所以变速器的大速比有增扭的作用，小速比有减扭的作用。

二、齿轮故障

1. 轮齿折断

在工作过程中，轮齿齿根部受较大的交变弯曲应力，并且齿根圆角及切削刀痕产生应力集中。当齿根弯曲应力超过材料的弯曲疲劳极限时，轮齿在受拉一侧将产生疲劳裂纹，随着裂纹的逐渐扩展，最终导致轮齿疲劳折断（如图 3-8 所示）。齿宽较小的直齿轮常发生整齿折断；齿宽较大的直齿轮，因制造装配误差易产生载荷偏置一端，导致局部折断。斜齿轮及人字齿轮的接触线是倾斜的，也容易产生局部折断。轮齿受到短期过载或冲击载荷的作用时，有可能发生过载折断。

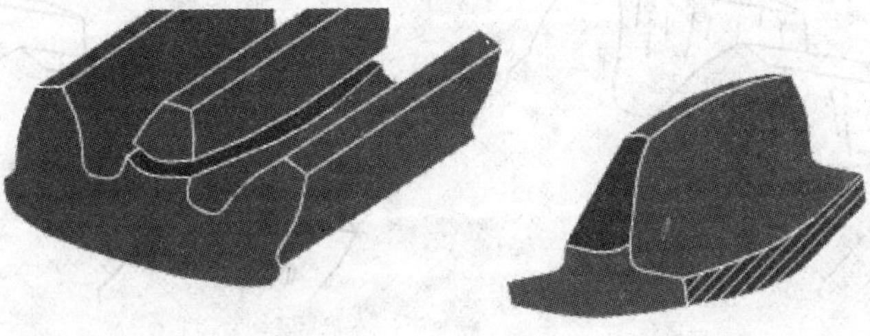

图 3-8　齿轮断齿

2. 齿面疲劳点蚀

齿轮工作时，在循环变化的接触应力、齿面摩擦力及润滑剂的反复作用下，轮齿表面或次表层出现疲劳裂纹，裂纹逐渐扩展，导致齿面金属剥落形成麻点状凹坑，这种现象称为齿面疲劳点蚀。齿面疲劳点蚀首先出现在齿面节线偏齿根侧，这是因为节线附近齿面相对滑动速度小，油膜不易形成，摩擦力较大；节线处同时参与啮合的轮齿对数少，接触应力大。点蚀逐渐扩展，会产生振动和噪声，甚至不能正常工作而失效。

软齿面（≤350 HBS）的新齿轮，开始会出现少量点蚀，但随着齿面的跑合，点蚀不再继续扩展，这种点蚀称为收敛性点蚀（如图 3-9 所示）。硬齿面（＞350 HBS）齿轮，不会出现局限性点蚀，一旦出现点蚀就会继续扩展，称为扩展性点蚀（如图 3-10 所示）。

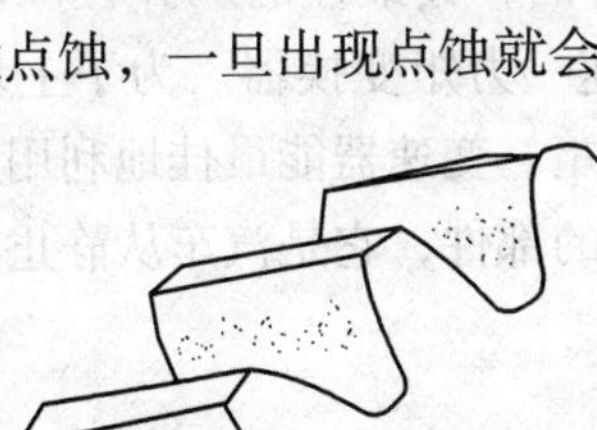

图 3-9　收敛性点蚀

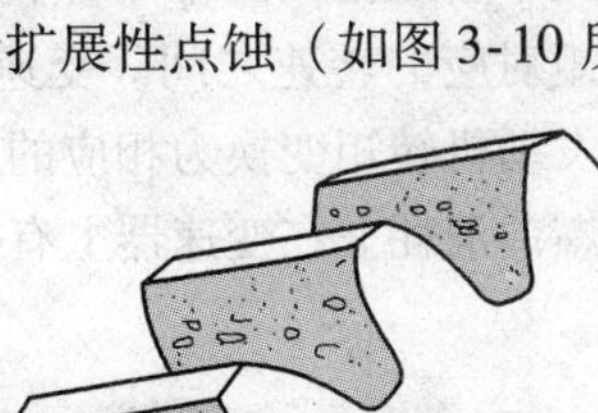

图 3-10　扩展性点蚀

对于润滑良好的闭式齿轮传动，点蚀是主要的失效形式。而在开式传动中，由于齿面磨损较快，故一般不会出现点蚀。

3. 齿面磨损

由于粗糙齿面的摩擦或有砂粒、金属屑等磨料落入齿面之间，将引起齿面磨损。磨损引起齿廓变形和齿厚变薄，产生振动和噪声，甚至因轮齿过薄而断裂。磨损是开式齿轮传动的主要失效形式。采用闭式齿轮传动、提高齿面硬度、降低齿面粗糙度值、注意保持润滑油清洁等，都有利于减轻齿面磨损。

4. 齿面胶合

高速重载齿轮传动时，因齿面间压力大、相对滑动速度大，在啮合处摩擦发热多，产生瞬间高温，使油膜破裂，造成齿面金属直接接触并相互黏着，然后随着齿面的相对运动，又将粘接金属撕落，使齿面形成条状沟痕，产生齿面热胶合（如图 3-11 所示）。低速重载齿轮传动时（$v \leqslant 4$ m/s），由于啮合处局部压力很高，使油膜破裂而黏着，产生齿面冷胶合（如图 3-12 所示）。齿面胶合会引起振动和噪声，导致齿轮失效。

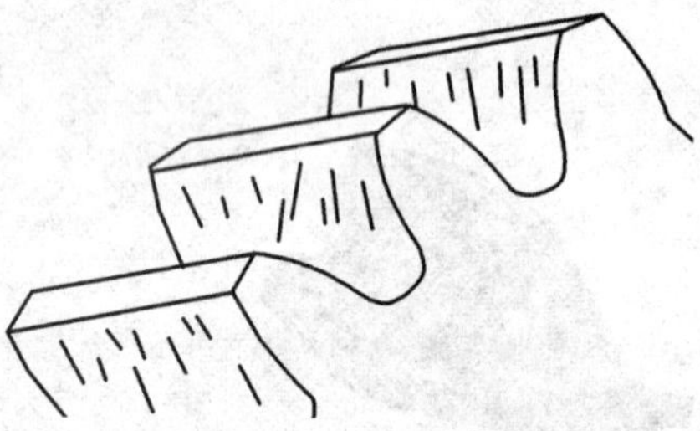

图 3-11　齿面热胶合

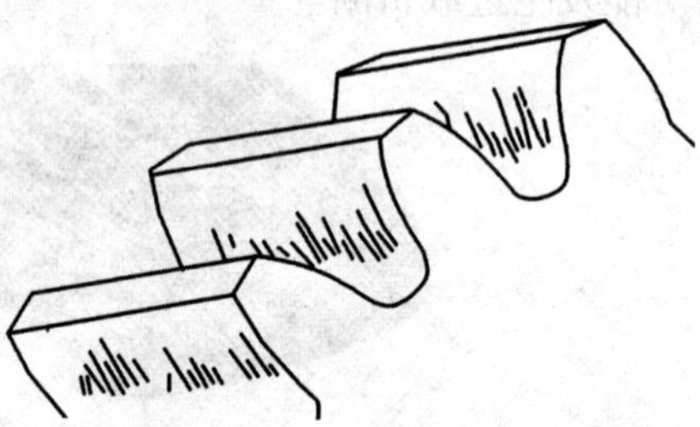

图 3-12　齿面冷胶合

5. 齿面塑性变形

用较软齿面材料制造的齿轮，在承受重载的传动中，由于摩擦力的作用，齿面表层材料沿摩擦力的方向发生塑性变形，主动轮齿面节线处产生凹坑，从动轮齿面节线处产生凸起。提高齿面硬度和润滑油黏度，可以减轻齿面塑性变形或防止齿面塑性变形的产生。

第三节　同步器及其检修

内燃机在整个转速范围内不是等转矩和等功率运转的，其最佳的“弹性”转速在标定转速和最大转矩对应的转速之间。变速器实质上是转速—力矩变换器。为了上坡和加速行驶，变速器将发动机转矩变换为相应的、汽车所需的力矩。变速器能最佳地利用发动机功率和优化发动机燃油消耗。在变速器上有一个使汽车起步的部件，它是汽车从静止状态到运动状态所必需的。

一、同步器的功用

同步器的功用是使接合套与待啮合的齿圈迅速同步，以缩短换挡时间，并且防止在同步前啮合而产生换挡冲击。同步器是在接合套换挡的基础上进一步发展起来的。

二、同步器的结构和工作原理

目前所采用的同步器几乎都是摩擦式惯性同步器，按锁止装置不同，可分为锁环式惯性同步器和锁销式惯性同步器。

1. 锁环式惯性同步器

1）结构

锁环式惯性同步器的结构如图 3-13 所示，接合套 1 内部与花键毂 3 配合，滑块 2 数量为三个，位于花键毂的三个槽中，并由定位弹性圈 10 对三个滑块进行定位。花键毂 3 端部和黄铜制成的锁环 4（同步环）配合。锁环外部有短花键齿圈，花键齿 5 和接合套内花键 11 的齿相同。锁环的花键齿在靠近接合套 1 的一侧有倒角（锁止角），与接合套齿端的倒角相同，花键齿 5 在锁环侧有倒角。在锁环内锥面 9 上制有细密的螺纹（或直槽），当内锥面 9 与外锥面 7 接触后，它能及时破坏油膜，增加锥面间的摩擦力。锁环内锥面摩擦副称为摩擦件，在齿轮 6 和外锥面 7 之间的带倒角的齿圈是锁止件，锁环上还有三个均布的缺口。三个滑块 2 分别装在花键毂 3 上三个均布的轴向槽内，沿槽可以轴向移动。三个滑块被两个弹性圈 10 的径向力压向接合套，三个滑块中部的凸起部位压嵌在接合套内缘的三个环槽内。滑块和弹簧是推动件，三个滑块两端伸入锁环 4 的三个缺口中，滑块窄，缺口宽，两者之差等于锁环的花键齿宽。锁环相对滑块顺转和逆转都只能转动 1/2 个齿宽，且只有当滑块位于锁环缺口的中央时，接合套与锁环才能接合。

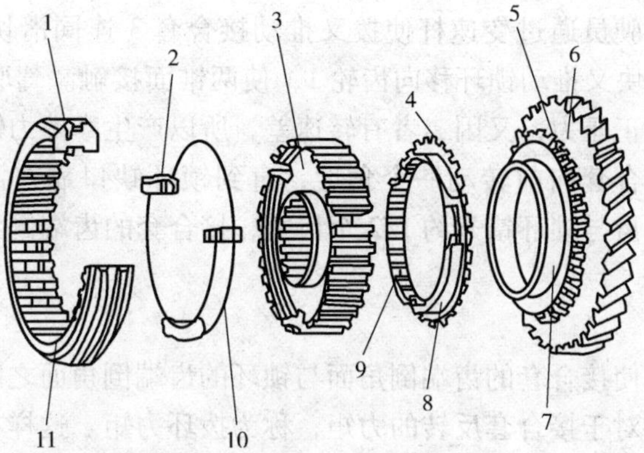

图 3-13　锁环式惯性同步器结构

1—接合套；2—滑块；3—花键毂；4—锁环；5—花键齿；6—换挡齿轮；
7—锁环外锥面；8—锁环；9—锁环内锥面；10—定位弹性圈；11—接合套内花键

同步器的作用是协调输入与输出轴的转速，并促使其进行同步，所以它的好坏对车辆平顺性的影响很大，特别是在挡位较低的一挡和二挡，同步器更是直接影响了车辆起步时舒适性和动力性能的发挥。如图 3-14 所示，基于以上原因，通常在一挡和二挡上设计两个锁环同步器，由于圆锥环的面积约增加了 2 倍，从而使得同步性能提升了 50%，换挡力度也相应地减少了一半。

2）工作原理

下面以二挡换三挡为例，说明锁环式同步器的工作原理。

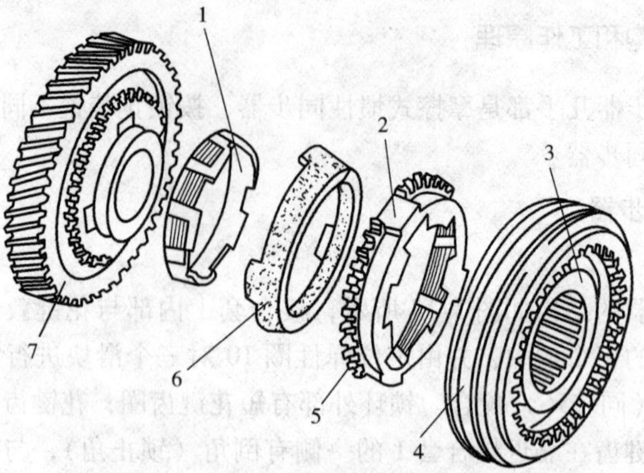

图 3-14　进一步加速同步速度的外锥环和内同步环

1—内同步锁环；2—同步锁环；3—花键毂；4—接合套；

5—同步锁环花键槽；6—外同步锁环；7—换挡齿轮

（1）空挡位置。

接合套 3 刚从二挡退入空挡时，如图 3-15（a）所示，待啮合齿轮 1、接合套 3、锁环 4 以及与其有关联的运动件，因惯性作用而沿原方向继续旋转（图示箭头方向）。由于齿轮 1 是高挡齿轮（相对于二挡齿轮来说），所以接合套 3、锁环 4 的转速低于齿轮 1 的转速。

（2）挂挡。

欲换入三挡时，驾驶员通过变速杆使拨叉推动接合套 3 连同滑块 2 一起向左移动，如图 3-15（b）所示，滑块又推动锁环移向齿轮 1，使两锥面接触。驾驶员作用在接合套上的轴向推力，使两锥面有正压力，又因二者有转速差，所以产生摩擦力矩。通过摩擦作用，齿轮 1 带动锁环相对于接合套向前转动一个角度，直到锁环缺口靠在滑块的另一侧（上侧）为止，此时接合套的内齿与锁环错开约 1/2 个齿宽，接合套的齿端倒角面与锁环的齿端倒角面互相抵住。

（3）锁止。

驾驶员的轴向推力使接合套的齿端倒角面与锁环的齿端倒角面之间产生正压力，从而形成一个企图拨动锁环相对于接合套反转的力矩，称为拨环力矩。这样在锁环上同时作用着方向相反的摩擦力矩和拨环力矩，同步器的结构参数可以保证在同步前（存在摩擦力矩）拨环力矩始终小于摩擦力矩。因此，在同步之前无论驾驶员施加多大的操纵力，都不会挂上挡，即产生锁止作用，如图 3-15（c）所示。

（4）同步啮合。

随着驾驶员施加于接合套上的推力加大，摩擦力矩不断增加，使齿轮 1 的转速迅速降低。当齿轮 1、接合套 3 和锁环 4 达到同步时，作用在锁环上的摩擦力矩消失。此时在拨环力矩的作用下，锁环 4、齿轮 1 以及与之相连的各零件都相对于接合套反转一个角度，滑块 2 处于锁环缺口的中央，键齿不再抵触，锁环的锁止作用消除。接合套压下弹簧圈继续左移（滑块脱离接合套的内环槽而不能左移），与锁环的花键齿圈进入啮合，进而再与齿轮 1 进入啮合，如图 3-15（d）所示，换入三挡。

锁环式同步器尺寸小，结构紧凑，摩擦力矩也小，多用于乘用车和轻型货车中。

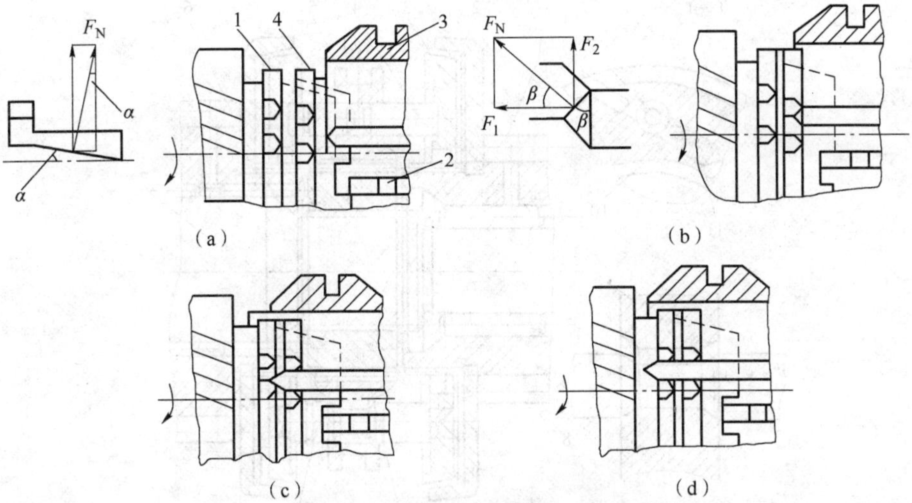

图 3-15　锁环式同步器工作原理

（a）空挡位置；（b）挂挡；（c）锁止；（d）同步啮合

1—待啮合齿轮；2—滑块；3—接合套；4—锁环（同步环）

2. 锁销式惯性同步器

1）结构

大中型货车普遍采用锁销式惯性同步器，下面以五挡变速器的四挡、五挡同步器为例简要介绍锁销式惯性同步器。锁销式惯性同步器的结构如图 3-16 所示。

两个带有内锥面的摩擦锥盘 2 以其内花键分别固装在带有接合齿圈的齿轮 1 和 6 上，随齿轮一起转动。两个有外锥面的摩擦锥环 3 用其上圆周均布的三个锁销 8、三个定位销 4 与接合套 5 装在一起。定位销与接合套的相应孔是滑动配合，定位销中部切有一小段环槽，接合套钻有斜孔，内装弹簧 11，把钢球 10 顶向定位销中部的环槽，使接合套处于空挡位置，定位销随接合套能轴向移动。定位销两端伸入两摩擦锥环 3 内侧面的弧线形浅坑中，定位销与浅坑有周向间隙，锥环相对接合套在一定范围内做周向摆动。锁销中部环槽的两端和接合套相应孔两端切有相同的倒角；锁销与孔对中时，接合套才能沿锁销轴向移动；锁销两端铆接在锥环相应的孔中。两个锥环、三个锁销、三个定位销和接合套构成一个部件，套在花键毂 9 的齿圈上。

2）工作原理

锁销式惯性同步器的工作原理与锁环式惯性同步器类似。换挡时接合套受到拨叉的轴向推力作用，通过钢球 10、定位销 4 推动摩擦锥环 3 向前移动。因摩擦锥环与锥盘有转速差，故接触后的摩擦作用使锥环和锁销相对于接合套转过一个角度，锁销与接合套上相应孔的中心线不再同心，锁销中部倒角与接合套孔端的锥面相抵触。在同步前，作用在摩擦面的摩擦力矩总大于拨销力矩，接合套被锁止不能前移，防止在同步前接合套与齿圈进入啮合。同步后摩擦力矩消失，拨销力矩使锁销、摩擦锥盘和相应的齿轮相对于接合套转过一个角度，锁销与接合套的相应孔对中，接合套克服弹簧 11 的张力压下钢球并沿锁销向前移动，完成换挡。

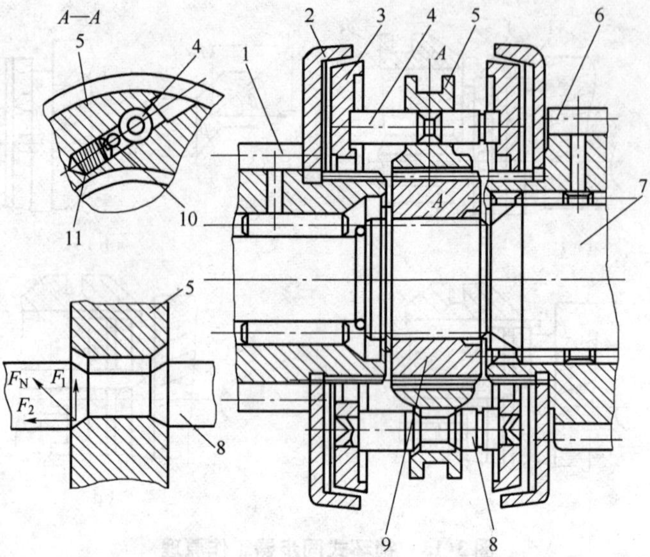

图 3-16　锁销式惯性同步器结构

1—一轴齿轮；2—摩擦锥盘；3—摩擦锥环；4—定位销；5—接合套；6—二轴四挡齿轮；7—二轴；8—锁销；9—花键毂；10—钢球；11—弹簧

第四节　变速器的力传递

一、二轴式变速器的齿轮变速机构

二轴式变速器，一轴作为输入轴，另一轴作为输出轴，对于前置前驱汽车，变速器内部增加驱动桥，此时变速器也称为变速驱动桥，称输入轴转速与主减速器输出的转速之比为总速比。

二轴式变速器驱动桥中主减速器的类型决定了是发动机横置前驱还是纵置前驱。当主减速器采用锥齿轮传动时为纵置前驱，采用圆柱齿轮传动时为横置前驱。前置发动机有纵向布置和横向布置两种形式，与其配用的二轴式变速器也有两种不同的结构形式。发动机横置时，主减速器采用一对圆柱齿轮，如捷达 02K、宝来 02J 和速腾 0A4 等五挡手动变速器轿车；发动机纵置时，主减速器为一对锥齿轮，如奥迪 100、桑塔纳 2000 轿车。

1. 发动机纵向布置的二轴式变速器

图 3-17 和图 3-18 所示分别为红旗轿车发动机纵向布置的二轴式变速器传动机构的结构和示意图。

1）结构

该变速器的齿轮变速机构有输入轴和输出轴，两轴平行布置，输入轴也是离合器的从动轴，输出轴也是主减速器的主动锥齿轮轴。该变速器具有五个前进挡和一个倒挡，全部采用锁环式惯性同步器换挡。输入轴上有一挡至五挡主动齿轮，其中一挡、二挡主动齿轮与轴制成一体，三挡、四挡、五挡主动齿轮通过滚针轴承空套在轴上。输入轴上还有倒挡主动齿轮，它与轴制成一体。三挡、四挡同步器和五挡同步器也装在输入轴上。输出轴上有一挡至

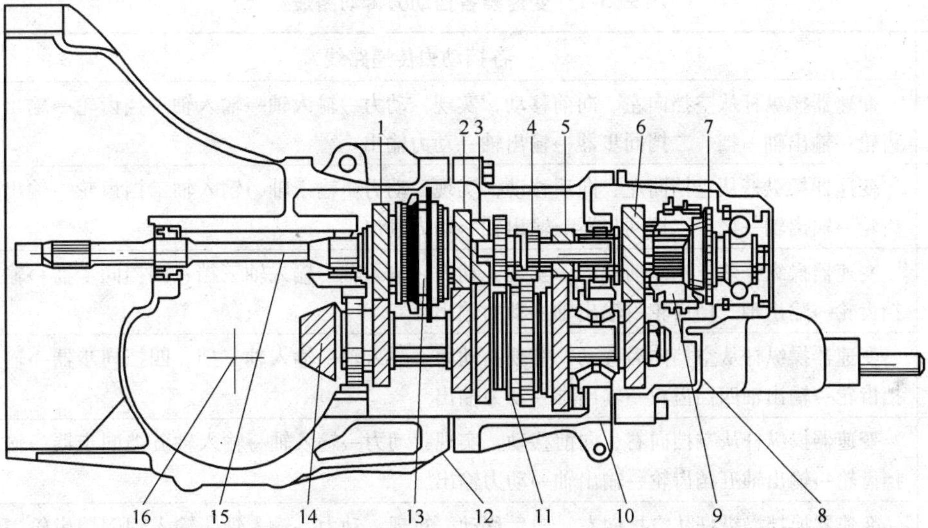

图 3-17　红旗轿车发动机纵向布置二轴式变速器传动机构结构图

1—四挡齿轮；2—三挡齿轮；3—二挡齿轮；4—倒挡齿轮；5—一挡齿轮；6—五挡齿轮；7—五挡运行齿环；8—换挡机构壳体；9—五挡同步器；10—齿轮箱体；11—一、二挡同步器；12—变速器壳体；13—三、四挡同步器；14—输出油（主减速器主动锥齿轮）；15—输入轴；16—差速器

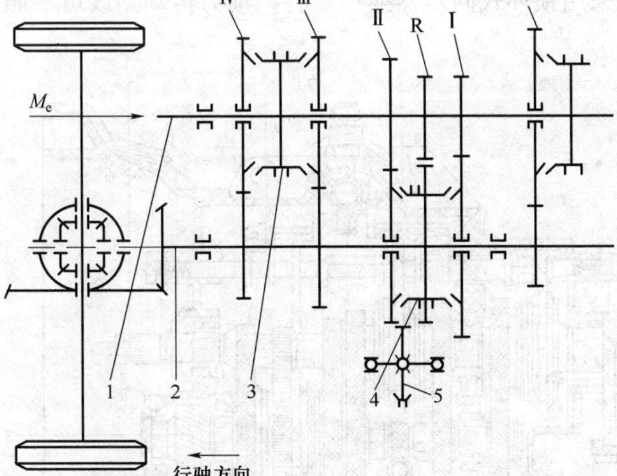

图 3-18　红旗轿车发动机纵向布置二轴式变速器传动机构示意图

1—输入轴；2—输出油；3—三、四挡同步器；4—一、二挡同步器；5—倒挡中间齿轮；

Ⅰ，Ⅱ，Ⅲ，Ⅳ，Ⅴ—一、二、三、四、五挡齿轮；R—倒挡齿轮

五挡从动齿轮，其中一挡、二挡从动齿轮通过滚针轴承空套在轴上，三挡、四挡、五挡从动齿轮通过花键套装在轴上。一挡、二挡同步器也装在输出轴上。在变速器壳体的右端还装有倒挡轴，上面通过滚针轴承套装有倒挡中间齿轮。

2）各挡动力传动路线

变速器各挡动力传动路线见表 3-1。

表 3-1 变速器各挡动力传动路线

挡位	各挡动力传递路线
一挡	变速器操纵杆从空挡向左、向前移动，实现：动力→输入轴→输入轴一挡齿轮→输出轴一挡齿轮→输出轴一挡、二挡同步器→输出轴→动力输出
二挡	变速器操纵杆从空挡向左、向后移动，实现：动力→输入轴→输入轴二挡齿轮→输出轴二挡齿轮→输出轴一挡、二挡同步器→输出轴→动力输出
三挡	变速器操纵杆从空挡向前移动，实现：动力→输入轴→输入轴三挡、四挡同步器→输入轴三挡齿轮→输出轴三挡齿轮→输出轴→动力输出
四挡	变速器操纵杆从空挡向后移动，实现：动力→输入轴→输入轴三挡、四挡同步器→输入轴四挡齿轮→输出轴四挡齿轮→输出轴→动力输出
五挡	变速器操纵杆从空挡向右、向前移动，实现：动力→输入轴→输入轴五挡同步器→输入轴五挡齿轮→输出轴五挡齿轮→输出轴→动力输出
倒挡	变速器换挡操纵杆从空挡向右、向后移动，实现：动力→输入轴→输入轴倒挡齿轮→倒挡轴上倒挡齿轮→输出轴倒挡齿轮→输出轴→动力反向输出

2. 发动机横向布置的二轴式变速器

发动机横向布置的二轴式变速器结构如图 3-19 所示，所有前进挡齿轮和倒挡齿轮都采用常啮合斜齿轮，并采用锁环式同步器换挡。各挡动力传动路线可参照发动机纵向布置的二轴式变速器自行分析。

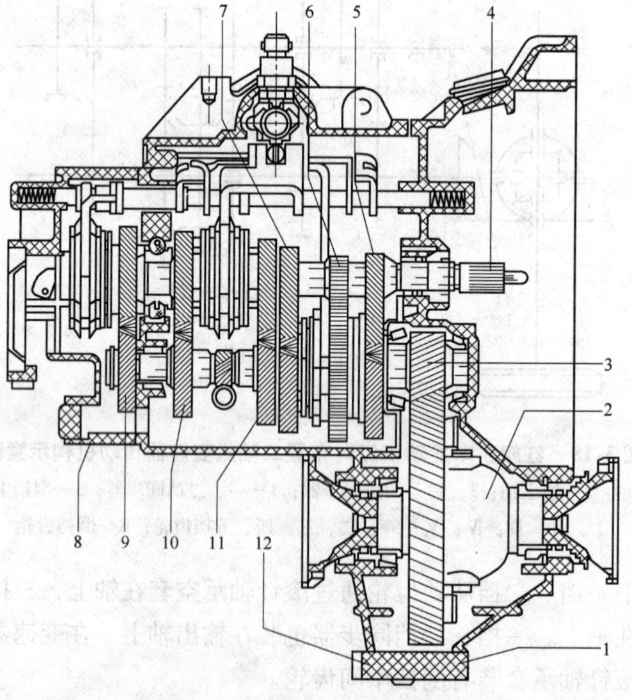

图 3-19 发动机横向布置的二轴式变速器结构（宝来、高尔夫 02K 型）

1—离合器壳体；2—差速器壳体；3—二轴（输出轴）；4—一轴（输入轴）；5—一挡主动齿轮；6—倒挡主动齿轮；7—二挡主动齿轮；8—变速器壳体罩盖；9—五挡从动齿轮；10—四挡从动齿轮；11—三挡从动齿轮；12—变速器壳体

二、三轴式变速器的齿轮变速机构

三轴式变速器用于发动机前置后轮驱动的汽车。三轴式变速器结构简图如图3-20所示，它有三根主要的传动轴，一轴、二轴和中间轴，所以称为三轴式变速器，另外还有倒挡轴。

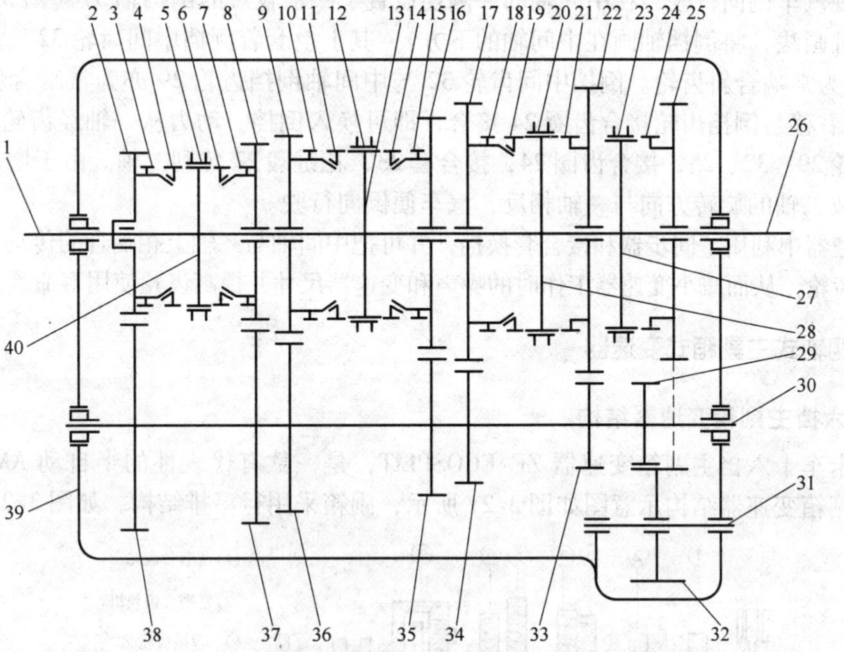

图3-20 三轴式变速器结构简图

1—一轴；2—一轴常啮合传动齿轮；3—第一轴齿轮接合齿圈；4—六挡同步器锁环；5，12，20，23—接合套；6—五挡同步器锁环；7—五挡齿轮接合齿圈；8—第二轴五挡齿轮；9—第二轴四挡齿轮；10—四挡齿轮接合齿圈；11—四挡同步器锁环；13，27，28，40—花键毂；14—三挡同步器锁环；15—三挡齿轮接合齿圈；16—二轴三挡齿轮；17—二轴二挡齿轮；18—二挡齿轮接合齿圈；19—二挡同步器锁环；21—一挡齿轮接合齿圈；22—二轴一挡齿轮；24—倒挡齿轮接合齿圈；25—二轴倒挡齿轮；26—二轴；29—中间轴倒挡齿轮；30—中间轴；31—倒挡轴；32—倒挡中间齿轮；33—中间轴一挡齿轮；34—中间轴二挡齿轮；35—中间轴三挡齿轮；36—中间轴四挡齿轮；37—中间轴五挡齿轮；38—中间轴常啮合传动齿轮；39—变速器壳体

该变速器为六挡变速器，各挡传动情况如下：当一轴旋转时，通过齿轮2带动中间轴及其上的各齿轮旋转。由于齿轮8、9、16、17、22和25是空套在第二轴上的，故第二轴不能被驱动。

欲挂上一挡，可操纵变速杆，通过拨叉使接合套20右移，与一挡齿轮接合齿圈21接合后，动力便可从第一轴依次经齿轮2、38，中间轴，齿轮33、22，接合齿圈21，接合套20，花键毂28，再通过花键连接传给二轴。欲脱开一挡，可通过拨叉使接合套20左移，使接合套与接合齿圈21脱离啮合，则变速器退回空挡位置。

若将接合套20继续左移使之与二挡同步器锁环19的接合齿圈和二挡齿轮接合齿圈18接合后，变速器便从一挡换入了二挡。此时动力从一轴依次经齿轮2、38，中间轴，齿轮34、17，接合齿圈18，接合套20，花键毂28，最后传给二轴。

同理，使接合套12右移到与三挡齿轮接合齿圈15接合，则可得到三挡。使接合套12左移到与四挡齿轮接合齿圈10接合，便可换入四挡。使接合套5右移到与五挡齿轮接合齿圈 7 接合，则可换入五挡。

若使接合套 5 左移到与一轴齿轮接合齿圈 3 接合，则换入六挡，此时动力从一轴经齿轮 2、一轴齿轮接合齿圈 3、接合套 5 和花键毂 40 直接传给二轴，而不再经过中间轴齿轮传动，故这种挡位称为直接挡。

为实现汽车倒向行驶，在中间轴的一侧还设置了一根较短的倒挡轴 31（图 3-20 中按惯例采用展开画法，将倒挡轴画在中间轴的下方），其上空套着倒挡中间齿轮 32，它与二轴倒挡齿轮 25 为常啮合斜齿轮。倒挡中间齿轮 32 与中间轴倒挡齿轮 29 亦为常啮合斜齿轮。使接合套 23 右移与倒挡齿轮接合齿圈 24 接合，即可换入倒挡。动力从一轴经齿轮 2、38，中间轴，齿轮 29、32、25，接合齿圈 24，接合套 23，花键毂 27 传到二轴。由于增加了一个中间齿轮，故二轴的旋转方向与一轴相反，汽车便倒向行驶。

在变速器中利用了同步器和接合套换挡，并可把中间轴与二轴上相啮合的传动齿轮制成常啮合的斜齿轮，从而减小变速器工作时的噪声和变速器尺寸并提高齿轮使用寿命。

三、四轴式主副箱式变速器

1. 十六挡主副箱变速器结构

重型卡车十六挡主副箱变速器 ZF-ECOSPLIT，是一款有代表性的半自动 AMT 变速器。十六挡主副箱变速器结构示意图如图 3-21 所示，副箱采用行星排结构，如图 3-22 所示。

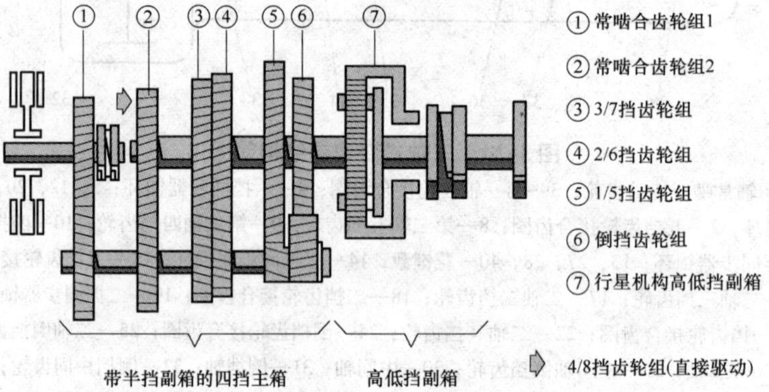

图 3-21　十六挡主副箱变速器结构示意图

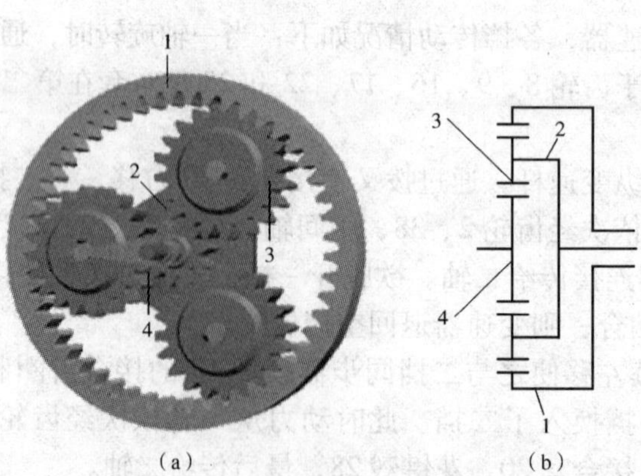

图 3-22　行星排结构图和示意图

1—内齿圈；2—行星架；3—行星轮；4—太阳轮

2. 高低挡副箱行星排工作原理

高低挡副箱行星排工作原理：行星齿轮机构中太阳轮作为动力输入，输出状态有两种，第一种情况是低挡时内齿圈固定，行星架输出，属于低速挡输出；第二种情况是行星架和齿圈锁在一起，太阳轮、行星架和内齿圈三者被锁成一体，转速同步，属于高速挡输出。

3. 变速器的16个前进挡和2个倒挡工作原理

16个前进挡的变速器示意图如图3-23所示，其工作原理如下：

一挡：a接合套左移，e接合套左移，c接合套右移，动力经Z1—Z0—G1/5—Z5—c接合套—太阳轮传给行星架（内齿圈不动）。

二挡：a接合套左移，e接合套左移，c接合套左移，动力经Z1—Z0—G2/6—Z4—c接合套—太阳轮传给行星架（内齿圈不动）。

三挡：a接合套左移，e接合套左移，b接合套右移，动力经Z1—Z0—G3/7—Z3—b接合套—太阳轮传给行星架（内齿圈不动）。

四挡：a接合套左移，e接合套左移，b接合套左移，动力经Z1—Z0—G4/8—Z2—b接合套—太阳轮传给行星架（内齿圈不动）。

五挡：a接合套右移，e接合套左移，c接合套右移，动力经a接合套—Z2—G4/8—G1/5—Z5—c接合套—太阳轮传给行星架（内齿圈转动）。

六挡：a接合套右移，e接合套左移，c接合套左移，动力经a接合套—Z2—G4/8—G2/6—Z4—c接合套—太阳轮传给行星架（内齿圈转动）。

七挡：a接合套右移，e接合套左移，b接合套右移，动力经a接合套—Z2—G4/8—Z3—b接合套—太阳轮传给行星架（内齿圈转动）。

八挡：a接合套右移，e接合套左移，b接合套左移，动力经a接合套—Z2—b接合套—太阳轮传给行星架（内齿圈转动）。

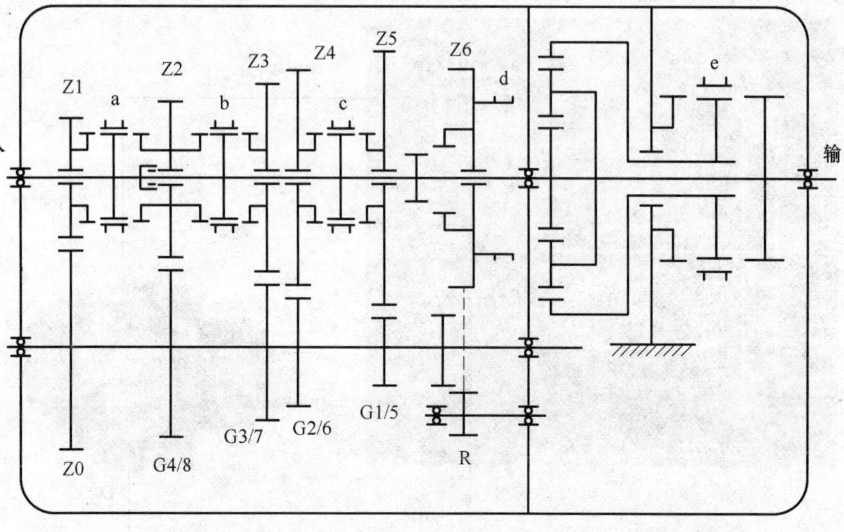

图3-23 16个前进挡变速器示意图（虚线表示两齿轮之间有啮合关系）

低倒挡：d 接合套左移，e 接合套左移，d 接合套左移，动力经 Z1—Z0—R—Z6—太阳轮传给行星架（内齿圈不动）。

高倒挡：a 接合套右移，e 接合套左移，d 接合套左移，动力经 Z1—Z0—R—Z6—太阳轮传给行星架（内齿圈不动）。

以上前进挡为低 8 挡，左侧 4 挡为低半挡，右侧 4 挡为高半挡，如图 3-24 所示。主箱接合套位置不变，通过抬起换挡手柄下的高、低半挡选择钮，控制副箱 e 接合套右移，内齿圈和行星架作为输出，即高 8 挡。倒挡在副箱全是低挡，主箱形成低倒挡和高倒挡。

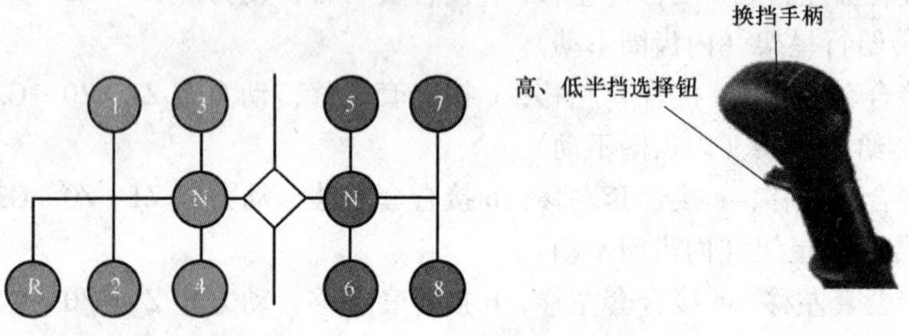

图 3-24　双 H 换挡变速器手柄

4. 双 H 换挡

驾驶员踩离合器踏板和操纵选挡、换挡过程中，由于在主箱中低 4 挡和高 4 挡用的元件基本相同，差别仅在于 a 接合套右移还是左移。a 接合套左移是低 4 挡，右移为高 4 挡。因此手柄在由左侧 H 换至右侧 H 时应将 a 接合套右移为高 4 挡。

图 3-25 所示为双 H 换挡气动控制，当换挡杆处于左 H 3、4 挡中间的空挡位置时，B 被压进去，来自储气筒的气经 GP 阀 C 口出来，到达 GP 气缸的活塞右侧，推动活塞左移，带动拨叉挂入低挡。当换挡杆处于右 H 5、6 挡之间的空挡位置时，A 被压入，来自储气筒的气经 GP 阀 D 口出来，到达 GP 气缸的活塞左侧，推动活塞右移，带动拨叉挂入高挡。

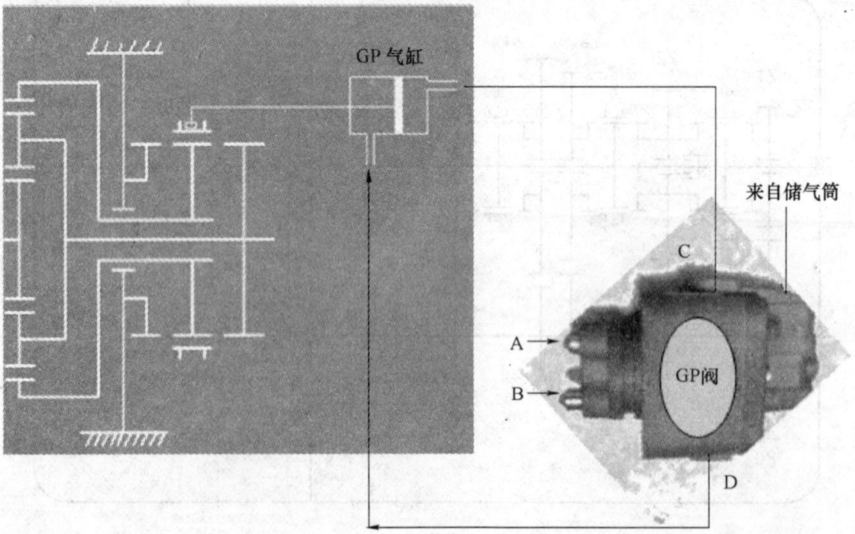

图 3-25　双 H 换挡气动控制

第五节　手动变速器操纵机构

手动变速器操纵机构的功用是保证驾驶员能准确可靠地将变速器挂入所需要的挡位，并可随时退至空挡。

有的书中将手动变速器操纵机构按照变速操纵杆（变速杆）位置的不同，分为直接操纵式和远距离操纵式两种类型，不过直接操纵式和远距离操纵式本身作为分类类型不具有太大的实际意义。而变速器操纵机构一般都具有换挡锁装置，包括自锁装置、互锁装置和倒挡锁装置，这三锁保证了变速器在任何情况下都能准确、安全、可靠地工作，所以本书以三锁的布置方式进行分类，分为拨叉轴布置式和换挡轴布置式。

一、拨叉轴布置式

这种形式的变速器布置在驾驶员座椅附近，变速杆由驾驶室底板伸出，驾驶员可以直接操纵，多用于发动机前置后轮驱动的车辆。如图 3-26 所示，中型货车六挡变速器操纵机构就采用这种形式。

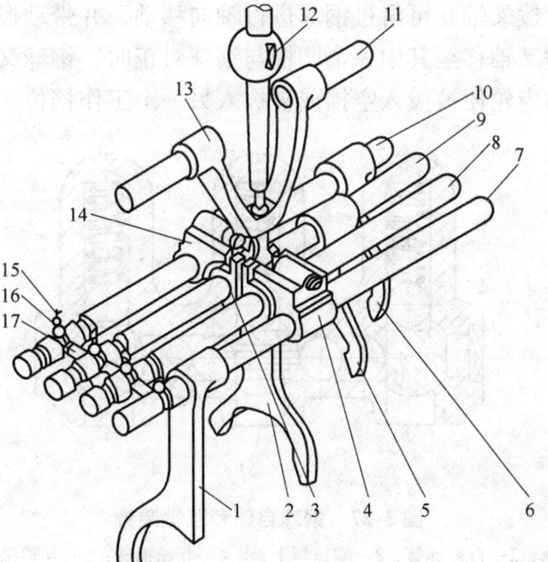

图 3-26　中型货车六挡变速器操纵机构

1—五挡、六挡拨叉；2—三挡、四挡拨叉；3—一挡、二挡拨块；4—五挡、六挡拨块；5—一挡、二挡拨叉；6—倒挡拨叉；7—五挡、六挡拨叉轴；8—三挡、四挡拨叉轴；9—一挡、二挡拨叉轴；10—倒挡拨叉轴；11—换挡轴；12—变速杆；13—叉形拨杆；14—倒挡拨块；15—自锁弹簧；16—自锁钢球；17—互锁销

拨叉轴 7、8、9 和 10 的两端均支承于变速器盖的相应孔中，可以轴向滑动。所有的拨叉和拨块都以弹性销固定于相应的拨叉轴上。三挡、四挡拨叉 2 的上端带有拨块。拨叉 2 和拨块 3、4、14 的顶部制有凹槽。变速器处于空挡时，各凹槽在横向平面内对齐，叉形拨杆 13 下端的球头即伸入这些凹槽中。选挡时可使变速杆绕其中部球形支点横向摆动，则其下端推动叉形拨杆 13 绕换挡轴 11 的轴线摆动，从而使叉形拨杆下端球头对准与所选挡位对应的拨块凹槽，

然后使变速杆纵向摆动，带动拨叉轴及拨叉向前或向后移动，即可实现挂挡。例如，横向摆动变速杆使叉形拨杆下端球头深入拨块3顶部凹槽中，拨块3连同拨叉轴9和拨叉5沿纵向向前移动一定距离，便可挂入二挡；若向后移动一段距离，则挂入一挡。当使叉形拨杆13下端球头深入拨块14的凹槽中，并使其向前移动一段距离时，便可挂入倒挡。

各种变速器由于挡位数及挡位排列位置不同，其拨叉和拨叉轴的数量及排列位置也不相同。

1. 钢球自锁装置形式

自锁装置用于防止变速器自动脱挡或挂挡，并保证轮齿以全齿宽啮合。大多数变速器的锁止装置都是采用自锁钢球对拨叉轴进行轴向定位锁止的。如图3-27所示，在变速器盖中钻个深孔，孔中装入自锁钢球和自锁弹簧，其位置正处于拨叉轴的正上方，每根拨叉轴对着自锁钢球1表面沿轴向设有三个凹槽，槽的深度小于钢球的半径。中间的凹槽对正钢球时为空挡位置，前边或后边的凹槽对正钢球时则处于某一个工作挡位置，相邻凹槽之间的距离保证齿轮处于全齿长啮合或是完全退出啮合。凹槽对正钢球时，钢球便在自锁弹簧的压力作用下嵌入该凹槽内，拨叉的轴向位置便被固定，不能自行挂挡或自行脱挡。当需要换挡时，驾驶员通过变速杆对拨叉轴施加一定的轴向力，克服自锁弹簧的压力而将自锁钢球从拨叉轴凹槽中挤出并推回孔中。拨叉轴6可滑过钢球进行轴向移动，并带动拨叉及相应的接合套或滑动齿轮轴向移动，当拨叉轴移至其中一个凹槽与钢球对正时，钢球又被压入凹槽，此时拨叉所带动的接合套或滑动齿轮便被拨入空挡或被拨入另一个工作挡位。

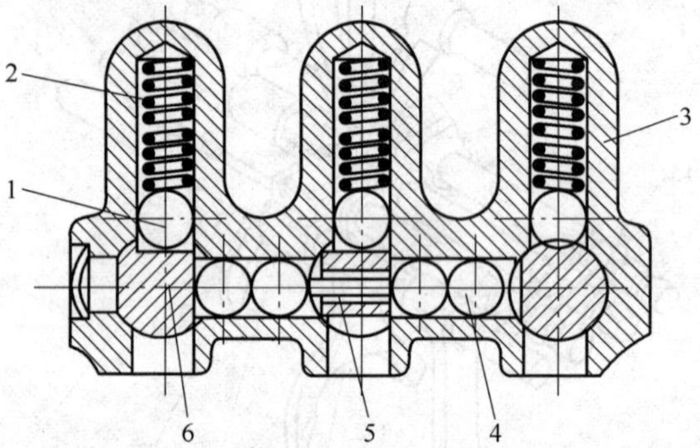

图3-27　钢球自锁和互锁装置

1—自锁钢球；2—自锁弹簧；3—变速器上盖；4—互锁钢球；5—互锁销；6—拨叉轴

2. 钢球互锁装置形式

互锁装置用于防止同时挂上两个挡位。如图3-28所示，互锁装置由互锁钢球和互锁销等组成。

当变速器处于空挡时，所有拨叉轴的侧面凹槽同互锁钢球、互锁销在一条直线上。当移动中间拨叉轴3时，如图3-28（a）所示，轴3两侧的内钢球从其侧面凹槽中被挤出，而两互锁钢球2和4则分别嵌入拨叉轴1和拨叉轴5的侧面凹槽中，因而将拨叉轴1和拨叉轴5刚性地锁止在空挡位置。若欲移动拨叉轴5，则应先将拨叉轴3退回到空挡位置。于是在移动拨叉轴5时，钢球4便从拨叉轴5的凹槽中被挤出，同时通过互锁销6和其他钢球将拨叉轴3和拨叉轴1均锁止在空挡位置，如图3-28（b）所示。同理，当移动拨叉轴1时，则拨叉轴3和拨叉轴5被锁止在空挡位置，如图3-28（c）所示。由此可知，互锁装置工作的机理是当驾驶员用变速杆推动某一拨叉轴时，自动锁止其余拨叉轴，从而防止同时挂入两个挡位。

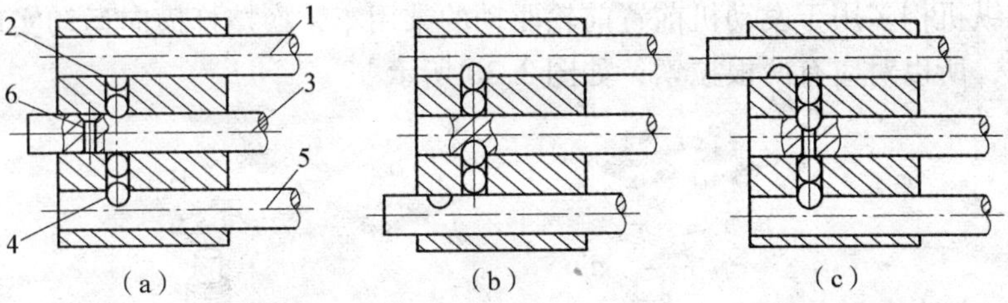

图3-28　互锁装置工作示意图

（a）拨叉轴1和拨叉轴5锁止；（b）拨叉轴3和拨叉轴1锁止；（c）拨叉轴3和拨叉轴5锁止

1，3，5—拨叉轴；2，4—互锁钢球；6—互锁销

3. 倒挡锁装置形式

倒挡锁装置用于防止误挂倒挡。图3-29所示为常见的锁销式倒挡锁装置。当驾驶员想挂倒挡时，必须用较大的力使变速杆4下端压缩倒挡锁弹簧2，将锁销推入锁销孔内，才能使变速杆下端进入倒挡拨块3的凹槽中进行换挡。由此可见，倒挡锁的作用是使驾驶员必须对变速杆施加更大的力，才能挂入倒挡，起到警示注意作用，以防误挂倒挡。

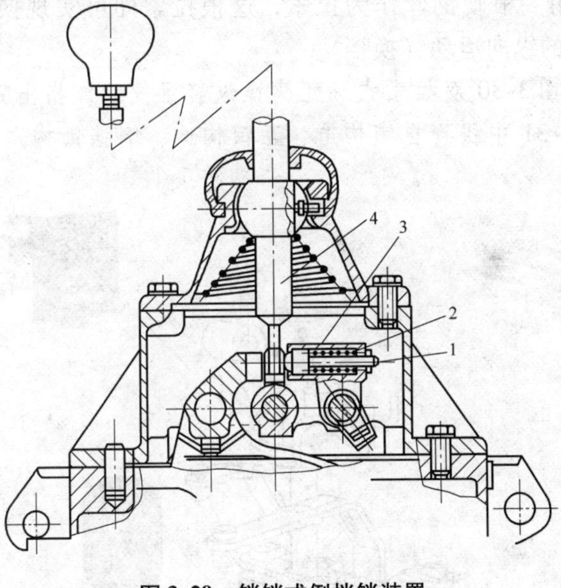

图3-29　锁销式倒挡锁装置

1—倒挡锁销；2—倒挡锁弹簧；3—倒挡拨块；4—变速杆

［**完成任务**］进行一次直接操纵式换挡机构自锁、互锁、倒挡锁的拆装。

二、换挡轴布置式

［**技师指导**］直接操纵式的变速器自锁、互锁通常在各根拨叉轴上采用弹簧钢球式，倒挡锁设计在倒挡拨叉轴拨块上。而远距离操纵式的自锁、互琐和倒挡锁可设计在选挡换挡轴上；也有自锁、互锁设计在选挡换挡轴上、倒挡锁在壳体上的。改进换挡锁装置，将换挡轴

的滑动摩擦改为滚动摩擦，以及提高低挡时的速度等是先进手动变速器努力的方向。

1. 换挡锁装置

远距离操纵机构多用于发动机前置前轮驱动的乘用车，换挡杆横向运动实现选挡，纵向运动实现换挡，所以对应有两根拉索，如图 3-30 所示。

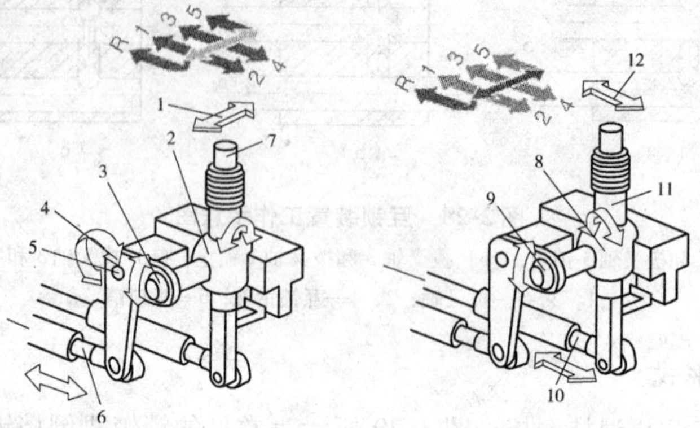

图 3-30　双拉索式远距离操纵装置

1—选挡动作；2，8—换挡杆球轴承；3，9—导向球；4—导向杆；5—导向销；6—选挡拉索；7，11—换挡杆；10—换挡拉索；12—换挡动作

但有一些汽车采用一根硬钢丝作为拉索，这根拉索即可实现换挡轴的轴向运动（选挡），也可实现换挡轴的纵向运动（换挡）。

［**完成任务**］根据图 3-30 双拉索式远距离操纵装置提示，指出哪些箭头为选挡，哪些箭头为换挡。请在图 3-31 中找到自锁构造、互锁构造、倒挡锁构造、选挡和换挡摆动头、换油倒挡锁止销。

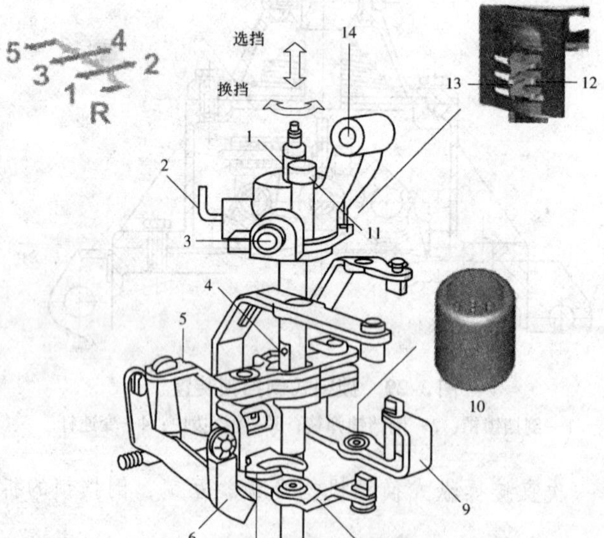

图 3-31　大众速腾 0A4 变速器换挡轴图

1—选挡换挡轴；2—倒挡锁止销（换变速器油时使用）；3—内部有弹簧钢球式自锁；4—倒挡锁钢球；5—异形拨叉轴；6—5 挡拨叉；7—倒挡拨叉；8—1、2 挡拨叉；9—3、4 挡拨叉；10—滚针轴承；11—通气孔；12—互锁槽；13—互锁销；14—换挡拉索孔

第六节　宝来、高尔夫 02K 变速器结构和拆装关键点

［**技师指导**］仅仅学习变速器的传动路线还远远不够，对于机械专业的学生来说，必须掌握机械总成的拆卸和装配技能，特别是装配技能中的调整技能，这是技术技能的核心，是学生未来谋生的手段。变速器拆装学习要点：掌握变速器元件名称和作用；能正确分解变速器；清洗后，通过目视（有光线要求）、手试、测量等查找出有故障的变速器元件；正确更换损坏的元件；能正确调整轴承松紧度和轴的窜动量，记住："有圆锥滚子轴承就要注意调松紧度，球轴承只检查球轴承自身的损坏，同时有轴就要考虑轴的窜动量。"会检修轴承和铜套，能进行变速器窜动量调整。完成以上这些，变速器修理就基本完成了90%的工作，余下是抬变速器到车上，保证换挡手柄和换挡轴的真实位置对应，最后是加齿轮油。

一、02K 变速器整体结构

图 3-32 所示为宝来、高尔夫 02K 两轴变速器结构。

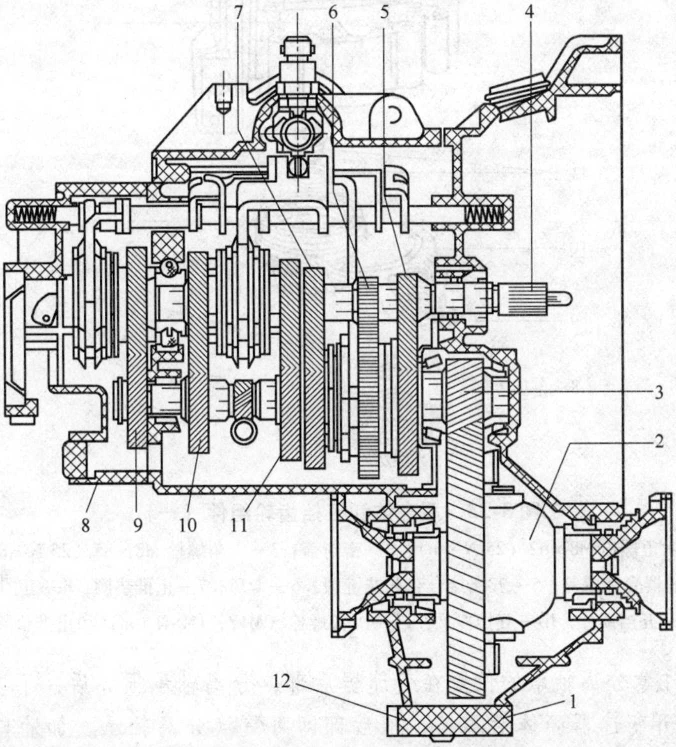

图 3-32　宝来、高尔夫 02K 两轴变速器结构

1—离合器壳体；2—差速器壳体；3—二轴（输出轴）；4—一轴（输入轴）；5—一挡主动齿轮；6—倒挡主动齿轮；7—二挡主动齿轮；8—变速器壳罩盖；9—五挡从动齿轮；10—四挡从动齿轮；11—三挡从动齿轮；12—变速器壳体

二、02K 变速器分解图

02K 变速器分解图如图 3-33 ~图 3-37 所示。根据这些图，学生可充分掌握元件位置和名称以及装配关系。

[**技师指导**] 如图 3-33 所示，在安装五挡齿轮组件时，五挡拨叉 10 和五挡接合套 5 之间的位置关系很重要，装配要保证五挡接合套 5 在挂五挡和摘五挡时能够准确到位，防止出现挂挡半接合损坏齿轮的侧齿，以及造成五挡拨叉不正常磨损接合套外环形凹槽。

[**完成任务**] 优秀的技师会针对可能磨损的地方进行检查，根据有相对运动就会产生磨损的原则，分析图 3-33 和图 3-34 中技师会主要检查什么部件。

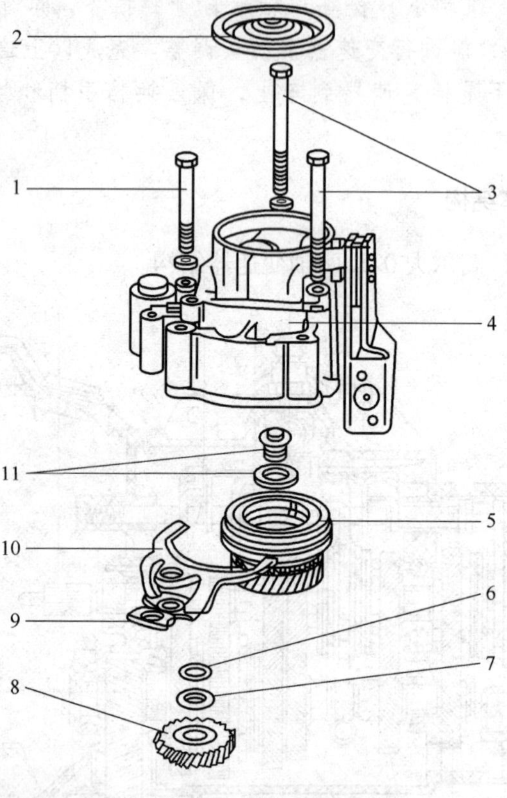

图 3-33　后壳体和五挡齿轮组件（一）

1—六角螺栓 M8×62（25 N · m）；2—密封盖；3—六角螺栓 M8×85（25 N · m）；
4—变速器壳体罩盖；5—五挡接合套和花键毂；6—卡环；7—止推垫圈；8—五挡齿轮；
9—五挡锁片；10—五挡拨叉；11—沉头螺栓（M17，150 N · m）和止推垫圈

[**技师指导**] 注意分离轴承的位置在变速器后部，分离轴承损坏后，不要抬下变速器更换分离轴承，只要拆开变速器壳体后罩盖，从后部即可更换分离轴承。加油口的位置在后罩盖上，由于是大内六角，除服务站外一般没有这个工具，可在与内六角相当的六角螺栓杆处焊一手柄，类似的大内六角全可以这样制作，成本低，几分钟即可完成，且用时方便。

[**完成任务**] 优秀的技师会针对可能磨损的地方进行检查，根据有相对运动就会产生磨损的原则，分析图 3-35 中技师会主要检查什么部件。

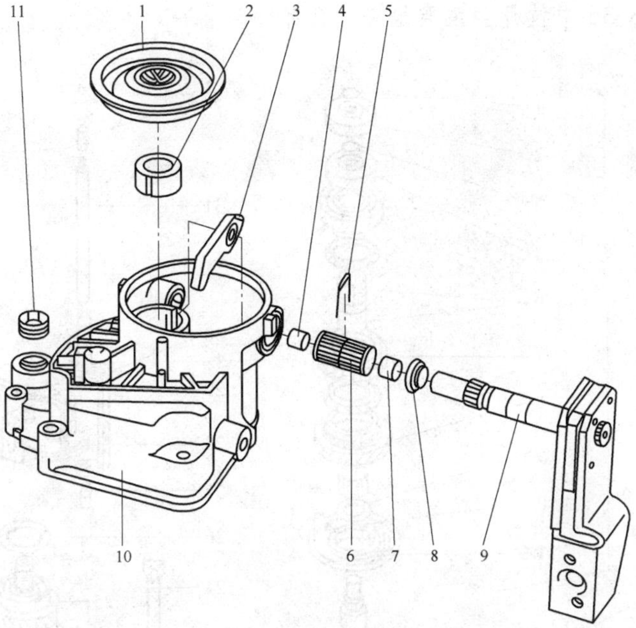

图 3-34　后壳体和五挡齿轮组件（二）

1—密封盖；2—分离轴承；3—离合器拉杆；4—小安装衬套；5—固定卡箍；6—滚针轴承；7—大安装衬套；8—油封；9—分离轴；10—变速器壳体罩盖；11—加油塞（25 N·m）

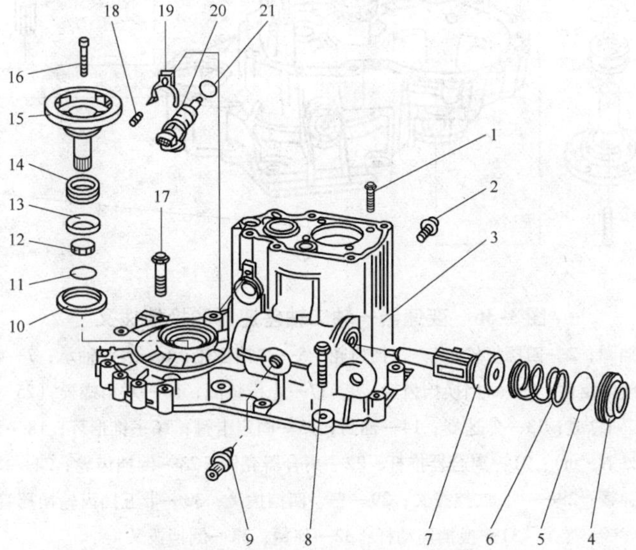

图 3-35　变速器壳体和换挡组件

1—沉头螺栓 M7×23（15 N·m）；2—螺栓（20 N·m）；3—变速器壳体；4—盖板（50 N·m）；5，21—O 形圈；6—弹簧；7—换挡轴；8—六角螺栓 M8×35（25 N·m）；9—倒车灯开关和换挡轴锁紧螺栓（20 N·m）；10—油封；11—固定卡箍；12—锥形环；13—止推垫圈；14—弹簧；15—法兰轴；16—内六角螺栓（25 N·m）；17　六角螺栓 M8×52（25 N·m）；18—车速表固定螺栓（5 N·m）；19—支架；20—车速表驱动轮

[技师指导] 半轴法兰油封是最易损坏的油封，更换这个油封只要从一侧拆下半轴和半轴法兰后，安装新油封即可，不要抬下变速器。半轴上的 11、12、13 部件的方向不要弄错。

[完成任务] 优秀的技师会针对可能磨损的地方进行检查，根据有相对运动就会产生磨

损的原则，分析图 3-36 中技师会主要检查什么部件。

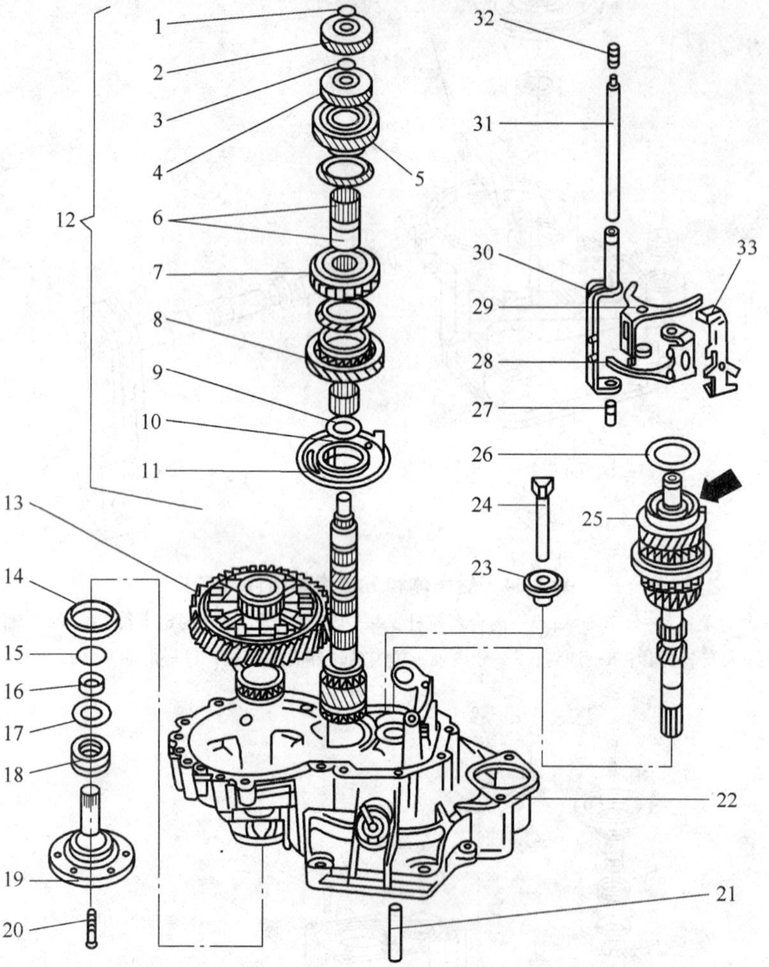

图 3-36　变速器一轴二轴差速器和换挡拨叉

1，3—弹性挡圈；2—四挡齿轮；4—三挡齿轮；5—二挡齿轮；6—滚针轴承；7—带倒挡齿轮和接合套以及花键毂的组件；8—一挡换挡齿轮；9，17—止推垫圈；10—六角螺栓（25 N · m，再加 90°）；11—轴承座；12—二轴总成；13—差速器；14—油封；15—固定卡箍；16—锥形环；18—弹簧；19—法兰轴；20—内六角螺栓（25 N · m）；21—离合器推杆；22—离合器壳体；23—倒挡齿轮；24—倒挡轴；25—一轴；26—垫片；27—弹簧；28—一、二挡拨叉；29—三、四挡拨叉；30—带五挡齿轮换挡管的五挡换挡桥；31—换挡连动杆；32—弹簧；33—倒挡拨叉

[**技师指导**] 齿轮损坏通过看即可识别；滚针和轴或孔的磨损检查在不拆变速器齿轮时，有经验的技师通过径向平移齿轮，即可判断齿轮在轴上的运动是否理想。

滚针和轴或孔磨损后，重力的作用会使齿轮向下沉，产生不正常啮合，“平推齿轮法”虽不及测量齿轮的内孔和轴的外径的方法准确，但其实际应用意义非常大，比测量齿轮的内孔和轴的外径实用得多。

如图 3-38 所示为用轴承/衬套提取器 Kukko 21/3（A）和 Kukko 21/1（B）拆出图 3-37 的滚针轴承 8，图 3-39 所示为利用专用工具 VW295 和 VW353 压入新的滚针轴承。

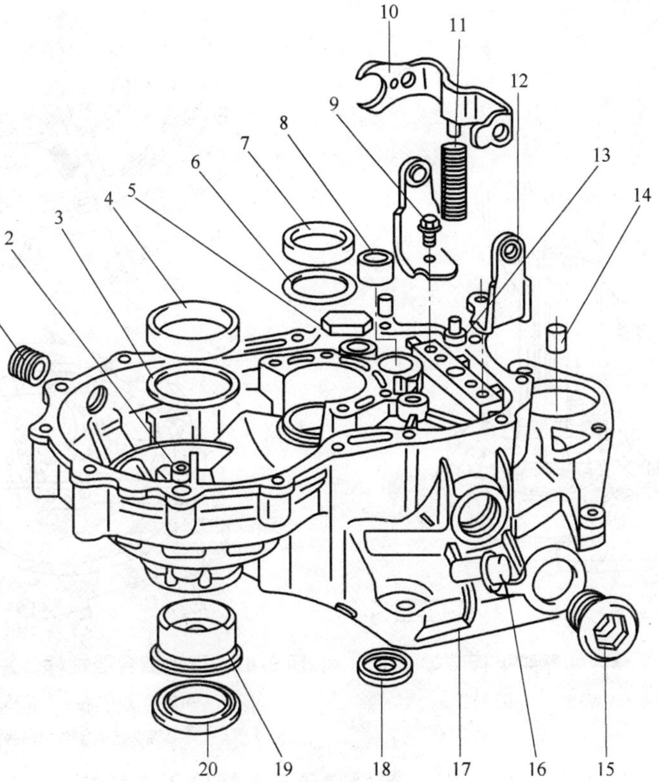

图 3-37　离合器壳体组件

1—放油螺塞（25 N · m）；2—定位套筒；3—1 mm 厚垫片 S2；4，7—圆锥滚子轴承外圈；5—磁铁；6—垫片；8—滚针轴承；9—六角螺母（25 N · m）；10—倒挡拉杆；11—弹簧；12—倒挡拉杆支架；13—滑动件；14—起动机衬套；15—密封塞；16—密封帽；17—离合器壳体；18—输入轴油封；19—衬套；20—驱动法兰油封

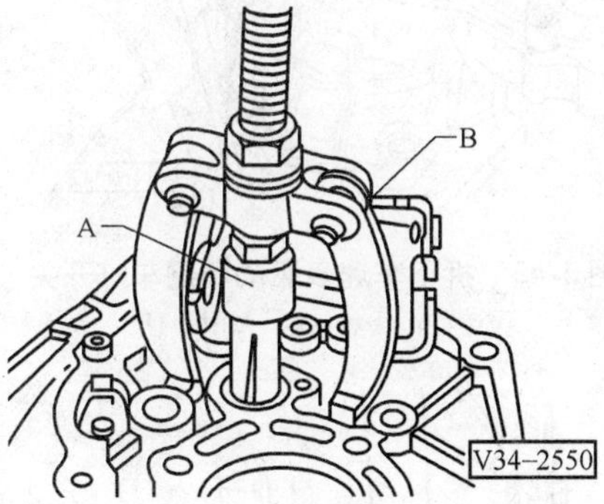

图 3-38　用轴承/衬套提取器拆出滚针轴承

A—轴承/衬套提取器 Kukko 21/3；

B—轴承/衬套提取器 Kukko 21/1

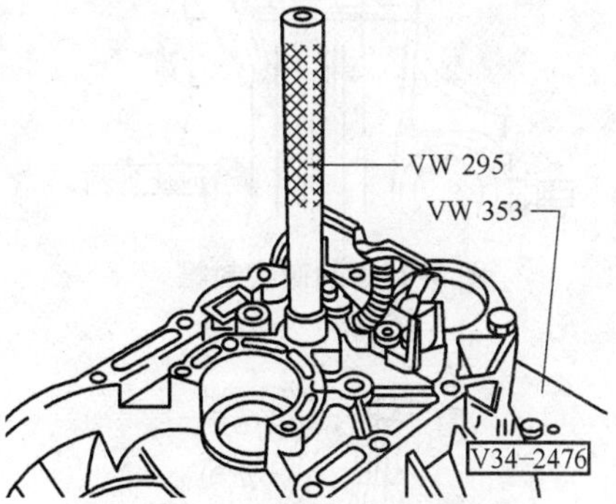

图 3-39　压入新的滚针轴承

VW295，VW353—专用工具

三、02K 变速器拆装

宝来、高尔夫 02K 手动变速器拆装如图 3-40 ~ 图 3-91 所示。

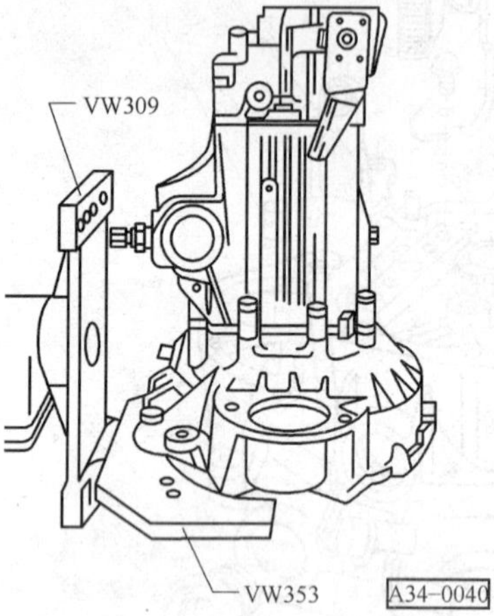

图 3-40　将变速器装上拆装架

VW309，VW353—专用工具

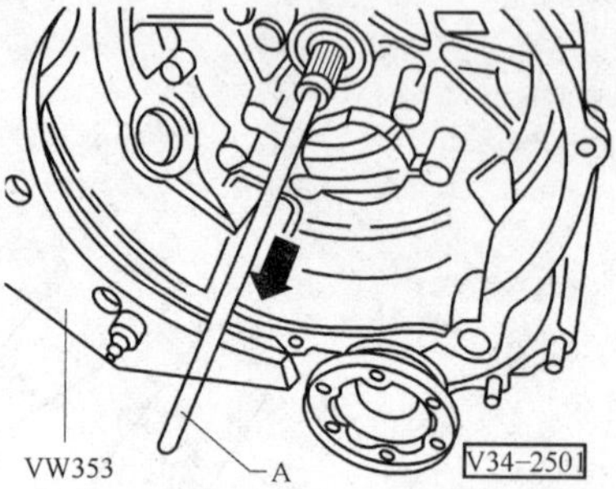

图 3-41　取出离合器推杆，并安装支撑桥顶住一轴

A—离合器推杆；VW353—专用工具；

VW295a，30-211A—支撑桥

在图 3-42 刺破密封帽 1 后，拆下密封帽和 6 个螺栓 2（壳体罩内有一个）。

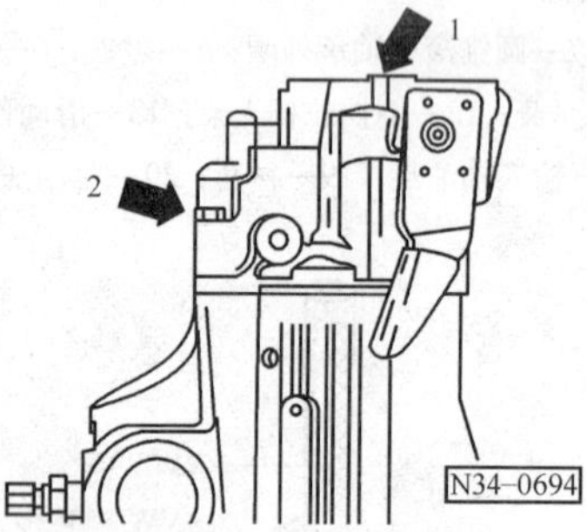

图 3-42　刺破密封帽

1—密封帽；2—螺栓

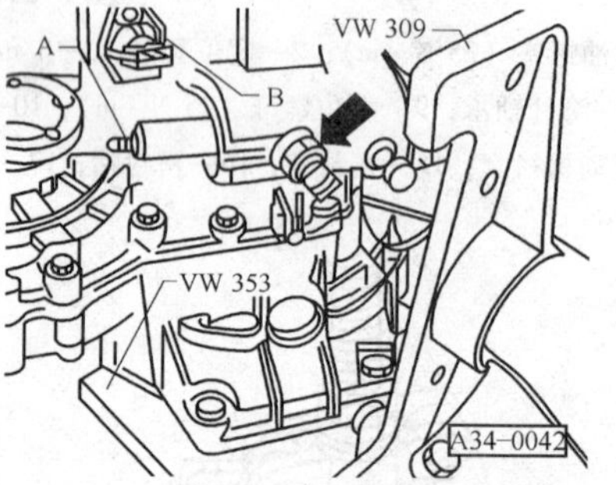

图 3-43　拆下车速表驱动和倒车灯开关

VW309，VW353—专用工具

图 3-44　拆倒车灯开关和换挡轴锁紧螺母

1—倒车灯开关；2—换挡轴锁紧螺母

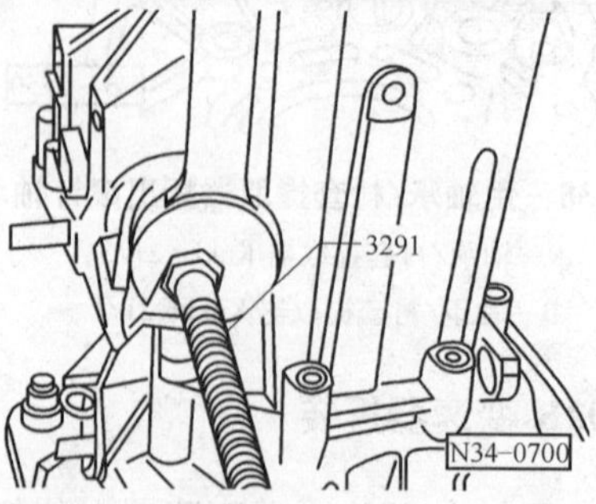

图 3-45　拆换挡轴油封后拉出换挡轴

1998 年 8 月 3 日以前，用倒车灯开关兼作换挡轴锁紧螺母用。

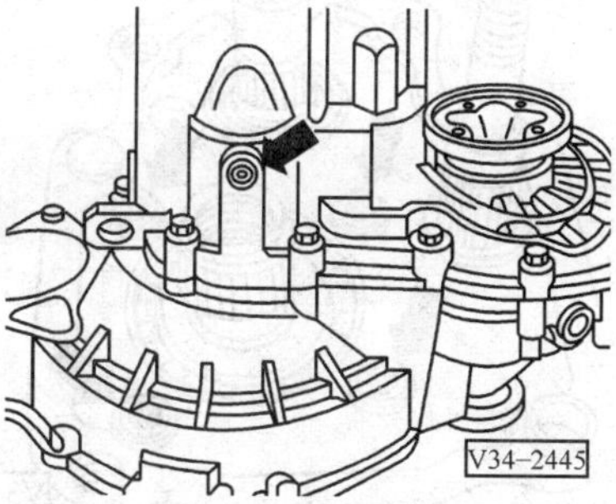

图 3-46　拆倒挡轴沉头螺栓

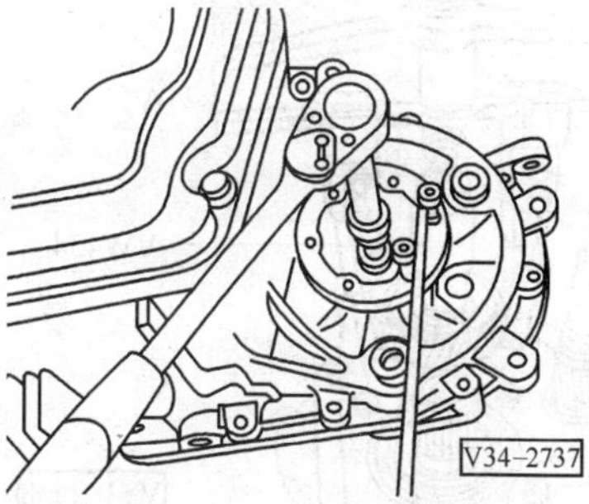

图 3-47　拆半轴法兰

在图 3-48 两挡互锁中要通过箭头 1 所示向下推动接合套，实现手动挂入五挡，同时如箭头 2 所示，手动挂入倒挡。

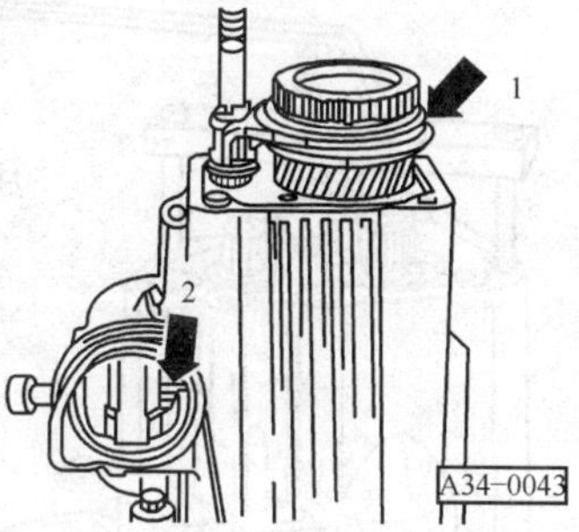

图 3-48　两挡互锁来固定两轴

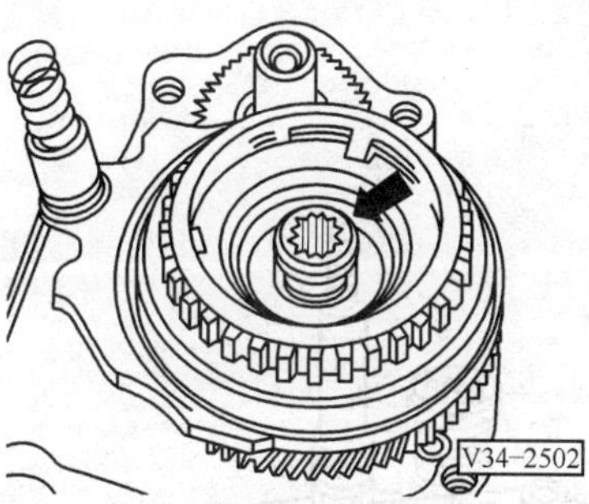

图 3-49　拆五挡花键毂"内 12 花"螺栓

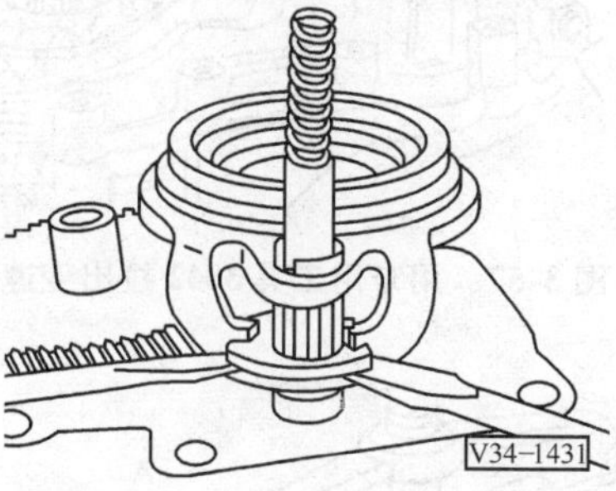

图 3-50　松五挡换挡管紧固盘

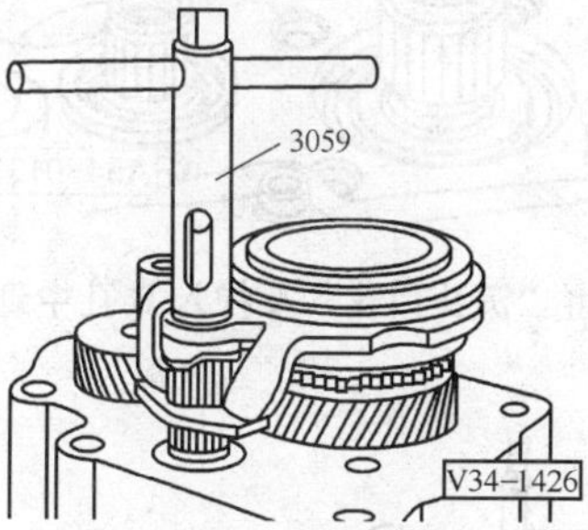

图 3-51　逆时针松开换挡管（禁止拔换挡联动杆）

在图 3-52 中拆下五挡拨叉和花键毂及接合套时，撬具不要损坏壳体。

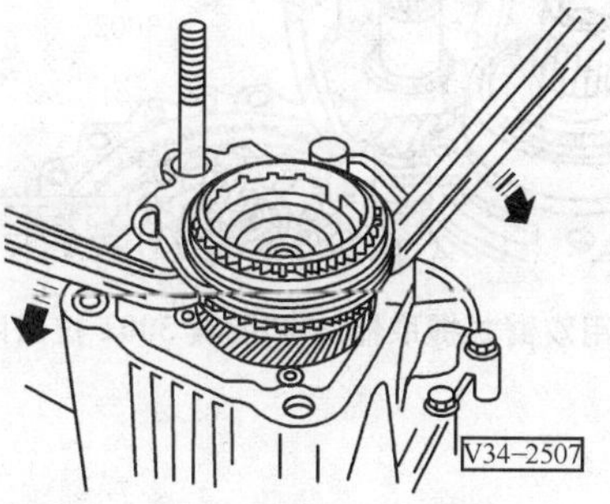

图 3-52　拆下五挡拨叉和花键毂及接合套

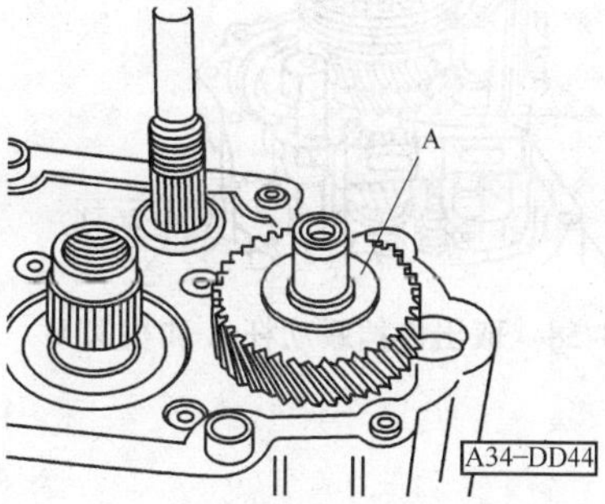

图 3-53　取下弹性垫圈和止推垫 A

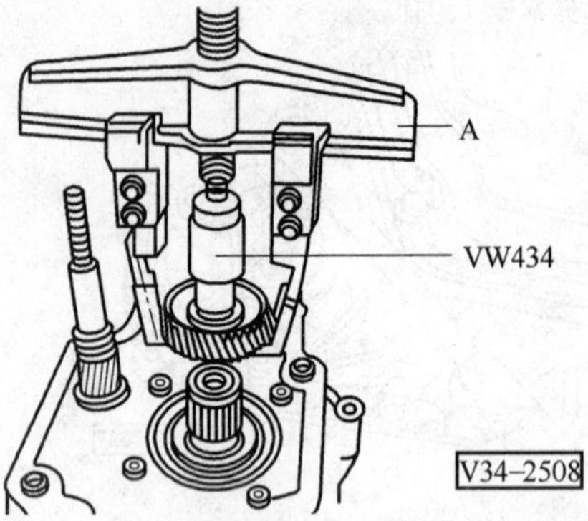

图 3-54　用双臂式提取器 A 和 VW434 拉出五挡齿轮

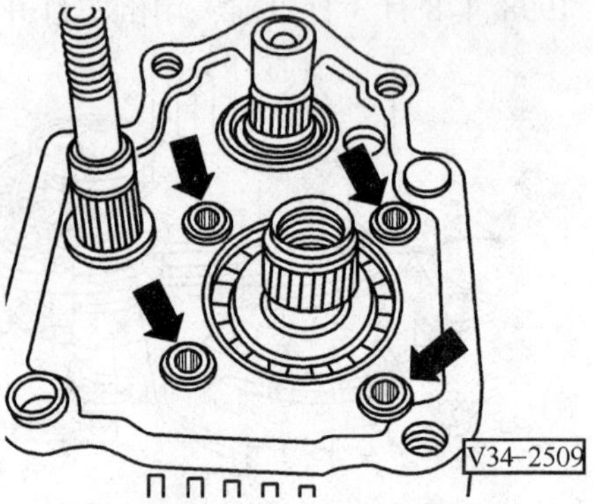

图 3-55　松开张紧板紧固螺栓

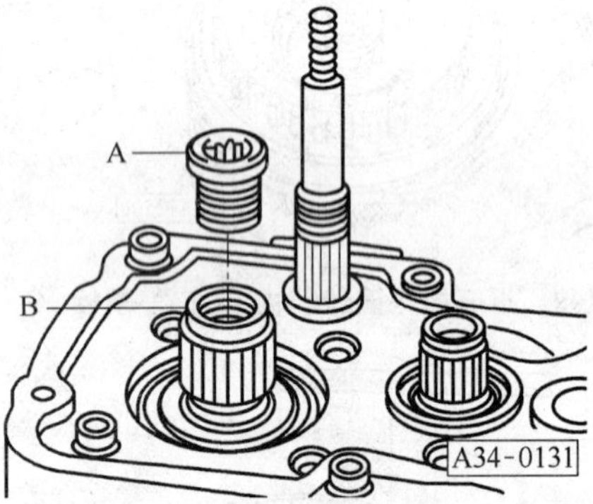

图 3-56　将“沉头口花”A 拧入 B 孔中到底

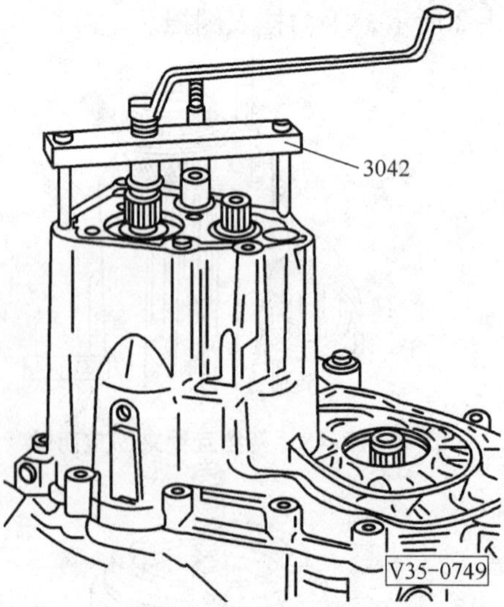

图 3-57　用专用工具 3042 拉出变速器壳体

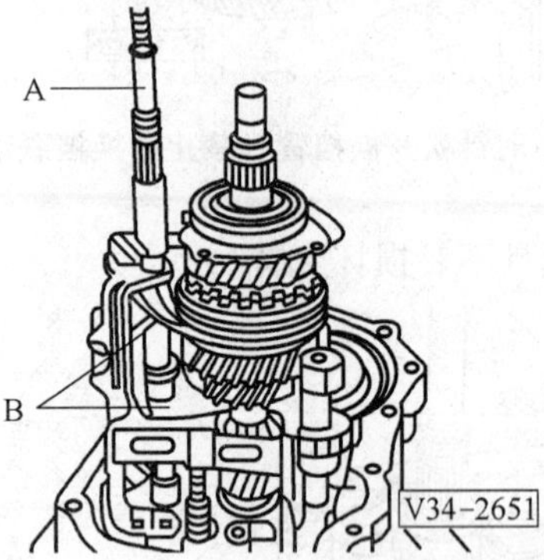

图 3-58　取出换挡联动杆 A 和拨叉 B

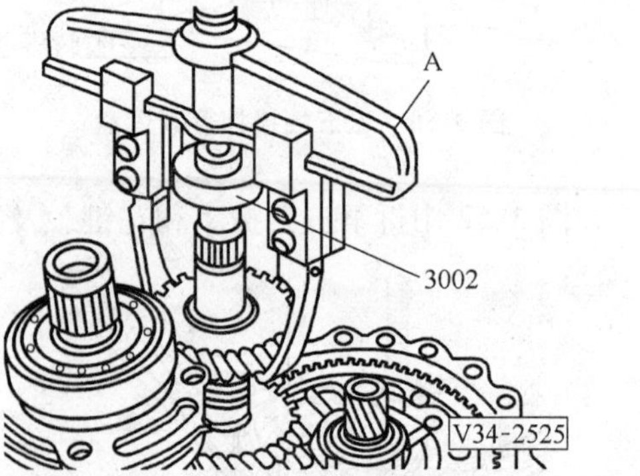

图 3-59　用双臂式提取器 A 和胎具 3002 拉出四挡齿轮

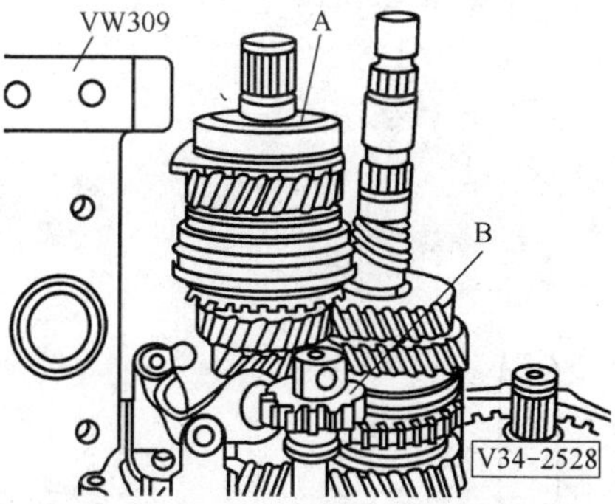

图 3-60　取出输入轴（一轴）A（倒挡齿轮 B 不要上移）

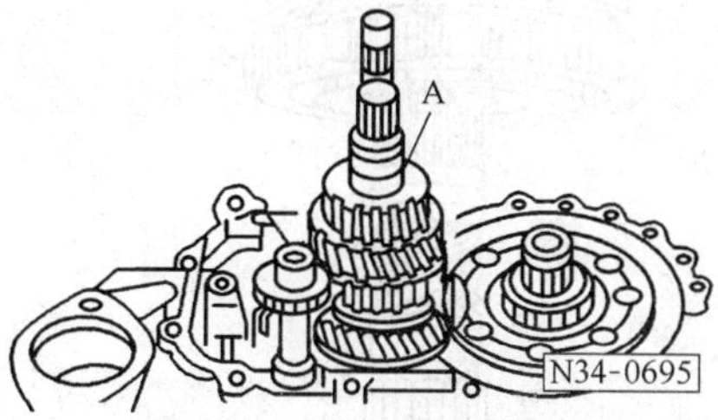

图 3-61　拆三挡齿轮弹性挡圈 A

在图 3-62 中用双臂式提取器 A 和胎具 3002 和 VW434 将二挡和三挡齿轮一起拉出后，再如箭头所示取出倒挡轴。在图 3-63 中用双臂式提取器 A 和胎具 VW447h 拉出一挡及倒挡齿轮。

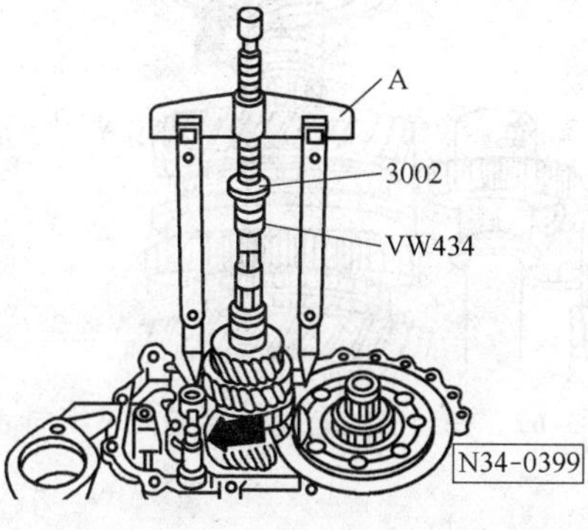

图 3-62　将二挡和三挡齿轮一起拉出

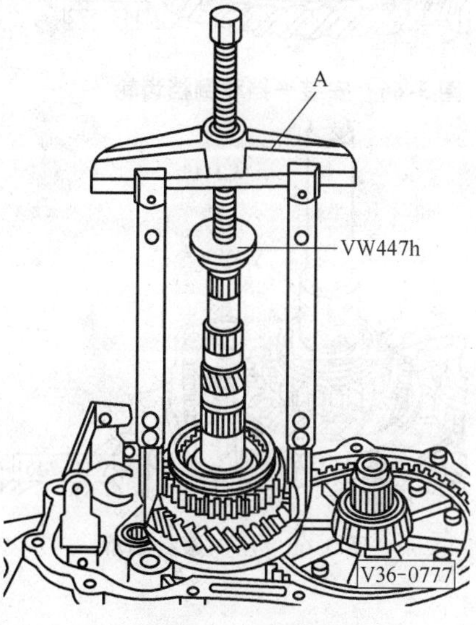

图 3-63　拉出一挡及倒挡齿轮

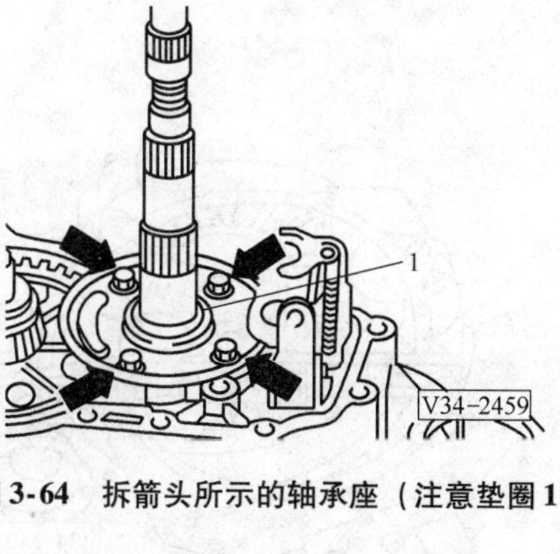

图 3-64　拆箭头所示的轴承座（注意垫圈 1）

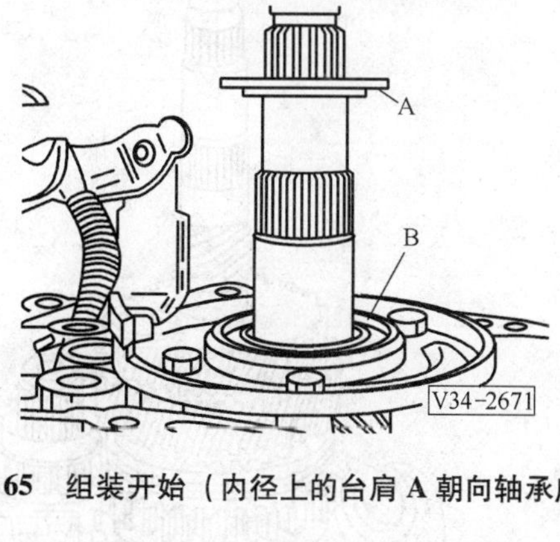

图 3-65　组装开始（内径上的台肩 A 朝向轴承座 B）

如图 3-66 所示，安装一挡齿轮 C 和倒挡齿轮 B 时，花键毂的 6 个槽中有 3 个对准下面同步锁环的三个凸台肩 A，再用压具压入。一定要对准再压入，以免返工或压坏同步锁环。

在图 3-67 和图 3-68 的操作中要采用 VW244/b 和 VW455 上下套装。

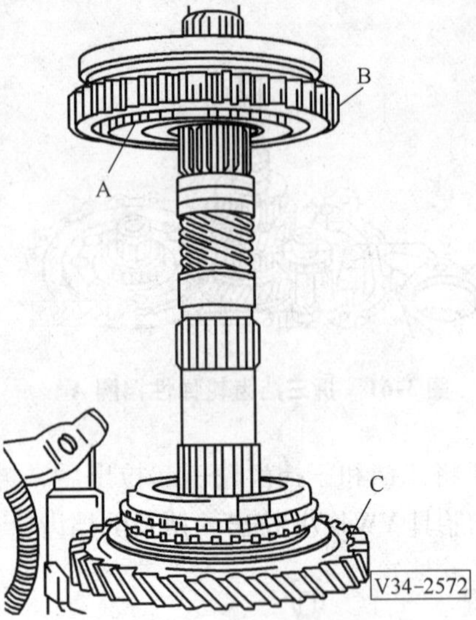

图 3-66　安装一挡和倒挡齿轮

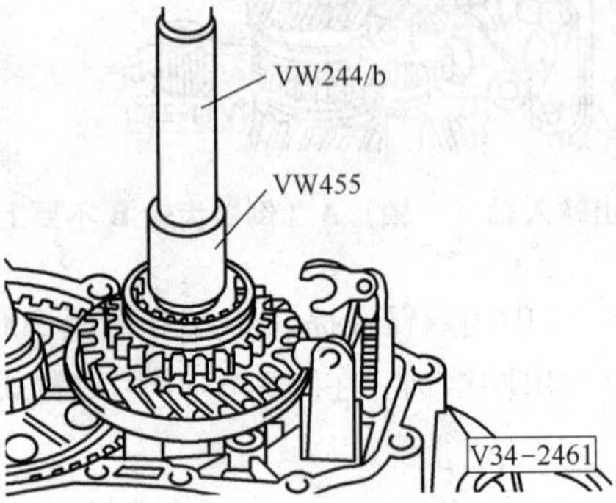

图 3-67　加热花键毂至 100 ℃后用压具压入（同时安装倒挡轴）

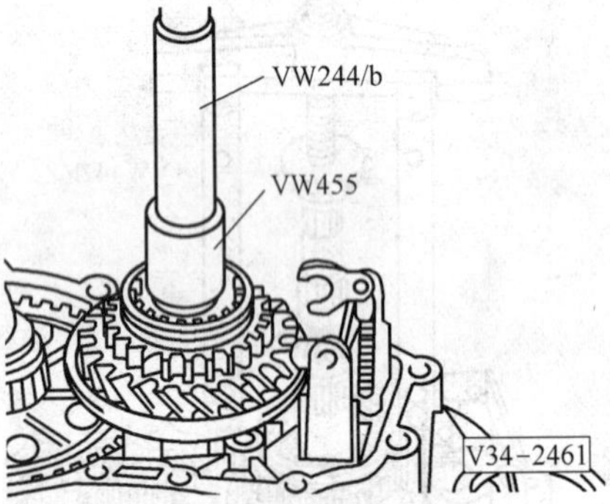

图 3-68　压入滚针轴承

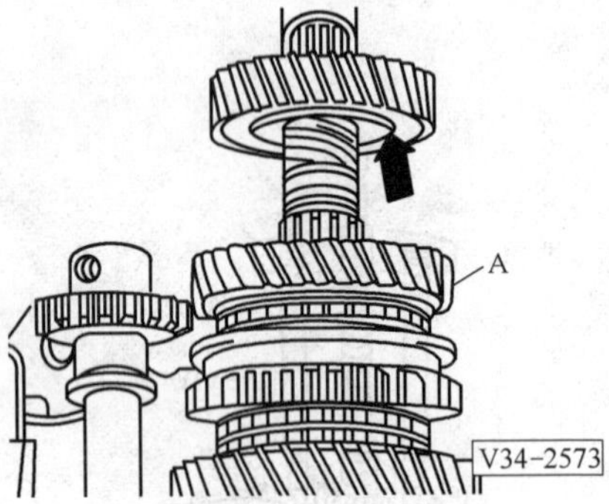

图 3-69　安装三挡齿轮（标记向下指向 A）

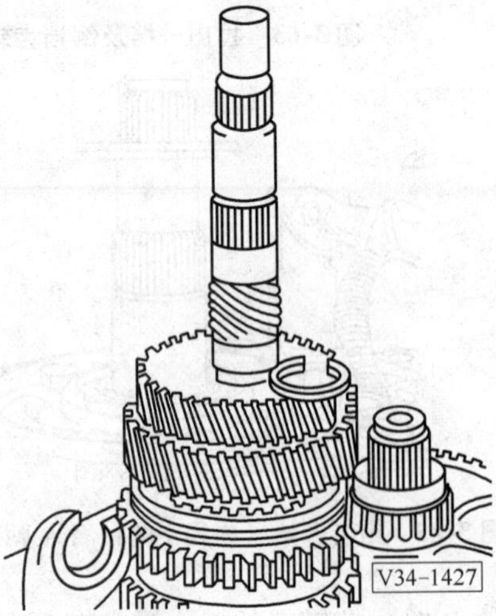

图 3-70　确定卡环（弹性挡圈）厚度（备件可选不同厚度）

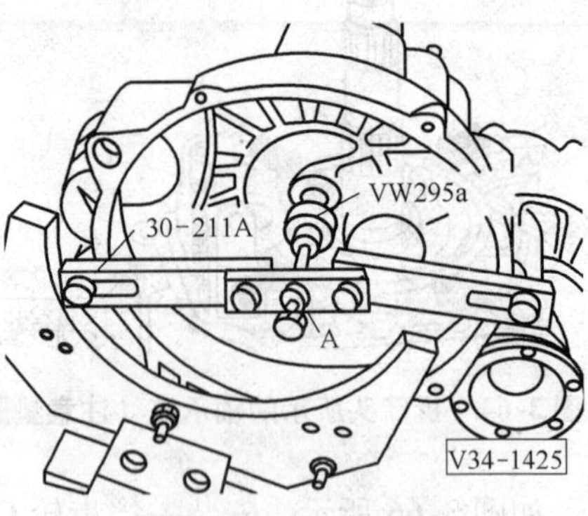

图 3-71　安装支撑桥

在图 3-73 中要采用专用工具 VW407 和 40-20 上下套装。

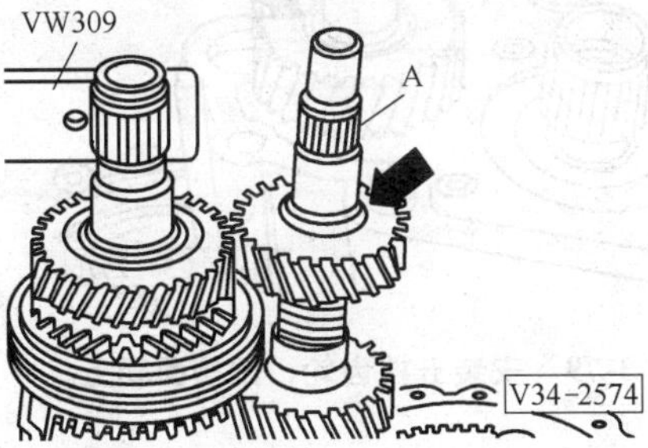

图 3-72　四挡齿轮台肩朝向 A

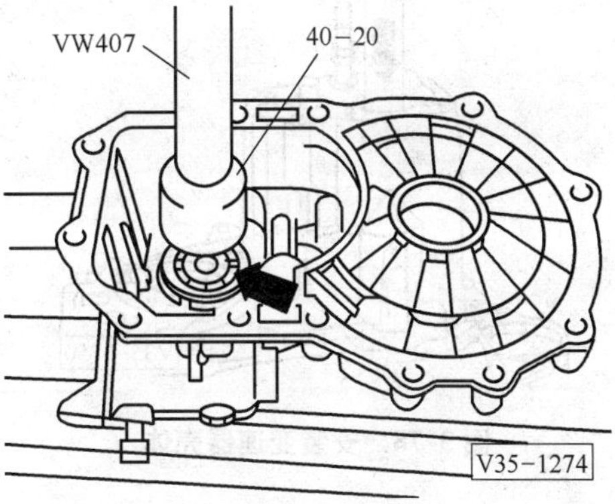

图 3-73　压入一轴轴承（轴承内圈宽边朝向工具）

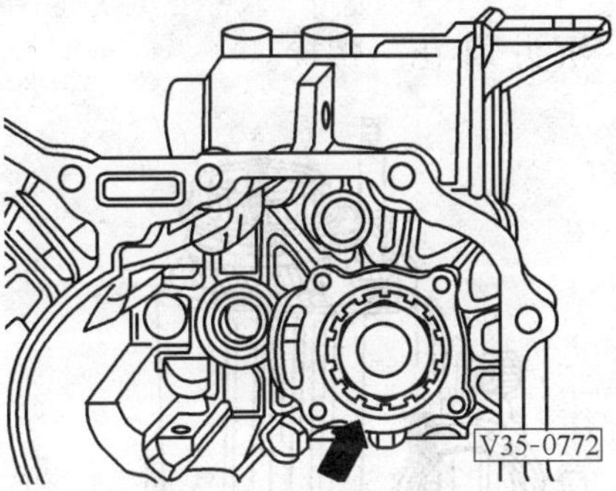

图 3-74　紧固张紧板

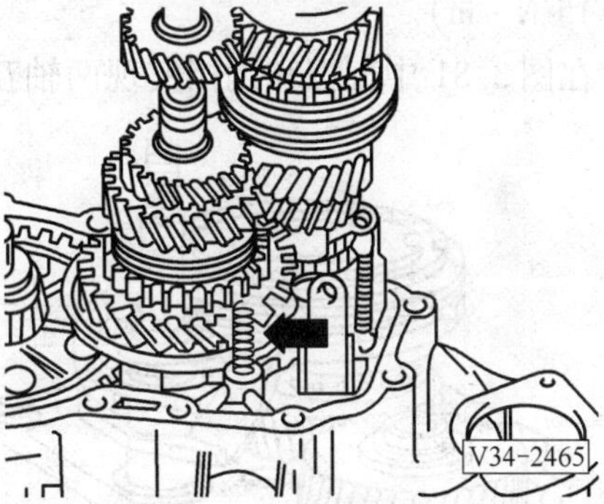

图 3-75　装入换挡杆联动弹簧（如箭头所示）

在图 3-76 中拨叉对准相应的接合套，同时插入换挡联动杆时，A、B、C、D 拨叉要对应接合套。

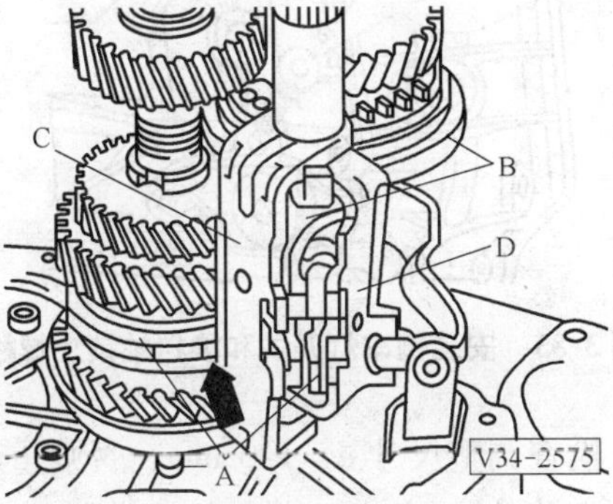

图 3-76　拨叉对准相应的接合套，同时插入换挡联动杆

A，B，C，D—拨叉

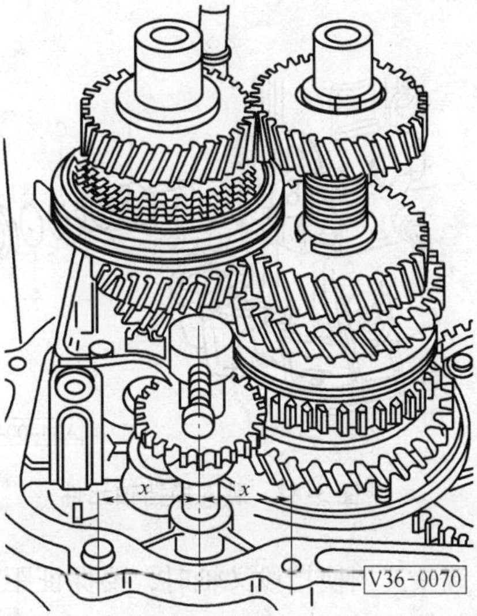

图 3-77　对齐倒挡齿轮轴（两侧距离 x 相同，以便于安装壳体外螺栓）

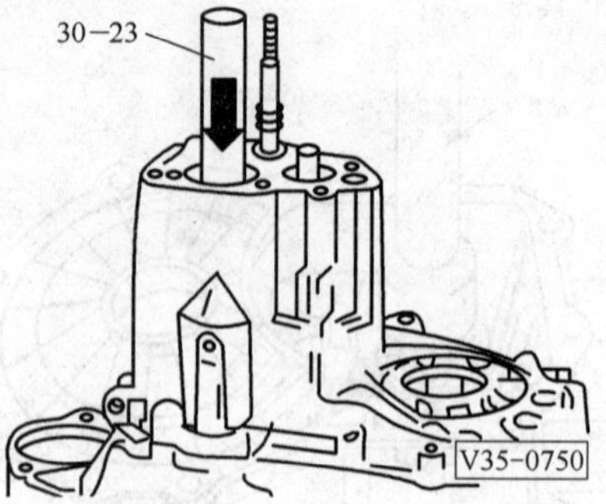

图 3-78　安装变速器壳体

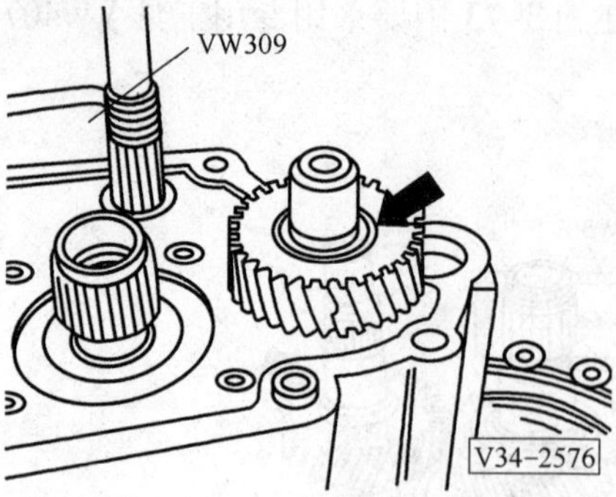

图 3-79　安装五挡齿轮，凹槽面朝上

安装变速器壳体时要紧固变速器壳体和离合器壳体的螺栓（25 N·m），以及张紧板螺栓（15 N·m）。

在图 3-81 中五挡和倒挡实现两轴互锁后，拧入“沉头 12 花”螺栓。

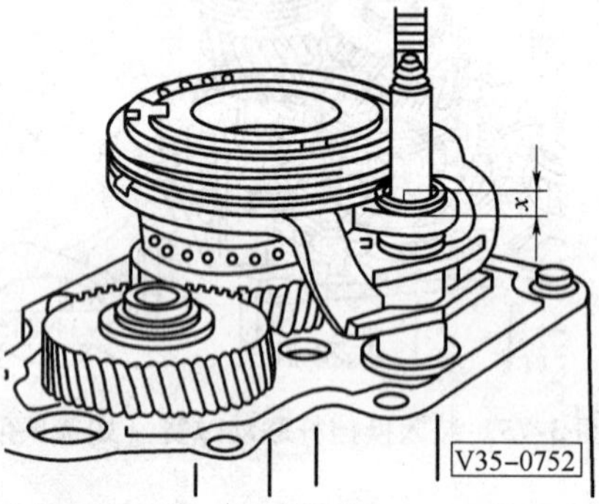

图 3-80　拧入换挡管到距离（$x=5$ mm）

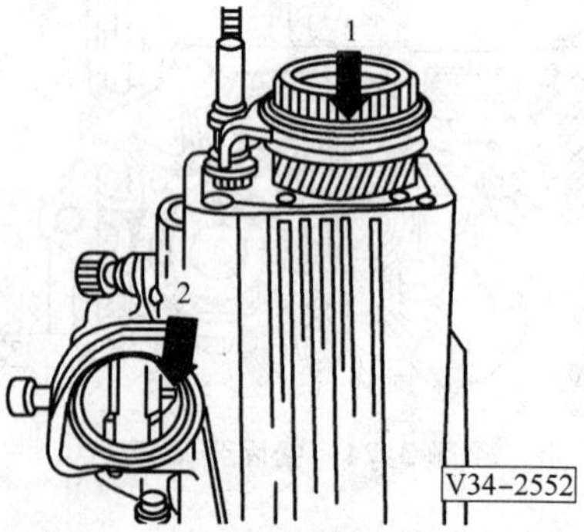

图 3-81　五挡和倒挡实现两轴互锁

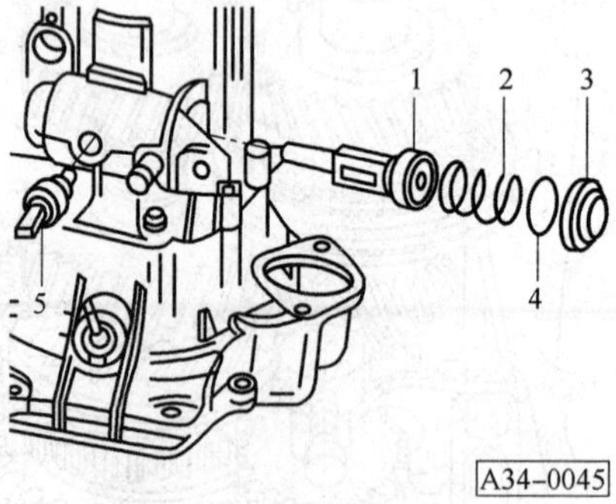

图 3-82　装入换挡轴元件

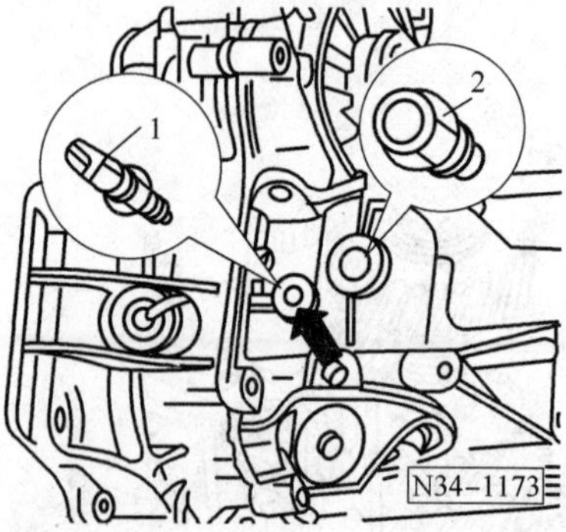

图 3-83　安装倒车灯开关和换挡轴锁止螺栓

调整五挡换挡拨叉轴时，要保证距离 $x=5$ mm，检查调整尺寸 $a=1.3$ mm，否则重新调整调整管。调整完成后，五挡锁环在接合套上部应自由移动。

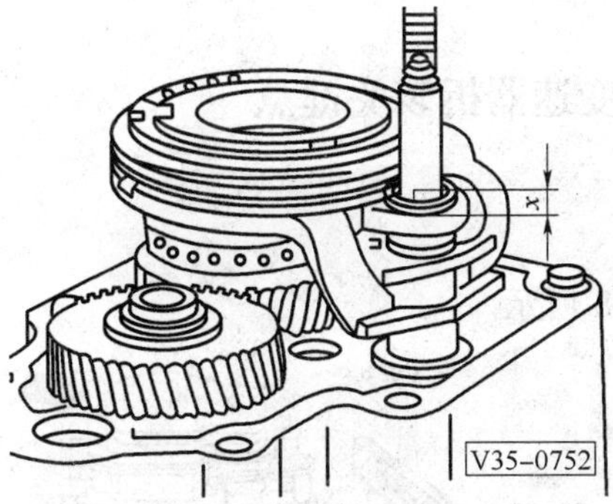

图 3-84　重点：仔细调整，防止“跳挡”

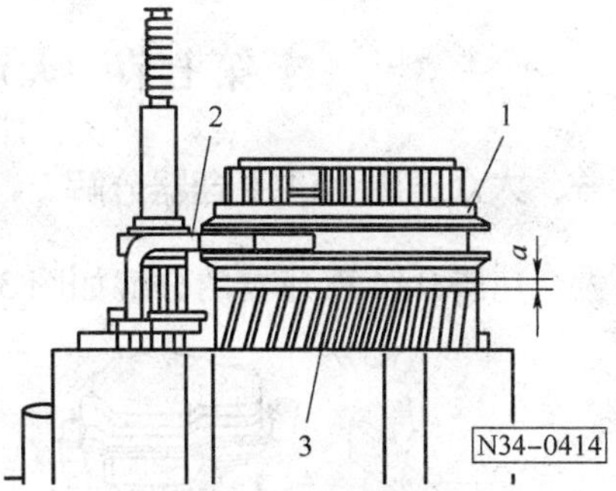

图 3-85　检查调整尺寸

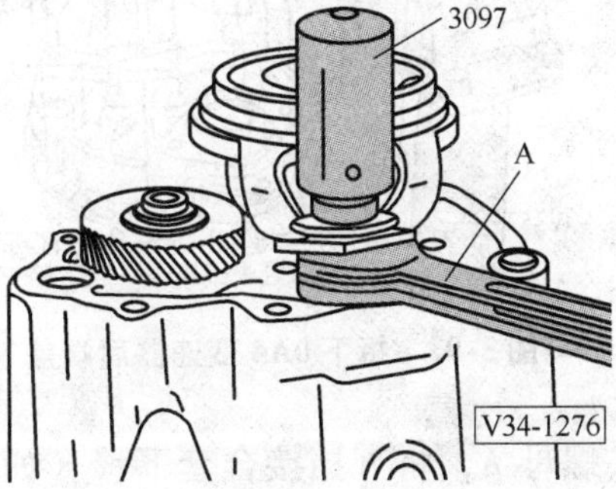

图 3-86　安装新锁止板 3097

A—开口扳手

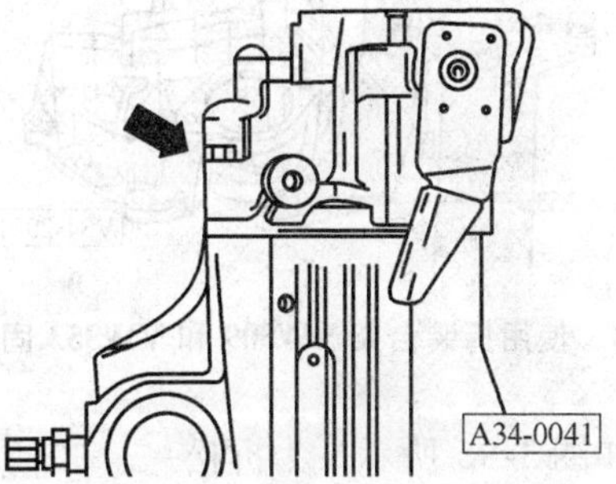

图 3-87　安装罩外 5 个和罩内 1 螺栓

安装新锁止板 3097 时，要用开口扳手 A 挂挡检查安装的平顺性。

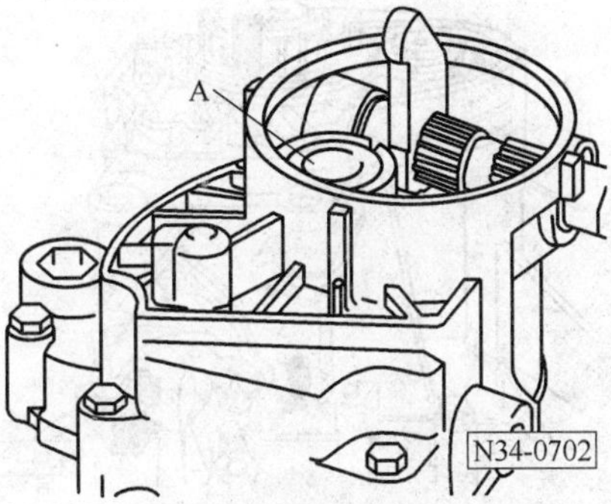

图 3-88　装入分离轴承 A

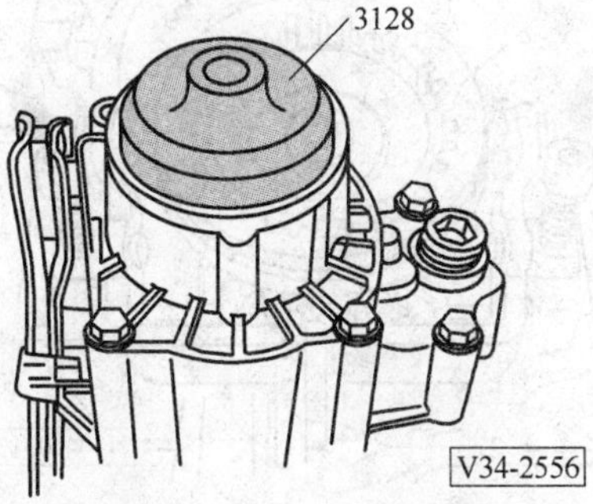

图 3-89　用专用工具 3128 压入后端密封帽

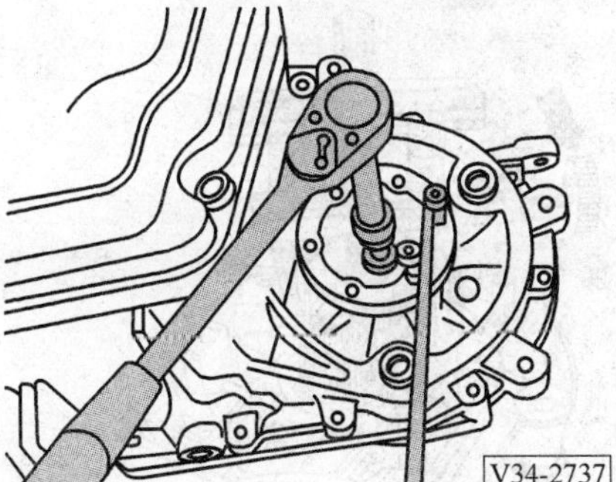

图 3-90　安装半轴法兰

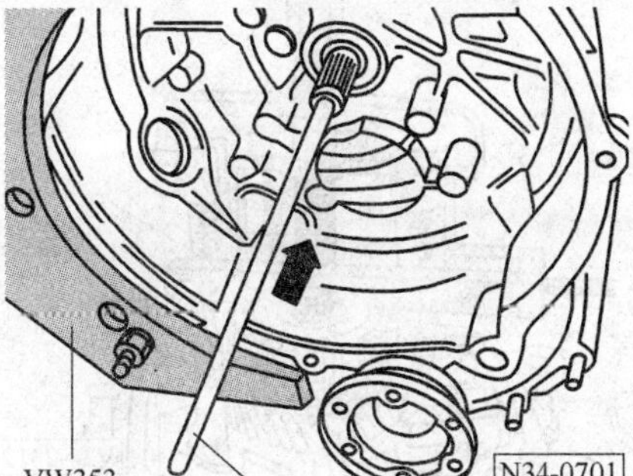

图 3-91　插入离合器推杆 A

第七节　大众速腾 0A4 变速器拆装关键点

一、大众速腾 0A4 变速器分解

大众速腾 0A4 变速器的分解如图 3-92 ~ 图 3-108 所示。

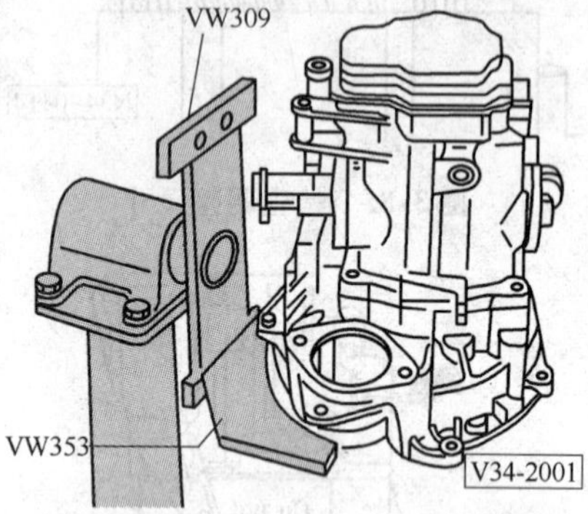

图 3-92　使用拆装台架 VW309 和 VW353 固定变速器

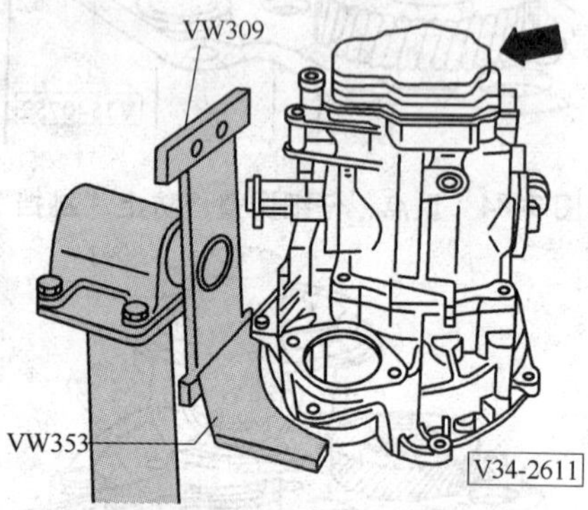

图 3-93　拆下 0A4 变速器后端盖

如图 3-95 所示，为拆松一、二轴端部圆形沉头螺母 A，将五挡接合套下移（如箭头 1 所示），实现手动挂入五挡，再通过向内压选挡轴，如箭头 2 所示，转动换挡轴挂入一个前进挡（如箭头 3 所示），实现变速器内部两轴互锁，这样更便于拆下端部圆形沉头螺母。

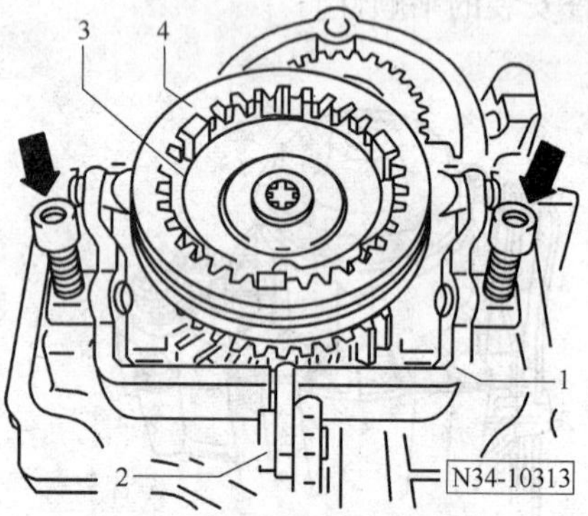

图 3-94　拆装五挡换拨叉支点轴

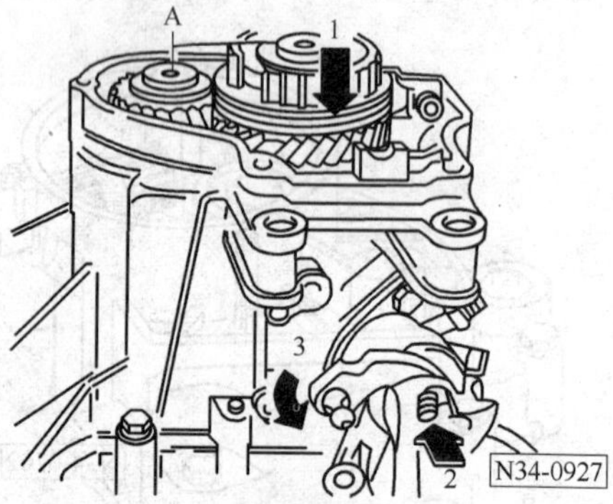

图 3-95　手动挂入两挡实现两挡互锁

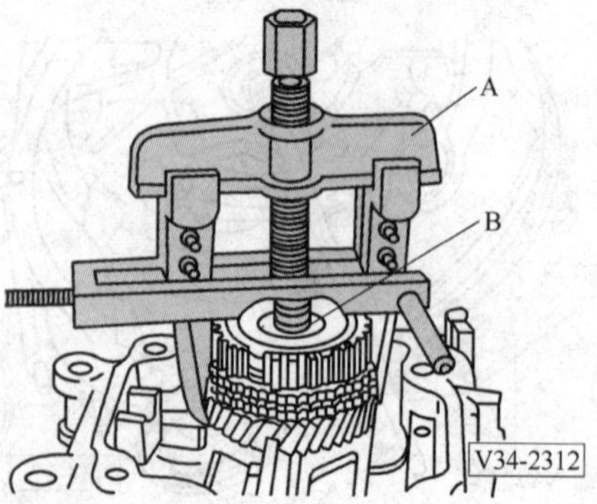

图 3-96　使用双臂起拔器 A 和胎具 B 拆一轴五挡齿轮

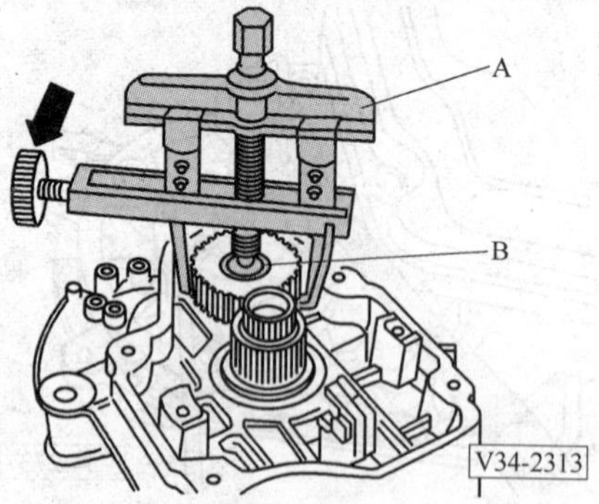

图 3-97　使用双臂起拔器拆二轴五挡齿轮

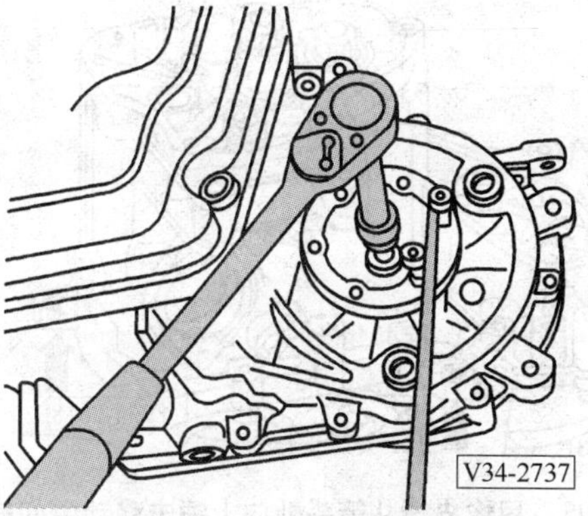

图 3-98　用螺丝刀把住法兰盘后拆装半轴法兰

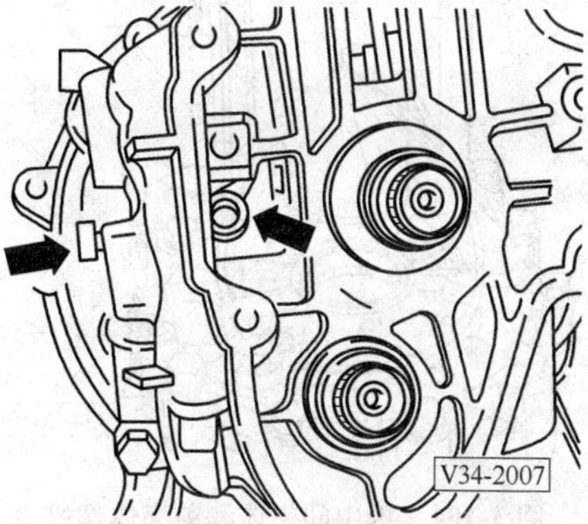

图 3-99　拆倒挡轴端部螺栓（如左侧箭头所示）

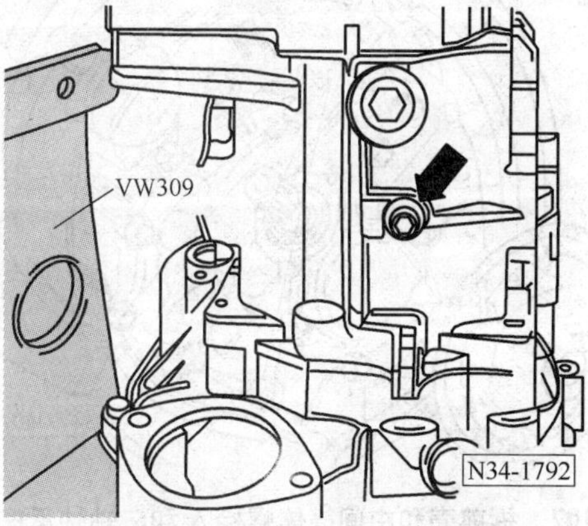

图 3-100　拆倒挡轴壳体外部螺栓

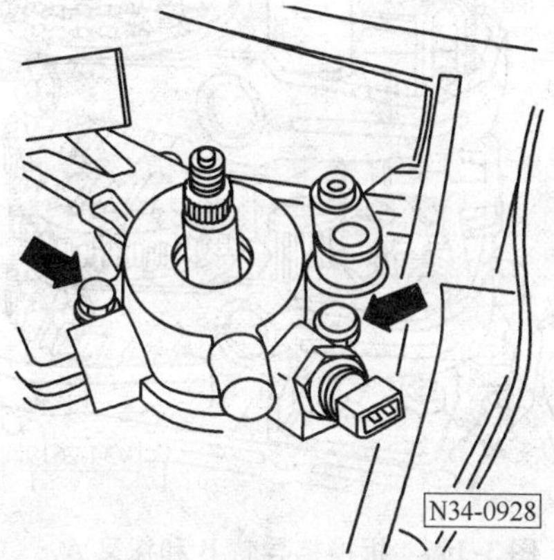

图 3-101　拆换挡机构两固定螺栓

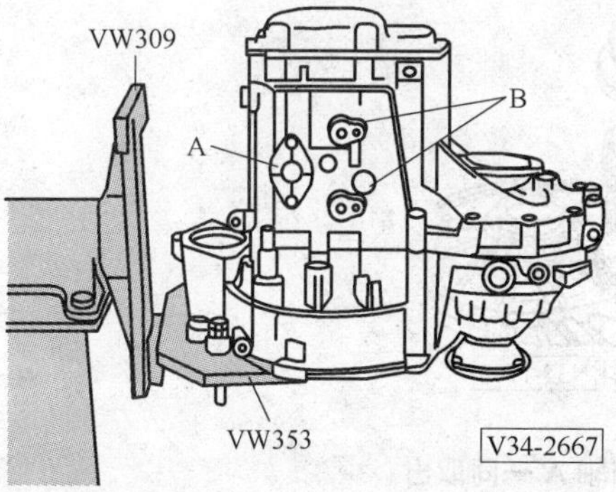

图 3-102　拆换挡轴 A 和拨叉支撑座 B

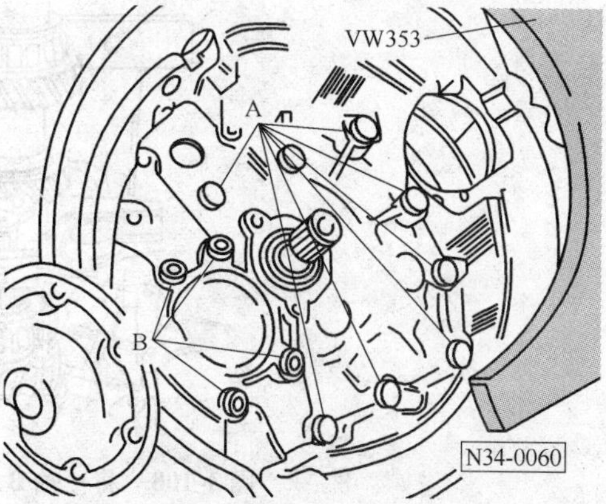

图 3-103　拆中间壳体和前壳体螺栓 A 以及轴承螺栓 B

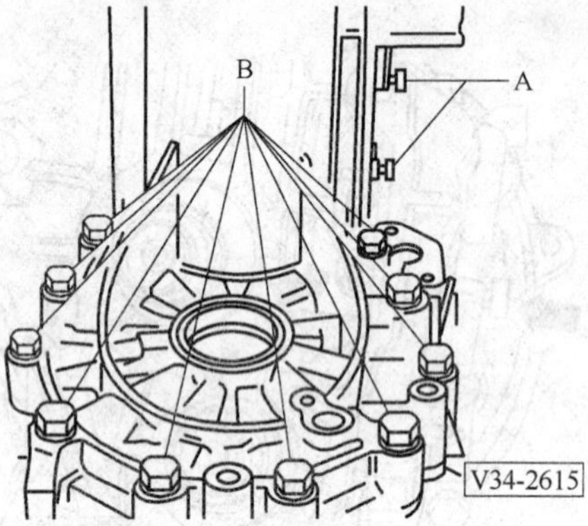

图 3-104　拆中间壳体和前壳体螺栓 B

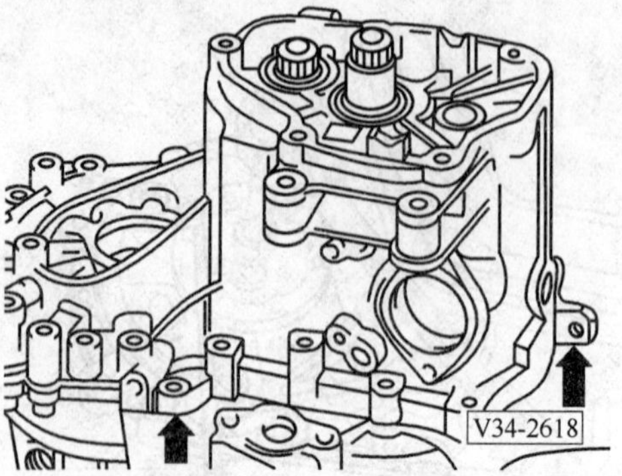

图 3-105　用橡皮锤从箭头处向上锤击移动中间壳体

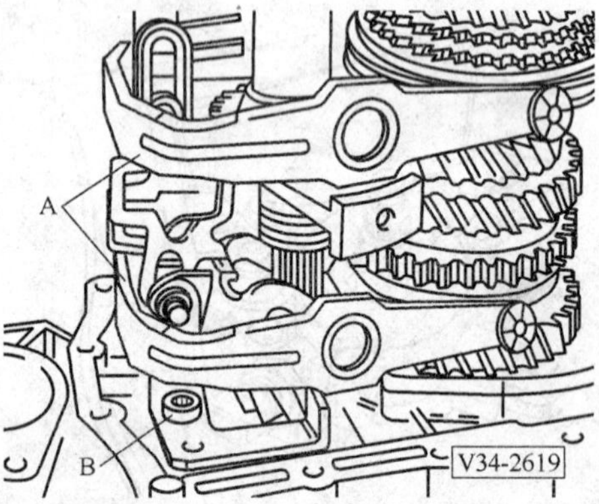

图 3-106　拆换挡导轨 B 和拨叉 A

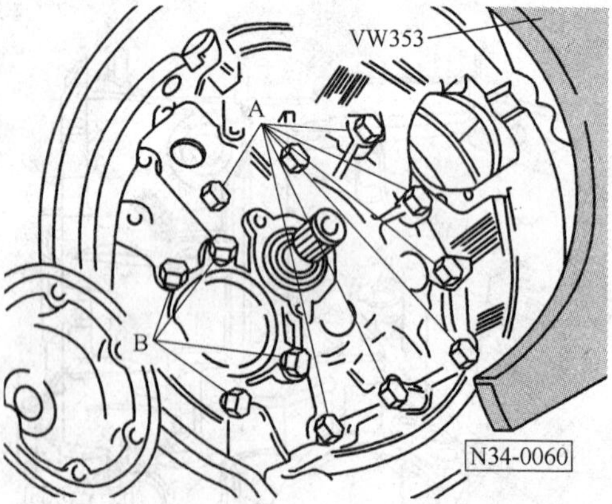

图 3-107　拆前壳和中间壳体螺栓 A 和二轴轴承座螺栓 B

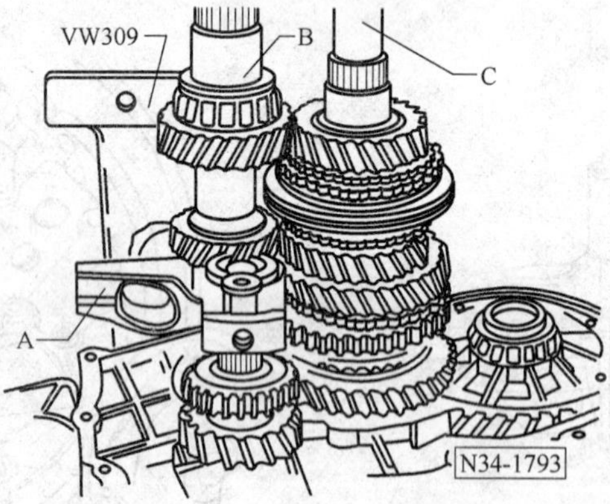

图 3-108　将一轴 B、二轴 C、倒挡轴 A 一同取出

二、大众速腾 0A4 变速器组装

大众速腾 0A4 变速器组装如图 3-109 ~ 图 3-129 所示。

在图 3-109 开始组装中更换四个 O 形环（图中轴后有一个不可见的 O 形环）。

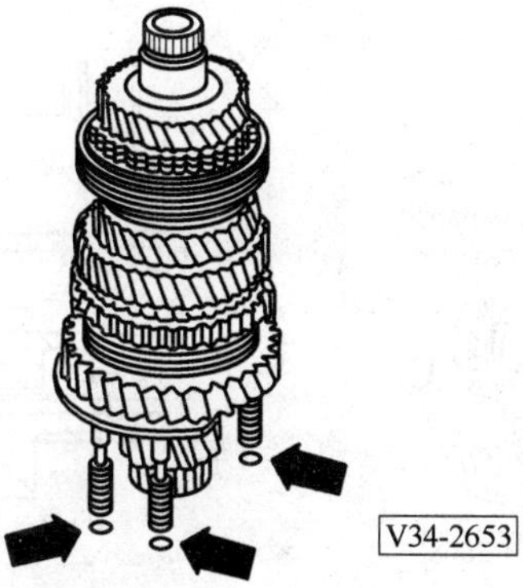

图 3-109　开始组装：更换四个 O 形环

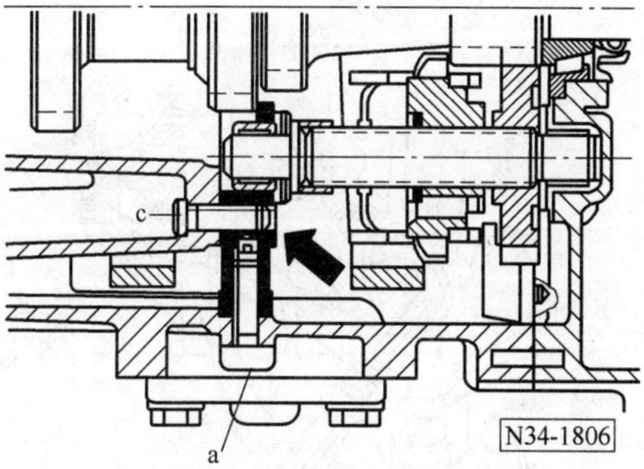

图 3-110　组装时注意倒挡轴的两个固定螺栓 a 和 c

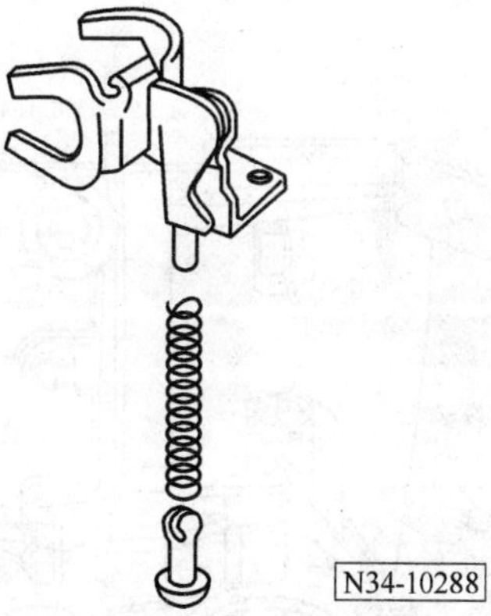

图 3-111　倒挡齿轮拨叉安装

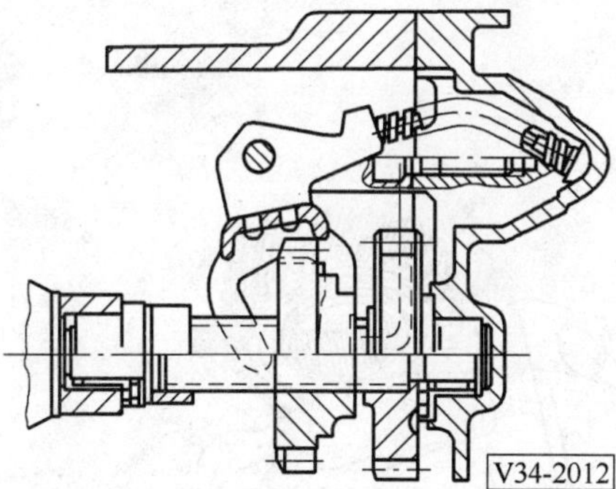

图 3-112　倒挡齿轮拨叉安装在倒挡轴齿轮上

图 3-113　安装换挡导轨和拨叉

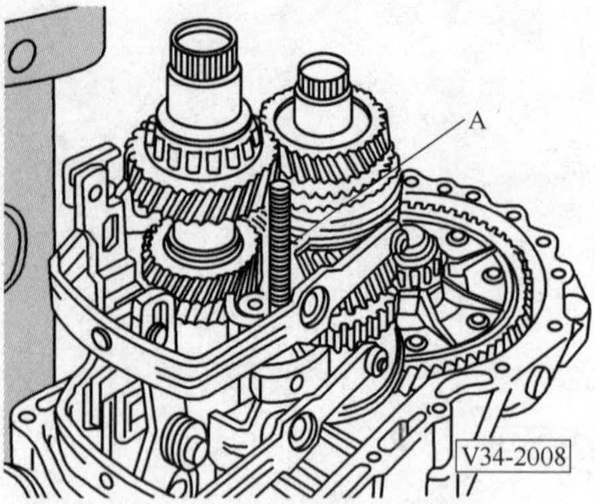

图 3-114　装上中壳校准杆 A

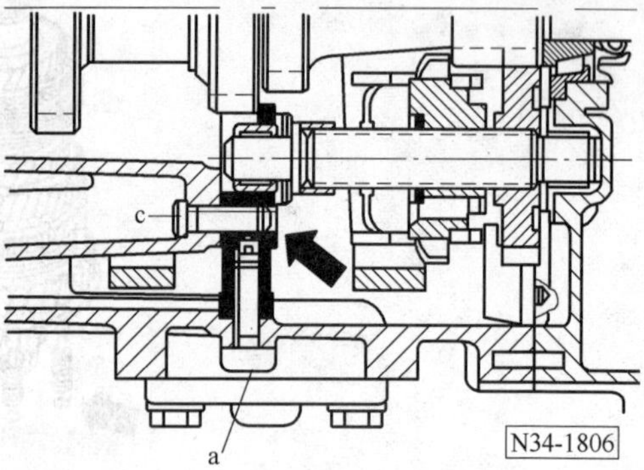

图 3-115　安装中壳后，安装倒挡轴的两个固定螺栓 a 和 c

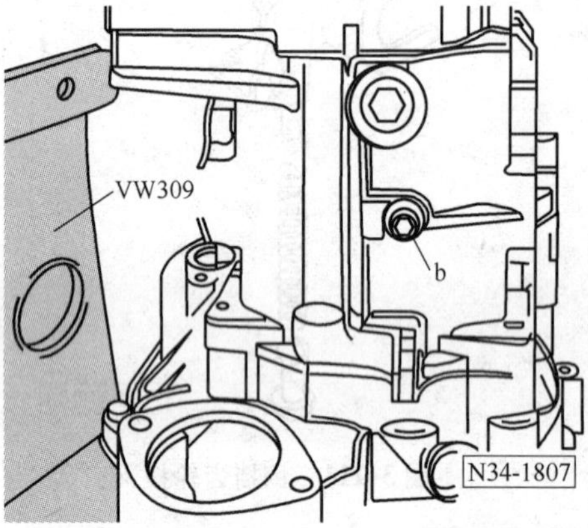

图 3-116　安装中壳外部的倒挡轴螺栓 b

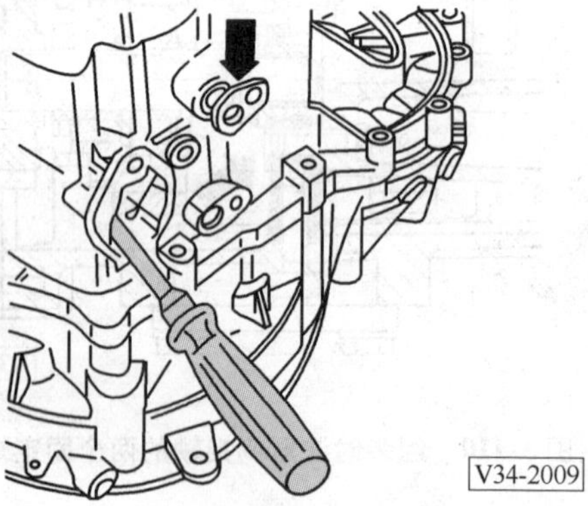

图 3-117　安装换挡机构轴颈，并用螺丝刀校准换挡机构

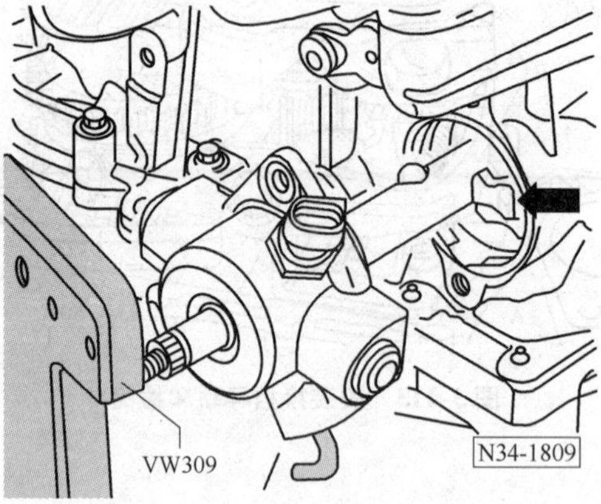

图 3-118　插入选挡换挡轴

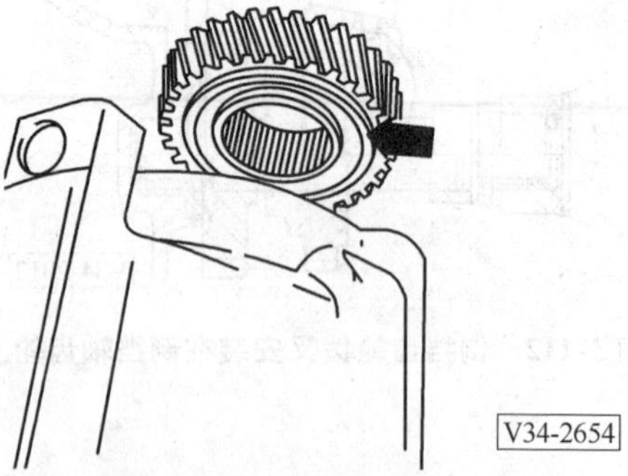

图 3-119　二轴五挡齿轮凹槽朝向变速器中间壳体

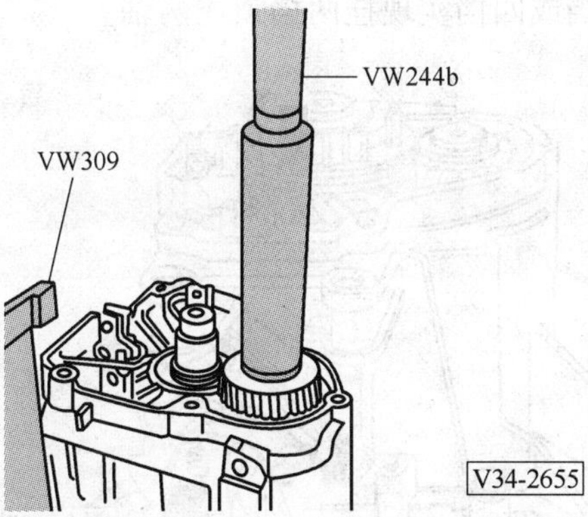

图 3-120　用专用工具 VW244b 安装二轴五挡齿轮

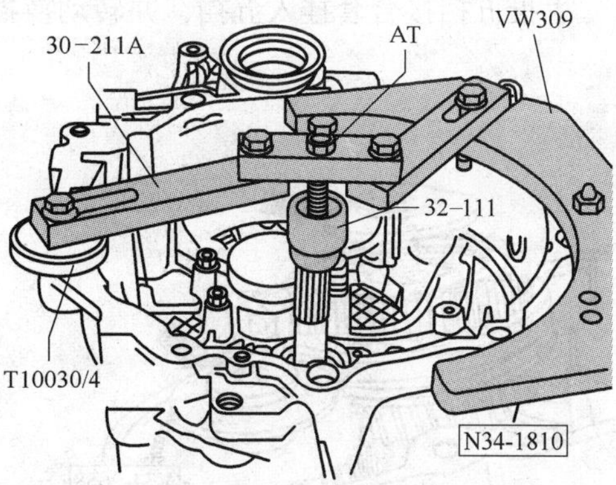

图 3-121　通过螺栓压一轴到极限位置

在图 3-121 的安装过程中要用到专用工具 30 - 211A、T1003014、AT 和胎具 32 - 111 在图 3-122 中，带轴承安装一轴五挡同步环时，一轴五挡同步环的磨损极限 a 为0.5 mm。在图 3-123 中，接合套端面尖齿和花键毂凸台朝向变速器壳体，并且图 3-124 中的同步环三个箭头对应的凸起对准图 3-123 中接合套内部三个箭头的凹槽位置。

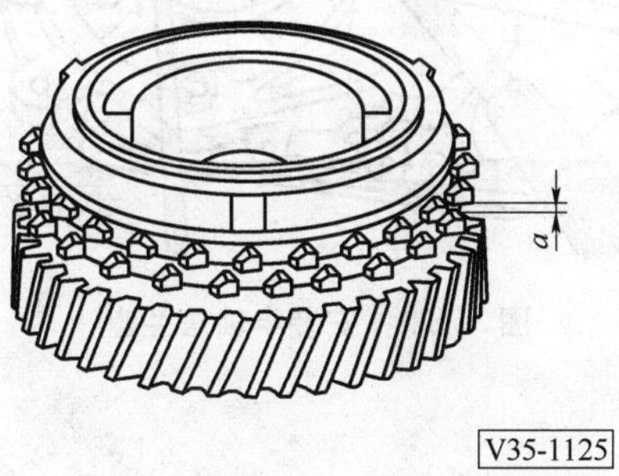

图 3-122　带轴承安装一轴五挡同步环

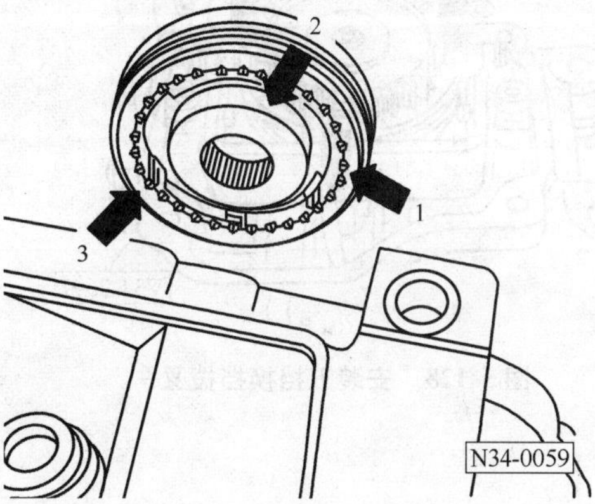

图 3-123　安装接合套端

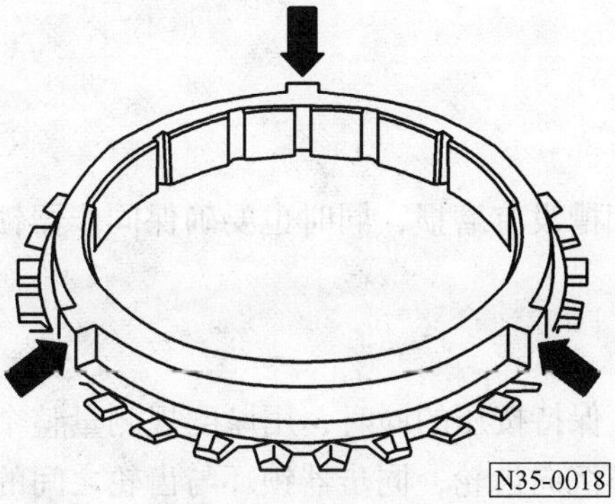

图 3-124　安装同步环（注意箭头所示的三个凸台）

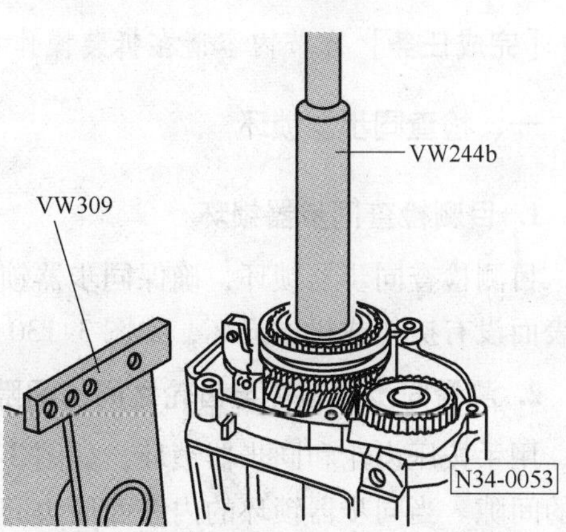

图 3-125　用专用工具 VW244b 压入五挡主动齿轮

手推五挡接合套挂入五挡，并转动换挡轴挂入三挡或四挡实现挂两挡锁住两轴。

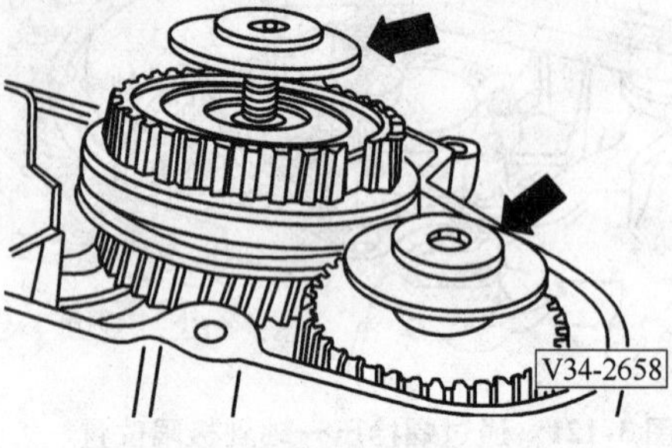

图 3-126　准备紧固一轴、二轴端部沉头螺栓（如箭头所示）

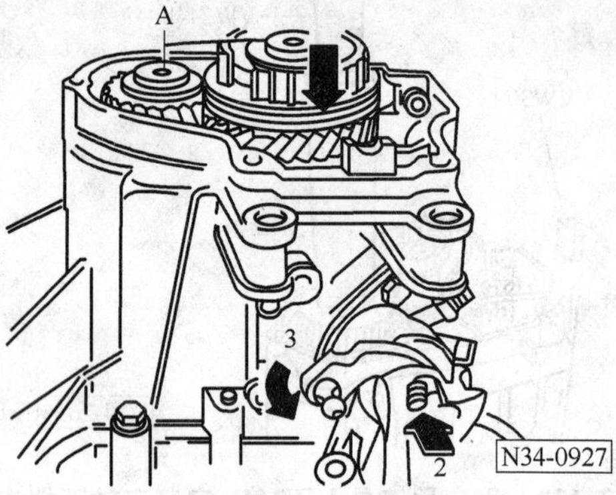

图 3-127　重复挂两挡锁住两轴

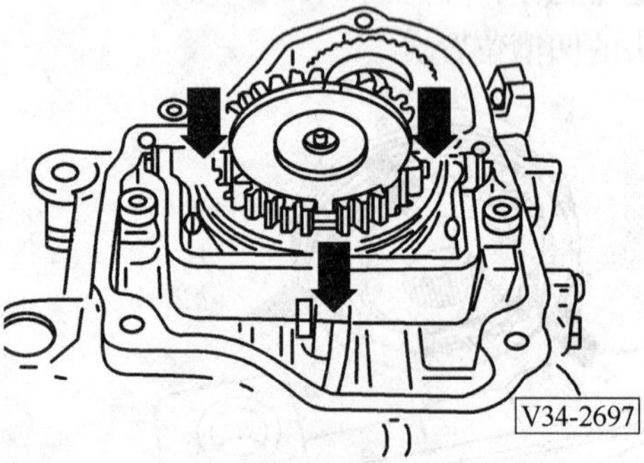

图 3-128　安装五挡换挡拨叉

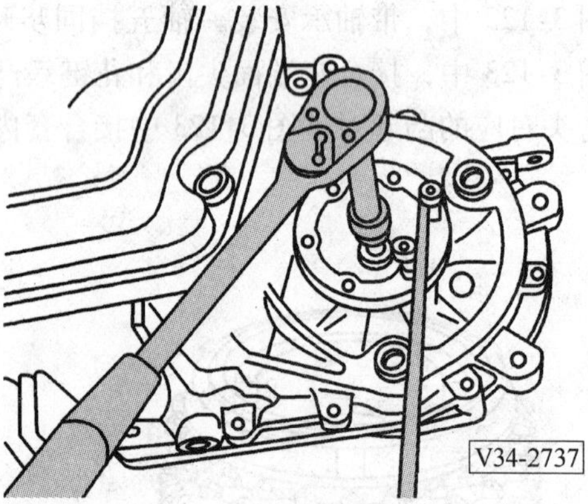

图 3-129　安装半轴法兰盘

第八节　手动变速器的检修

[**完成任务**] 本节内容请在拆装操作中一并完成。

一、检查同步器锁环

1. 目测检查同步器锁环

目测检查同步器锁环，确保同步器锁环内表面凹槽没有磨损，同时也要确保同步器锁环内表面没有擦伤或机械损坏，如图 3-130 所示。

2. 测量同步器锁环与齿轮之间的间隙

用手按压齿轮和同步器锁环，如图 3-131 所示，保持按压的同时，用厚度规测量整个外圈的间隙。当同步器锁环的内表面周边磨损时，锁环沉向齿轮，同步器锁环与齿轮之间的间隙变小，磨损极限一般为 0.5 mm。

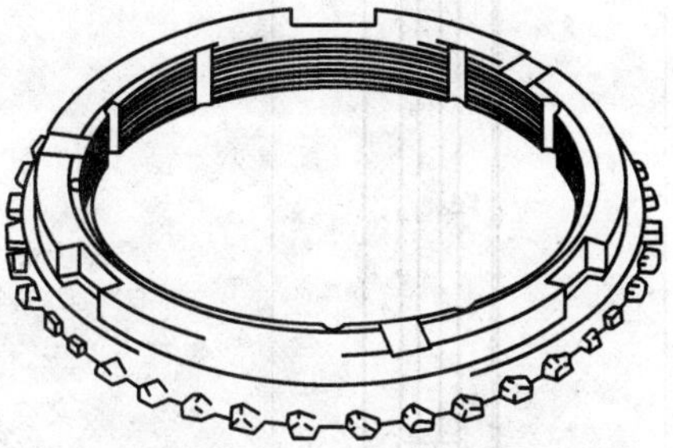

图 3-130　目测检查同步器锁环内表面摩擦面

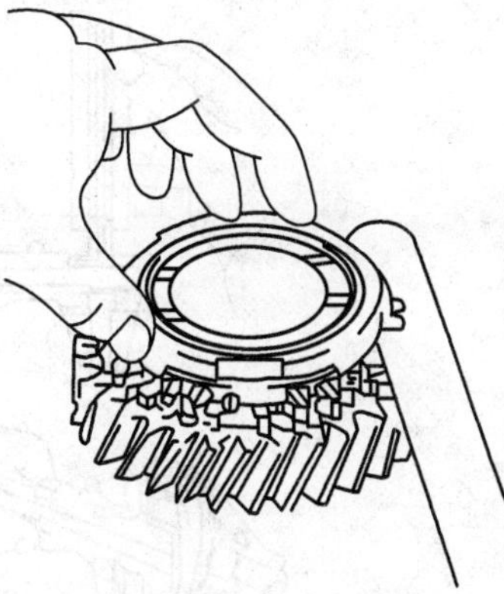

图 3-131　测量同步器锁环与齿轮之间的间隙

3. 检查同步器锁环运行情况

用手按压同步器锁环以便与齿轮组装在一起，并确保用力转动时同步器锁环不滑动，如图 3-132 所示。

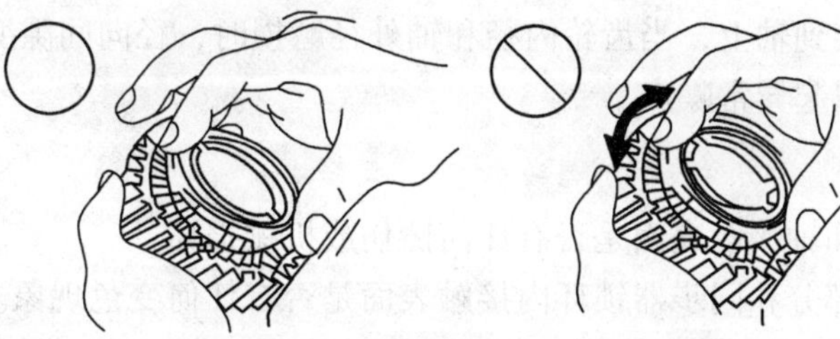

图 3-132　检查同步器锁环运行情况

二、检查花键毂和接合套

1. 目测检查

检查花键毂和接合套花键是否有擦伤或机械损坏。

2. 检查花键毂和接合套滑动性能

检查花键毂和接合套滑动是否顺畅，如果花键毂和接合套卡滞，则换挡杆会产生拖滞现象。

三、检查毂套和换挡拨叉

1. 目测检查

检查拨叉和毂套接触区域是否有擦伤或机械损坏。

2. 测量接合套和拨叉间隙

如图 3-133 所示，使用游标卡尺测量若干位置的接合套宽度 A 和拨叉厚度 B，计算接合套和拨叉之间的间隙。当超过规定间隙值时，齿轮由于冲程不够，将不能顺利接合。

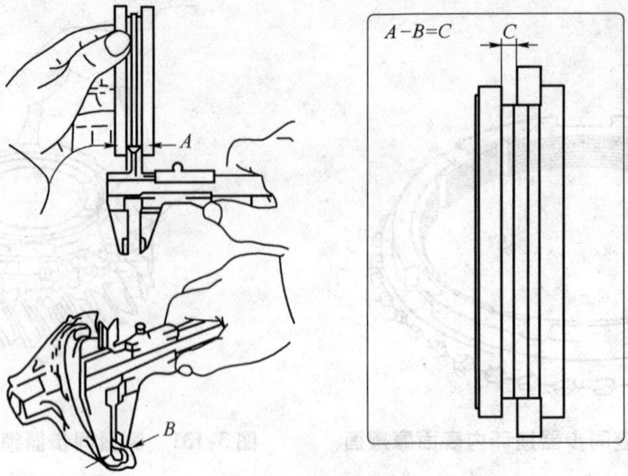

图 3-133　测量接合套和拨叉的间隙

四、检查齿轮

通过轴承将齿轮连接到轴上，当齿轮内径和轴外径磨损时，径向间隙变大，这样齿轮将很难正确地接合并且会引起异常噪声。

1. 目测检查齿轮

（1）检查齿轮花键和轴接触表面是否有任何擦伤或机械损坏。

（2）检查齿轮锥面部分和同步器锁环内接触表面是否有任何变色现象。

2. 测量齿轮内径

使用内径规在齿轮内部的若干位置测量内径，找出最大内径，检查是否超差，如图 3-134 所示。

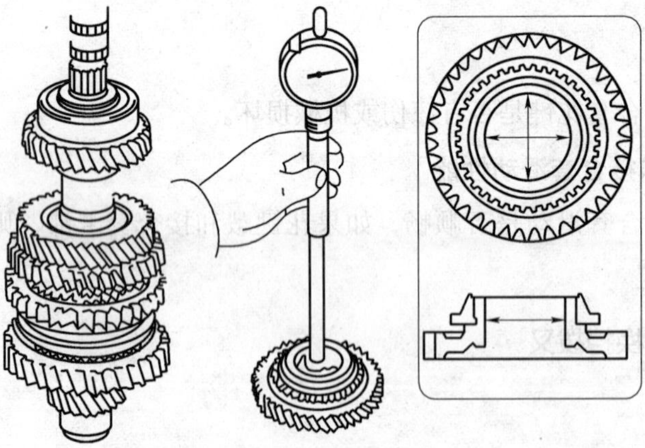

图 3-134　测量齿轮内径

五、检查轴

当轴摆度增加时，轴颈外径因磨损而减小，齿轮将很难正确地接合并且会引起异常噪声。在极端环境下，齿轮将被损坏。

1. 目测检查轴颈

检查轴颈是否有擦伤、损坏或褪色。

2. 测量轴的径向跳动

将轴设在 V 形块上，当轴转动时，用百分表测量轴的径向跳动量，如图 3-135 所示。

3. 测量外径

使用测微计在若干环形位置测量每个轴颈的外径，如图 3-136 所示。

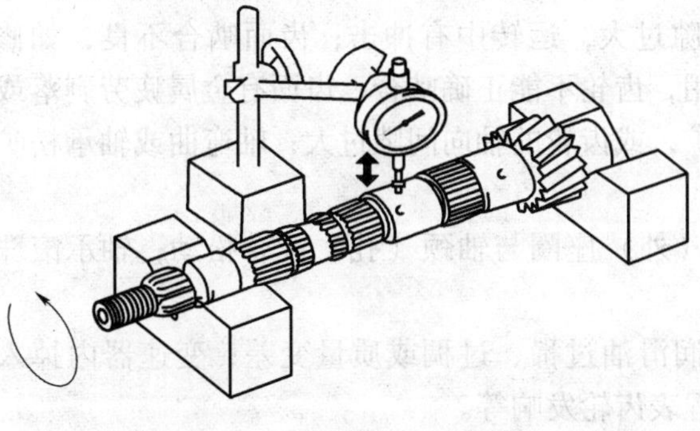

图 3-135　测量轴的径向跳动量

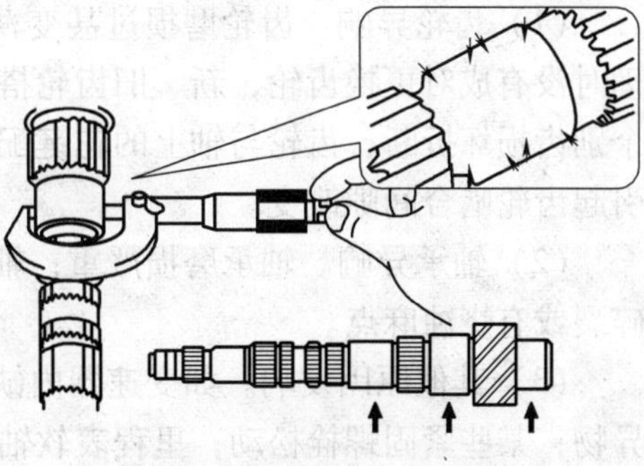

图 3-136　多点测量外径

六、检查齿轮间隙

使用厚度规和百分表测量齿轮间隙，如图 3-137 所示。

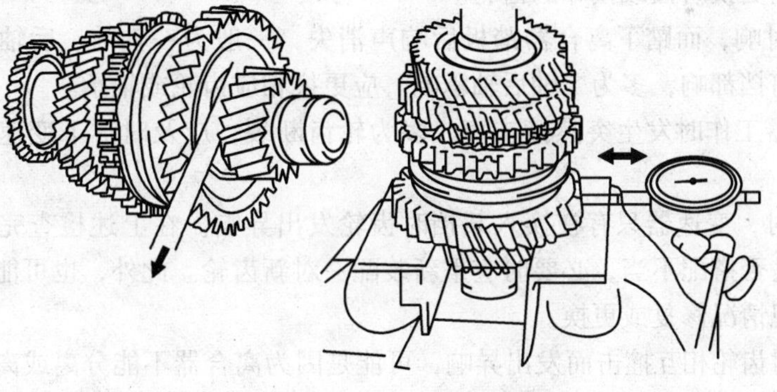

（a）　　（b）

图 3-137　测量齿轮间隙

（a）轴向间隙；（b）径向间隙

（1）用厚度规测量轴向间隙。

（2）用百分表测量齿轮和轴之间的径向间隙。

如果没有充足的齿轮间隙，齿轮将不能完全润滑；如果间隙过大，齿轮将跳离啮合，装置将产生异常噪声。

第九节 变速器故障检修和举例

一、变速器异响

1. 现象

变速器异响是指变速器工作时发出不正常的响声。

2. 原因

（1）齿轮异响。齿轮磨损过甚变薄，间隙过大，运转中有冲击；齿面啮合不良，如修理时没有成对更换齿轮，新、旧齿轮搭配使用，齿轮不能正确啮合；齿面有金属疲劳剥落或个别齿损坏折断；齿轮与轴上的花键配合松旷，或齿轮的轴向间隙过大；轴弯曲或轴承松旷引起齿轮啮合间隙改变。

（2）轴承异响。轴承磨损严重；轴承内（外）座圈与轴颈（孔）配合松动；轴承滚珠碎裂或有烧蚀麻点。

（3）其他原因发响。如变速器内缺油，润滑油过稀、过稠或质量变差；变速器内掉入异物；某些紧固螺栓松动；里程表软轴或里程表齿轮发响等。

3. 故障诊断与排除方法

（1）变速器发出金属干摩擦声，即缺油或油的质量不好。应加油或检查油的质量，必要时更换。

（2）行驶时换入某挡若响声明显，即该挡齿轮轮齿磨损；若发生周期性的响声，则为个别齿损坏。应更换磨损或损坏的齿轮。

（3）空挡时响，而踏下离合器踏板后响声消失，一般为一轴前、后轴承或常啮合齿轮响；如换入任何挡都响，多为二轴后轴承响。应更换相应齿轮或轴承。

（4）变速器工作时发生突然撞击声，多为轮齿断裂，应及时拆下变速器盖检查，以防机件损坏。

（5）行驶时，变速器只有在换入某挡时齿轮发出异响。在上述检查完好的前提下，应检查啮合齿轮是否搭配不当，必要时应重新装配一对新齿轮。此外，也可能是同步器齿轮磨损或损坏，应视情况修复或更换。

（6）换挡时齿轮相互撞击而发出异响，可能是因为离合器不能分离或离合器踏板行程不正确、同步器损坏、怠速过大、变速杆调整不当或导向衬套太紧等。遇到这种情况，应先检查离合器能否分离，再分别调整怠速或变速杆位置，检查导向衬套与分离轴承配合的松紧度。

如经上述检查排除后，变速器仍发出异响，应检查各轴轴承与轴孔配合情况、轴承本身的技术状态等；如完好，则应查看里程表软轴及齿轮是否发出异响，必要时予以修理或更换。

二、变速器漏油

1. 现象

变速器周围出现齿轮润滑油，变速器齿轮箱的油量减少，则可判断为润滑油泄漏。

2. 原因及排除方法

（1）润滑油选用不当，产生过多泡沫，或润滑油油量太大，此时需更换润滑油或调节润滑油油量。

（2）侧盖太松、密封垫损坏、油封损坏。侧盖太松时，应拧紧侧盖；密封垫和油封损坏时，应更换新件。

（3）放油螺塞和变速器箱体及盖的固定螺栓松动，应按规定力矩拧紧。

（4）变速器壳体破裂或延伸壳油封磨损而引起漏油，应更换新件。

（5）里程表齿轮限位器松脱破损，应锁紧或更换；变速杆油封漏油，应更换油封。

三、挂挡困难

1. 现象

离合器技术状况良好，但挂挡时不能顺利挂入挡位，常发出齿轮撞击声。

2. 原因

（1）同步器故障。

（2）拨叉轴弯曲、锁紧弹簧过硬、钢球损伤等。

（3）轴花键损伤或轴弯曲。

（4）齿轮油不足或过量，齿轮油不符合规格。

3. 故障诊断

（1）检查同步器是否散架、锥环内锥面螺旋槽是否磨损、滑块是否磨损、弹簧弹力是否过软等。

（2）如果同步器正常，检查轴是否弯曲、花键是否磨损严重。

（3）检查拨叉轴移动是否正常。

[**技师指导**] 不定期更换齿轮油，油脏以及齿轮油的黏度大，在夏天时影响较小，在冬天时会使换挡发生困难。

四、脱挡（跳挡）

1. 现象

汽车在加速、减速、爬坡或汽车剧烈振动时，变速杆自动跳回空挡位置。

2. 原因

（1）自锁装置的钢球未进入凹槽内或挂挡后齿轮未达到“全齿”啮合。

（2）自锁装置的钢球或凹槽磨损严重，自锁弹簧疲劳过软或折断。

（3）齿轮沿齿长方向磨损成锥形。

（4）各轴轴向或径向间隙过大。

（5）二轴上的常啮合齿轮轴向或径向间隙过大。

3. 故障诊断

先确定跳挡挡位：热车后，采用连续加、减速的方法逐挡进行路试便可确定；然后将变速杆挂入跳挡挡位，检查跳挡齿轮的啮合情况。

（1）未达到全齿长啮合，则故障可能由此引起。

（2）达到全齿长啮合，应继续检查。

（3）检查啮合部位磨损情况。磨损成锥形的，则故障可能由此引起。

（4）检查二轴上该挡齿轮与各轴的轴向和径向间隙。间隙过大，则故障可能由此引起。

（5）检查自锁装置。若自锁装置的止动阻力很小，手感钢球未进入自锁球窝，这时可把变速器盖夹在虎钳上，用手换挡并和其他挡位对比换挡手感，手感止动阻力很小则故障为自锁效能不良。

五、乱挡

1. 现象

在离合器技术状况正常的情况下，变速器同时挂上两个挡，或挂需要挡位时结果挂入别的挡位。

2. 原因

（1）互锁装置失效。如拨叉轴、互锁销或互锁钢球磨损过甚等。

（2）变速杆下端弧形工作面磨损过大或拨叉轴上拨块的凹槽磨损过大。

（3）变速杆球头定位销折断或球孔、球头磨损过于松旷。

总之，乱挡的主要原因是变速器操纵机构失效。

3. 故障诊断

（1）挂需要挡位时，结果挂入了别的挡位。摇动变速杆，检查其摆转角度，若超出正常范围，则故障由变速杆下端球头定位销与定位槽配合松旷或球头、球孔磨损过大引起。

（2）如摆转角度正常，仍挂不上或摘不下挡，则故障由变速杆下端从凹槽中脱出引起（脱出的原因是下端弧形工作面磨损或导槽磨损）。

（3）同时挂入两个挡位，则故障由互锁装置失效引起。

［**技师指导**］捷达变速器使用。

因捷达变速箱的倒挡从动齿太小并且和前进挡不在同一根从动轴上转动，在车辆未停稳或变速箱未达到停驶时的怠速状态下强行进入倒挡，就很有可能造成打齿现象的发生。为有效预防这一设计缺陷带来的后果，应注意以下几点。

（1）要有良好的驾乘习惯，比如在停车时若不打算挂挡行驶，就不要在各个挡位来回换入和换出，此举会让挡杆位置偏移，导致挡位不好挂或挂不到位，因此造成打齿。

（2）必须在车辆完全停稳静止后，将离合器踩到底并压下挡位杆找准倒挡位置，稍作停顿再挂入倒挡。很多人有摘完前进挡就直接挂入倒挡的习惯，这一点应及时改正。因为一挡起步后，前进挡升挡时有同步器来同步转速，而倒挡没有同步器，要求原地起步换入倒挡，若车未停稳，齿轮还未挂到位，驾驶员就抬离合器起步很容易造成打齿。

（3）挡位杆位置不准确，挡挂不到位。有任何挡位不好挂时应及时调整，调整方法是在换挡杆护套下面放置用于调节换挡杆位置的专用工具，也可找有经验的维修师进行调整。

（4）离合器拉索不能用副厂的，捷达采用离合自调式拉索，副厂的拉索在自动调整部位质量不好，导致每次分离或接合不彻底，接合太快或接合不均匀，加大打齿诱因；且倒挡拨叉是弹簧助力式，传动输出来得较猛，如果打齿，一般先打齿的都是从动轴的小齿轮。

(5) 捷达的离合器踏板销中间的套是尼龙的，磨损较快，发现有间隙或松旷要及时维修，否则会给离合器拉索传递不正确的信息，拉索调整一旦出现偏差，就会导致倒挡打齿。

(6) 捷达变速箱是紧凑型的，齿与齿的空间不大，齿轮油太稠会让挡位比较死板，一旦挡位死板以后，很多人就会加大换挡力度，从而导致打齿概率加大。

第四章

四轮驱动技术

第一节　四轮驱动简介

为了提高汽车在泥泞、雪地和沙地等低附着系数路面上的驱动性能，以及在郊外的通过性能，在这些情况下行驶的汽车通常做成四轮驱动，英文是 4 Wheel Drive，简称 4WD。

一、采用四轮驱动的优点

1. 提高通过性

如果汽车仅由两个车轮驱动，一旦某个驱动轮打滑，车辆就无法行驶，但四轮驱动汽车就不一样了，如果前轮或后轮打滑，另外两个轮子还可以继续驱动车辆行驶。在冰雪或湿滑路面上行驶时，四轮驱动的车辆要比两轮驱动的车辆更稳定，更不易出现打滑现象，从而可以提高汽车的行驶稳定性能，保证有较佳的主动安全性能。现代四轮驱动汽车底盘集中控制系统如图 4-1 所示。

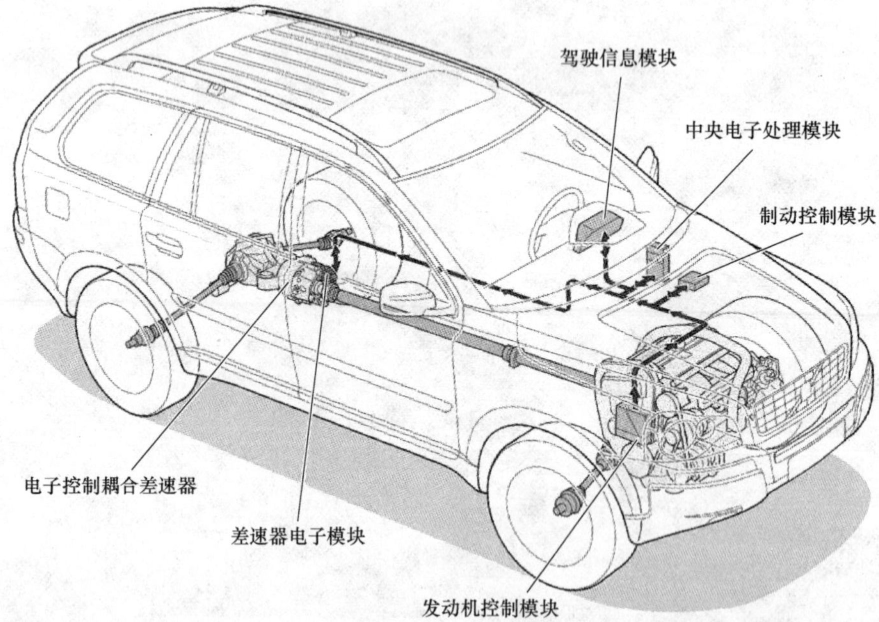

图 4-1　现代四轮驱动汽车底盘集中控制系统

2. 提高安全性

前轮驱动容易转向不足，后轮驱动容易转向过度，而四轮驱动则可避免这两种现象的发生，使汽车转向尽量中性，从而提高过弯能力。

当然，四轮驱动也有弱点，一是它比两轮驱动车辆多装配了一些部件，重量增加，其燃油消耗可能稍高；二是制造成本稍大，售价较高。

二、四轮驱动系统基本组成

传统四轮驱动系统的基本组成如图 4-2 所示。发动机的动力经过离合器传给变速器，然后利用分动器把动力分配给前、后传动轴，再通过传动轴将动力传递给前、后差速器以及四个半轴，使四个车轮转动。

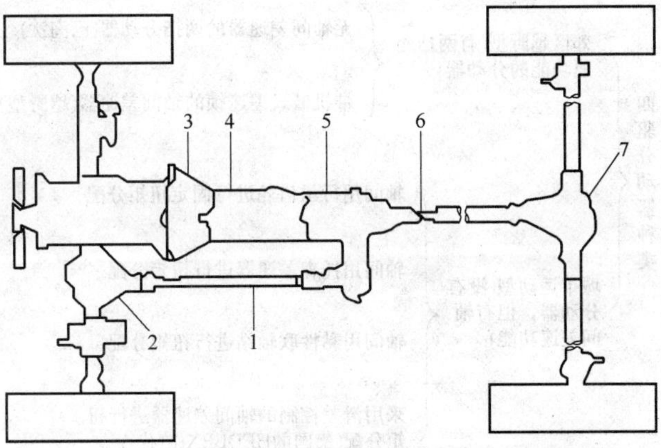

图 4-2　传统四轮驱动系统基本组成

1—前万向传动装置；2—前驱动桥；3—离合器；4—变速器；
5—分动器；6—后万向传动装置；7—后驱动桥

三、四轮驱动模式分类

目前，四轮驱动分为三种形式。

1. 兼时驱动（Part- time）

兼时驱动模式一般用于越野车或四驱 SUV 上。驾驶员可根据路面情况，通过接通或断开分动器在两轮驱动或四轮驱动模式间切换。其优点是可根据实际情况来选取驱动模式，比较经济；缺点是机械结构比较复杂，需要驾驶员有丰富的驾驶经验。

2. 全时驱动（Full- time）

全时驱动是永远保持四轮驱动的汽车，当轮胎打滑时，轴间开放式差速器将自动分配前、后轴转矩，以确保在不同路面上极佳的车辆性能和驾驶条件。当出现极端打滑条件时，驾驶员通过控制一个电动机来控制接合套锁止差速器壳和半轴，以防止前、后轴之间打滑。

另外，轴间的动力分配还有不用差速器的形式，比如采用黏性耦合器、托森差速器、行星排固定分配比例等形式。全时四轮驱动科技含量高，车辆的行驶操控性能和舒适性也较强，因此主要运用在奥迪 A4、Quattro、奥迪 A6L、宝马 X5 等高档车型上。

3. 实时驱动（Real- time）

采用实时驱动（也称适时驱动）的车辆，其选择何种驱动模式由微处理器控制，正常路面一般采用两轮驱动，如果路面不良或驱动轮打滑，微处理器会自动侦测出来并立即将发动机输出转矩分配给其他两轮，切换到四轮驱动状态，免除了驾驶员的判断和手动操作，应用更加简单。选用这种驱动模式的代表车型有东风本田 CR- V 和北京现代途胜，以及大众的四驱 HEDLEX（哈代）。

四、四驱分动器分类

在乘用车中，可根据市场上实际汽车分动器的变速器种类和轴间差速器的种类，对四驱分动器进行分类，具体分类方式如图 4-3 所示。

- 四驱分动器种类
  - 郊区越野型(有两挡变速功能的分动器)
    - 无轴间差速器的两挡分动器(已淘汰)
    - 带机械式差速锁的轴间差速器(越野型)
  - 城市运动型(没有分动器，但有轴间差速功能)
    - 轴间用行星齿轮进行固定扭矩分配
    - 轴间用托森差速器进行扭矩分配
    - 轴间用黏性联轴结进行扭矩分配
    - 采用滑差控制的轴间差速器进行扭矩分配(德国的HEDLEX(哈代))

图 4-3 四驱分动器分类

五、典型汽车四轮驱动结构

为了结构示意方便，采用了图标代表部件的方式，如表 4-1 所示。

表 4-1 分动箱内的配置图示

R	分动箱	作用	控制机构
LOW	箱内有高（H）、低（L）速挡，高挡 H 传动比为 1	增加 L 挡主要是为了增加牵引特性	通过操纵手柄操作
D	开放式差速器	实现前、后传动轴差速	自动
LSD	限滑式差速器	其实是包括黏性耦合器节、托森差速锁、多片离合器式限滑差速锁的一个总称	

续表

R	分动箱	作用	控制机构
	黏性耦合器节	并联在开放式差速器上起限制差速作用	机械自动实现
	强制差速锁，也叫爪式或挂接式差速锁，事实上就是手动变速器的接合套同时套在两个花键毂上	轴间放置，在前、后驱动桥中有一个桥失去驱动力时锁止前、后传动轴	乘用车多用手动按钮输入四驱控制模块，四驱控制模块控制伺服直流电动机控制差速锁。对于货车多采用液压系统或气动系统实现
TD	托森差速锁	轴间放置，是可允许更大锁紧系数的差速器	机械自动实现
	多片离合器式限滑差速锁	并联在开放式差速器上起限制差速作用	重型货车为机械自动实现；轿车多为电控液动实现

1. 丰田车系四驱系统

目前中国市场在售的丰田车种类很多，其中 SUV 车型包括普拉多、兰德酷路泽、FJ 酷路泽、RAV4 和汉兰达 5 种车型，对各个车型的不同产品定位使得它们所采用的四驱系统形式也有所不同，丰田车系四驱系统全时四驱车型有普拉多、兰德酷路泽、汉兰达；分时四驱车型有 FJ 酷路泽；实时四驱车型有 RAV4。丰田高端车型雷克萨斯最早推出的 SUV 是在 1997 年诞生的 Lexus LX 系列，现在旗下共有 LX、GX 和 RX 三款 SUV 车型为全时四驱。

1）丰田普拉多 2.7 L 四驱系统

丰田普拉多的四驱系统操作起来很简便，可以通过中控台上的旋钮来实现，共有 H4F、H4L 和 L4L 三种模式可选。平时行驶时，使用 H4F 全时四驱模式由托森差速器分配前后传动轴的扭矩，此时扭矩以 40:60 的比例分配给前后轴，并且动力最大自动调节为前 29 后 71 的比例。H4L 为高速四驱锁止模式，用于通过一些较崎岖的非铺装路面。在 H4F 和 H4L 模式间切换时无须停车，也没有车速的限制，只要发动机启动即可实现。L4L 低速四驱模式不但锁止了中央差速器，同时发动机扭矩可以通过分动箱齿轮放大 2.566 倍，以此来通过一些难度较高的路段。在 H4L 和 L4L 模式间切换时需要注意，车辆必须静止地停在原地，手动挡车型要挂空挡并踩下离合，自动挡车型要挂入空挡才能转动旋钮切换。丰田普拉多 2.7 L 的轴间托森式差速锁与牙嵌式差速锁如图 4-4 所示。

优点：丰田普拉多 2.7 L 四驱系统操控比较简便，日常驾驶时基本不需要人为干预。L4L 模式可提供较大的扭矩输出，以在攀爬陡坡等越野项目中帮助驾驶员克服障碍。

缺点：由于没有任何轮间限滑装置，丰田普拉多 2.7 L 四驱系统无法应对前后分别有车轮打滑的状况。

图 4-5 所示为国产普拉多 2.7 L 的轴间开放式差速锁与牙嵌式差速锁。国产普拉多 2.7

L 四驱的操作控件看上去比丰田普拉多 2.7 L 车型的略显简便，除了四驱模式切换旋钮之外，还有一个中央差速锁锁定按键以及下坡辅助启动按键。国产普拉多的四驱模式只有 H4 与 L4 两种，而分动箱与进口普拉多相同，在低速四驱模式下传动比为 2.566∶1，也就是说发动机扭矩可以放大 2.5 倍左右。从 H4 切换到 L4 时，需要停车挂入空挡才能转动旋钮。

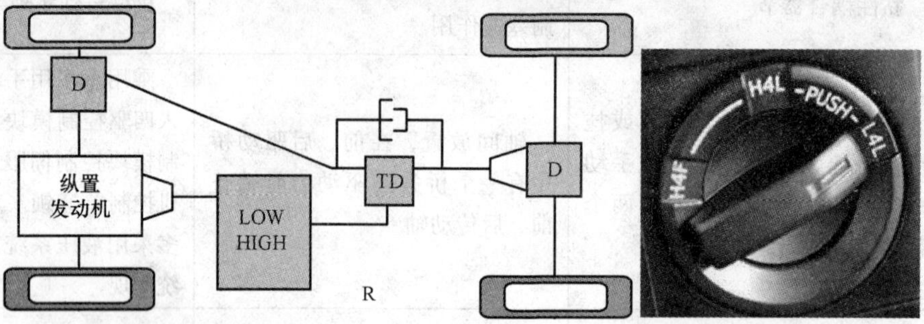

图 4-4　丰田普拉多 2.7 L 的轴间托森式差速锁与牙嵌式差速锁

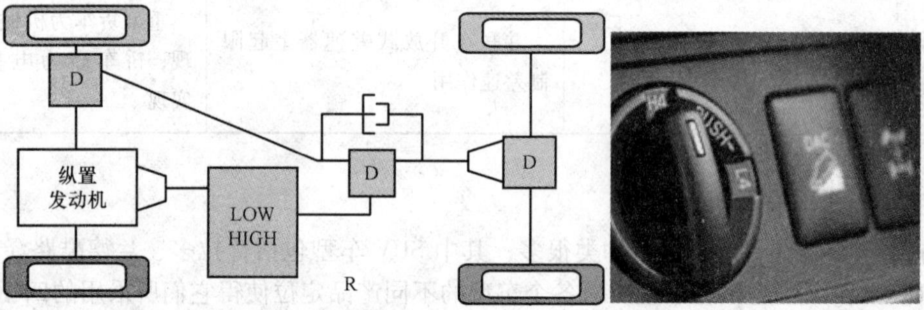

图 4-5　国产普拉多 2.7 L 的轴间开放式差速锁与牙嵌式差速锁

2）普拉多 4.0VX NAVI 四驱系统

丰田普拉多 4.0VX NAVI 四驱结构及四驱控制面板分别如图 4-6 和图 4-7 所示。作为全系的顶配车型，普拉多 4.0VX NAVI 不但配置先进，其四驱系统也得到了升级。在其他 4.0 车型四驱系统的基础上，普拉多 4.0VX NAVI 增加了一套后轴电控差速锁以取代原来的开放式差速器，因此其后轴的两个车轮可以得到更好的动力分配，从而提升了车辆的越野能力。但国产一汽普拉多无后轮差速锁。

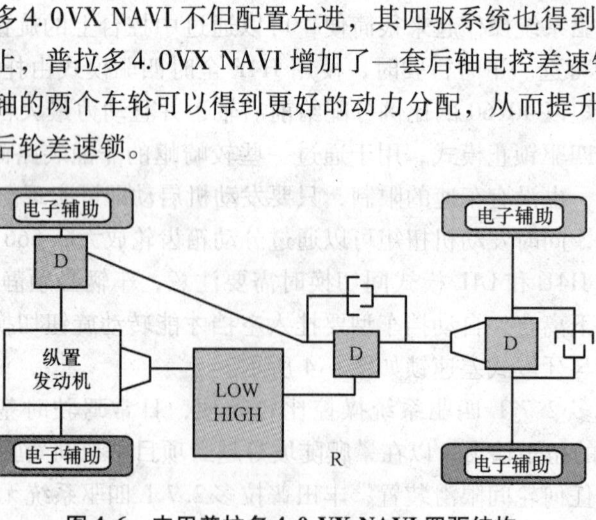

图 4-6　丰田普拉多 4.0 VX NAVI 四驱结构

图 4-7　丰田普拉多 4.0 VX NAVI 四驱控制面板

3）丰田 RAV4 实时四驱系统

丰田 RAV4 配备的是实时四驱系统，从结构上来讲，其中央是电控多片离合式四驱接合结构的四驱系统，前后桥均为开放式差速器，没有锁止机构，四轮有电子刹车辅助系统。

日常行驶（主要指在铺装路面上行驶）时，驱动力只传输至前轮，以前轮驱动的行驶方式牵引车辆，此时电脑会实时监测四个车轮的附着力情况，如果出现车轮打滑，电脑会自动分配动力给前后轮，扭矩可在一定范围内调节，其目的是确保城市湿滑路面或者急加速状态下，丰田 RAV4 依然有安全可靠的表现。路况复杂时，打开“四驱锁止”功能可以人为地强制四驱连通，将驱动力以 55∶45 的比例分配给前后轮。图 4-8 所示为丰田 RAV4 的四驱结构，动力由发动机输出后到前驱动桥，同时通过中央差速器分配到后轴上。在日常行驶时，行车电脑会自动分配前后轮的动力而不需要人为操作。在路况较为复杂时也可以手动切换，按下“LOCK”开关（见图 4-8），可将驱动力以前后 55∶45 的固定扭矩分配模式分配给前后轮。当车速达到 40 km/h 以上时，LOCK 模式会自动解除。

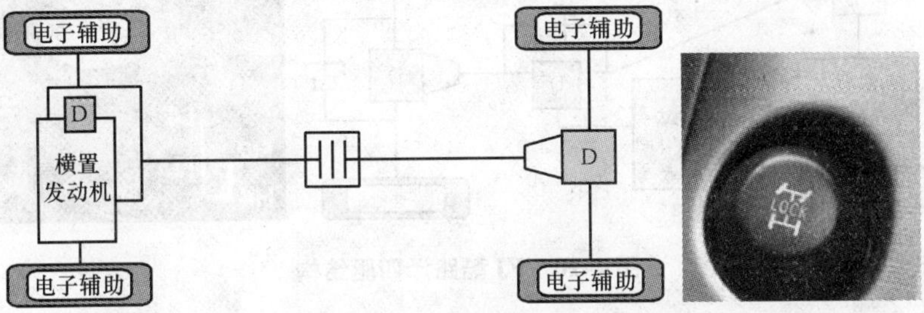

图 4-8　丰田 RAV4 四驱结构和锁止按钮

对于丰田 RAV4，当踩下油门踏板时，前轮首先瞬间空转，系统还是在默认的前驱状态，之后系统先将前轮制动（从车外看前轮会突然停顿一下），与此同时四驱系统开始向后轮分配扭矩，车辆顺利上坡。在下坡过程中，陡坡缓降系统可以将车速控制在安全范围内，驾驶员此时要做的就是握住方向盘，等待车辆自动通过。对于丰田 RAV4 等装备了 HAC 上坡辅助系统的四轮驱动汽车，在松开刹车后车辆不会出现后溜，此时并不需要按下中控台上的四驱锁止键，驱动力分配完全由电脑控制。

丰田 RAV4 实时四驱系统优点：无须手动控制，可应对较为复杂的路况，前后扭矩比可自动调节，同时可手动切换为前后扭矩固定比例模式，是一款性能不错的城市 SUV；缺点是由于电子介入能力有限，几乎无脱困能力。

4）汉兰达（HIGHLANDER）四驱结构

汉兰达四驱结构如图 4-9 所示，其优点是全时四驱，使用方便，无须额外操作；缺点是没有锁止系统，电子辅助力度微弱，脱困能力不佳，只要前、后轮各有一个车轮失去附着力，这时，有经验的驾驶员会采用车上的自救绞盘来自救，若没有自救绞盘则只能等待救援。

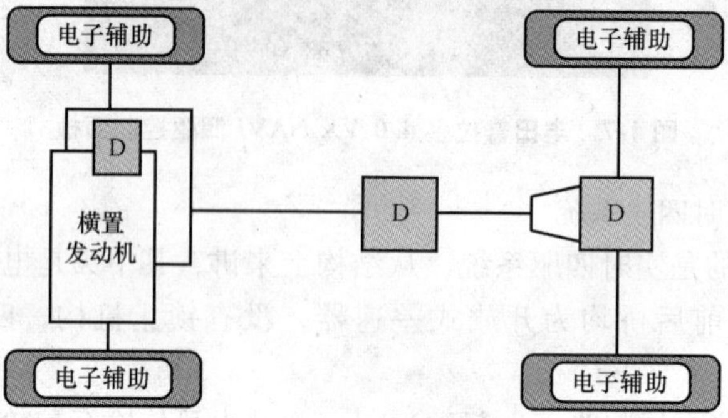

图 4-9　汉兰达四驱结构

5）FJ 酷路泽四驱结构

FJ 酷路泽四驱结构如图 4-10 所示，其采用了结构可靠而相对简单的分时四驱结构，带低速挡，只有后桥差速锁而无前桥差速锁。其优点是四驱结构简单可靠，不依赖电子设备，后桥差速锁能保证在恶劣路况下的脱困能力；缺点是由于结构原因，正常行驶时只能为后轮驱动。

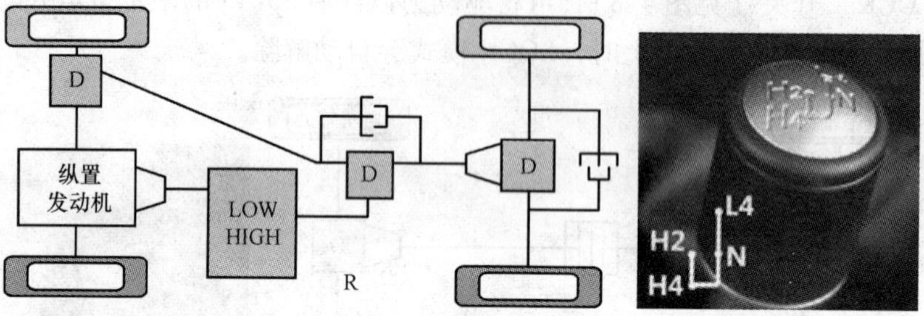

图 4-10　FJ 酷路泽四驱结构

第二节　轴间和轮间扭矩分配方式

传统汽车为了实现汽车在转弯时轮胎做纯滚动，设计了开放式差速器。但开放式差速器具有“差速不差扭”的特点，即开放式差速器两侧车轮的转速不等时，分配给同一车桥上的驱动轮扭矩仍然是相等的，如果一个车轮打滑，发动机动力将全部通过打滑车轮输出，同时，由于打滑车轮负载扭矩小，导致发动机转速迅速上升。

“轮间差速锁”和“轴间差速锁”的作用：

（1）轮间差速锁。

在传统开放式差速器上并联锁止装置，在车轮打滑时，实现将左右车轮的转速同步，这样的差速器称为轮间差速器。

（2）轴间差速锁。

轴间差速装置种类较多，作用是用来平衡在不平路面行驶情况下前后轴的不同转速。如果有一个车桥上的驱动轮打滑，轴间差速锁能通过锁止实现前后桥转速同步。因此，更多的转矩被分配给具有良好附着力车桥上的车轮。先进的电控动态差速器可实现前后轴转速虽不同步但都能传递扭矩，更多的转矩被分配给具有良好附着力的车轮。

具有全轮驱动的汽车需要一个轴间差速锁和两个轮间差速锁，以便在所有行驶条件下都能传递最大转矩。

一、轴间扭矩分配方式

轴间差速器总成主要有以下几种不同形式：锥齿轮差速器式（开放式差速器）、行星齿轮式、豪尔戴克斯离合器式、托森差速器式、黏性离合器式。不同分动器对前、后车桥的转矩分配情况见表 4-2。

表 4-2　轴间差速器的转矩分配

轴间差速器类型	前桥获得的扭矩	后桥获得的扭矩
锥齿轮差速器式	50%	50%
行星齿轮式	35%	65%
黏性离合器式	98% ~2%	2% ~98%
托森差速器式	78% ~22%	22% ~78%
豪尔戴克斯离合器式	100% ~0	0 ~100%

1. 锥齿轮中央差速器

如图 4-11 所示，锥齿轮中央差速器用来平衡驱动轮的不同转速，并分别以 50% 的比例持续不变地将来自变速器的转矩分配给后主减速器和前主减速器。锥齿轮差速器可以利用牙嵌离合器手动锁止，或利用黏性离合器自动锁止。

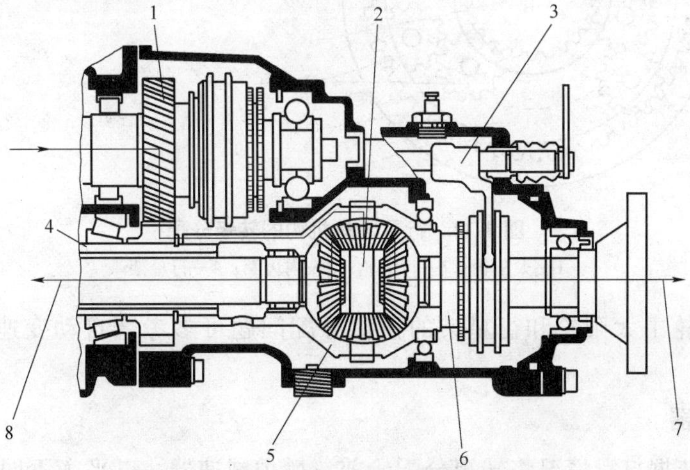

图 4-11　锥齿轮中央差速器与分动器总成

1—变速器；2—开放式差速器；3—差速锁拨叉；4—空心轴；
5—差速器壳；6—差速锁；7—至后主减速器；8—至前主减速器

2. 行星齿轮式中央差速器

如图4-12所示，一般情况下，行星齿轮式差速器平衡前、后车轮的转速差，并以恒定比例将转矩分配给前、后桥上的两个主减速器。转矩来自变速器，通过空心轴（主轴）传给行星齿轮机构的内齿圈。然后，通过行星架传给前主减速器，通过太阳轮传给后主减速器。转矩在行星架和太阳轮之间是进行固定分配的，例如在图4-13中，65%给前主减速器，35%给后主减速器。这种行星齿轮固定分配形式在前轮或后轮打滑的情况下，要有黏性离合器按照牵引力进行锁止，并将更多的转矩分配给具有良好附着力一侧的驱动轮。

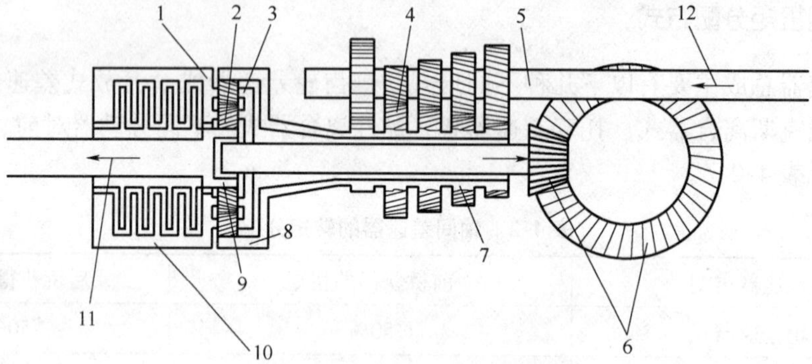

图4-12 行星齿轮式中央差速器

1—行星架；2—行星轮；3—行星齿轮机构；4—变速器；5—变速器输入轴；6—前主减速器；7—主轴（空心轴）；8—内齿圈；9—太阳轮；10—充当差速锁的黏性离合器；11—至后主减速器；12—自发动机

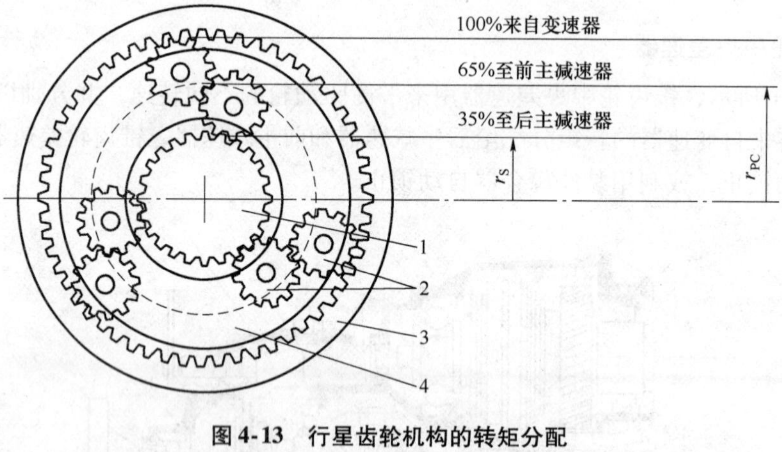

图4-13 行星齿轮机构的转矩分配

1—太阳轮；2—行星轮；3—内齿圈；4—行星架

关于行星齿轮中太阳轮和行星架的扭矩分配问题可参考《自动变速器原理与检修》一书。

3. 黏性离合器

黏性离合器依据打滑情况将转矩分配给前、后主减速器，以平衡不同的主减速器转速（车轮转速），并按照牵引力的情况自动发挥差速锁的作用。

如图4-14所示，黏性离合器由装有硅油的离合器壳、带穿孔的外齿钢片、带槽口的内齿钢片等组成。外齿钢片与离合器壳的内齿啮合，而内齿钢片与离合器毂的外齿啮合。在驱动轮之间存在转速差的情况下，锁止功能是通过钢片与硅油之间的剪切作用实现的。

在正常附着情况下，驱动转矩的大部分（约98%）被分配给前主减速器。一旦前驱动轮产生打滑，黏性离合器将锁止转速差并分配较多的转矩给后主减速器。黏性离合器的锁定值是可变的，为2%～98%。

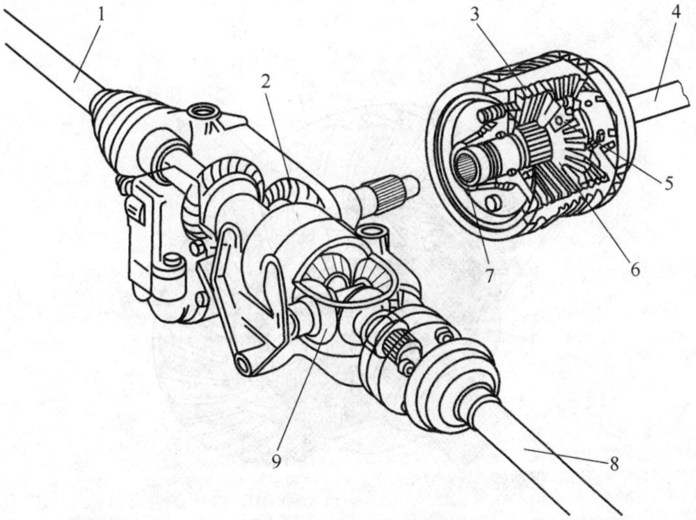

图4-14　黏性离合器

1，8—半轴；2—后主减速器；3—黏性离合器；4—传动轴；5—外齿钢片；6—内齿钢片；7—离合器毂；9—差速器

4. 托森差速器

托森差速器的基本原理是基于蜗杆传动副的蜗轮和蜗杆之间的自锁功能，自锁的程度取决于蜗杆和蜗轮齿的螺旋角。托森差速器（转矩感知差速器）根据牵引力分配来自变速器的转矩，它可以用于车桥差速器中的轮间锁止，也可用于全轮驱动汽车中央差速器中的纵向轴间锁止。如图4-15所示，托森差速器通常装在变速器中，并且在干路面上以相等的比例（各50%）将转矩分配给前桥和后桥上的驱动轮。作为中央差速器，托森差速器平衡前、后主减速器的转速差。

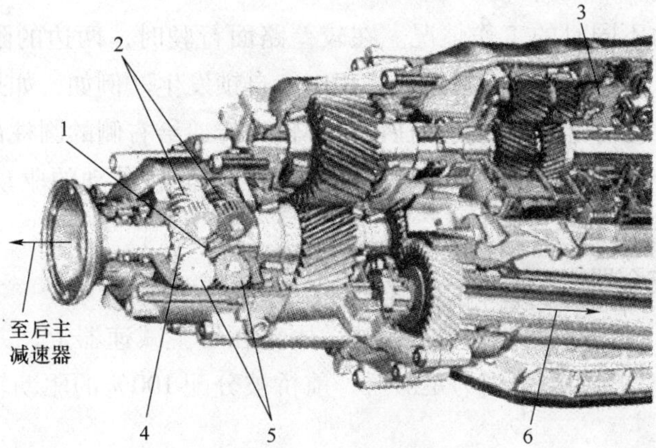

图4-15　托森差速器

1—托森差速器；2—蜗轮；3—自动变速器；4—蜗杆；5—圆柱齿轮；6—前主减速器

如果一个驱动桥上的车轮打滑，该差速器将按照牵引力情况发挥自动差速锁的作用，将更多的转矩分配给具有较好附着力的驱动桥，其锁定值可以扩大至56%。

用于轮间锁止的托森差速器基本结构如图4-16所示，它由两组蜗杆传动副组成。圆柱齿轮借助于蜗轮将两组蜗杆传动副的传动相互连接在一起，它们被安装在差速器壳中，并在其中转动。每一个蜗杆都以扭转弹簧与车轮轴相连，差速器壳用螺栓固定在主减速器从动齿轮上。

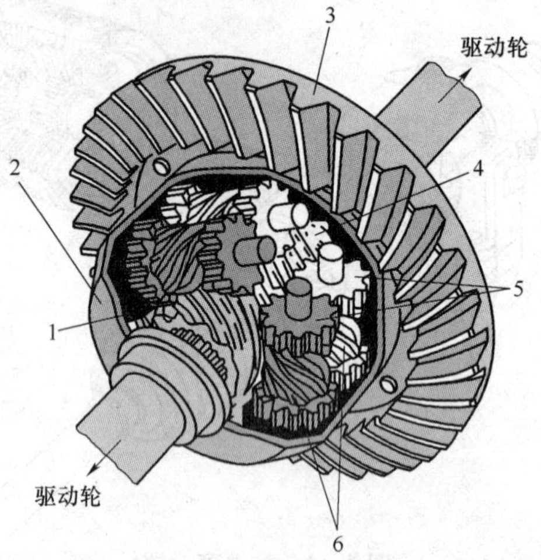

图4-16　用于轮间锁止的托森差速器基本结构

1—蜗杆（左侧）；2—差速器壳；3—从动齿轮；4—蜗杆（右侧）；
5—圆柱齿轮；6—蜗轮

托森差速器的工作原理可从其动力传递路线进行分析。

(1) 动力传递路线。托森差速器的转矩来自主减速器从动锥齿轮，并经过差速器壳和蜗轮传递给两根半轴（车轮轴）上的蜗杆。

(2) 两边均具有良好附着力时的工作情况。直线行驶时，驱动轮以相同的速度转动，蜗轮不随侧面的圆柱齿轮转动，而是起驱动器的作用。此时，转矩以相等的比例分配到两根半轴上。

(3) 两边附着力不同时的工作情况。在较差路面行驶时，两边的附着力不同，此时的转速差通过圆柱齿轮和蜗轮实现，在这一过程中，自锁发生。例如，如果左驱动轮转动得更快，则左侧蜗杆驱动其蜗轮。左侧的圆柱齿轮将转动传递给右侧的圆柱齿轮和蜗轮，蜗轮与蜗杆之间产生相应于锁定值的自锁，具有较好附着力或低速转动的驱动轮（此例为右驱动轮）将获得更大的转矩。

5. 豪尔戴克斯离合器

如图4-17所示，豪尔戴克斯离合器用法兰固定在后主减速器上，并起着纵向差速锁的作用。在正常情况下，例如当牵引力足够时，前桥被分配100%的驱动转矩，而后桥被分配的驱动转矩为0。

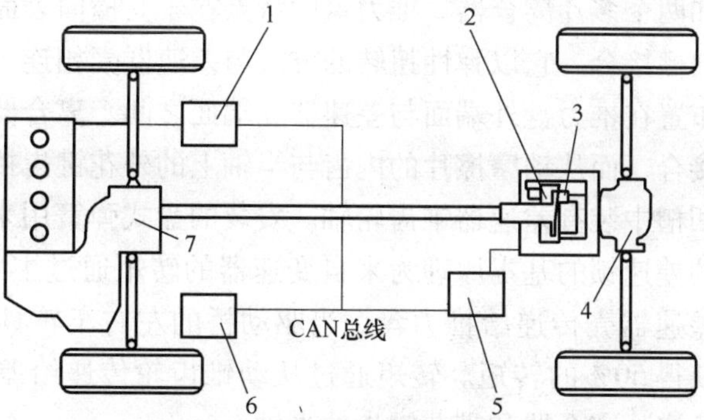

图 4-17　带有豪尔戴克斯离合器的全轮驱动系统

1—发动机 ECU；2—豪尔戴克斯离合器；3—液压泵；
4，7—主减速器；5—豪尔戴克斯离合器 ECU；6—ABS/EPS ECU

二、轮间扭矩分配方式

四轮驱动汽车轮间差速器分类如图 4-18 所示。

- 轮间差速器
  - 前轮间开放式差速器(一般不设计差速锁)可采用EDL电子差速锁，效果较差
  - 后轮间差速器
    - 带机械式差速锁的轮间差速器
    - 电控带滑差控制的轮间差速器
    - 后轮间开放式差速器，差速锁功能由EDL实现，效果较差

图 4-18　四轮驱动汽车轮间差速器分类

1. 机械强制式差速锁

图 4-19 所示为机械强制式差速锁，主要由换挡执行器和牙嵌离合器组成。差速锁的换挡是用手动或气动的方式通过机械传动实现的。

可换挡式差速锁工作原理：当差速锁接合时，牙嵌离合器将带有扭转弹簧的右半轴与差速器壳和从动锥齿轮接合在一起。通过换挡套的内齿和差速器壳右侧的外齿可以实现右半轴与差速器壳的强制性扭转弹性接合。这样一来，差速器齿轮就不能在半轴齿轮上循环转动(公转)，而仅起一个驱动器的作用，转速差被 100% 锁止。在驱动轮与路面正常附着的情况下，必须松开可换挡式差速锁，以避免接合齿和差速器齿轮损坏。

2. 带有多片离合器的自动机械式差速锁

带有多片离合器的自动机械式差速锁如图 4-20 所示，这种差速器是在标准部件的基础

上增加了两个推力盘和两个多片离合器。推力盘的特点在于其横向表面的驱动块，该驱动块能与差速器壳上的纵向槽接合。它以弹性扭转的方式与差速器壳相连，且在差速器壳中能轴向位移。离合器片被布置在推力盘外端面与差速器壳端面之间。离合器主动摩擦片的外齿与差速器壳上的纵向槽接合，而从动摩擦片的内齿与半轴上的外花键齿接合。两个推力盘的内端面朝向四个凹槽，凹槽中装有差速器锥齿轮轴。安装的盘式弹簧用来预紧离合器片。

带有多片离合器的差速锁的基本原理为来自变速器的转矩通过主减速器的传动比增大，并通过从动锥齿轮和差速器壳传递给推力盘。当驱动桥的左右车轮具有相等的路面附着力时，每一个驱动轮都获得50%的转矩。转矩通过从动锥齿轮传递给差速器壳，且通过能轴向移动的推力盘传递给多片离合器和带花键齿的半轴。

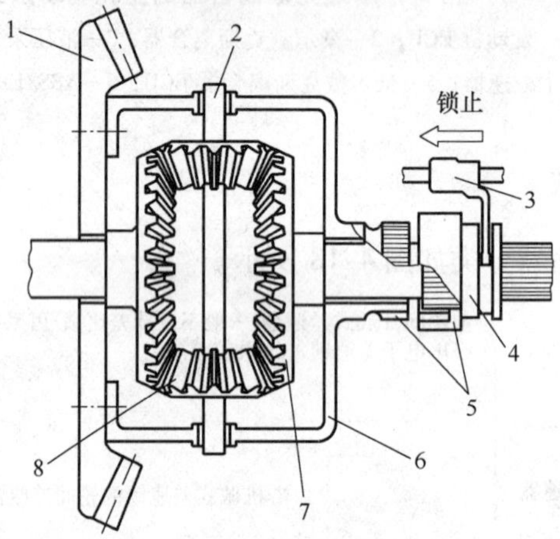

图 4-19　机械强制式差速锁

1—从动锥齿轮；2—差速器锥齿轮轴；3—换挡执行器；4—选挡套；
5—牙嵌离合器；6—差速器壳；7—半轴齿轮；8—差速器锥齿轮

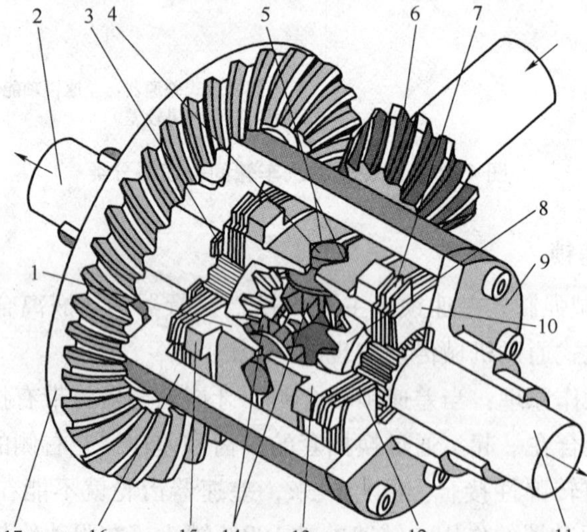

图 4-20　带有多片离合器的自动机械式差速锁

1，13—推力盘；2，11—半轴；3，10—盘式弹簧；4—差速器锥齿轮轴；5—V 形斜面；6—主动锥齿轮；
7—外盘（扭转式地固定在差速器壳上）；8—半轴齿轮；9—端盖；12—内盘（扭转式地固定在半轴齿轮上）；
14—差速器锥齿轮；15—摩擦片驱动块；16—差速器壳；17—从动锥齿轮

当驱动桥的左右车轮具有不同的路面附着力时，如果右驱动轮打滑，则差速器锥齿轮转动，它们的轴将推力盘压向左右两个离合器的摩擦片组。该压力使得右侧摩擦片组转得较快的内齿从动片和外齿主动片之间产生一个与负载相关的摩擦转矩，这个摩擦转矩通过差速器壳、左摩擦片组和左半轴花键齿传给左驱动轮。在这种情况下，除了正常的右侧驱动轮的转矩外，这个摩擦转矩也发挥着作用。

第三节　典型分动器结构

一、两挡越野型分动器结构

图 4-21 所示为带强制差速锁的全时四驱分动箱结构示意图。四驱分动器主要包括高、低挡变速装置，差速器和差速锁，压力和飞溅润滑系统，电控装置等几部分。

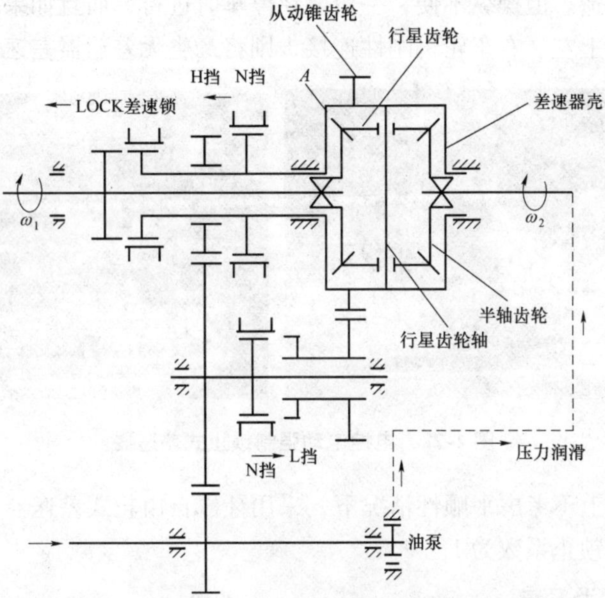

图 4-21　带强制差速锁的全时四驱分动箱结构示意图

[**完成任务**] 根据图 4-21 分析增加压力润滑系统而不采用飞溅润滑的原因。

____。

1. 高、低挡变速装置

在分时四驱里由高速 4H 挡、低速 4L 挡、后驱 2H 挡、空挡四挡组成的无轴间差速器不能解决前后传动轴的运动干涉问题，因此要求驾驶员尽量使用 2H 挡来解决运动干涉对轮胎的磨损，四驱时磨损轮胎和影响转向的情况几乎无法避免。在全时四驱里只设高速 4H 挡、低速 4L 挡，值得一提的是有些 SUV 四驱车并不设高、低速挡位，其直接输出设计是因为没必要设计太大的扭矩输出。

2. 差速器和差速锁

使用分时四驱无轴间差速器时，虽有前后传动轴的运动干涉问题，但只要前后轴有一轴上的两轮能抓地即能脱困。

对于四驱是全时四驱时，只要四个车轮有一个打滑，其余三个轮子就不能抓地行驶，为此在轴间设计有差速锁，这样只要前后轴有一轴上的两轮能抓地即能脱困。差速锁有全锁死型和前后传动轴可适当差速差扭型两种。

注： 四驱为能增强脱困能力，一般在后桥左、右半轴间也加装差速锁，当然在前桥加装差速锁脱困能力就更好了。

在前、后轴间设计轴间差速器，能解决前后传动轴在一般道路上的运动干涉问题，实现四轮纯滚动。差速器有差速不差扭的开放式差速器和差速也差扭的差速器两种。

强制锁止式差速器是由驾驶员控制起作用的，通常是通过直流伺服电动机控制带有齿条的拨叉轴来控制接合套套接在半轴上。在汽车仪表盘上设有信号装置，当按下差速锁开关时，仪表差速锁符号灯亮起，以提醒驾驶员注意，差速行驶转向和制动性能下降，汽车驶入好路面后应及时摘下差速锁。图 4-22 所示为电控电动强制锁止式差速锁。强制锁止式差速锁结构简单，易于制造。但操纵不便，一般要在停车时进行，而且如果过早接上或过晚摘下差速锁，在良好路段上左、右车轮仍刚性连接，则将产生无差速器差速的情况。

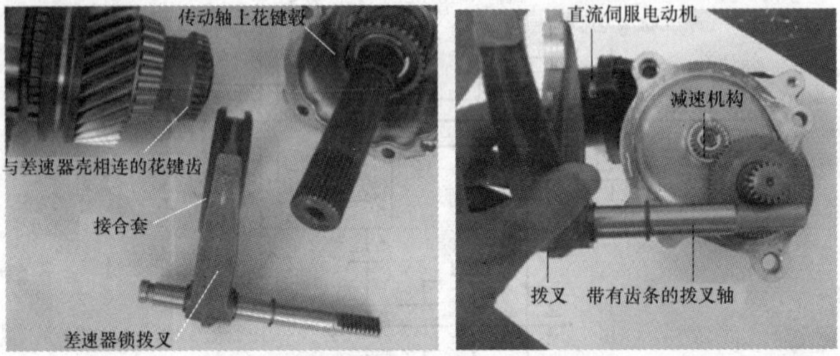

图 4-22　电控电动强制锁止式差速器

在中、重型车辆上不考虑平顺性情况下，采用牙嵌自由轮式差速器来限制差速作用，以防止驱动轮打滑，其锁止系数为 1。

3. 压力和飞溅润滑系统

如图 4-23 所示，在分动箱内，齿轮可以靠飞溅润滑系统润滑，但分动箱内轴类部件多为中空轴，存在支承轴套，另外车速表/里程表齿轮啮合部分位置较高会出现润滑不良，因此在分动箱内设计压力润滑系统，其主要部件是滤网、油泵和几根油管。

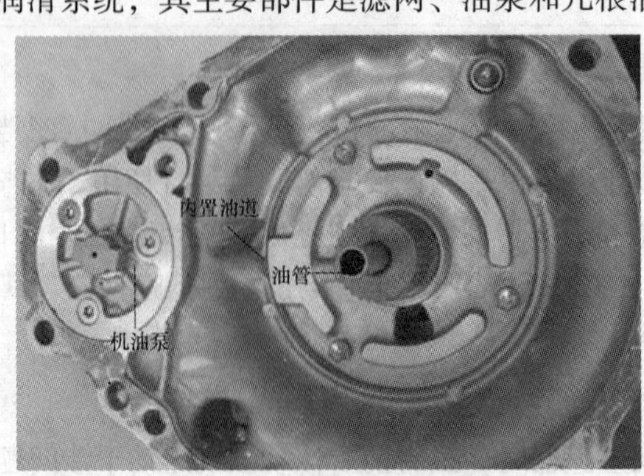

图 4-23　分动箱内压力润滑系统

4. 电控装置

早期手动操纵手柄控制分时四驱的挡位变换，电动控制轴间差速器锁。现代四驱系统多为全时四驱，高、低速挡位变换和差速锁可由电控实现，驾驶员只要操纵按钮即可。

第四节　大众 Haldex-耦合器

一、大众 Haldex-耦合器介绍

大众公司的四轮驱动从带有黏性耦合器的同步式四驱系统发展到现今带有 Haldex-耦合器的四轮驱动系统，已有很长的历史。带有 Haldex-耦合器的四驱装置与黏性耦合器相比，其优点在于传递的扭矩可以根据行驶状况来调节，同时实现 ABS 功能不再需要使用超越离合器。Haldex-耦合器的位置和实物如图 4-24 所示。

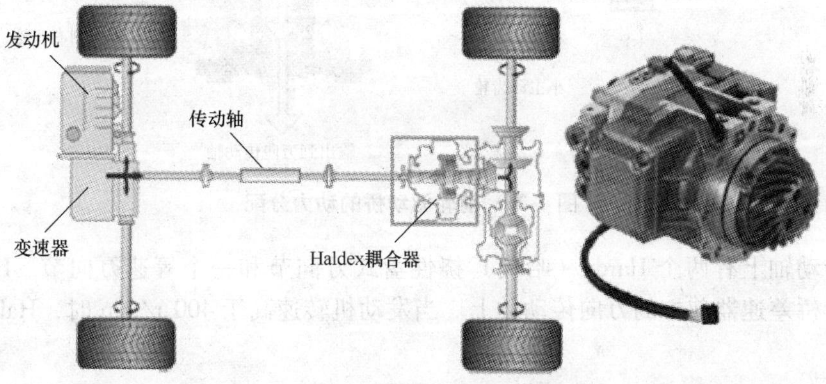

图 4-24　Haldex-耦合器的位置和实物

第二代（2004 年车型）和第一代 Haldex-耦合器的原理相同，只是结构上做了几处改进，电气元件和液压元件的布置也有所变化，如图 4-25 所示。

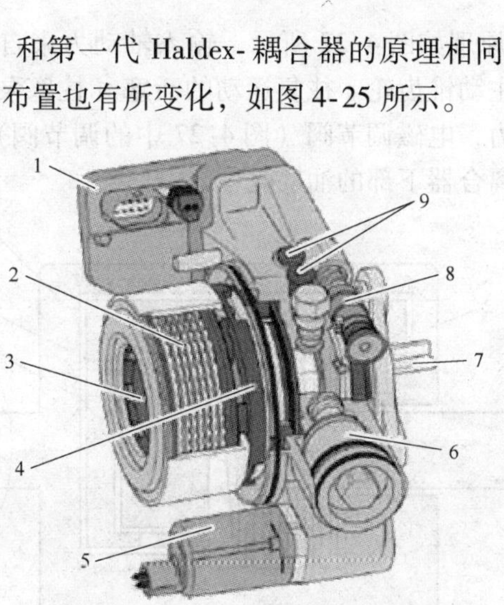

图 4-25　第二代 Haldex-耦合器结构

1—四轮驱动控制单元 J492；2—湿式多片离合器；3—毂（从动部分）；4—盘形凸轮；5—Haldex-耦合器泵 V181；6—机油滤清器；7—输入轴（主动部分）；8—蓄能器；9—压力阀

配有大众 Haldex-耦合器的汽车，前轮采用传统的方式驱动，其动力分配如图 4-26 所示，后桥则是采用一个与前桥差速器壳体用法兰连接的锥齿轮传动装置来驱动的，动力通过万向传动轴和 Haldex-耦合器传递到后桥上。锥齿轮传动装置将转速以 1.6 的速比升高后传到万向传动轴上，其目的是减小该轴传递的扭矩，使轴的直径可以小一些。后桥差速器会以同样的速比将转速降低到原来的大小。动力由从动锥齿轮经差速器壳体、空心轴和小主动齿轮传到万向传动轴。

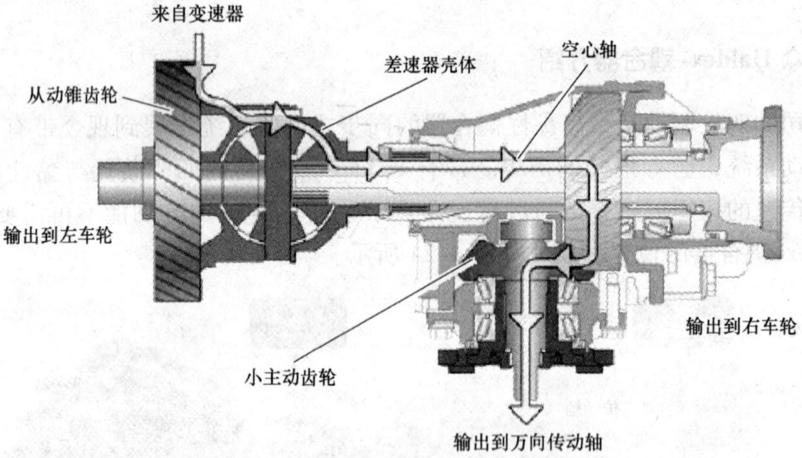

图 4-26　前轮驱动桥的动力分配

万向传动轴上有两个 Hardy（哈代）挠性盘式万向节和一个等速万向节。Haldex-耦合器安装在后桥差速器前方的万向传动轴上。当发动机转速高于 400 r/min 时，Haldex-耦合器开始工作。

二、Haldex-耦合器工作原理

Haldex-耦合器的工作原理如图 4-27 所示，输入轴动力来自前桥主减速器从动锥齿轮，输出轴接后桥主减速器的主动锥齿轮。往复运动的活塞（柱塞泵）是在输入轴和 Haldex-耦合器壳体的驱动下产生压力，电磁调节阀（图 4-27 中的调节阀）控制把液压油供向工作活塞或者向下泄回湿式多片离合器下部的油底壳中。

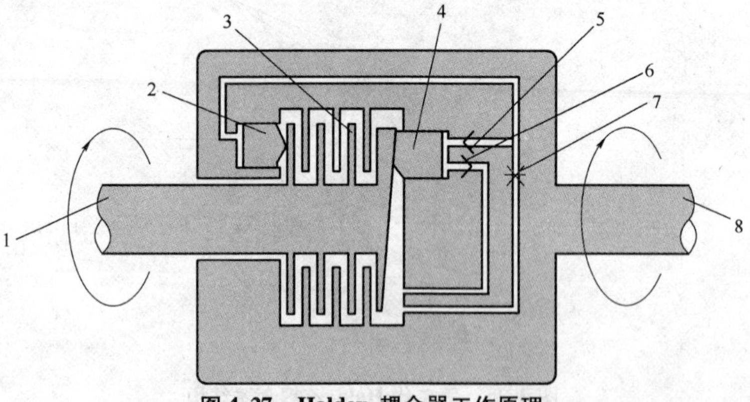

图 4-27　Haldex-耦合器工作原理

1—输出轴；2—工作活塞；3—湿式多片离合器；4—往复运动活塞；5—压力阀；6—吸油阀；7—调节阀；8—输入轴

前桥和后桥间的车轮转角差达到约10°以上时，Haldex-耦合器的摩擦片组就可开始压紧传递转矩了。当车轮转角差达到20°以上时，摩擦片组完全压紧输出全部转矩。

图4-28（a）所示为柱塞泵压油工况，当两轴出现转速差，输入轴与往复运动活塞泵一起绕着与输出轴的斜盘转动。

如图4-28（b）所示，斜盘将这个上下运动传给往复运动活塞，活塞的往复运动形成了柱塞泵容积的变化。

如图4-28（c）所示，机油流经机油道被引至左侧的工作活塞，于是工作活塞就被机油压力顶着工作活塞的操纵辊和摩擦片组的止推垫圈压向右边。

如图4-28（d）所示，摩擦片组被压靠在一起，于是输入轴和输出轴就连成一体了，此时就是四轮驱动状态，可以传递转矩了。

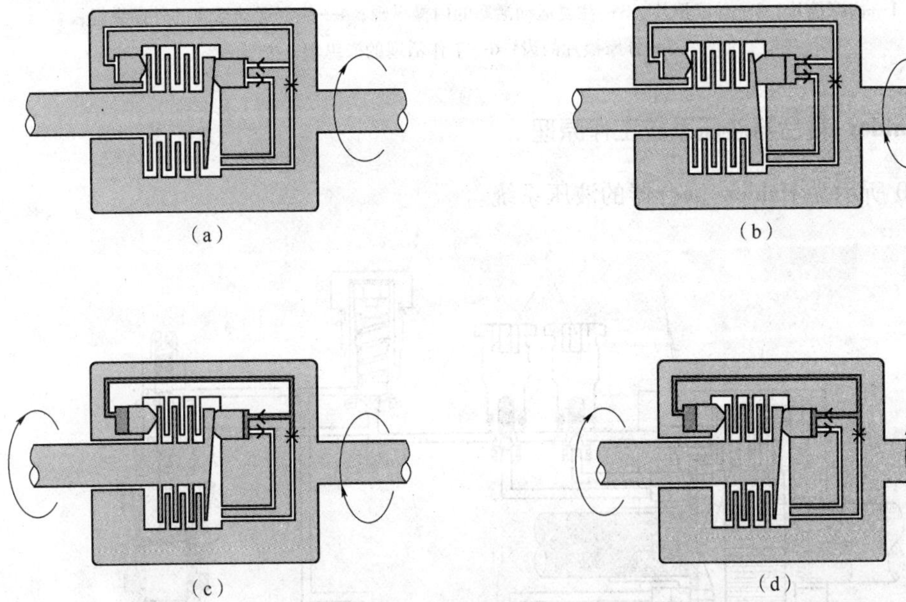

图4-28　往复运动的活塞（柱塞泵）工作情况

（a）柱塞泵压油工况；（b）柱塞泵吸油工况；（c）工作活塞工作；（d）两轴锁止同步

Haldex-耦合器的结构如图4-29所示，主要包括Haldex-耦合器的壳体（输入鼓）、外摩擦片、工作活塞、输出毂的盘形凸轮以及在毂内啮合的内摩擦片等。

在Haldex-耦合器输入鼓内表面有与外摩擦片相连的内花键槽，在输入鼓的端面有内外三层辊子，每层辊由三个分辊子组成。最外层为工作活塞压紧离合器片的三个操纵辊，两两相差120°。内部两层辊子也相差120°，内部两层辊子在盘形凸轮的作用下推动往复活塞往复运动。

外摩擦片通过其外部齿与耦合器壳体连在一起。内摩擦片安装在输出毂内，其内侧有齿，内摩擦片是钢制的。输出毂的盘形凸轮表面起伏不平，往复运动活塞就在这个表面上运动，从而产生泵油运动，工作活塞和两个往复运动活塞都设计成环形活塞。为了使得耦合器在不接合时的摩擦尽可能小，如果往复运动活塞工作时没有产生压力，则摩擦片组是一直分开的。

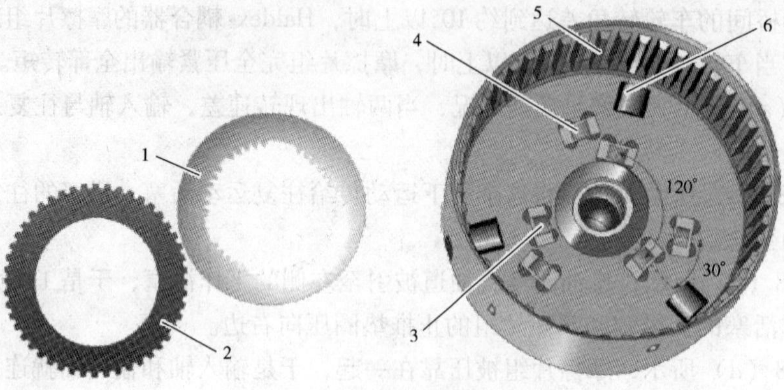

图 4-29　Haldex-耦合器结构

1—内摩擦片；2—外摩擦片；3—往复运动活塞的内操纵辊；4—往复运动活塞的外操纵辊；
5—外摩擦片的齿；6—工作活塞的操纵辊

三、Haldex-耦合器液压系统工作原理

图 4-30 所示为 Haldex-耦合器的液压系统。

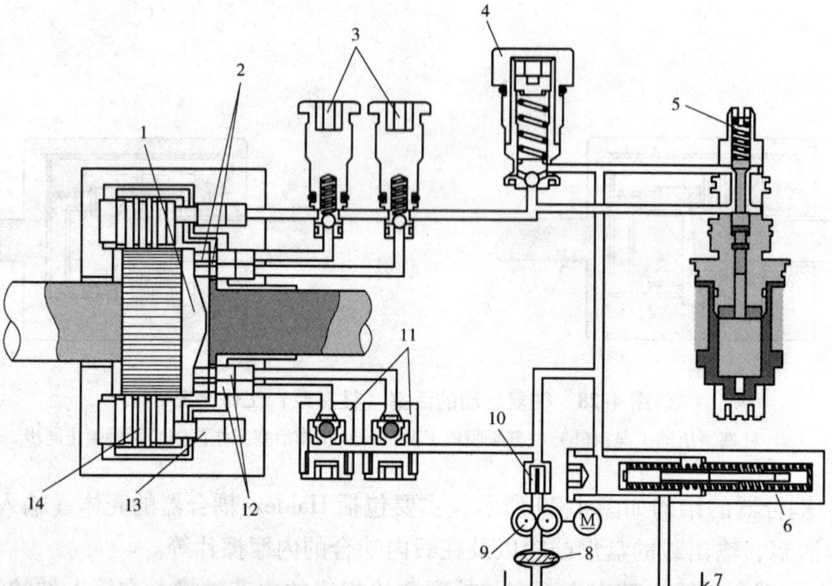

图 4-30　Haldex-耦合器的液压系统

1—盘形凸轮；2—往复运动活塞的操纵辊；3—压力阀；4—过载保护阀；5—耦合器开度控制阀 N373；
6—蓄能器；7—机油槽；8—滤网；9—Haldex-耦合器泵 V181；10—纤维网过滤器；11—吸油阀；
12—往复运动活塞；13—工作活塞；14—摩擦片组

1. 液压系统工作原理

Haldex-耦合器泵（电动机）V181 带动外啮合齿轮泵将油从机油槽中吸出，经过纤维网过滤器→2 个吸油阀→往复运动活塞→2 个压力阀（同时也进入左侧的工作活塞）→耦合器开度控制阀 N373（或 1 个过载保护阀）→纤维网过滤器构成循环，或经蓄能器泄回机油槽。

系统无压力时蓄能器弹簧处于放松状态，没有机油流回机油槽。

系统内有供油压力时，如果供油压力过高，那么蓄能器会将该压力向机油槽方向泄压；如果供油压力过低，那么弹簧会左移推动活塞停止泄油，这样蓄能器上游管路就存有压力恒定的液压油。

2. 过载保护

当耦合器开度控制阀 N373 失效时，过载保护阀用于保护部件，过载保护阀将工作压力限制为最大 100 bar①，它通过一个弹簧来工作，弹簧力的大小已经设定好，如果系统内压力升到 100 bar，那么过载保护阀就会打开，机油通过蓄能器流入机油槽，系统泄压。

［**完成任务**］根据图 4-31 Haldex-耦合器液压系统中耦合器开度控制阀 N373 弹簧在上部可知，若电磁阀断电，电动液压泵是否是自循环状态：________。工作活塞端是否有工作压力：________。此时 Haldex-耦合器是完全打滑，还是完全锁止：________。

四、Haldex-耦合器电控系统组成

Haldex-耦合器电控单元 J492 安装在 Haldex-耦合器总成上。

1. Haldex-耦合器电控系统输入信号

Haldex-耦合器电控单元 J492 输入信号如图 4-31 所示。

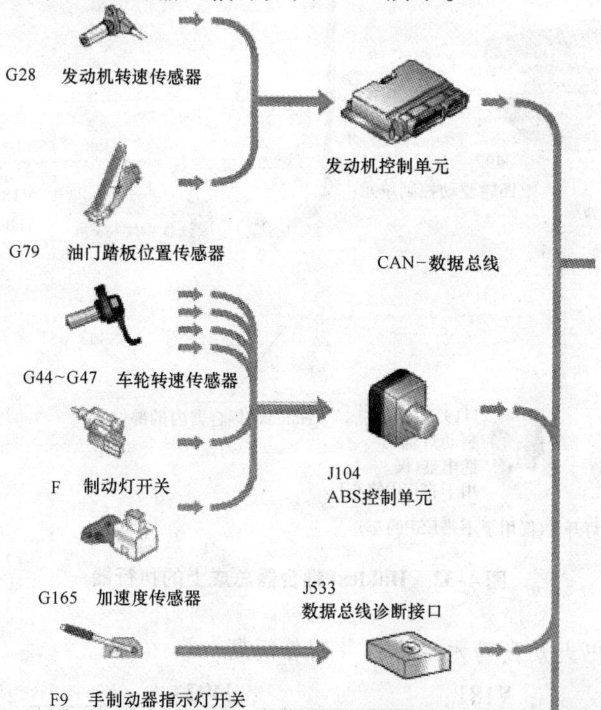

图 4-31 Haldex-耦合器电控系统外围传感器

① 1 bar＝0.1 MPa。

除了以上外围传感器外，Haldex-耦合器总成上传感器包括机油压力和机油温度传感器G437。机油压力和机油温度传感器G437是一体的，通过负温度系数元件来测量，机油压力采用布置成全桥电路的电阻应变片元件来测量，电阻值一直在变化。

［完成任务］写出大众传感器代码元件名称。

G28：__________；G79：__________；G44 ~ G47：__________；F：__________；

G165：__________；F9：__________；G85：__________；G437：__________。

2. Haldex-耦合器电控系统输出信号

Haldex-耦合器控制单元J492（也称全轮驱动单元）安装在Haldex-耦合器总成上（见图4-32）。执行器包括位于Haldex-耦合器总成上的Haldex-耦合器泵V181和耦合器开度控制阀N373。

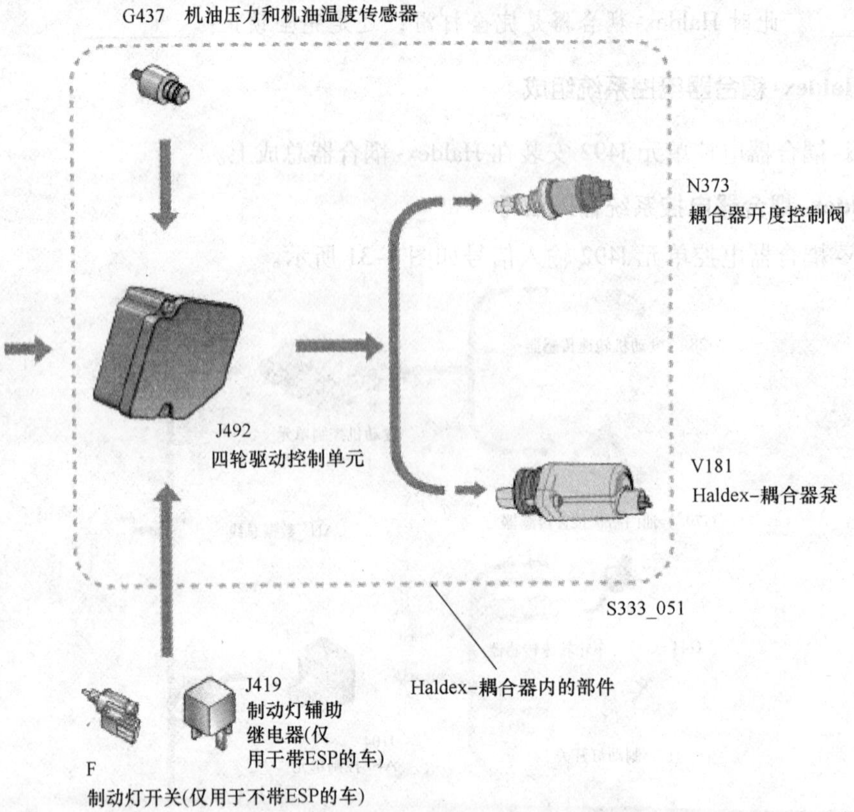

图4-32 Haldex-耦合器总成上的执行器

［完成任务］写出大众代码元件名称并回答问题。

N373：__________；V181：__________；J492：__________。

制动灯开关是用于带ESP的车，还是不带ESP的车：__________。制动灯辅助继电器J419是用于带ESP的车，还是不带ESP的车：__________。

五、Haldex-耦合器电控系统工作原理

控制单元J492根据机油压力与机油温度传感器G437的数据和来自CAN-数据总线的行

驶状态数据，来检查压力是否与耦合器片组所要求的位置相当，从而可以针对具体情况来对Haldex-耦合器的开度控制阀 N373 进行调节，以对扭矩分配进行准确调节。当机油压力在 100 bar 以下时，耦合器开度控制阀 N373 会根据具体的行驶状况来调节这个压力。

如果 ESP 或 ABS 介入了，那么 Haldex-耦合器控制单元 J492 会使 Haldex-耦合器脱开。

[完成任务] 如果 ESP 或 ABS 介入了，那么四轮驱动控制单元 J492 会使 Haldex-耦合器脱开，还是不脱开：____________。

第五章

驱动桥和万向传动原理与检修

第一节 驱动桥

“桥”是“流通”的意思，比如心脏搭桥，是为了流通血液；道路上的高架桥，是为了流通人和货物。类似地，驱动桥是把变速器传输过来的转矩分配给（流通给）两个车轮，由于两轮要驱动汽车，所以起名称为“驱动桥”。

一、驱动桥的功用与组成

1. 驱动桥的功用

驱动桥的功用是将由发动机传来的转矩传给驱动车轮，并经降速增矩，改变动力传动方向，使汽车行驶，而且允许左右驱动车轮以不同的转速旋转。

2. 驱动桥的组成

驱动桥由主减速器、差速器、半轴和桥壳等组成。主减速器的功用为降速增矩，改变动力传递方向；差速器的功用是允许左右驱动车轮以不同的转速旋转；半轴的功用是将差速器传来的动力传给驱动轮。

[完成任务] 车上有变速器降速增矩，为什么还要加主减速器，而且在名字上一定要加个“主”字？

____。

变速器的动力传到驱动桥后，先经主减速器降低转速，将转矩放大。主减速器的从动齿轮固定在差速器壳体上，差速器壳体通过行星齿轮将动力分配给左、右半轴齿轮，经半轴齿轮传至半轴。在非独立悬架上，最后通过半轴外端的凸缘传到驱动车轮的轮毂；在独立悬架上，最后通过半轴外端的法兰盘经内、外万向节传到驱动车轮的轮毂。

二、驱动桥的结构组成和分类

按照悬架结构的不同，驱动桥可以分为整体式驱动桥和断开式驱动桥。

中型、重型货车的整体式双级驱动桥分别如图5-1、图5-2所示，在非独立悬架中使用，半轴上没有万向节，左、右半轴始终在一条直线上，即左、右驱动轮不能相互独立地跳动。当某一侧车轮通过地面的凸出物或凹坑升高或下降时，整个驱动桥及车身都要随之发生倾斜，车身侧倾大。

断开式驱动桥如图5-3所示，在独立悬架中使用。其主减速器固定在车架或车身上，驱动桥壳的半轴桥壳部分取消，用半轴法兰通过内侧具有伸缩功能的万向节、半轴、外部不具有伸缩功能的万向节，传至车轮。这样，两侧驱动车轮的半轴可以彼此独立地相对于车身上下跳动，发生倾斜的程度大大减小。

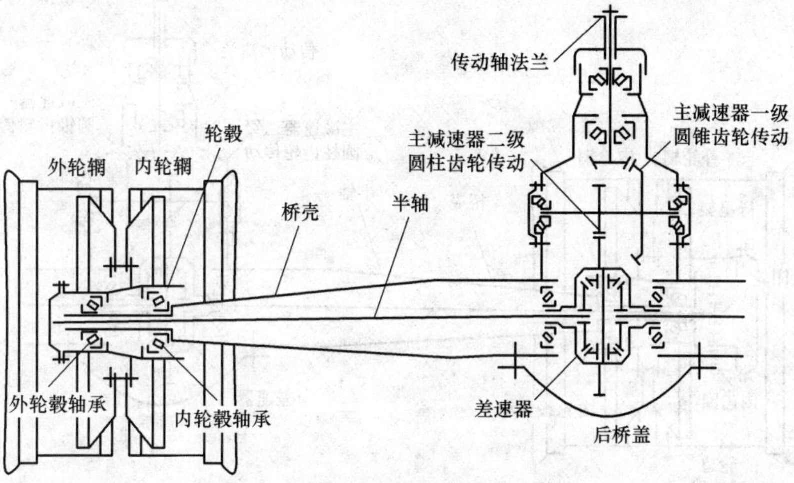

图 5-1 中型货车的整体式双级驱动桥

1. 整体式驱动桥组成

主减速器的功用包括以下几个。

（1）将万向传动装置传来的发动机转矩传给差速器；

（2）在动力的传递过程中将转速降低，转矩增加；

（3）对于纵置发动机，还要将转矩的旋转方向改变 90°。

主减速器按参加传动的齿轮副数目，可分为单级式主减速器和双级式主减速器。有些重型汽车又将双级式主减速器的二级圆柱齿轮传动设置在两侧驱动车轮附近，称为轮边减速器。

按主减速器速比个数，可分为单速式和双速式主减速器。单速式的速比是固定的，而双速式则有两个速比供驾驶员选择。

主减速器按齿轮副结构形式，可分为圆柱齿轮式（可分为定轴轮系和行星轮系）主减速器和圆锥齿轮式（可分为螺旋锥齿轮式和准双曲面锥齿轮式）主减速器。

［**完成任务**］请写出图 5-2 中的三级减速方式分别采用了什么齿轮，并在图中圈出这三级。

第一级：____________；第二级：____________；第三级：____________；第一、二级齿轮换油保养是否使用一种油：____________；第三级减速部分采用的齿轮油是：____________。

2. 断开式驱动桥结构组成

对于发动机纵向布置的汽车，由于需要改变动力传递方向，单级主减速器采用一对圆锥齿轮传动；对于发动机横向布置的汽车，单级主减速器采用一对圆柱齿轮传动即可。目前，在乘用车中主要应用单级主减速器。单级主减速器结构简单，质量小，体积小，传动效率高，主要应用于乘用车及中型以下客货车。

［**完成任务**］请写出图 5-3 中的单级减速方式采用了什么齿轮，并在图中圈出这个单级。

单级主减速器齿轮形式：__________。方向是否改变了90°：__________。每个半轴两端有几个万向节：__________。学完万向节部分内容后请写出这个万向节应用哪种万向节：____________________。

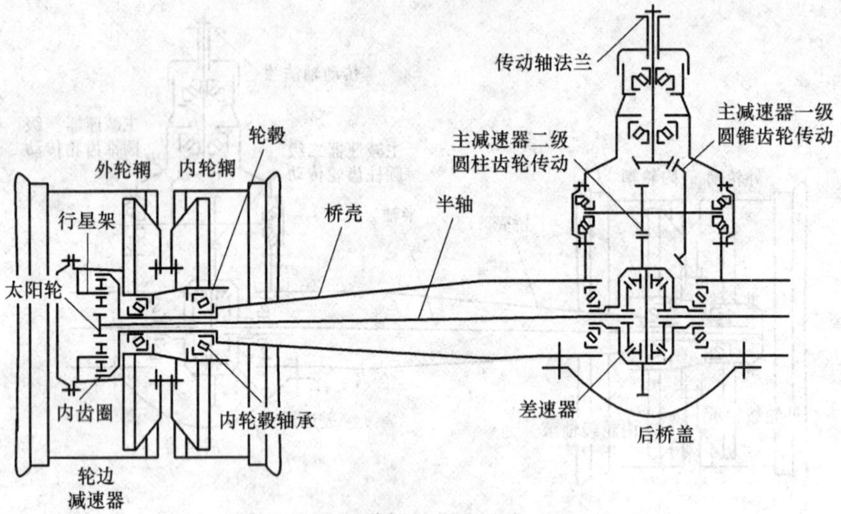

图 5-2 重型货车的整体式双级驱动桥

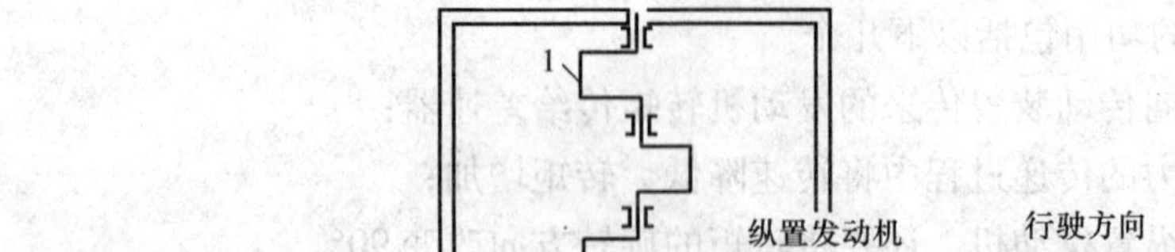

图 5-3 发动机纵置前驱断开式驱动桥

1—曲轴；2—离合器；3—变速器输入轴；4—三、四挡同步器；5—五挡同步器；6——轴；7—二轴；8—R 挡惰轴；9—R 挡惰轮；10——、二挡同步器；11—变速器；12—变速器输出轴；13—差速器；14—半轴；15—外万向节；16—前轮；17—主减速器从动锥齿轮；18—内万向节；

Ⅰ——挡齿轮；Ⅱ—二挡齿轮；Ⅲ—三挡齿轮；Ⅳ—四挡齿轮；Ⅴ—五挡齿轮；R—倒挡齿轮

[**完成任务**] 请写出图5-4中的单级减速方式采用了什么齿轮，并在图中圈出这个单级。

单级主减速器齿轮形式：________。方向是否改变了90°：________。每个半轴两端有几个万向节：________。学完万向节部分内容后请写出这个万向节应用哪种万向节：________。

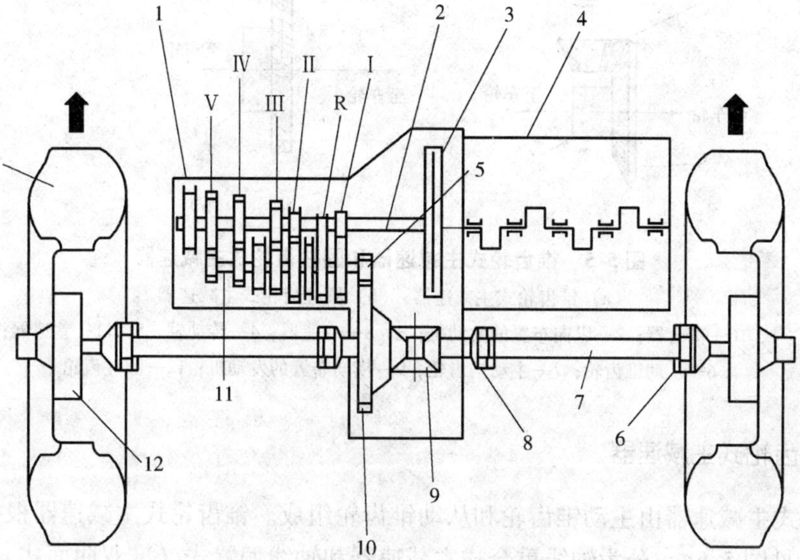

图5-4 发动机横置前驱断开桥

1—手动变速器；2—变速器一轴；3—离合器；4—发动机；5—主减速器主动齿轮；6—固定节；7—半轴；8—伸缩节；9—行星齿轮；10—主减速器从动齿轮；11—变速器二轴；12—制动鼓；13—车轮；Ⅰ—一挡齿轮；Ⅱ—二挡齿轮；Ⅲ—三挡齿轮；Ⅳ—四挡齿轮；Ⅴ—五挡齿轮；R—倒挡齿轮

第二节 主减速器

一、主减速器功用

主减速器的功用主要包括以下几个。

（1）传递和增大转矩。从变速器传来的转矩必须在主减速器中进行增大，以使驱动车轮获得足够的转矩，满足各种行驶条件。

（2）降低发动机转速。通过主减速器的常啮合齿轮可以降低发动机转速。

（3）根据需要改变动力传递方向。如果发动机纵向安装在汽车上，则动力传递必须通过主减速器的锥齿轮改变90°，因为车轮轴的布置总是与汽车的纵向轴线相垂直（见图5-5）。

在发动机横置的汽车上，动力传递的方向不需要改变，这种情况下使用圆柱齿轮式主减速器。

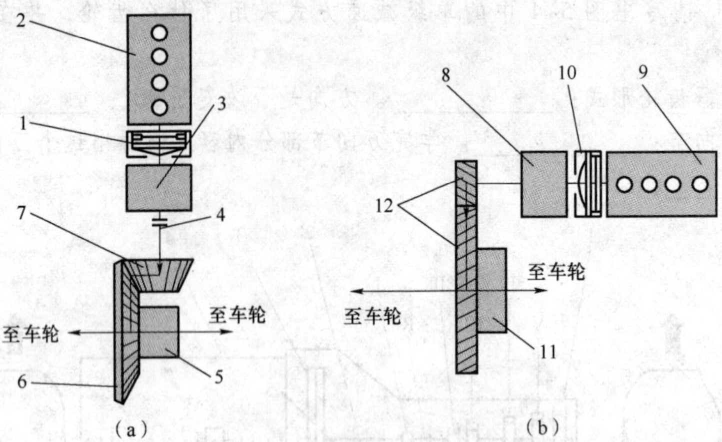

图 5-5　锥齿轮式主减速器和圆柱齿轮式主减速器

（a）锥齿轮式主减速器；（b）圆柱齿轮式主减速器

1，10—离合器；2—纵向布置的发动机；3，8—变速器；4—传动轴；5，11—差速器；6—从动锥齿轮；7—主动锥齿轮；9—横向布置的发动机；12—圆柱齿轮

二、锥齿轮式主减速器

锥齿轮式主减速器由主动锥齿轮和从动锥齿轮组成。锥齿轮式主减速器根据两轴的轴线是否重合（见图 5-6），分为轴线重合式主减速器和轴线偏置式（准双曲面式）主减速器。

准双曲面齿轮传动的优点包括以下几个。

（1）传动平稳性增加，因为有更多的齿参与啮合。

（2）承受负荷能力更高，因为锥齿轮的直径和齿宽更大。

（3）占据更小的空间，因为在承受相同负荷时从动锥齿轮可以有较小的直径。因此，传动轴可以被安装在前置发动机后轮驱动汽车的较低位置，传动轴轴管和重心较低。

与轴线重合情况相比，准双曲面传动由于轴线偏置，在啮合的齿侧之间滚动接触时，会

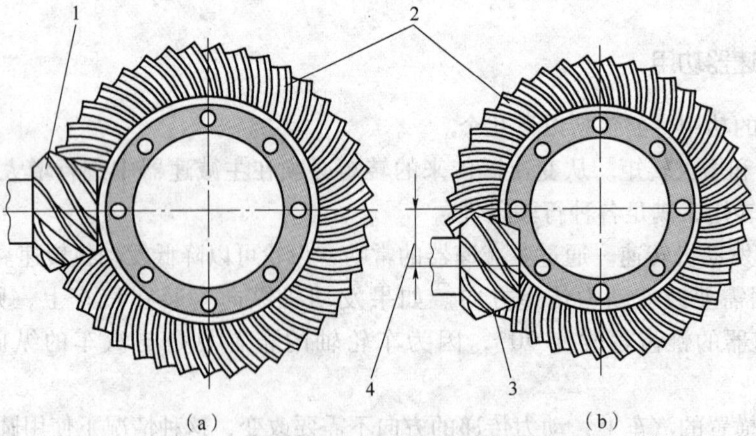

图 5-6　轴线重合式和轴线偏置式主减速器

（a）轴线重合式主减速器；（b）轴线偏置式主减速器

1，3—主动锥齿轮；2—从动锥齿轮；4—轴线偏距

产生更大的摩擦运动，这就要求准双曲面传动使用特别耐压的准双曲面齿轮油进行润滑。

有两种不同形式的齿轮可以被使用：格里森齿轮或柯林伯格齿轮。

（1）格里森齿轮（见图 5-7）。格里森齿轮的特点：从动锥齿轮的齿侧形成了圆弧的一部分；齿背宽度从外向内逐渐变窄；齿高由外向内逐渐变小。

（2）柯林伯格齿轮（见图 5-7）。柯林伯格齿轮的特点：齿侧形成了螺旋的一部分；齿背宽度由外向内保持不变。

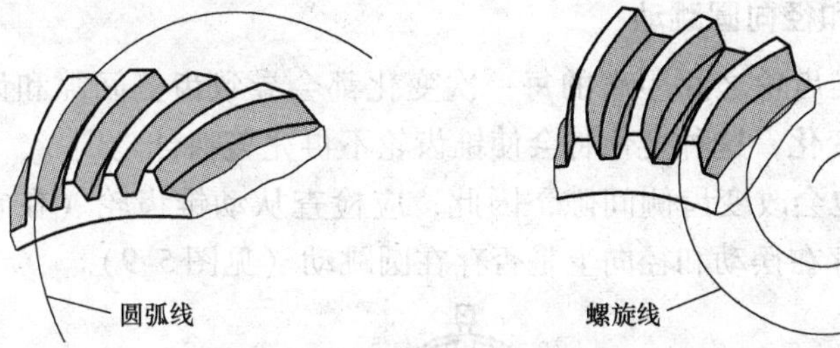

图 5-7　格里森齿轮和柯林伯格齿轮

（a）格里森齿轮；（b）柯林伯格齿轮

［**完成任务**］根据图 5-7 中的主减速器从动齿轮提示，判别你校实验室的主减速器齿轮类型是：____________。通过数齿数算出主减速器的传动比是：____________。

三、锥齿轮主减速器的检修

主动锥齿轮和从动锥齿轮正确地相互啮合，对降低主减速器的工作噪声和延长其使用寿命是十分重要的。为了使主动锥齿轮和从动锥齿轮正确地成对匹配以获得无故障工作，一些制造商给它们做了标记（见图 5-8）。这种标记的形式是配对编号 P，并将其标注在主动锥齿轮的端面和从动锥齿轮的侧面。

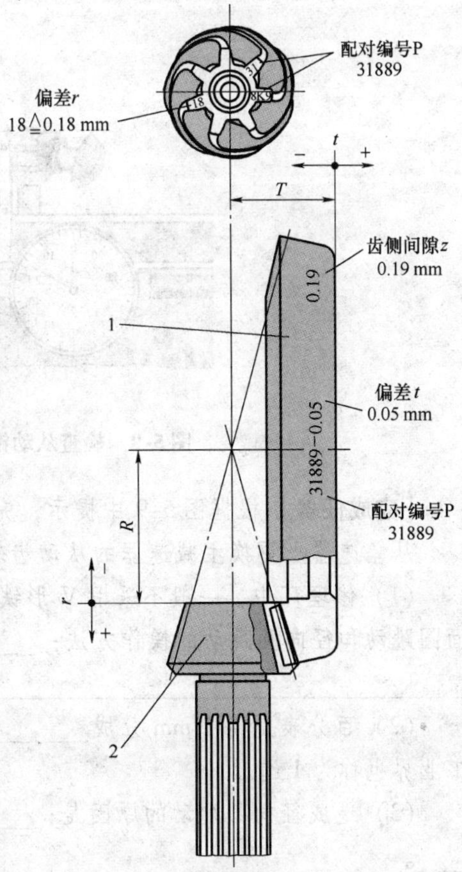

图 5-8　主动锥齿轮和从动锥齿轮

1—从动锥齿轮；2—主动锥齿轮

图 5-8 中的 R 和 T 是设计尺寸，来自这些设计尺寸的偏差 r 和 t 是由制造商在对齿轮进行磨合的过程中确定的。齿轮以这种尺寸工作产生的噪声最低，因此，对主动锥齿轮和从动锥齿轮进行调整时，这些尺寸偏差 r 和 t 必须予以考虑。

尺寸偏差 t 和齿侧间隙 z 也被标注在从动锥齿轮上。尺寸偏差 r 被标注在主动锥齿轮的断面。制造商对主动锥齿轮和从动锥齿轮上已测量齿侧间隙的齿也进行了标注。

［**技师指导**］在实际维修中，主动锥齿轮和从动

锥齿轮只能成对更换，而更换主减速器两端的轴承是维修中的常见作业，主减速器齿轮快速损坏是由润滑不良造成的。

[完成任务] 根据图 5-8 中提示，完成下列问题。

(1) 配对编号在什么位置？编号是多少？________。

(2) T 的偏差为什么字母？数据是多少？________。

(3) z 是什么间隙？数据是多少？________。

1. 检查端面圆跳动和径向圆跳动

从动锥齿轮和主动锥齿轮之间距离的每一次变化都会导致齿侧间隙和齿顶间隙（齿顶和齿槽之间的距离）的变化，这种变化将会使锥齿轮不再完美啮合。

锥齿轮的横向摆动也会改变齿侧间隙，因此，应检查从动锥齿轮（在它被安装到差速器壳上后）横向上是否存在摆动和径向上是否存在圆跳动（见图 5-9）。

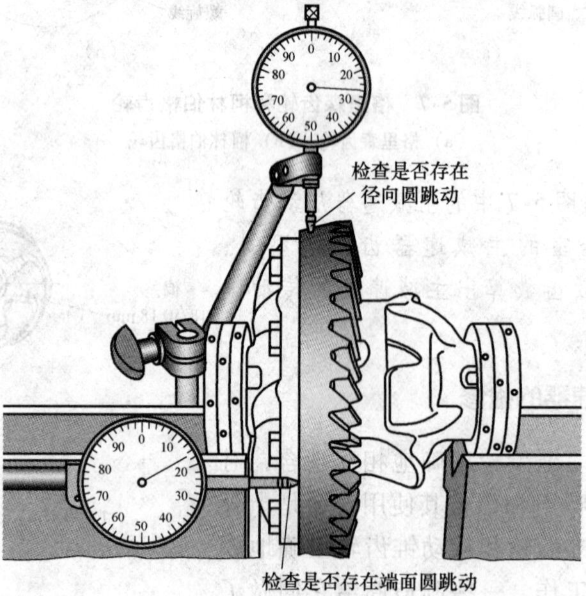

图 5-9　检查从动锥齿轮的端面圆跳动和径向圆跳动

[完成任务] 根据图 5-9 中提示，完成下列问题。

从差速器上更换主减速器的从动齿轮或从动齿轮过热后再进行图 5-9 中的检验。

(1) 修理厂中，一般不采用 V 形铁支撑测量的方法。请设计在汽车的驱动桥上测量端面圆跳动和径向圆跳动的操作方法：________________________________。

(2) 百分表是将 1 mm 分成______份，刻度盘的一个刻度为______mm，在中国加工业界也称为 1 道。

(3) 造成径向圆跳动的原因是：________；造成端面圆跳动的原因是：________。

2. 轴线偏置式锥齿轮主减速器的调整

在主减速器装配之前，必须调整和确定主动锥齿轮和从动锥齿轮的正确位置。

1）主动锥齿轮的调整

拆下从动锥齿轮，将要安装的新锥齿轮装入安装位置，先不要安装调整垫片。插入专用圆柱塞规并装好量柱，专用圆柱塞规和量柱可以从主减速器制造商处获得。用安装在测量导轨上的百分表测量塞规与量柱之间的水平高度差，记录百分表指示的测量值 M，如图 5-10 所示。

根据测量值 M 和主动锥齿轮端面轴向移动的偏差 r（$\underline{\triangle}$基准尺寸为 K，$\underline{\triangle}$为轴向窜动量符号）计算需要的调整垫片的厚度 S。

$$\text{厚度}\ S=\text{测量值}\ M-\text{基准尺寸}\ K$$

从一组调整垫片中选择一个等于计算出的厚度 S 的垫片。拆下主动锥齿轮，插入选择的垫片，安装主动锥齿轮，然后进行基准测量。此时，百分表必须指示基准尺寸 K（$\underline{\triangle}$偏差 r）。

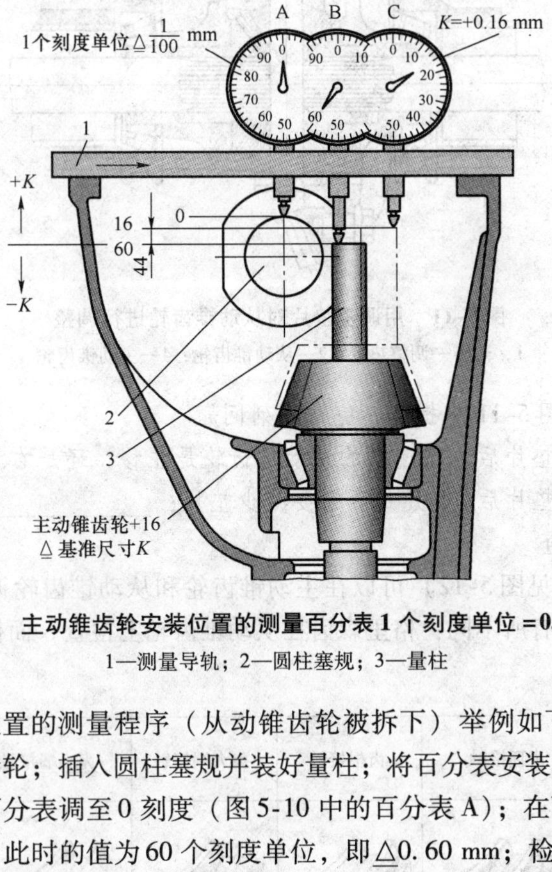

图 5-10　主动锥齿轮安装位置的测量百分表 1 个刻度单位 = 0.01 mm

1—测量导轨；2—圆柱塞规；3—量柱

主动锥齿轮安装位置的测量程序（从动锥齿轮被拆下）举例如下：在不安装调整垫片的情况下安装主动锥齿轮；插入圆柱塞规并装好量柱；将百分表安装在测量导轨上，并在圆柱塞规的最高点上将百分表调至 0 刻度（图 5-10 中的百分表 A）；在百分表 B 上读取塞规与量柱之间的高度差 M，此时的值为 60 个刻度单位，即$\underline{\triangle}$0.60 mm；检查基准尺寸 K（百分表 C）；计算调整垫片的厚度：$S=M-K=0.60-0.16=0.44$（mm），即需要加入的垫片厚度为 0.44 mm；拆下主动锥齿轮，加入一个 0.44 mm 厚度的垫片，重新安装好主动锥齿轮；进行基准测量：百分表必须指示基准尺寸 $K=0.16$ mm。

[完成任务] 根据图 5-10 中提示，完成下列问题。

（1）你检查的从动齿轮为轴线偏置式吗：＿＿＿＿＿＿＿。

（2）根据图 5-10 中提示完成一次主动锥齿轮调整垫片厚度的确定任务。测量值 M = ＿＿＿＿＿＿；基准尺寸 K = ＿＿＿＿＿＿；厚度 S = ＿＿＿＿＿＿。

2）从动锥齿轮的调整

通过加入调整垫片（见图 5-11）或转动调整螺母，可以对从动锥齿轮进行调整。从动锥齿轮调整后，可以通过测量齿侧间隙对调整情况进行检查。

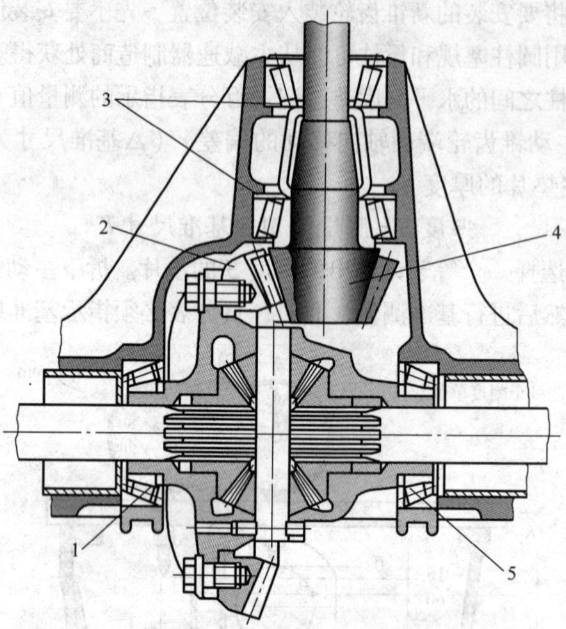

图 5-11　用调整垫片对从动锥齿轮进行调整

1，3，5—调整垫片；2—从动锥齿轮；4—主动锥齿轮

[**完成任务**] 根据图 5-11 中提示，完成下列问题。

（1）1 处增加调整垫片后主减速器的从动锥齿轮是左移，还是右移：＿＿＿＿＿＿。

（2）1 处增加调整垫片后，5 处是否需要减少垫片：＿＿＿＿＿＿。

3）啮合印痕的检查

啮合印痕的检查（见图 5-12）可以在主动锥齿轮和从动锥齿轮调整之后进行。不同齿形的齿轮，其检查位置有所不同：格里森齿在从动锥齿轮上检查，而柯林伯格齿在主动锥齿轮上检查。

齿顶接触	齿根接触	齿大端接触	齿小端接触
			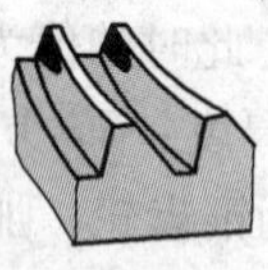

图 5-12　格里森齿啮合印痕的检查

[**技师指导**] 请先确保你要进行啮合印痕检查的从动锥齿轮为格里森齿从动锥齿轮。

要先进行轴承预紧度的调整，再进行锥齿轮啮合的调整。在进行锥齿轮啮合调整时，若啮合印痕和啮合间隙不能同时满足，则首先应满足啮合印痕，其次满足啮合间隙，否则将加剧齿轮磨损。但当啮合间隙超过规定时，应成对更换。

以格里森齿啮合印痕举例说明正确的啮合印痕。正确的啮合印痕应当是在接触的齿测呈长椭圆形的凸状印痕（见图5-13）。啮合印痕处于齿顶区域，可换入较厚的垫片进行调整，使锥齿轮的位置稍微提高。啮合印痕处于齿根部，可换入较薄的垫片进行调整，使锥齿轮的位置稍微降低。啮合印痕处于齿的大端区域，可移动从动锥齿轮使其更靠近主动锥齿轮。啮合印痕处于齿的小端区域，可向离开主动锥齿轮的方向移动从动锥齿轮。

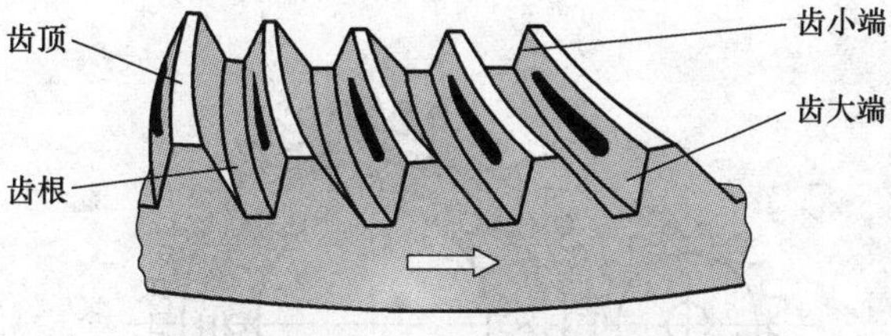

图5-13　正确的啮合印痕

［**完成任务**］完成锥齿轮啮合的调整。

啮合印痕和啮合间隙是同时进行调整的。先检查啮合印痕，然后按照“大进从、小出从、顶进主、根出主”的原则进行调整，如图5-14所示，“大进从”的调整方法如图5-14（a）中实线箭头和虚线箭头所示。

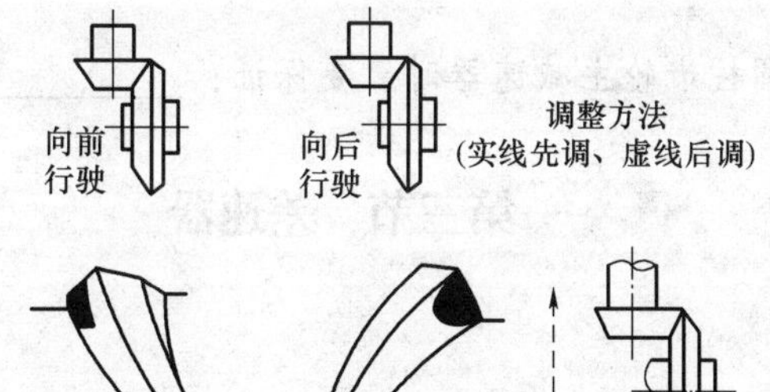

图5-14　螺旋锥齿轮啮合的调整

［**技师指导**］货车的后桥可以换件或调节，对于后轮驱动的轿车的主减速器和差速器多

数不能调节，出现故障后，通常连同壳体一起更换。

四、圆柱齿轮式主减速器的检修

圆柱齿轮式主减速器（见图5-15）由一个小的输入圆柱齿轮和一个大的输出圆柱齿轮组成。这两个齿轮都具有斜齿，这种齿比弧齿的制造费用低。调整圆柱齿轮式主减速器时，要保证全齿啮合。

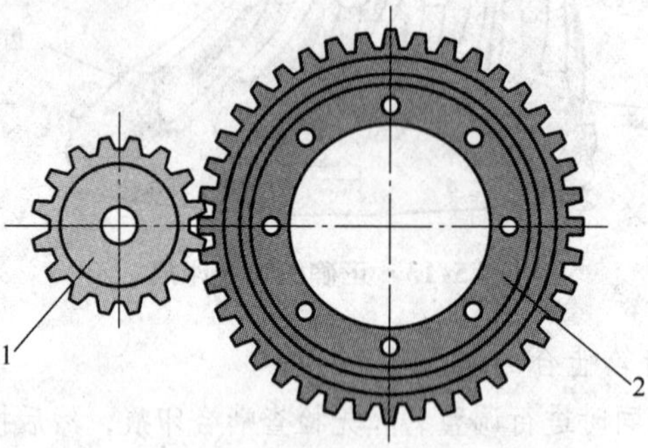

图5-15　圆柱齿轮主减速器

1—输入圆柱齿轮；2—输出圆柱齿轮

[**完成任务**] 在调整圆柱齿轮主减速器时，要保证：＿＿＿＿＿＿。

第三节　差速器

一、差速器的功用

差速器的功用是将主减速器传来的动力传给左右两半轴，并在必要时允许左右半轴以不同转速旋转，使左右驱动车轮相对地面做纯滚动而不是滑动。当汽车转弯行驶时，内外两侧车轮中心在同一时间内移过的曲线距离显然不同，即外侧车轮移过的距离大于内侧车轮。若两侧车轮都固定在同一刚性转轴上，两轮角速度相等，则此时外轮必然是边滚动边滑移，内轮必然是边滚动边滑转。

同样，当汽车在不平路面上直线行驶时，两侧车轮实际移过的曲线距离也不相等，在角速度相同的条件下，在波形较显著的路面上运动的一侧车轮是边滚动边滑移，而另一侧车轮则是边滚动边滑转。即使路面非常平直，但由于轮胎制造尺寸误差，磨损程度不同，承受的载荷不同或充气压力不等，各个轮胎的滚动半径实际上不可能相等，因此，只要各轮角速度相等，车轮对路面的滑动就必然存在。

车轮对路面的滑动不仅会加速轮胎磨损、增加汽车的动力消耗，而且可能导致转向和制动性能的恶化。因此，在正常行驶条件下，应使车轮尽可能不发生滑动，差速器的作用就在于此。

二、差速器的结构

应用最广泛的普通齿轮差速器为锥齿轮差速器，其结构分解如图5-16所示。

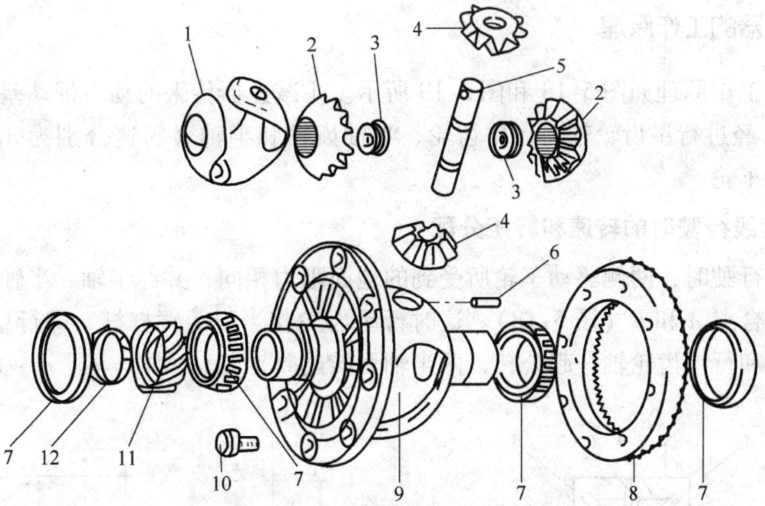

图 5-16　锥齿轮差速器结构分解

1—复合式推力垫片；2—半轴齿轮；3—螺纹套；4—行星齿轮；5—行星齿轮轴；6—止动销；7—圆锥滚子轴承；8—主减速器从动锥齿轮；9—差速器壳；10—螺栓；11—车速表齿轮；12—车速表齿轮锁紧套筒

差速器由差速器壳、行星齿轮轴、两个行星齿轮、两个半轴齿轮、复合式推力垫片等组成。行星齿轮轴装入差速器壳体后用止动销定位。行星齿轮和半轴齿轮的背面制成球面，与复合式的推力垫片相配合，以减摩、耐磨。螺纹套用于紧固半轴齿轮。差速器通过一对圆锥滚子轴承支承在变速器壳体中。

[**完成任务**] 实物分解差速器总成，并按图 5-17 所示写出各元件的名称。

1：＿＿＿＿＿＿；2：＿＿＿＿＿＿；3：＿＿＿＿＿＿；4：＿＿＿＿＿＿；5：＿＿＿＿＿＿；6：＿＿＿＿＿＿；7：＿＿＿＿＿＿；8：＿＿＿＿＿＿；9：＿＿＿＿＿＿；10：＿＿＿＿＿＿；11：＿＿＿＿＿＿；12 ＿＿＿＿＿＿。

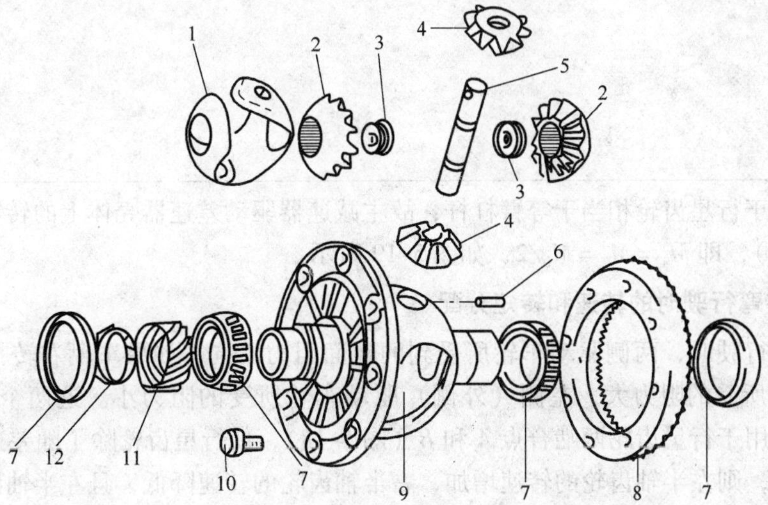

图 5-17　任务：差速器的元件组成

三、差速器的工作原理

差速器的工作原理如图5-18和图5-19所示。主减速器传来的动力带动差速器壳（转速为n_0）转动，经过行星齿轮轴、行星齿轮、半轴齿轮和半轴（转速分别为n_1和n_2），最后传给两侧驱动车轮。

1. 汽车直线行驶时的转速和转矩分配

汽车直线行驶时，两侧驱动车轮所受到的地面阻力相同，并经半轴、半轴齿轮反作用于行星齿轮两啮合点A和B（图5-18）。这时行星齿轮相当于等臂杠杆，即行星齿轮不自转，只随差速器壳和行星齿轮轴一起公转，两半轴无转速差，即$n_1=n_2=n_0$，$n_1+n_2=2n_0$。

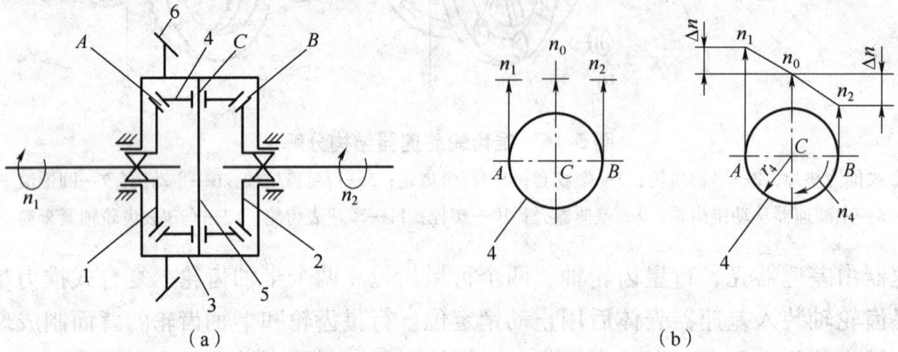

图5-18　差速器的运动原理

1，2—半轴齿轮；3—差速器壳；4—行星齿轮；5—行星齿轮轴；6—主减速器从动齿轮

［**完成任务**］根据图5-18（a）画出差速器的示意图，并标出1～6的元件名称。

画出差速器的示意图：

同样，由于行星齿轮相当于等臂杠杆，故主减速器驱动差速器壳体上的转矩等分给两半轴齿轮（半轴），即$M_1=M_2=M_0/2$，如图5-19所示。

2. 汽车转弯行驶时的转速和转矩分配

汽车转弯行驶时，两侧驱动车轮所受到的地面阻力不同。如果车辆右转，则右侧（内侧）驱动车轮所受的阻力大，左侧（外侧）驱动车轮所受的阻力小。这两个阻力经半轴、半轴齿轮反作用于行星齿轮两啮合点A和B（图5-18），使行星齿轮除了随差速器壳公转外还顺时针自转，则左半轴齿轮的转速增加，右半轴齿轮的转速降低，且左半轴齿轮增加的转速等于右半轴齿轮降低的转速。设差速器壳的转速为n_0，半轴齿轮的转速变化为Δn，则$n_1=n_0+\Delta n$，$n_2=n_0-\Delta n$，即汽车右转时，左侧（外侧）车轮转得快，右侧（内侧）车轮转得慢，实现纯滚动。此时依然有$n_1+n_2=2n_0$。

由于行星齿轮的自转，行星齿轮孔与行星齿轮轴轴径间以及齿轮背部与差速器壳体之间都产生摩擦。如图 5-19 所示，行星齿轮所受的摩擦力矩为 M_T，方向与其自转方向相反，并传到左、右半轴齿轮，使转得快的左半轴的转矩减小，转得慢的右半轴的转矩增加。因此，当左、右驱动车轮存在转速差时，$M_1=(M_0-M_T)/2$，$M_2=(M_0+M_T)/2$。但由于推力垫片的存在，实际中的 M_T 很小，可以忽略不计，则 $M_0=M_1=M_2$，这种特性称差速器的"差速不差扭"特性，这样的差速器也称为开放式差速器。

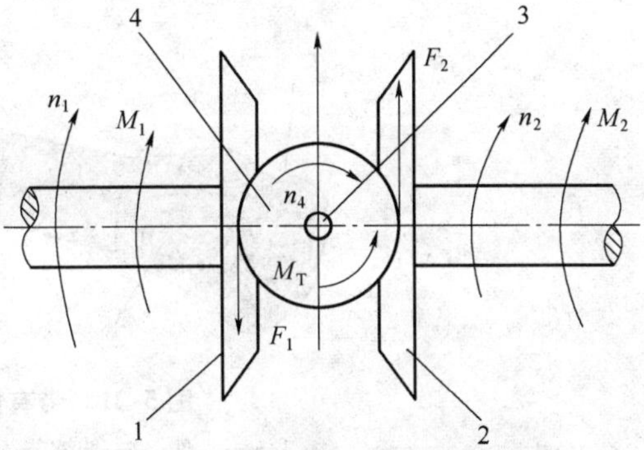

图 5-19　差速器转矩分配原理图

1，2—半轴齿轮；3—行星齿轮轴；4—行星齿轮

[**技师指导**] 在实际维修中，差速器是作为整体更换的，而更换差速器两端的轴承是维修中的常见作业，差速器齿轮快速损坏是由润滑不良造成的。

[**技师指导**] 驱动桥的保养。

拆下变速驱动桥的加注塞，将手指插入孔中，检查油与手指的接触位置。一般齿轮油的液面高度应在加注孔下 0~5 mm。若驱动桥换油，最好用新垫片重新安装排油塞，对加注塞没有严格限制。

[**完成任务**] 请完成一次为纵置前驱变速驱动桥换油的任务。

第四节　传动轴和万向节

传动轴和万向节组合起来可以实现万向传动，二者的组合称万向传动装置。万向传动装置的功用是在轴线相交且相互位置经常发生变化的两转轴之间传递动力。

一、传动轴

如图 5-20 所示，在后轮驱动汽车上，万向传动装置主要包括万向节和传动轴，传动轴是针对变速器在前部、驱动桥在后部的汽车来说的，对于前轮驱动汽车，没用传动轴。

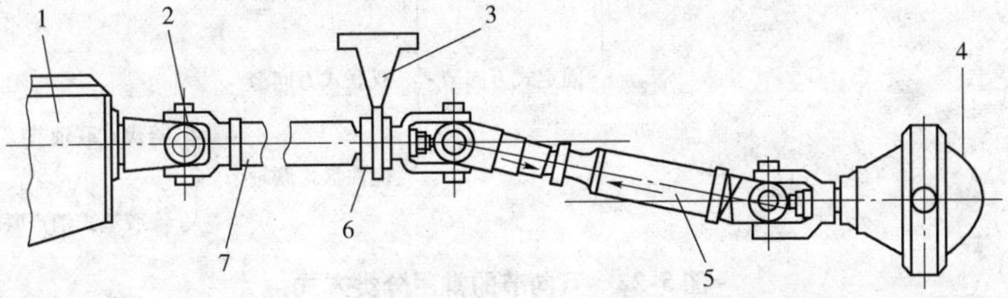

图 5-20　后轮驱动汽车上的万向传动装置组成

1—变速器；2—万向节；3—中间支撑；4—驱动桥；5，7—传动轴；6—球轴承

对于传动距离较远的分段式传动轴，为了提高传动轴的刚度，还设置有中间支撑，中间支撑和变速器之间为水平布置，中间支撑和驱动桥之间采用一段具有伸缩节的传动轴，如图 5-21 所示。驱动桥由于悬架的变形而经常引起其位置发生变化，伸缩节可通过伸缩改变长度。

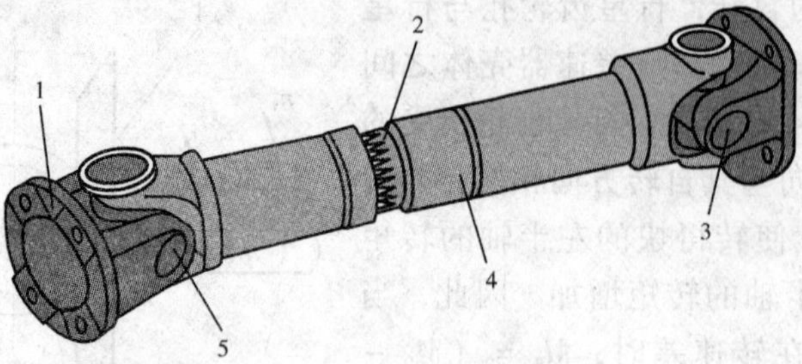

图 5-21　带有伸缩节的第二段传动轴

1—法兰盘；2—伸缩节；3，5—十字轴万向节；4—传动轴

任何转动部件都有动平衡问题，传动轴质量分布更是严格，每一根传动轴出厂时都做过动平衡。

[**技师指导**] 目视检查传动轴轴管，不得有裂纹及严重的凹瘪。传动轴轴管全长上的径向圆跳动应符合规定。检查传动轴花键与滑动叉花键、凸缘叉与所配合花键的侧隙，装配后应能滑动自如。

二、万向节

1. 汽车万向节

汽车万向节包括挠性联轴节、三销轴式万向节、十字轴万向节、球笼式万向节和双联式万向节等五种。

2. 万向节分类

图 5-22 所示为万向节的常用分类方式。

- 万向节
  - 柔性万向节
  - 刚性万向节
    - 不等速万向节
    - 准等速万向节
    - 等速万向节
      - 滑动式万向节
        - 球笼伸缩式万向节
        - 三销轴式万向节
      - 固定式万向节
        - 固定球笼式万向节
        - 双联式万向节
        - 挠性盘式联轴节
          - 哈代式联轴节
          - 橡胶垫式消声联轴节

图 5-22　万向节的常用分类方式

按万向节的刚度大小，可分为刚性万向节和柔性万向节。刚性万向节按其速度特性又可分为不等速万向节（常用的为十字轴式）、准等速万向节（双联式和三销轴式）和等速万向节（包括球叉式和球笼式）。

等速万向节用在需要满足转向和驱动的前轮上，一般轿车是发动机前置、前轮驱动的，所以通常使用等速万向节，能够满足前轮转向和驱动的功能。

准等速和不等速万向节用在驱动轮，但不需要转向的传动装置上，通常货车和皮卡以及客车、部分面包车是后轮驱动的，发动机上的转矩需要通过传动轴传递到驱动轮上，这时候就需要准等速万向节（双联式万向节）和不等速万向节（十字轴式万向节）来连接变速箱和差速器。目前在后轮驱动或四轮驱动汽车的传动轴上采用的是十字轴式刚性万向节。

[**完成任务**] 请完成下列问题。

对于前轮驱动汽车半轴的万向节可采用哪种形式：____________；后轮驱动汽车的万向节可采用哪种形式：____________；传动轴的两端万向节可采用哪种形式：____________；四轮驱动汽车万向节可采用哪种形式：____________。

1）不等速万向节

（1）十字轴式刚性万向节的结构。

如图 5-23（a）、（b）、（c）所示，十字轴式刚性万向节主要由十字轴、万向节叉等组成。万向节叉上的孔分别套在十字轴的 4 个轴颈上。在十字轴轴颈与万向节叉孔之间装有滚

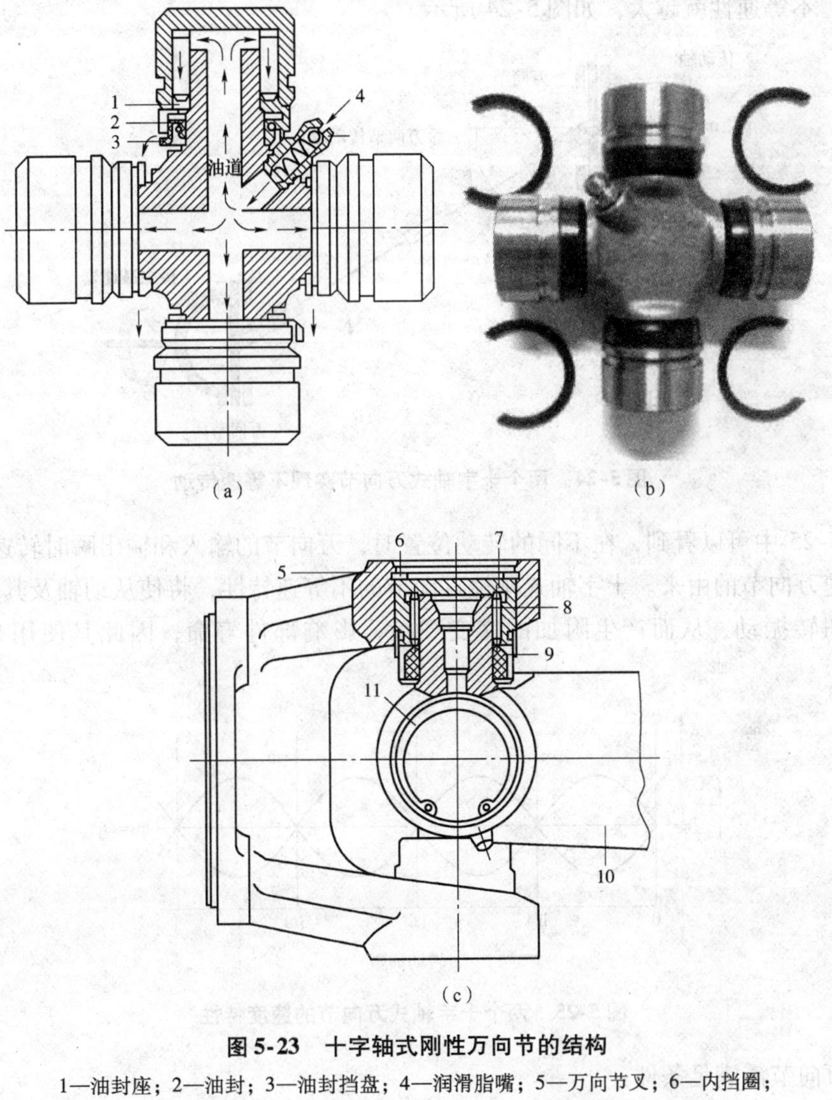

图 5-23　十字轴式刚性万向节的结构

1—油封座；2—油封；3—油封挡盘；4—润滑脂嘴；5—万向节叉；6—内挡圈；7—滚针轴承；8—十字轴；9—橡胶油封；10—传动轴；11—内挡圈

针和套筒，用带有锁片的螺栓和轴承盖使之轴向定位。为了润滑轴承，十字轴内钻有油道，且与油嘴、安全阀相通。为避免润滑油流出及尘垢进入轴承，十字轴轴颈的内端套装有油封。安全阀的作用是当十字轴内腔润滑脂压力超过允许值时，打开安全阀使润滑脂外溢，从而使油封不会因油压过高而损坏。现代汽车多采用橡胶油封，多余的润滑油从油封内圆表面与十字轴轴颈接触处溢出，故无须安装安全阀。除了用盖板定位外，万向节轴承的常见定位方式还有用内、外弹性卡环进行定位。

[完成任务] 制订一个拆装十字轴万向节的详细步骤。

如何拆下有故障的万向节？________________________________。

如何安装新的万向节？________________________________。

（2）十字轴式刚性万向节的速度特性。

单个十字轴式刚性万向节在主动轴和从动轴之间有夹角的情况下，当主动叉等角速度转动时，从动叉是不等角速度的，这称为十字轴式刚性万向节的不等速特性。两转轴之间的夹角β越大，不等速性就越大，如图5-24所示。

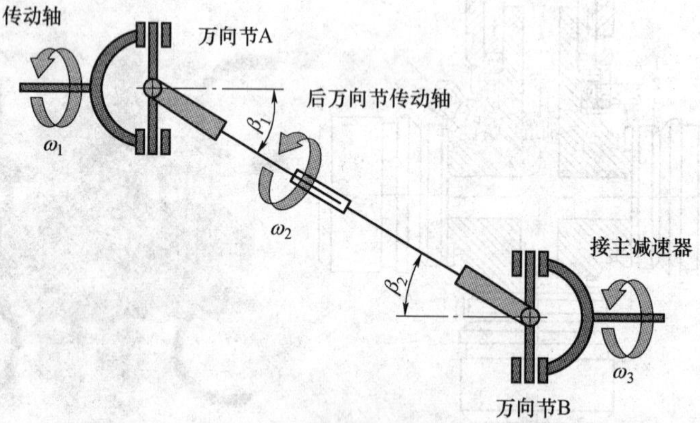

图5-24 两个十字轴式万向节实现不等速传动

从图5-25中可以看到，在不同的转动位置时，万向节的输入和输出瞬时转速并不相等，这是不等速万向节的由来。十字轴式刚性万向节的不等速特性，将使从动轴及其相连的传动部件产生扭转振动，从而产生附加的交变载荷，影响部件寿命，因此其使用是有条件限制的。

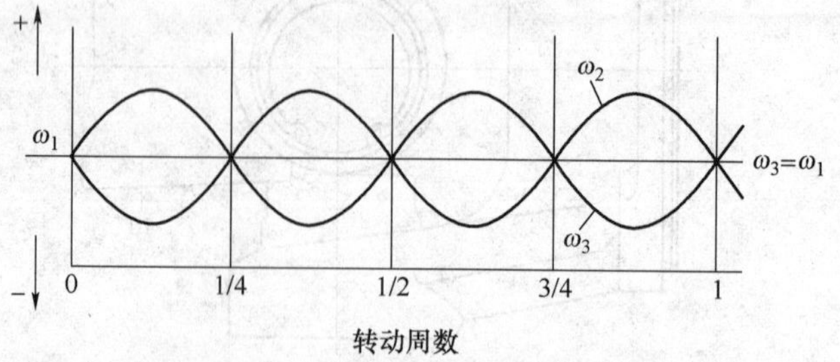

图5-25 两个十字轴式万向节的速度特性

两个万向节需满足条件：

①第一万向节两轴间夹角 β_1 与第二万向节两轴间夹角 β_2 相等；

②第一万向节的从动叉与第二万向节的主动叉处于同一平面，尤其是在中间轴具有滑动节时更需要满足这一条件。

因为第一万向节的不等速特性可以被第二万向节的不等速特性所抵消，所以可以实现两轴间的等角速传动。

由于悬架的振动，不可能在任何时候都保证 $\beta_1=\beta_2$，因此这种双十字轴式刚性万向节的传动只能近似地解决等速传动问题，且由于两轴夹角最大只能是20°，因而使用上受到限制。

采用两个十字轴式万向节后，万向节 A 的传动误差得到万向节 B 产生的大小相等但方向相反的传动误差的补偿。十字轴式万向节被用在变速器与主减速器之间的传动轴上。在商用汽车上，这种万向节也被用于车轮轴上。

[**完成任务**] 传动轴上的万向节有故障时，汽车在上坡换挡或速度突然变大时，车底下部发出什么声音：__________。通过打入润滑脂是否能解决故障：__________。

[**技师指导**] 转动左右驱动车轮，万向节处应无异响且车轮转动自如。用手搬动车轮使车轮完全转向一侧，检查驱动轴护套是否有任何裂纹或其他损坏。护套卡箍要安装正确，不能有油脂渗漏。

如果滚针断裂、油封失效，应更换新的万向节。十字轴轴颈轻微磨损、轻微压痕或剥落，仍可继续使用；如果轴颈磨损过甚、严重压痕或严重剥落时，应更换万向节。万向节叉不得有裂纹或其他严重损伤，否则应更换新的万向节。万向节装配完毕后，可用手扳动十字轴进行检验，以转动自如没有松旷感为宜。若装配过紧或过松，应查明原因，必要时应拆检及重新装配。

2）等速万向节

等速万向节能够以更大的两轴交角均匀地传递转矩。等速万向节分为球笼式万向节（又分为伸缩型和固定型）、三销轴式万向节、双联式万向节和挠性盘式联轴节四种。

（1）球笼式等速万向节。

球笼式等速万向节的基本原理是传力点永远位于两轴交点的平分面上。图 5-26 所示为等速万向节的工作原理。一对大小相同的锥齿轮的接触点 P 位于两齿轮轴线交角的平分面上，由 P 点到两轴的垂直距离都等于 r。P 点处两齿轮的圆周速度相等，角速度也相等。可见，若万向节的传力点在其交角变化，且始终位于两轴夹角的平分面上，就能保证等速传动。

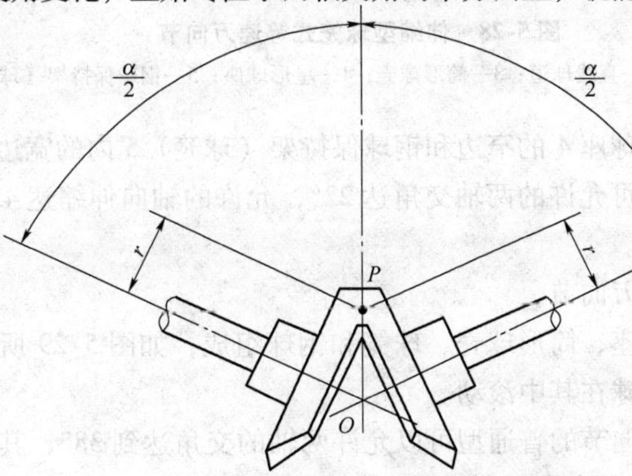

图 5-26　等速万向节的工作原理

如图 5-27 所示，在汽车上，根据其是否有伸缩功能，可分为半轴内侧的伸缩型球笼式等速万向节（VL 节）和半轴外侧的固定型球笼式等速万向节（RF 节）。

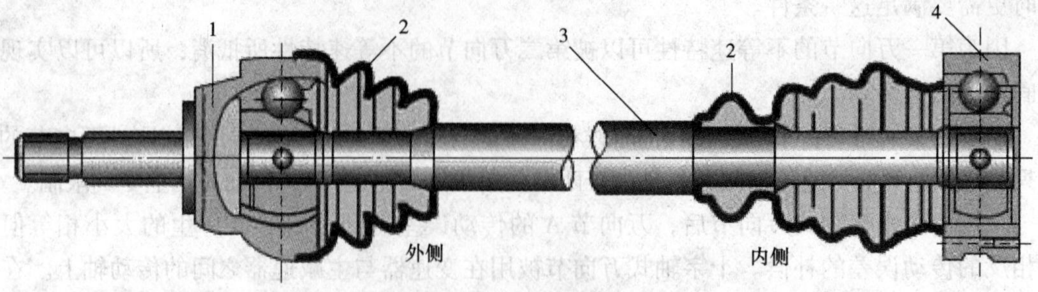

图 5-27　半轴内侧的伸缩型球笼式等速万向节和半轴外侧的固定型球笼式等速万向节

1—固定型球笼式万向节（RF 节）；2—防尘罩；3—传动轴；4—伸缩型球笼式万向节（VL 节）

①伸缩型球笼式等速万向节。

如图 5-28 所示，这种万向节中的钢球由球笼导向，并在星形球座和筒形球壳的直线球道中滚动。球笼式万向节工作时 6 个钢球都参与传力，故承载能力强、磨损小、寿命长。它被广泛应用于各种型号的转向驱动桥和独立悬架的驱动桥中。

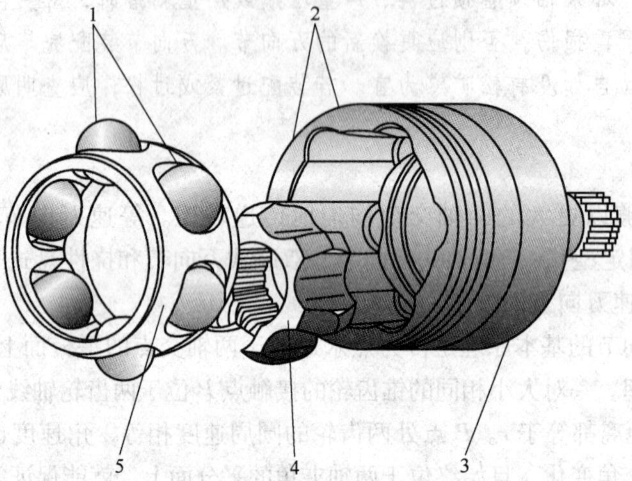

图 5-28　伸缩型球笼式等速万向节

1—钢球；2—直线球道；3—筒形球壳；4—星形球座；5—钢球保持架（球笼）

伸缩型万向节的星形球座 4 的窄边和钢球保持架（球笼）5 内的宽边对应，否则不能伸缩。伸缩型球笼式万向节可允许的两轴交角达 22°，允许的轴向伸缩达 45 mm。这种万向节位于车轮轴的主减速器侧。

②固定型球笼式等速万向节。

这种万向节由星形球座、筒形球壳、球笼和钢球组成，如图 5-29 所示。筒形球壳和星形球座具有曲线球道，钢球在其中滚动。

固定型球笼式等速万向节的普通型可以允许两轴的交角达到 38°，其特殊型可允许两轴交角达到 47°。但它们不允许任何的轴向伸缩。

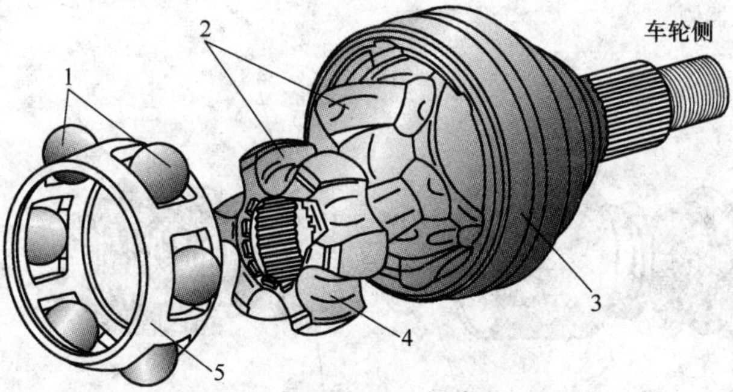

图 5-29　固定型球笼式等速万向节

1—钢球；2—曲线球道；3—筒形球壳；4—星形球座；5—钢球保持架（球笼）

［**完成任务**］请写出装配一个球笼式万向节的关键步骤，并完成下列问题。

（1）星形球座和筒形球壳如何对应：________________________________。

（2）二硫化钼作为球笼的润滑脂，其占有筒形球壳的空间以多少为宜：__________。

（3）请测试内侧万向节的伸缩和万向特性：__________________________。

（4）请测试外侧万向节的万向特性：______________________________。

（5）前轮驱动半轴万向节有故障时，汽车在转弯、换挡、速度突然增大时，会发出什么声音：____。

（6）仔细观察伸缩型球笼式万向节和固定型球笼式万向节的实物，写出伸缩型球笼式万向节能实现伸缩功能的原因：______________________________。

3）球笼式万向节的检修

外等速万向节的 6 颗钢球要求有一定的配合公差，并与星形套一起组成配合件。检查轴、球笼、星形套与钢球有无凹陷和磨损。若万向节间隙过大，则需更换万向节。

内等速万向节的检修要检查球壳、星形套、球笼及钢球有无凹陷与磨损。如磨损严重，则应予以更换。内等速万向节只能整体调换，不可单个更换。防尘罩及卡箍、弹簧挡圈等损坏时，应予以更换。

［**技师指导**］球笼式万向节损坏主要是由防尘罩损坏引起的，润滑脂甩出，同时水或泥浆进入，加剧损坏，在直行换挡和加减车速时有顿车感，同时在转弯时有异响，冬季早晨起车时声音更为严重。

［**完成任务**］请以组为单位实车装配一根半轴，要求正确润滑和夹紧卡箍，你的老师给你们组织这样的实习了吗：__________。

2. 三销轴式等速万向节

如图 5-30 所示，这种万向节可以用于独立悬架汽车的前轴（前轮驱动）或后轴（后轮驱动）上。三销轴式等速万向节可以允许输入和输出轴的交角达到 26°，允许的轴向伸缩达到 55 mm。这种万向节的三销轴总是朝向主减速器一端。

3. 双联式等速万向节

双联式等速万向节是由两个万向节结合形成一个万向节，如图 5-31 所示。为了确保无故障工作，被连接的两根轴的轴心应在万向节内相交。这种万向节通常用于商用汽车。双联式等速万向节可以允许两轴的交角达到 50°，但不允许任何的轴向伸缩。

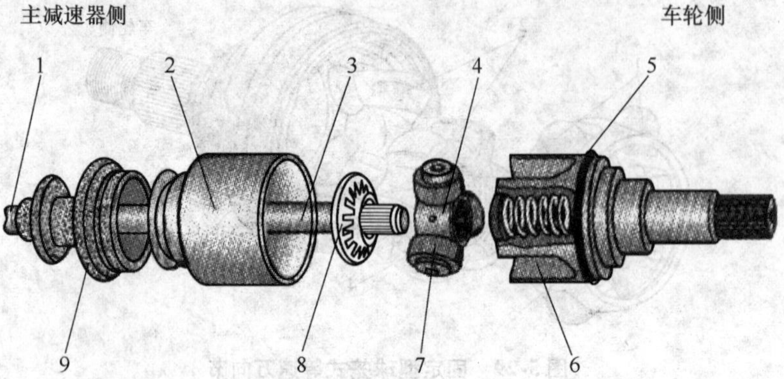

图 5-30　三销轴式等速万向节

1，3—轴；2—密封壳；4—三销轴；5—O 形圈；6—钟形壳；7—滚针轴承；8—盘；9—橡胶套

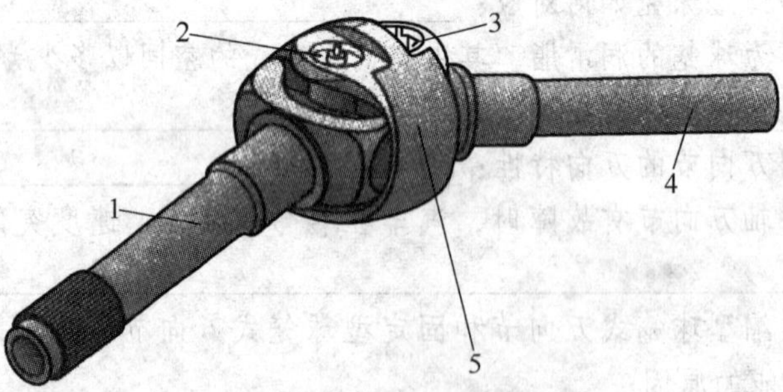

图 5-31　双联式等速万向节

1—轴（车轮端）；2，3—十字轴；4—轴（主变速器端）；5—双联节叉

4. 挠性盘式联轴节

挠性盘式联轴节具有弹性，无须维护。这种联轴节只允许存在小的两轴交角和轴向伸缩，其安装在传动系统中，主要作为弹性元件，以减小振动和噪声。挠性盘式联轴节用于主减速器与车身或车架永久连接的汽车上。

挠性盘式联轴节有两种形式：哈代盘式联轴节和橡胶垫式消声联轴节。

1）哈代盘式联轴节

如图 5-32 所示，哈代盘式联轴节的几个钢套（通常为 6 个）上缠绕着纺织线层，缠绕方法是一个纺织线圈组绕过两个相邻的钢套。纺织层和钢套被固化（硫化）在橡胶盘中。哈代联轴节用于传动系统中作为挠性的中间连接，如用在两段式传动中。这种万向节允许的两轴交角可达到 50°，允许的轴向位移（伸缩）可达到 1. 5 mm。

2）橡胶垫式消声联轴节

如图 5-33 所示，几个橡胶金属减振消声件（通常为 6 个）由橡胶块、金属套组成，它们被装在金属壳中，并用螺栓固定在三臂凸缘的两侧。根据传动轴的连接形式不同，中心部分可以浮动或固定。

图 5-32　哈代盘式联轴节

1，3—轴；2—橡胶盘；4—凸缘；5—钢套；6—法兰

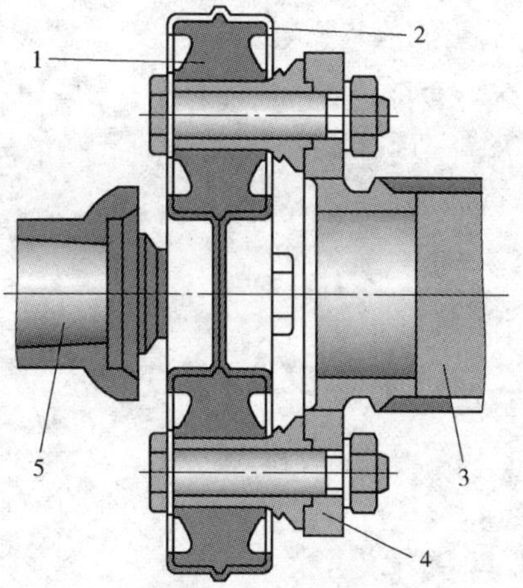

图 5-33 橡胶垫式消声联轴节

1—橡胶块；2—金属套；3，5—传动轴；4—法兰盘

[**完成任务**] 请写出哈代盘式联轴节和橡胶垫式消声联轴节的区别以及如何检查挠性盘式联轴节。

哈代盘式联轴节：______________________________；

橡胶垫式消声联轴节：______________________________。

检查挠性盘式联轴节的方法是：______________________________。

第二部分

自动变速器原理与检修

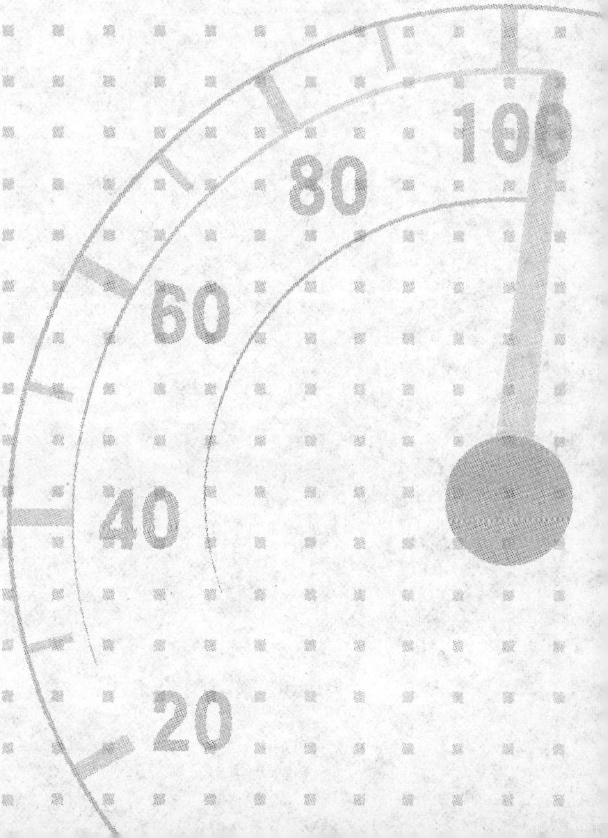

第六章

机械式自动变速器

第一节 AMT 概述

一、AMT 简介

机械式自动变速器 AMT（Automated Mechanical Transmission）是在手动变速箱的基础上发展而来的，它保留了原来手动变速箱的换挡机构与离合器，配备一套电子控制的液压操纵系统或电控电动机操纵系统（卡车可以采用电控气动系统），主要改变手动换挡操纵部分，以达到换挡自动化的目的。

AMT 主要由传感器、变速器控制单元和执行器三部分组成。其工作原理是通过电脑控制的自动操作机构来完成离合器的分离或接合以及变速器横向选挡和纵向换挡两个动作。汽车在行驶过程中，变速器控制单元根据油门值以及当前行车速度，利用油门和车速两参数的换挡规律判断车辆应处于的最佳挡位，从而决定升挡或降挡，或保持原挡位不变，最终达到加速或减速的目的。

二、AMT 分类

（1）根据离合器数量：可分为单离合器式和双离合器式。

（2）根据离合器形式：可分为湿式和干式离合器，例如大众 6 速 DSG 湿式和 7 速 DSG 干式。

（3）按照执行机构动力源不同：AMT 的选换挡系统可分为电控气动、电控液动和电控电动（全电式）三种类型。

（4）根据自动化程度：可分为半自动式和全自动式。全自动式 AMT 操纵手柄位于 D 挡位时变速器控制单元控制自动换挡，而半自动式仍要驾驶员控制换挡手柄换挡，只不过不用控制离合器。

1. 半自动机械式变速器（SAMT）

半自动机械式变速器也称为 SAMT（Semi-automated Mechanical Transmission），作用是使离合器电控自动化，当然，换挡还是要手动换挡。控制单元根据变速器挡位、车辆速度、油门踏板位置以及驾驶员是否要换挡等信号来控制变速器内部的挡位，因为在换挡时只要抬起油门，系统会自动地将离合器分离开，其换挡按手动操作方法进行。SAMT 结构是离合器踏板被一个电动机所取代，电动机会根据控制单元的命令来将液压系统加压和减压，使离合器分离和接合。

控制单元监控车辆的速度及发动机的转速，阻止不合时宜的加挡或减挡，如果有需要，还会提醒驾驶员选择较低的挡位。其还可控制车辆减速直到车完全停下来前才分离离合器，这使发动机的制动效果达到最大，又可避免熄火。在国产车型中，奥拓的“自动离合器”采用了这种技术。这种技术可以在任何手动变速器上选装，如雷诺的 Easy System、萨博的 Sensonic、菲亚特的 Seicento 城市自动系统以及奔驰 A 级车都采用了这种技术。

在上述的基础上附加点动换挡。传统的换挡机构由换挡开关（一般是一个小杠杆或按键）和装在变速器上的电液执行器连接的导线代替，换挡时只需前后拨动小手柄就可以升挡和降挡。由于换挡手柄仅是一个电开关，所以它可以装在非常适合驾驶员操作的位置，且需要的操纵力很小。

[技师指导] SAMT 的设计利用了传统汽车抬加速踏板后踩离合器踏板这个连动动作，设计只要脚从加速踏板离开，离合器踏板就自动分开，驾驶员就可操纵变速杆换挡，即“抬油门换挡”型。

图 6-1 所示为 AP Borg 和 Beck 开发的自动离合器和节气门系统（Automatic Clutch and Throttle System，ACTS）半自动变速器。ACTS 实现了换挡过程中离合器和发动机转速的自动控制，它由传统手动变速器附加电控单元及以下传感器和执行器元件构成：加速踏板位置传感器，节气门位置传感器和执行器，换挡杆压力开关（用来检测驾驶员作用在手柄上的压力），挡位传感器，电磁式发动机转速传感器，电磁式变速器输入轴转速传感器，由储油池、电动泵、储能器和电液控制阀组成的可控油源，带有位置传感器的离合器分离油缸。

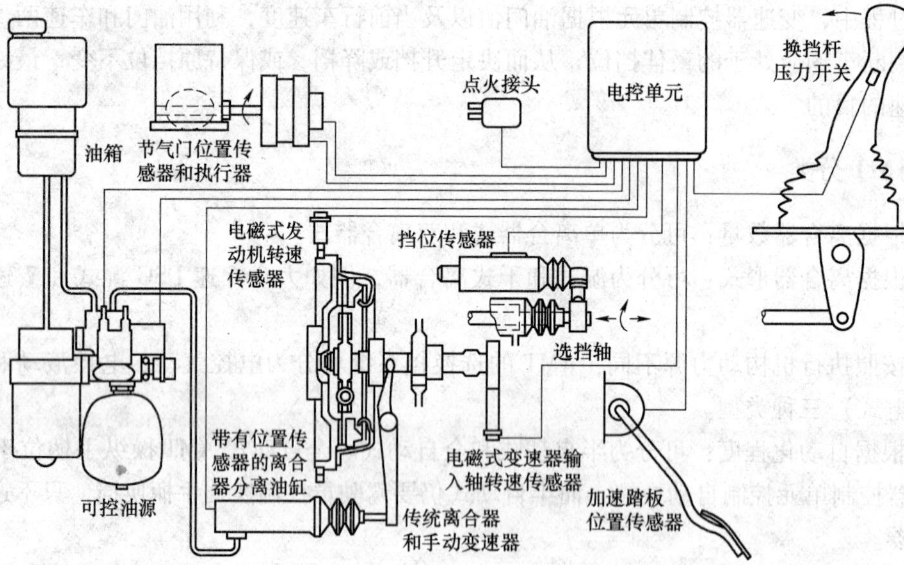

图 6-1 ACTS 功能简图（AP Borg 和 Beck）

液压系统用来操纵离合器分离油缸，通过传统分离杠杆的接合，分离离合器。装在液压单元的电磁阀控制分离油缸的油压，电磁阀由传感器的信号通过控制单元控制。由分离杠杆行程传感器、发动机及变速器转速传感器构成的伺服回路，提供离合器摩擦片转速变化的精确控制，以保证接合平顺。

节气门电动机和反馈电位计装在一起将节气门开度传给控制单元。当正常驾驶时，电动机的位置由驾驶员通过另一装在加速踏板上的电位计来控制；换挡时微机介入，以临时修改发动机转速。驾驶员的换挡意图通过安装在换挡手柄上的压力开关进行检测，然后发信号给控制器，使离合器分离。一旦完成换挡，挡位传感器给控制器发出数字代码，报告所选的挡位，然后发出指令接合离合器。

2. 全自动机械式变速器

全自动机械式变速器主要应用于重型货车和家用小型轿车中，中型轿车在国内基本处于无车型应用的状况。相对半自动而言，全自动 AMT 除了控制离合器以外，还控制选择轴和换挡轴的动作，完全模拟了驾驶员动作。在控制离合器和选挡/换挡动作中可采用电动机控制、液压控制或气动控制，根据方便程度和市场需求决定选用哪一种。

随着混合动力汽车的发展，AMT 逐渐应用于中型轿车上，图 6-2 所示为中国一汽红旗混合动力轿车整车主要结构示意图，其中变速器采用了 AMT 结构。

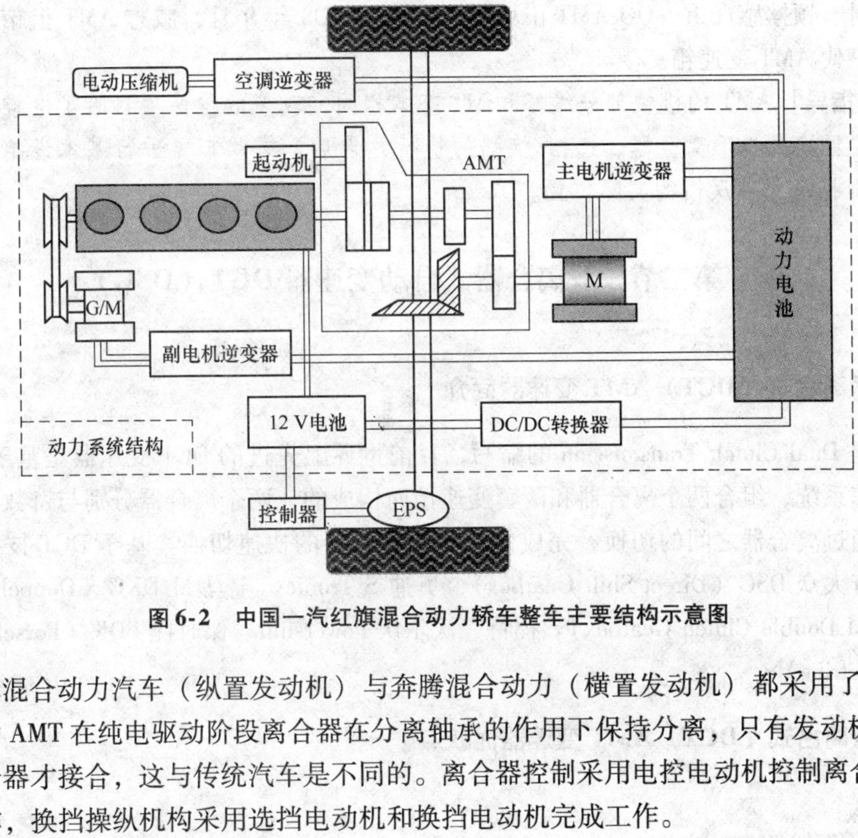

图 6-2　中国一汽红旗混合动力轿车整车主要结构示意图

红旗混合动力汽车（纵置发动机）与奔腾混合动力（横置发动机）都采用了 AMT 变速器，这种 AMT 在纯电驱动阶段离合器在分离轴承的作用下保持分离，只有发动机需要工作时，离合器才接合，这与传统汽车是不同的。离合器控制采用电控电动机控制离合器液压缸活塞工作，换挡操纵机构采用选挡电动机和换挡电动机完成工作。

三、单离合器 AMT 变速器优缺点

1. 优点

AMT 操作与 AT（Automatic Transmission，AT，自动变速器）相当，比 MT（Manual Transmission，MT，手动变速器）操作更便捷；传动效率与 MT 相当，但比 AT 高出 7% 以上；加速性能与 MT 相当，但比 AT 要好；燃油经济性方面，低于 MT 或相当；生产成本比

AT 要低大约 20%；维护成本比 AT 低；在重量方面，AMT 仅比 MT 稍高，但低于 AT。

2. 缺点

AMT 的优点多，但缺点也不少。对变速器控制单元（TCU）的要求高，但由于其电子控制系统技术不成熟，导致换挡时机不及 AT 准确，但比手动换挡换挡时机把握得要好；换挡的平顺性较差，但比手动换挡要强很多，没有 AT 的接合好，限制了其在商务车上的应用。由于没有液力变矩器的缓冲，换挡加速不如传统变速器柔和，因此适用于重型卡车和对换挡质量要求不高的轿车。但近年来单离合器式 AMT 配合混合动力轿车电动机使用，大大提高了单离合器式 AMT 变速器的性能，未来有可能广泛应用于混合动力汽车上。

AMT 在欧系厂家中应用较多，如菲亚特、雪铁龙、欧宝旗下轿车。AMT 也多应用于一些强调运动性能的高端跑车品牌，如阿斯通马丁、法拉利、蓝博基尼和玛莎拉蒂。在强调舒适性的中高端商务车中，AMT 应用较少。在北美以及日本市场，很难看见 AMT 变速箱的身影。国内 AMT 变速箱应用车型有奇瑞 QQ。奇瑞 QQ 是第一款采用 AMT 的国产车型，由于换挡不及时、顿挫感严重，QQ AMT 市场反应不佳。2008 年 9 月，威志 AMT 上市，配备了马瑞利第三代 AMT 变速箱。

［**技师指导**］AMT 的机械部分维修和 MT 基本相同，较多的维修项目除了电控元件本身外，注意在更换或拆下离合器、选挡/换挡的执行元件后，有些车要进行基本设定，以保证 ECU 能识别执行元件反馈的实际位置。

第二节　双离合器式自动变速器 DCT（DSG）

一、双离合式（DCT）AMT 变速器简介

DCT 是 Dual Clutch Transmission 的缩写，目前世界上先进的 DCT 变速器是基于 AMT 变速箱的变速系统，组合两个离合器和两套变速挡而构成的，两个离合器分别与奇数挡和偶数挡相连，通过离合器之间的切换，完成偶数挡和奇数挡的快速切换。基于 DCT 技术的各公司变速器有大众 DSG（Direct Shift Gearbox）、奥迪 S Tronic、宝马 M DKG（Doppel Kuppling Getriebe，M Double Clutch Gearbox）、福特、沃尔沃 Powershift、保时捷 PDK（Porsche Doppel Kupplungsgetribe）。

二、双离合式（DCT）AMT 变速器优缺点

1. 优点

换挡平顺性好；换挡敏捷；换挡时动力损耗低于手动变速器；手动降挡时可以跳跃降挡；手动变速箱的结构较自动变速箱效率更高，能承受的扭矩更大。

2. 缺点

制造及维修成本高。由于没有液力变矩器的缓冲，换挡加速不如传统变速器柔和，因此适用于注重加速和操控的跑车，而不适用于注重舒适性的豪华房车。目前，双离合式（DCT）AMT 变速器在高、中、低档轿车中都有广泛应用。

三、双离合式（DCT）变速器分类

根据双离合器采用离合器片的形式，DCT 可分为湿式和干式两种。湿式变速器油比较多，体积较大，可以承受较大的扭力。干式变速器油较少，体积较小，紧凑且效率高，适用于小型车，但能承受的扭力不如湿式大。

四、大众 DSG 结构

目前，无论是一汽大众还是上海大众，都采用了两种不同控制类型的 DSG 双离合变速器：湿式（6 挡）和干式（7 挡），如湿式控制的 DQ250（02E）型 DSG 变速器（6 速）和干式控制的 DQ200（0AM）型 DSG 变速器（7 速）。图 6-3 所示为 02E DSG 6 速变速器结构，图 6-4 所示为 02E DSG 6 速变速器各轴之间的关系。

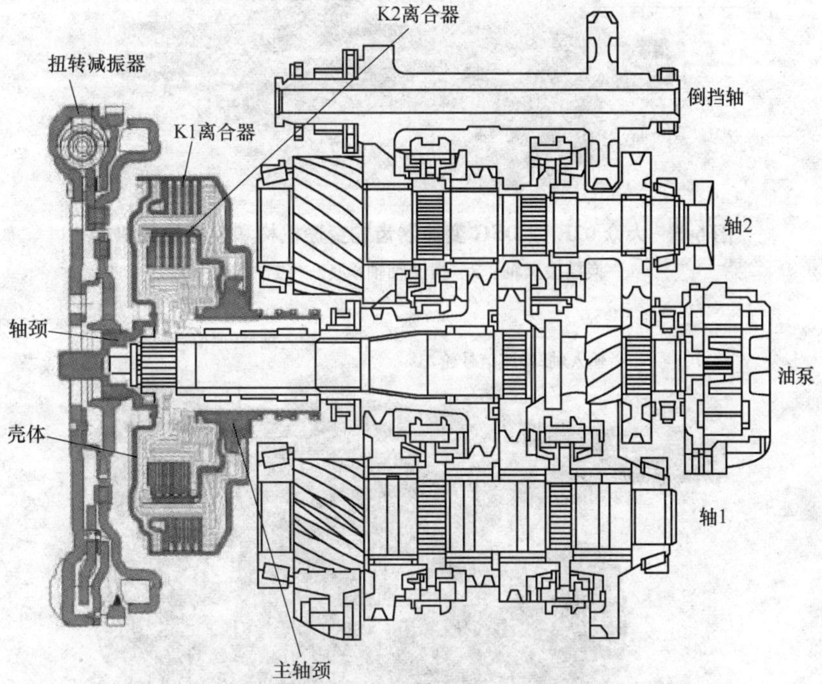

图 6-3　大众 02E 型 DSG 6 速变速器结构

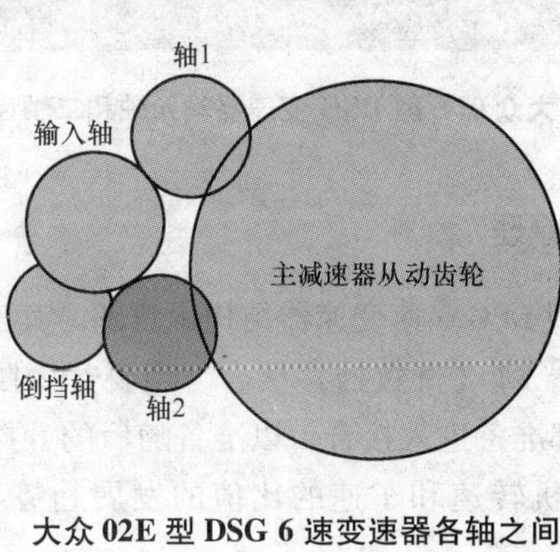

图 6-4　大众 02E 型 DSG 6 速变速器各轴之间的关系

图 6-5 所示为大众 02E 型 DSG 变速器齿轮变速机构和换挡拨叉机构，图 6-6 所示为大众 02E 型 DSG 变速器输入轴和二轴齿轮机构。换挡拨叉机构的端部有钩，电液控制的执行器活塞通过端部有钩的换挡拨叉机构控制拨叉的轴向运动。

图 6-5　大众 02E 型 DSG 变速器齿轮变速机构和换挡拨叉机构

1—换挡拨叉轴；2—拨叉轴轴承；3—磁性传感头

图 6-6　大众 02E 型 DSG 变速器输入轴和二轴齿轮机构

五、大众 DSG 结构工作原理

图 6-7 所示为大众 02E 型 DSG 6 速变速器结构示意图。其工作原理如下：1 挡和 2 挡同时挂入，但只有 1 挡的离合器 K1（奇数挡）接合，当要升 2 挡时，K1 离合器分离，K2 离合器接合，同时 3 挡和 1 挡都准备进入接合，以准备随后的升挡或降挡，齿轮部分是挂入 3 挡还是挂入 1 挡取决于发动机转速和车速的比值的发展趋势。依据上述原理，完成所有换挡。

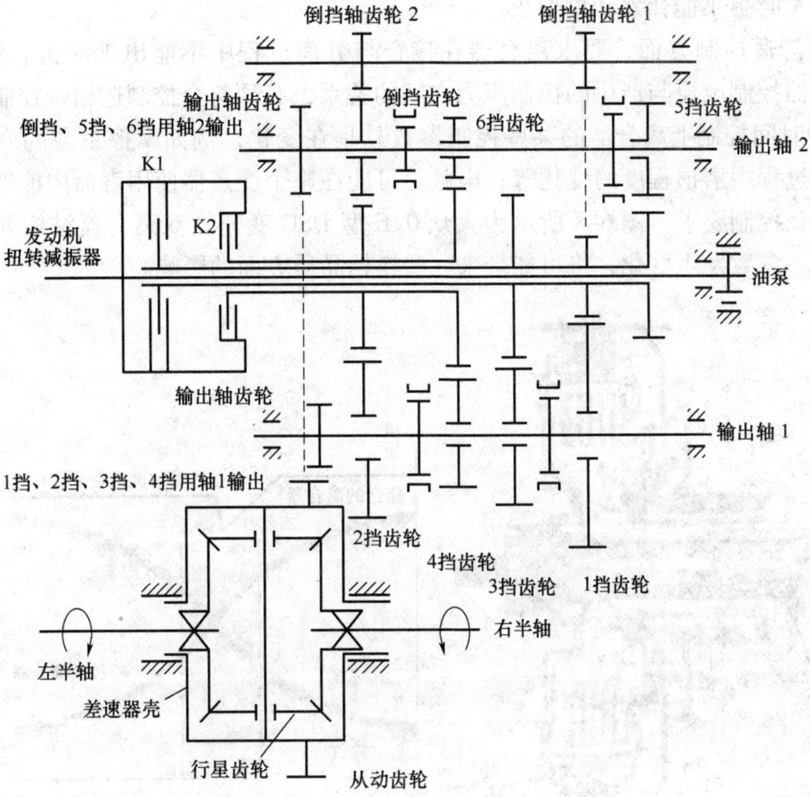

注：图中虚线表示空间上可啮合。

图 6-7　大众 02E 型 DSG 变速器 6 速结构示意图

六、大众 DSG 双离合器的重叠控制

1. 离合器在起步、制动停车时的控制

DSG 变速器是在传统手动机械式变速器的基础上，增加了电子液压控制，以实现自动控制功能。与传统电子液压控制自动变速器的区别在于，DSG 利用湿式摩擦片结构的离合器作为发动机的动力传送部件。

启动发动机，踩住刹车将换挡杆换入前进挡或倒挡，电脑根据离合器控制所需的参数以及发动机载荷信息等，计算并设定出离合器待传递扭矩所需的工作压力。首先是基础压力的供给过程，此时离合器处于半接合状态；然后是快速充油，离合器完成其接合过程。但由于施加制动力以及车速为零等原因，如果此时离合器无滑转地接合，将会导致发动机立即熄火，因此离合器完成第二次充油瞬间又回到第一次充油状态，为下一步的起步做好准备。

（1）当松开制动而未加速时，离合器传递扭矩足以使车辆有一个爬行过程，此时离合器处于微量打滑接合状态，车辆行驶后就进入到彻底无滑转接合状态。

（2）行驶后的制动停车过程中，离合器也是由完全接合到微量打滑接合状态，再到完全打滑状态（此时保持在第一次充油状态上）。

离合器工作过程在整个起步和制动停车控制上是最复杂的。

（1）在安全控制方面，对离合器的要求是：第一，原地挂挡不能让发动机熄火；第二，紧急制动停车时更不能让发动机熄火。

（2）在舒适控制方面，要求离合器在接合与分离过程中不能出现冲击、耸动和颤抖，因此其执行器控制电流与产生的控制压力之间的关系，必须符合控制逻辑及控制策略要求。

（3）在时间控制上离合器的某些控制参数总是在变化，例如摩擦系数的变化以及机械元件在摩擦过程中磨损程度的变化等，电脑尽可能在整个变速器使用寿命内能够精准地完成其控制指令及控制要求。图 6-8 所示为大众 02E 型 DSG 变速器双离合器结构和双离合器控制。一旦某一参数发生变化，将可能带来一些换挡品质方面的影响。

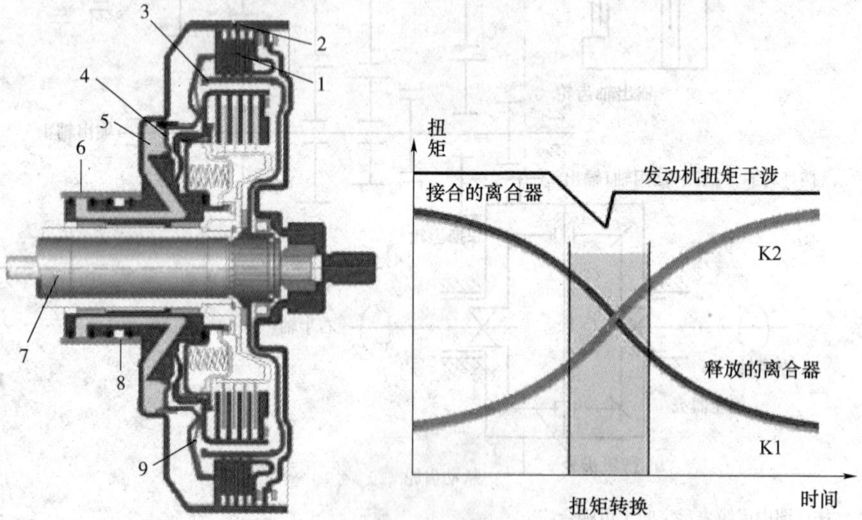

图 6-8　大众 02E 型 DSG 变速器双离合器结构和双离合器控制

1—离合器 K1；2—离合器片外支架；3—离合器片内支架；4—活塞；

5—油压腔；6—K1 油道；7—输入轴 1；8—K2 油道；9—胶膜弹簧

在道路拥堵的城市里使用时，变速器会频繁地进行挡位切换，使得湿式双离合器频繁地接合与分离，并形成不同的摩擦过程，从而导致变速器的油液温度急剧升高。在极高温的情况下，电脑便启动了一些备用程序功能，可能会导致一些故障现象的出现。

2. 离合器在换挡中的控制

1）双离合器的切换控制

在 02E 型变速器中，一个离合器可以完成 1、3、5、R 挡的动力传递，另一个离合器则可完成 2、4、6 挡的动力传递。因此，变速器在执行换挡时，两个离合器在切换控制时采用的是“重叠控制”，即一个降低接合压力，降低传递的扭矩；另一个增大接合压力，增大传递的扭矩。这样可以保证两者的合扭矩与一个离合器接合时相同，其目的是防止出现动力中断现象，避免发动机空转而引起离合器打滑。由于重叠时间短，重叠扭矩不高，因此对元件本身不会产生很大的危害，但重叠不足或过度重叠时，无论是对换挡品质还是元件本身都会有很大影响。

无论是离合器的起步控制、制动停车控制，还是相互的切换控制，都会导致湿式离合器温度升高，这将直接影响到对离合器的控制，因此完全有必要对离合器采取温度控制。这样“离合器的冷却控制”“离合器的过载保护控制”“离合器的安全切断控制”等功能必须时时做好准备，以便对整个变速器及离合器起保护作用。

2）换挡同步器（拨叉）的切换控制

从原理上来说，DSG 采用了 2 个功能完整的手动齿轮箱的形式，它们并排连接，共用一个差速器（2 个齿轮箱放在一个壳体里）。引擎扭矩由 2 个变速箱通过 2 个离合器来分摊，一个齿轮箱选择偶数挡位，而另一个齿轮箱选择奇数挡位。每个挡位都配有一个传统的同步器和一个手动齿轮箱的挡位选择杆，这与普通手动变速箱中使用的相同。挡位选择杆可以相互独立地变换挡位，这意味着挡位可以不受限制地进行选择，包括从偶数挡转换到偶数挡以及从奇数挡转换到奇数挡的操作。

七、大众 DCT 双离合器控制

电液控制单元被集成在机电一体控制模块中。在控制单元中，有电磁阀、压力控制滑阀、液压选择阀以及多路转换器。此外，液压模块中还有一个压力释放阀，以防止油压升到足以损坏液压选择阀的程度。图 6-9 所示为大众 02E 型 DSG 变速器滑阀箱电磁阀位置。

图 6-9 大众 02E 型 DSG 变速器滑阀箱电磁阀位置

1—压力释放阀；2—N217 主油压控制阀；3—N216 K2 油压控制电磁阀；4—N215 K1 油压控制电磁阀；5—N91 4 号换挡电磁阀；6—N371 6 挡油压控制电磁阀；7—N90 3 号换挡电磁阀；8—N88 1 号换挡电磁阀；9—N89 2 号换挡电磁阀；10—N233 5 挡油压控制电磁阀；11—N92 多路转换器；12—N218 4 挡油压控制电磁阀

图 6-10 所示为大众 02E 型 DSG 变速器电控单元，图 6-11 所示为大众 02E 型 DSG 变速器电磁阀与挡位的关系图。电液系统的电磁阀作用如下：

N88 换挡电磁阀 1：常闭型开关电磁阀，大约 8 Ω 电阻，在 1 挡和 5 挡时传送油压。

N89 换挡电磁阀 2：常闭型开关电磁阀，大约 8 Ω 电阻，在 3 挡和空挡时传送油压。

N90 换挡电磁阀 3：常闭型开关电磁阀，大约 8 Ω 电阻，在 2 挡和 6 挡时传送油压。

N91 换挡电磁阀 4：常闭型开关电磁阀，大约 8 Ω 电阻，在 4 挡和倒挡时传送油压。

N92 多路转换器：常闭型开关电磁阀，大约 1 520 Ω 电阻，用来推动阀体中的多路转换阀，使挡位执行元件选择不同的挡位。

N215 油压控制电磁阀 1（K1）：大约 5 Ω 电阻，调节 K1 离合器的油压，随引擎扭矩而变化。它的失效会导致离合器提前损坏，如在作用位置上失效，会在车辆刹车时导致引擎熄火；

N216 油压控制电磁阀 2（K2）：大约 5 Ω 电阻，调节 K2 离合器的油压，随引擎扭矩而变化。它的失效会导致离合器提前损坏，如在作用位置上失效，会在车辆刹车时导致引擎熄火。

N217 油压控制电磁阀 3（主油压）：5 Ω 电阻，调节系统主油压，根据引擎转速和引擎温度来调节主油压。如失效，则进入关闭位置，主油压将维持在最高值。

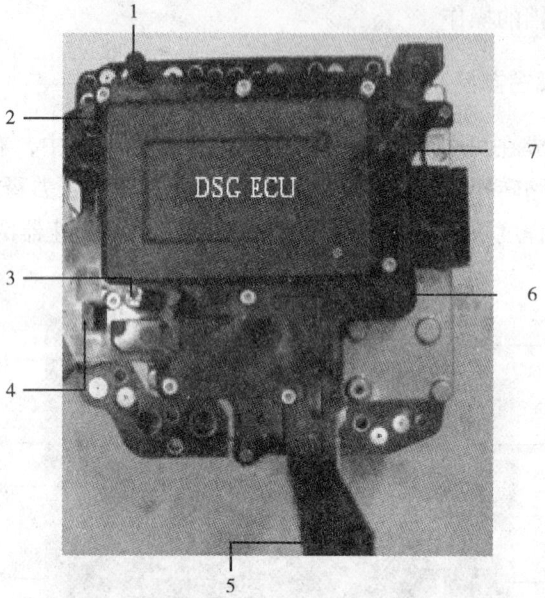

图 6-10　大众 02E 型 DSG 变速器电控单元

1—G501 输入轴传感器；2—G488 行程传感器；3—G502 输入轴转速传感器；4—G487 行程传感器；5—G195 和 G196 输出转速传感器；6—G490 行程传感器；7—G489 行程传感器

电磁阀作用图

	N88	N89	N90	N91	EPC N217	EPC N215 K1	EPC N216 K2	N92 Multiplexer
1st	○				*	○		
2nd			○		*		○	○
3rd		○			*	○		
4th				○	*		○	○
5th	○				*	○		○
6th			○		*		○	
R				○	*	○		
N		○			*			

注：○ — 通电；*—脉冲控制阀

图 6-11　大众 02E 型 DSG 变速器电磁阀与挡位的关系

N218 油压控制电磁阀 4（冷却油）：大约 5 Ω 电阻，调节 2 个离合器的冷却油压。离合器油温发送器 G509 作用在此电磁阀上。在最小流量位置上失效会使离合器过热；在最大流量位置上失效，则会在周边温度较低时产生挡位接合困难的现象。

N233 油压控制电磁阀 5（安全阀 1）：大约 5 Ω 电阻，用来隔离第 1 部分齿轮传动系统的安全电磁阀，使这部分传动系统无法得到挡位。如失效，则只有 2 挡存在。

N371 油压控制电磁阀 6（安全阀 2）：大约 5 Ω 电阻，用来隔离第 2 部分齿轮传动系统的安全电磁阀，使这部分传动系统无法得到挡位。如失效，则只有 1 挡和 3 挡存在。

八、大众 7 速干式 DSG 简介

大众干式双离合式变速器相对湿式双离合变速器，具有离合器不同、拨叉的位置传感器不同、油泵驱动方式不同等区别。

1. 双干式离合器结构

大众在 6 速湿式双离合器基础上，装配了 7 速干式双离合器变速器。图 6-12 所示为大众 7 速 DSG 变速器 K1、K2 离合器工作过程。

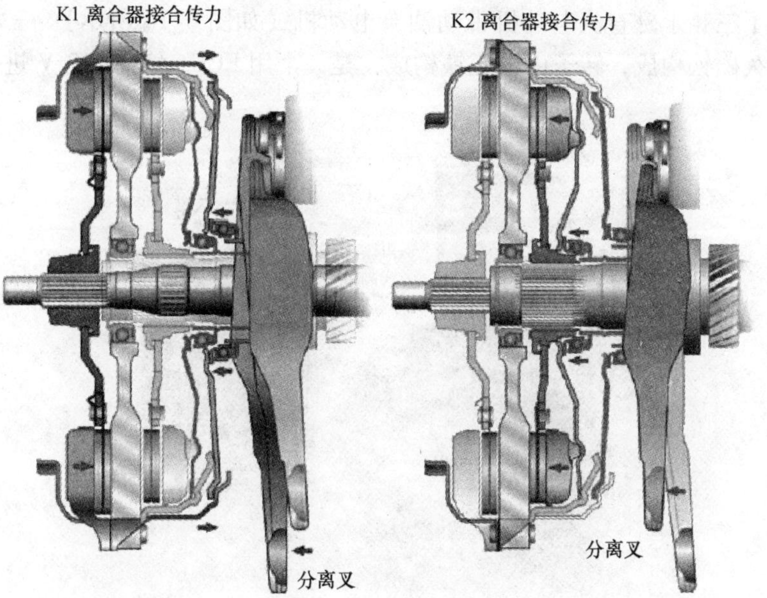

图 6-12　大众 7 速 DSG 变速器 K1、K2 离合器工作过程

2. 变压器式活塞位置传感器

为了精确确定离合器活塞的实际位置，在滑阀箱单元安装有离合器活塞位置传感器。该传感器采用互感原理，在初级线圈里通入交流电，本应在次级线圈里能感应出固定幅值的电压，但由于永久磁铁的移动改变了磁路的磁阻，因此在次级线圈里能感应出不是固定幅值的电压，这种测量方法比霍尔测量精度要高。图 6-13 所示为 7 速 DSG 变速器测量离合器位置的互感电路原理。

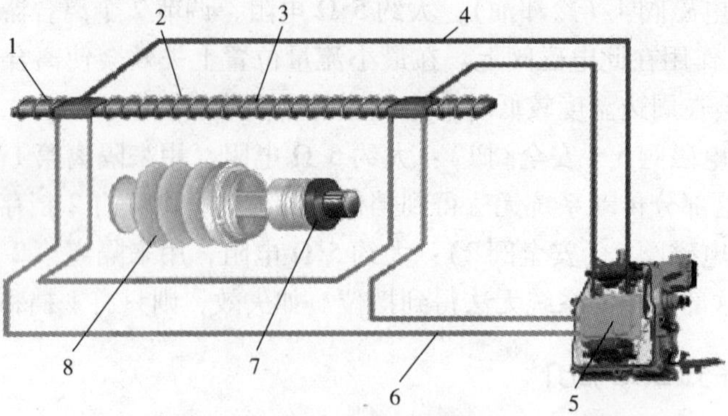

图 6-13　7 速 DSG 变速器测量离合器位置的互感电路原理

1—次级测量线圈；2—初级线圈；3—铁芯；4—交变电压提供；
5—电子分析电路；6—测量电压；7—永久磁铁；8—离合器活塞

3. 电动机控制油泵

由于采用了干式离合器，故实际控制油压控制的仅是换挡过程，油压可降低，为节省能量，系统采用了三相永磁直流电动机带动油泵电动机（如图 6-14 所示）。三相永磁直流电动机定子由永久磁铁构成，转子由电磁铁构成，是一个用 ECU 对直流 12 V 进行电子换向的直流电动机。

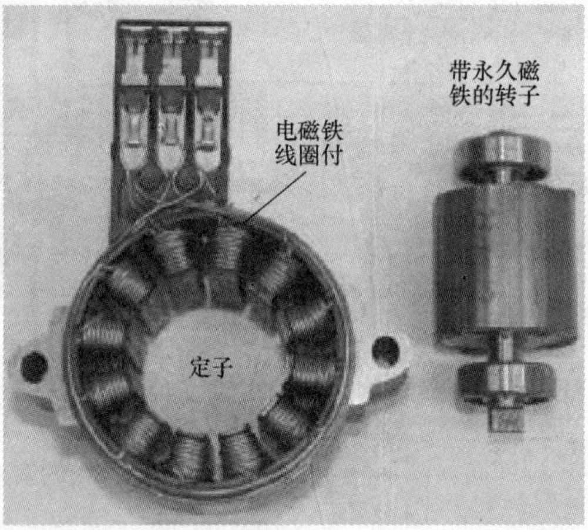

图 6-14　7 速 DSG 变速器驱动油泵的三相永磁直流电动机

［**技师指导**］大众 DSG 还处于不允许维修只进行整体更换的状态。

第七章

液力自动变速器

无级变速器只能传递较小的扭矩，但若采用无级结构串联有级结构形成传动比较宽的无级变速器，其成本又很高。液力自动变速器（AT）为有级自动变速器，尽管油耗高于手动变速器和无级变速器，但随着控制技术的进步和挡位的增加，这种差距将越来越小。目前，尽管双离合器式自动变速器发展势头很快，但配有液力变矩器的行星齿轮式有级变速器在今后相当长一段时间内还是主要的变速器。

第一节　自动变速器的控制面板和分类

一、自动变速器操纵手柄的使用

自动变速器是由驾驶员通过驾驶室内的操纵手柄来操作的，如图 7-1 所示。操纵手柄布置在转向柱、地板或仪表台上。不论布置在哪儿，操纵手柄一般都有 5～8 个挡位。

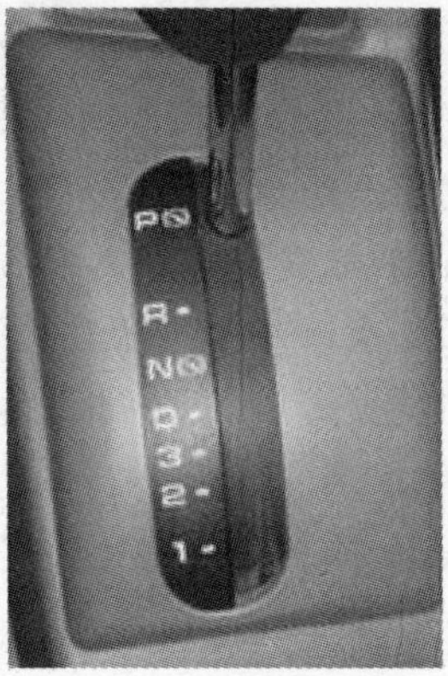

（a）

（b）

图 7-1　变速器操纵手柄

（a）大众车系四挡 01M 变速器操纵手柄；（b）奥迪 A6 01V 五挡变速器操纵手柄

自动变速器操纵手柄挡位的含义与手动变速器有很大区别。对于自动变速器来说，操纵手柄的挡位与自动变速器本身所处的挡位是两个完全不同的概念。实际上，操纵手柄只改变自动变速器阀板总成中手动阀的位置，相当于只控制空挡、前进挡和倒挡；而自动变速器本身的挡位则是由换挡执行机构的动作决定的，它除了受手动阀位置的影响外，还取决于汽车的车速、节气门开度等因素。

手柄位置挡位和变速器内所选实际挡位不相同，要正确操作自动变速器，首先应当了解自动变速器操纵手柄各个挡位的含义。

1. 停车挡（P位）

停车挡（P为Park的缩写）通常位于操纵手柄的最前方。当操纵手柄位于该位置时，自动变速器中的停车锁锁住驻车棘轮，从而锁住驱动轮。

2. 倒挡（R位）

倒挡（R为Reverse的缩写）用于倒车，一般车只有一个倒挡，个别车R位有两个倒挡传动比，电脑根据不同模式选择不同的传动比。

3. 空挡（N位）

空挡（N为Neutral的缩写）通常位于操纵手柄的中间位置，在倒车挡和前进挡之间。当操纵手柄位于空挡位置时，换挡执行机构与P位相同，也处于空挡状态。此时，发动机的动力虽经输入轴输入，但只能使各齿轮空转，输出轴无动力输出。

4. 前进挡（D位）

D位（D为Drive的缩写）四挡变速器在D1～D4之间换挡，不能间隔升挡，降挡时在特殊条件下（某些新款车）可以间隔降挡。D位用于正常行车，其中四挡一般为超速挡。只有少数车最高挡四挡为直接挡。例如，四挡的奔驰722.4液控变速器的四挡为直接挡，五挡变速器在D1～D5之间换挡。

5. 前进低挡（2位和L位）

丰田车系前进低挡通常有2位和L位。当操纵手柄位于2和L两个位置时，自动变速器的控制系统将限制前进挡的变化范围。当操纵手柄位于2位时，自动变速器在1挡、2挡、3挡之间自动变换挡位，有的只能在1挡、2挡之间自动变换挡位；当操纵手柄位于L位时，自动变速器在1挡、2挡之间自动变换挡位，或固定在1挡。

[技师指导] 大众车系四挡01M（见图7-1（a）新款变速器典型操纵手柄）或01N变速器前进低挡通常有3个位置，即图7-1中的3位、2位和1位。大众车的前进低挡数字表示手柄在此位置能升的最高挡位。当操纵手柄位于3位时，自动变速器在1挡、2挡、3挡之间自动变换挡位；当操纵手柄位于2位时，自动变速器在1挡、2挡之间自动变换挡位；当操纵手柄位于1位时，固定在1挡。1999年，国内的一汽大众开始生产国产奥迪A6，奥迪A6采用了5挡01V变速器，操纵手柄为4、3、2。操纵手柄位于这3个位置时，自动变速器的控制系统将限制前进挡的变化范围。在后来的改进中前进低挡4、3、2已经取消，手柄变为P、R、N、D、S。前进低挡功能由Tiptronic开关的手动换挡功能实现。Tiptronic源于Tip Electronic两词的合成，可译成点动电子开关。新款车在D位后加了一个换挡迟后的S（SPORT运动）位（见图7-1（b）奥迪A6 01V五挡变速器典型操纵手柄）。S挡除了换挡点迟后以外，与D位换挡范围相同。

[完成任务] 掌握大众01M四挡变速器和奥迪01V五挡变速器的控制面板。

（1）P、R、N、D、S分别是哪个词的缩写？它们的作用各是什么？

____

____。

（2）3 位的换挡范围是：__________；2 位的换挡范围是：__________；1 位的换挡范围是：__________。

（3）Tiptronic 是哪两个词的缩写：__________。如何翻译：__________。如何使用：__________。

（4）P 挡和驻车制动的区别是什么：______________________________。

（5）从 01M 控制面板上看到的两个提示踩刹车的符号的作用是：__________。

二、自动变速器控制开关的使用

自动变速器除了可用操纵手柄进行换挡控制外，还可以通过操纵手柄或汽车仪表板上的一些控制开关来进行其他的控制。不同车型自动变速器的控制开关往往有不同的名称，其作用也不完全相同。常见的控制开关有以下几种。

1. 超速挡开关（O/D 开关）

这一开关用来控制自动变速器的超速挡。当这个开关打开后，超速挡控制电路接通，此时若操纵手柄位于 D 位，自动变速器随着车速的提高而升挡时，最高可升入 4 挡（即超速挡）。该开关关闭后，超速挡控制电路断开，仪表盘上的 O/D OFF 指示灯随之亮起（表示限制超速挡的使用），自动变速器随着车速的提高而升挡时，最高只能升入 3 挡，不能升入超速挡。丰田车系也用此灯来读取故障码，图 7-2 所示为丰田仪表指示。

超速挡开关作用只是取消四挡，限制跳挡范围，与强制降挡开关是不一样的。强制降挡是靠电控变速器自动跳合开关或液控变速器阀板上拉索控制的强制降挡阀来实现的。具体电路可参看控制系统相关章节内容。

2. 模式开关

大部分电子控制自动变速器都有一个模式开关，用来选择自动变速器的控制模式，以满足不同的使用要求。图 7-3 所示为丰田模式开关实物。所谓控制模式主要是指人为干预自动变速器的正常换挡规律。常见的自动变速器的控制模式有以下几种。

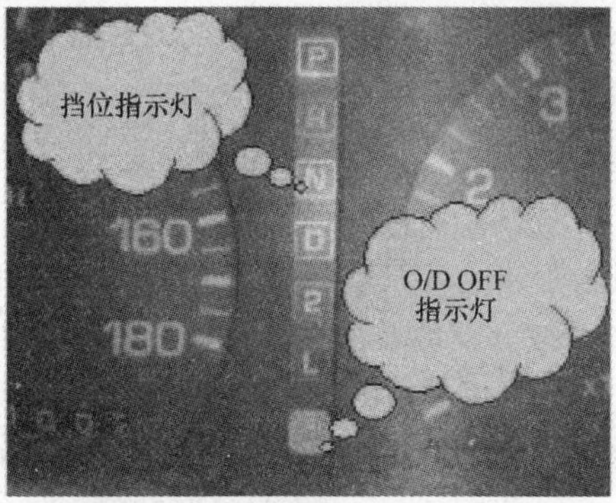

图 7-2　丰田仪表指示

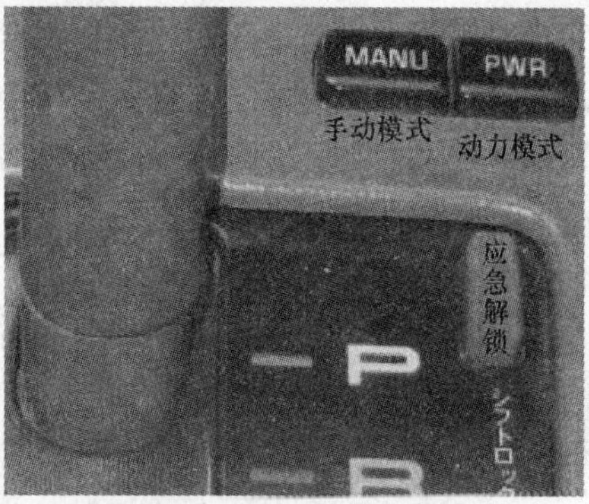

图 7-3　丰田模式开关

（1）经济模式（Economy）：经济模式是以获得最小的燃油消耗为目的进行换挡控制，因此换挡车速相对较低，动力性能稍差。当自动变速器在经济模式状态下工作时，其换挡规律较正常提前，使发动机在汽车行驶过程中经常处在经济转速范围内运转，从而提高了燃油经济性。良好路面条件下使用此开关。

（2）动力模式（Power）：动力模式是以使汽车获得最大的动力性能为目标来设计换挡规律的。在这种控制模式下，自动变速器的换挡规律较正常滞后，使发动机在汽车行驶过程中经常处在大功率范围内运转，从而提高了汽车的动力性能及爬坡能力。相当于运动模式 Sport。

（3）标准模式（Normal）：标准模式的换挡规律介于经济模式和动力模式之间，它兼顾了动力性和经济性，使汽车既保证一定的动力性，又有较佳的燃油经济性。一般车只有动力性开关，没有经济性开关。电脑在未收到动力开关信号时自动默认为标准模式。

大众 1989 年型的（德国原装）AG4（注：AG4 = AUTOMATIC GEAR，德语意为自动变速箱）引入了动力型和经济型换挡特性曲线，可以由驾驶员来进行选择。这两种换挡程序的切换通过选挡杆旁边的 ECO-SPORT 开关来实现。ECO 为经济型换挡程序，它较早地升挡并较晚地降挡，因此使转速降低，燃料消耗减少。SPORT 为动力型换挡程序，在同样的踏板位置时，它在较高的车速下进行升挡和降挡，因此使转速和行驶功率提高。

电子控制自动变速器模式开关的缺点：驾驶员要“人为”地改变自动变速器的控制模式（选择经济模式、标准模式或动力模式）。在驾驶员没有经验的条件下，不能满足不同的使用要求。目前一些新型的电子控制自动变速器取消模式开关，由电脑进行自动模式选择控制。电脑通过各个传感器测得汽车行驶情况和驾驶员的操作方式，经过运算分析，自动选择经济模式、标准模式或动力模式进行换挡控制，以满足不同的驾驶操作要求。

电脑在进行自动模式选择控制时，主要参考换挡手柄的位置及加速踏板被踩下的速率，以判断驾驶员的操作目的。在前进挡（D）中，当加速踏板被踩下的速率较低时，电脑选择经济模式；当加速踏板被踩下的速率超过控制程序中设定的速率时，电脑由经济模式转变为动力模式。在前进挡（D）中，电脑选择动力模式之后，一旦节气门开度低于 1/8，电脑即由动力模式转换为经济模式。在这种选择控制中，电脑将车速和节气门开度的组合划分为一定数量的区域，每个区域有不同的节气门开启速率的程序值。当驾驶员踩下加速踏板的速率大于汽车行驶车速和节气门开度所对应区域的节气门开启速率程序值时，电脑即选择动力模式；反之，当踩下加速踏板的速率小于车速和节气门开度所对应区域的节气门开启速率程序值时，电脑即选择经济模式。这些区域中节气门开启速率程序值的分布规律是：车速越低或节气门开度越大，其程序值越小，即越容易选择动力模式。当操纵手柄位于前进低挡（2、L）时，电脑只选择动力模式。

大众 1995 年型的 AG4 自动变速箱控制单元根据车速、节气门开度、发动机转速和汽车加速度计算行驶阻力，该换挡程序识别行驶阻力如上坡、下坡及拖挂和逆风行驶，并由此确定换挡点，根据油门踏板的操纵速度，控制单元可获得一个模糊的动力性系数。由这个动力性系数可以在更趋向燃料消耗或更趋向行驶功率之间滑动地确定换挡点。因此在 ECO 和 SPORT 换挡曲线之间可以有任意多的换挡点，可以对驾驶员的个性需求作出更灵敏的反应。

3. 丰田手动模式 MANU 和尼桑保持开关（Hold）

图 7-4 所示为丰田变速器模式指示灯。按下丰田车的这个 MANU 开关后，自动变速器便不能自动换挡，其挡位完全取决于操纵手柄的位置：D 位只有 4 挡，2 位只有 3 挡，L 位

只有1挡。马自达电子控制自动变速器设有保持开关（如日本马自达车系配备JATCO公司生产的FN4A-EL自动变速器），这种开关通常位于操纵手柄上。当操纵手柄位于D位、S位（相当于丰田2位）、L位时，自动变速器分别保持在3挡、2挡、1挡。汽车在雪地上行驶时，可以按下这个开关，用操纵手柄选择挡位，即3挡起步，以防止驱动轮打滑。由此可见，手动模式MANU和保持开关（Hold）作用相同。

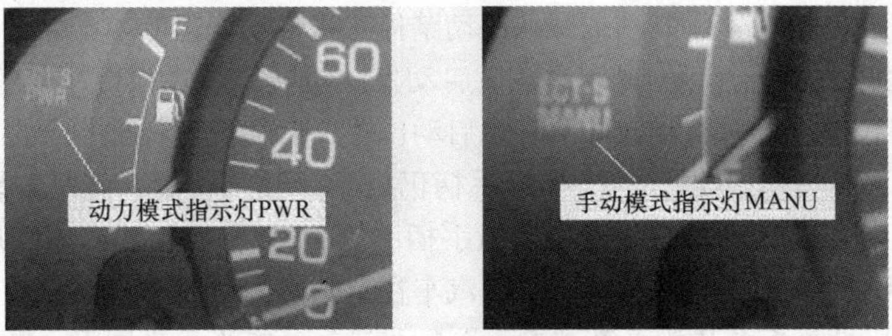

图7-4　丰田变速器模式指示灯

[**完成任务**] 如果有了Tiptronic开关后，还是否有必要设计MANU和Hold开关？________。

4. 冬季和标准模式

图7-5所示为奔驰722.6旧控制面板。奔驰车倒挡有Winter（冬季）和Standard（标准）（有的资料上把Standard的S错理解为Snow）两种模式，简写为W模式和S模式。S模式下的倒挡输出扭矩大于W模式，W模式下的倒挡传动比小于S模式，即低附着系数路面用高挡，便于冬季倒挡起步，避免打滑。

5. 手自动一体模式

为了提高操作舒适性，2000年以后的奔驰722.6变速器控制面板（图7-6奔驰722.6新控制面板）的“4”“3”“2”“1”用手动换挡开关“touch shift”代替（翻译为“点动换挡”）。在D位可以有5个前进挡，此外手柄向“+”方向横移，向前加1挡；向“-”方向横移，向后减1挡。所选实际挡位可以由仪表显示，功能实现由手动换挡控制模块完成（与变速器电脑不是一个元件）。

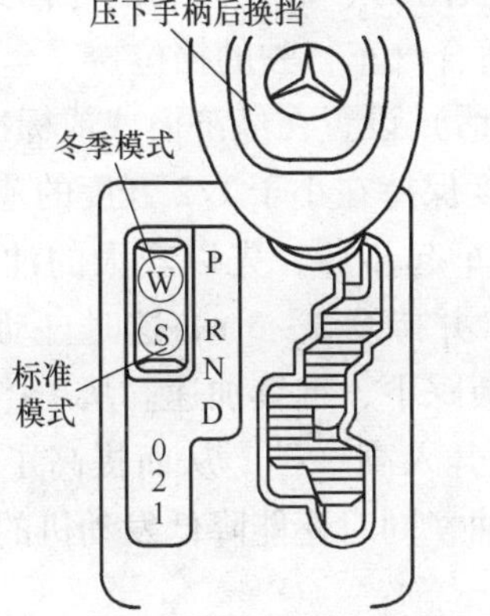

图7-5　奔驰722.6旧控制面板

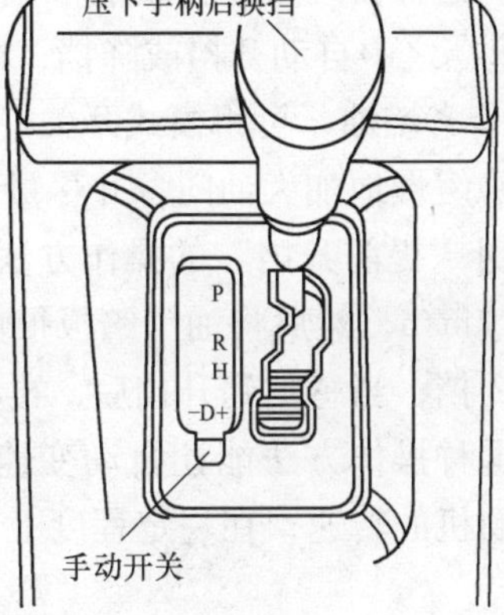

图7-6　奔驰722.6新控制面板

三、不同工况下自动变速器的使用

由于自动变速器在结构和工作原理上与手动变速器有很大区别，因此在操作上有许多不同之处。文中提到的变速器若不特殊指出，全指四挡变速器。

1. 启动

启动发动机时，应拉紧手制动或踩住制动踏板，将自动变速器的操纵手柄置于P位或N位，此时将点火开关转至启动位置，才能使启动发动机转动。在操纵手柄位于P位或N位之外的其他任何位置上时，将点火开关转至启动位置，启动发动机都不会转动。装有自动变速器的汽车在行驶途中突然熄火时，操纵手柄仍处于行驶挡位置，此时若转动点火开关启动，启动发动机将不会转动。必须先将操纵手柄移到P或N位置后，才能启动发动机。在启动时应踩住制动踏板或拉紧手制动，以防汽车在启动过程中溜车。

[**技师指导**] 换挡杆在P挡或N挡时，P/N挡开关内部的开关接通，例如丰田车把这个开关串装在启动继电器线圈电路上，而美国通用别克车把这个开关与继电器触点电路串联起来，所以易损坏。

2. 起步

（1）发动机启动后，必须停留几秒等变速器内油压建立起来后才能挂挡起步。

（2）起步时应先踩住制动踏板，按锁止按钮，然后再进行挂挡，并查看所挂挡位是否正确，最后松开手制动，抬起制动踏板，怠速即可起步，缓慢踩下油门踏板可加速起步。

若踩下制动踏板，按下手柄侧面的锁止按钮仍不能移动换挡杆，说明换挡互锁电路有故障。对于丰田汽车应急时，可按下控制面板上的应急开关。尼桑和丰田车系没有应急开关，必须用钥匙插入控制面板上的一个换挡杆移动应急解除孔时压下钥匙将手柄移出P挡。大众未进行换挡杆应急解除设计，一旦换挡杆无法移出P挡，要将烟灰缸下部盖板拆下，手动移开换挡锁止电磁阀，如果不知道，则只能等待修理。

（3）必须先挂挡后踩油门踏板。不允许边踩油门踏板边挂挡，或先踩油门踏板后挂挡，或挂挡后踩着制动踏板或还未松开手刹就加大油门。

3. 一般道路行驶

（1）装有自动变速器的汽车在一般道路上向前行驶时，应将操纵手柄置于D位，并打开超速挡开关。这样自动变速器就能根据车速、行驶阻力、节气门开度等因素，在1挡、2挡、3挡及超速挡之中自动升挡或降挡，以选择最适合汽车行驶的挡位。

（2）为了节省燃油，可将模式开关（如果有的话）设置在经济模式或标准模式位置上。加速时，应平稳缓慢地加大油门，并尽量让油门开度保持在小于1/2开度的范围内。

也可以采用“提前升挡”的操作方法，即：汽车起步后，先以较大的油门将汽车迅速加速至20～30 km/h，然后将油门踏板很快地松开，并持续2～3 s，这时自动变速器就能立即从1挡升至2挡；当感觉到升挡后，再将油门踏板踩下，继续加速。从2挡升至3挡也可用这种方法。这种操作方法能让自动变速器较早地升入高一挡，从而提高了发动机的负荷率，降低了发动机的转速，在一定程度上节省了燃油，同时还能降低发动机的磨损程度，减小噪声。

（3）为了提高汽车的动力性，可将模式开关（如果有的话）设置在动力模式位置上。

在急加速时，还可以采用“强制低挡”的操作方法，即：将油门踏板迅速踩到全开位置，此时，自动变速器会自动下降一个挡位，获得猛烈的加速效果。当加速的要求得到满足之后，应立即松开油门踏板，以防止发动机转速超过极限转速而造成损坏。强制低挡的目的是超车，在这种工况下，自动变速器中的摩擦片磨损，发热现象明显严重，很容易造成碎片或黏接，如非特殊需要，不宜经常使用。

4. 倒车

（1）在汽车完全停稳后，将操纵手柄移至 R 位置。

（2）在平路上倒车时，可完全放松油门踏板，以怠速缓慢倒车。

（3）如倒车中要越过台阶或凸起物，应缓慢加大油门，在越过台阶后要及时制动。

5. 坡道行驶

（1）在一般坡道上行驶时，可按一般道路行驶的方法，将操纵手柄置于 D 位，用油门或制动踏板来控制上下坡车速。

（2）如果汽车以超速挡在坡道上行驶，因坡道阻力大于驱动力，导致车速下降到一定车速时自动变速器从超速挡降至 3 挡；到 3 挡后，又因驱动力大于坡道阻力，汽车被加速，到一定车速时又升挡至超速挡。这样，若坡道较长，将重复上述过程，即在超速挡减速降挡后在 3 挡加速，到一定车速又升至超速挡，形成“循环跳挡”，加剧了自动变速器中摩擦片的磨损。在这种情况下，可将超速挡开关关闭，限制超速挡的使用，汽车就能在 3 挡稳定地加速上坡。若坡道较陡，汽车上坡时在 3 挡和 2 挡之间“循环跳挡”，只要将操纵手柄置于 2 挡位置，即可使自动变速器在 2 挡稳定地行驶。

6. 发动机制动

在汽车下长坡时，若完全松开油门踏板后车速仍然太高，则可将操纵手柄置于 2 位或 L 位，并将油门踏板松到最小（注意：禁止熄火），此时驱动轮经传动轴、变速器、变扭器反拖发动机运转，这样可利用发动机阻力让汽车减速，这种情况称为发动机制动。要注意不能在车速较高时将操纵手柄从 D 位拨至 2 位或 L 位，这样会使自动变速器中的摩擦片因急剧摩擦而受到损坏。当车速较高时，应先用制动器将汽车减速至较低车速，再将操纵手柄从 D 位换至 2 位或 L 位。

在汽车高速行驶时，若完全松开油门，发动机应降至怠速转速。但实际上，由于汽车车身推车轴，车轴推车轮，车轮通过主减速器、变速器、变扭器（或离合器）反回来带动发动机转动。注意是车轮帮助发动机转动，而不要理解成把发动机制动熄火，更不要理解成传动轴反转。此时，发动机转速是由怠速的燃料做功和车轮传来的动力驱动转动，宏观表现为车速表指针下降，发动机转速表指针上摆。发动机制动效果挡位越低，车轮带动发动机的能力越强。

[技师指导] 无论是上大坡还是下大坡都用前进低挡，坡度越大，驾驶员采用的挡位要越低。

7. 泥泞与冰雪路面上行驶

在泥泞路面上行驶时，操纵手柄置于 D 位，如果驾驶员没有经验，踏下油门踏板较大，则会导致驱动轮打滑，汽车实际提速慢且磨损轮胎。另外车轮的高转速会使变速器升挡，虽然升挡使车轮的驱动力变小，打滑有所减小，但上述这些是不利的，此时可将操纵手柄置于2位或L位，限制自动变为高挡位，也可利用油门开度来控制车轮的驱动力，防止驱动轮打滑。设有保持开关（Hold）或手动模式（Manual）或手自动一体（Tiptronic）开关的自动变速器最好采用与操纵手动变速器一样的方法，用操纵手柄来选择适当的高挡起步行驶以防止打滑。例如，丰田四挡变速箱2位锁3挡，直接用3挡起步，可以防止低挡引起的打滑。

现在汽车底盘制动的ABS系统扩展集成了ASR驱动防滑功能，当驱动轮发生滑转时，发动机电脑通过减小电子节气门的开度（也可由TRC电脑控制减小副节气门的开度），阻止发动机吸入过多气体，从而在不改变混合气浓度的情况下，减小喷油量，降低发动机（动力源头）的牵引力。若不明显，则再通过底盘制动系统来制动打滑的驱动轮。

想一想，我们在冰上骑自行车时，用很小的力即可行驶，当用力过大时自行车反而原地打滑了。因此，汽车行驶条件，必须是牵引力大于阻力，但牵引力也必须小于附着力。泥泞路面与冰雪路面共有的特点是地面附着能力差，泥泞路面是轮胎驱动力大于地面的抗剪切能力。车轮推地面时，泥已被轮胎推甩至汽车后方，地面耐不住车轮，从而车轮不能以地面为反作用力推自己起步。多冰少雪路面和沥青路面都很硬，抗剪切的能力很强。但由于多冰少雪路面附着力小，轮胎抓不住地，所以易打滑；沥青路面行驶阻力大，但附着力更大，不易打滑。

8. 临时停车

汽车在交叉路口等待交通信号或因堵车等原因而需要临时停车时，分为以下三种情况。

若停车时间较短，可采用让操纵手柄保持在D位，只用脚制动停车，这样一放松制动踏板，汽车就可以重新起步。

若停车时间稍长，可以让操纵手柄保持在D位，但最好同时用脚制动和手制动，以免不小心松开制动踏板时汽车向前闯动而发生意外。

若停车时间较长，最好把操纵手柄换到N位，拉紧手制动停车，以免造成自动变速器液压油升温过高。

9. 停放

汽车停放好后，应踩住制动踏板，将操纵手柄移至停车挡位置，并拉紧手制动，然后关闭点火开关，熄火，拔钥匙。

自动变速器车的钥匙锁设有联锁装置，只有手柄推至P位时方可将钥匙拔出。联锁装置可以是手柄连拉索控制锁芯回位（大众车系），也可以是在P位时电子控制模块控制电磁阀断电解除对锁芯回位的阻止（丰田车系），钥匙拧回N位，可以拔出。

有些驾驶员在D位熄火后，钥匙拔不出来，不得不求助服务站，因而多付了不少拖运费，实际只要向前把手柄推回P位，钥匙就能拔下来了。

也有不少驾驶员在D位熄火后，不拔钥匙下车，上车后启动，没有反应，不得不求助服务站。实际只要向前把手柄推回P位或N位即可打着车。

四、自动变速器使用注意事项

为充分发挥自动变速器的性能优势，防止因使用操作不当而造成早期损坏，在驾驶装有自动变速器的汽车时，应注意以下几点。

（1）在驾驶时，如无特殊需要，不要将操纵手柄在 D 位、2 位、L 位之间来回拨动。特别要禁止在行驶中将操纵手柄拨入 N 位（空挡）或在下坡时用空挡滑行。否则，由于发动机怠速运转，自动变速器内由发动机驱动的油泵出油量减少，而自动变速器内的齿轮等零件在汽车的带动下仍做高速旋转，从而造成零件会因润滑不良而损坏。绝对禁止发动机熄火后空挡滑行，此时变速器没有润滑油，车轮带动变速器从动件高速旋转，将可能烧毁行星齿轮、铜套、调速器、轴承和止推垫片。

（2）在很冷的冬季启动时，应预热一分钟，保证发动机和变速器进入正常工作温度。挂上挡行驶后，不应立即猛烈地一脚踩油门踏板到底。在行驶中，当自动变速器自动升挡或降挡的瞬间，不应猛烈地加踩油门踏板。否则，会使自动变速器中的摩擦片、制动带等受到严重损坏。

（3）当汽车还没有完全停稳时，不允许从前进挡换至倒挡，也不允许从倒挡换到前进挡，否则会损坏自动变速器中的摩擦片和制动带。

现在汽车一般在车速高至一定时，由电脑控制控制面板下的电磁阀，阻止操纵手柄由 D 位移至 R 位或由 R 位移至 D 位，直至车速下降至一定时才允许手柄由 D 位移至 R 位或由 R 位移至 D 位。

（4）汽车完全停稳后才能将操纵手柄拨入停车挡位置，否则自动变速器会发出刺耳的金属撞击声（类似于大众车拉手制动的声音），并损坏停车锁止机构。此种声音为棘爪与棘轮的撞击声，严重时将损坏变速器壳体。

（5）要严格按照标准调整好发动机怠速，怠速过高或过低都会影响自动变速器的使用效果。

怠速过高，会使汽车在挂挡起步时产生强烈的闯动；怠速过低，在坡道上起步时，若松开制动后没有及时加油门，汽车会后溜，增加了坡道起步的操作难度。现在汽车全是电喷车怠速，有些能调整（日本车系），有些不能调整（大众车系）。

（6）为了防止不正确的操作而造成自动变速器损坏，大部分车型的自动变速器操纵手柄上都有一个锁止按钮。对于手柄无锁止按钮的车辆可以下压手柄再移动手柄，下压过程相当于按锁止按钮。

在进行下列换挡操作时，必须按下锁止按钮，否则操纵手柄将被锁止而不能移动：由 P 位换至其他任何挡位或由其他任何挡位换至 P 位，由任何挡位换至 R 位。此外，在汽车行驶中在 D 位、2 位、L 位等前进挡中变换挡位，若按："L 位→2 位→D 位"的顺序进行变换（即由低挡位换至高挡位），可以不受任何车速条件的限制，也就是说，不论车速高低都可按此顺序改变操纵手柄的位置。但是，如果要按"D 位→2 位→L 位"的顺序（即由高挡位换至低挡位）变换操纵手柄的位置，则必须让汽车减速后才能进行。例如，欲将操纵手柄从 D 位换至 2 位，必须在车速降至低于 2→3 挡的升挡车速后才能进行。如果将操纵手柄由高挡位换至低挡位时车速过高，就相当于人为地手动强制换入低挡，不但汽车会受到发动机的强烈制动作用，而且相应的低挡执行机构将因急剧摩擦而损坏。因此，有些车型在进行"D 位→2 位→L 位"的降挡操作时，也必须按下锁止按钮，否则操纵手柄将被锁住而无法由高挡位向低挡位移动。

（7）被牵引时注意事项。

变速杆置于 N 挡，牵引速度小于 50 km/h（也有规定 80 km/h），距离小于 50 km（也有规定 80 km)。若需长距离牵引，则要将前轮（驱动轮）置于牵引车上。

五、自动变速器分类

不同车型所装用的自动变速器在形式、结构上往往有很大的差异，下面从不同的角度对自动变速器进行分类。

1. 按汽车驱动方式分类

自动变速器按照汽车驱动方式的不同，可分为后驱动自动变速器和前驱动自动变速器两种。这两种自动变速器在结构和布置上有很大区别。前驱汽车的发动机有纵置和横置两种。纵置发动机的前驱动自动变速器的结构和布置与后驱动自动变速器基本相同，只是在前端增加了一个差速器，如大众奥迪 01V 或帕萨特 01N 变速器。图 7-7 给出了大众四轮驱动变速器，通过它能反映大众前驱、后驱、四驱的结构，在大众四驱结构中要有托森式轴间差速器。

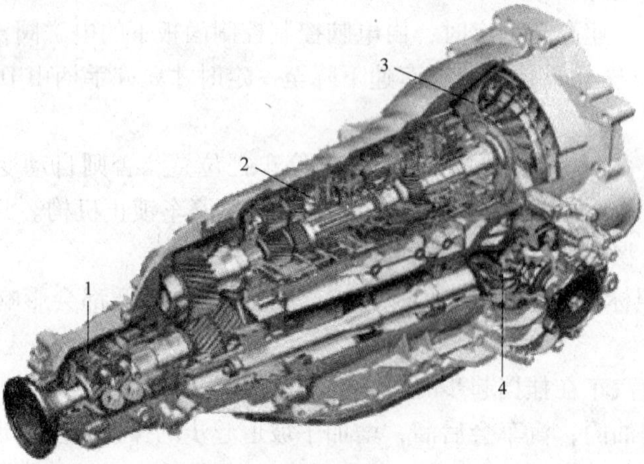

图 7-7　大众四轮驱动变速器

1—拖森式轴间差速器；2—齿轮变速器；3—变扭器；4—主减速器及差速器

横置发动机的前驱动自动变速器由于汽车横向尺寸的限制，要求有较小的轴向尺寸，因此通常将输入轴和输出轴设计成两个轴线的方式（如图 7-8 所示三菱 F4A33 自动变速器），变扭器和齿轮变速器输入轴布置在上方，输出轴则布置在下方。这样的布置减少了变速器总体的轴向尺寸，但增加了变速器的高度，因此美国车系常将阀板总成布置在变速器的侧面，尼桑车系常将阀板总成布置在变速器的上方，以保证汽车有足够的最小离地间隙，同时不易受掉下的污染物影响而导致阀板卡滞。

2. 按自动变速器前进挡的挡位数分类

自动变速器按前进挡的挡位数不同，可分 4 挡、5 挡、6 挡、7 挡、8 挡、9 挡变速器。轿车装用的自动变速器基本上都是 4 个前进挡，4 挡为超速挡。对于 5 挡变速器，4 挡为直接挡，5 挡为超速挡；而 6 挡变速器，通常 5 挡为直接挡，6 挡为超速挡；7 挡变速器（例如奔驰 E280)，5 挡为直接挡，6、7 挡都为超速挡。如 7 挡变速器 722.9 是奔驰针对宝马 6 挡变速器和大众 01J 无级变速器推出的，2003 年开始上市销售。目前国内最高挡位为 9 挡变速器，挡数再继续增高的可能性不大。

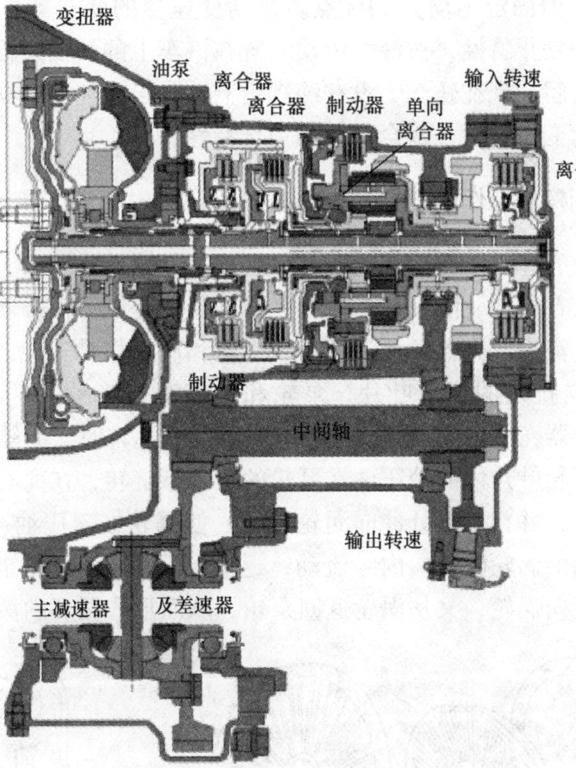

图 7-8　三菱 F4A33 自动变速器

3. 按齿轮变速器的类型分类

自动变速器按其齿轮变速器的类型不同，可分为普通齿轮式和行星齿轮式两种。普通齿轮式自动变速器体积较大，最大传动比较小，只有少数几种车型使用（如本田 ACCORD 轿车，奔驰新款也有采用 5 速普通齿轮式变速器）。行星齿轮式自动变速器结构紧凑，能获得较大的传动比，为绝大多数轿车采用。按其组合形式，可以分为辛普森式、改进辛普森式、拉维娜式以及类拉维娜式（奔驰车系应用）等四种。

4. 按变扭器的类型分类

20 世纪 80 年代，无锁止离合器和有锁止离合器共同存在，现在汽车全部采用有锁止离合器。

5. 按控制方式分类

20 世纪 90 年代，控制系统是电控和液控共同存在的时代，现代汽车全为电子控制，液控方式已经没有意义了。

第二节　变扭器结构与检修

现代汽车自动变速器中所用的变扭器（变矩器）都是“带锁止离合器的综合式液力变扭器”。由于名字太长，一般称为变扭器，这种变扭器综合利用了液力耦合器（无导轮）和液力变扭器（有导轮，但固定不动）的优点。自动变速器的变扭器包括三个工作特性，即耦合特性、变扭特性和锁止特性，按液力传动装置在汽车上的演变过程先后顺序来学习，即按产品的出现过程来讲解。现在轿车上没有纯耦合器，也没有纯变扭器。汽车从起步到高速行驶经历的特性变化为变扭特性、耦合特性和锁止特性。

一、液力耦合器结构与工作原理

液力耦合器主要由壳体、泵轮、涡轮 3 部分组成，如图 7-9 所示。壳体安装在发动机飞轮上；泵轮与壳体焊接在一起，随发动机曲轴一同旋转，是液力耦合器的主动部分；涡轮和输出轴连接在一起，是液力耦合器的从动部分。泵轮和涡轮相对安装，统称为工作轮。在泵轮和涡轮上安装有径向排列的平直叶片，泵轮和涡轮互不接触，两者之间有一定的间隙（3～4 mm），液力耦合器壳体内充满了液压油。当发动机运转时，曲轴带动液力耦合器的壳体和泵轮一同转动，泵轮叶片内的液压油在泵轮的带动下旋转，在离心力的作用下，液压油被甩向泵轮叶片外缘处，并在外缘处冲向涡轮叶片，使涡轮在液压油冲击力的作用下旋转。冲向涡轮叶片的液压油沿涡轮叶片向内缘流动，返回到泵轮的内缘，被泵轮再次甩向外缘。液压油就这样从泵轮流向涡轮，又从涡轮返回泵轮，从而形成循环的液流。

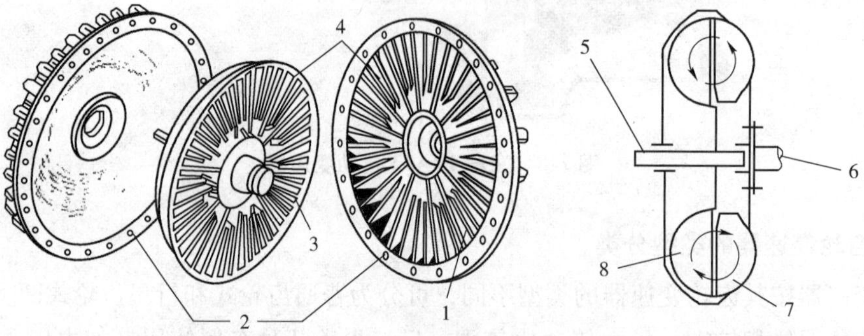

图 7-9　液力耦合器

1，7—泵轮；2—壳体螺丝连接孔；3，8—涡轮；4—平直叶片；5—涡轮动力输出；6—发动机动力输入

在液力耦合器泵轮和涡轮叶片内循环流动的液压油，在从泵轮叶片内缘流向外缘的过程中，泵轮对其做功，其速度和动能逐渐增大；而在从涡轮叶片外缘流向内缘的过程中，液压油对涡轮做功，其速度和动能逐渐减小。

液力耦合器的传动原理是：发动机的动能通过泵轮传给液压油，液压油在循环流动的过程中又将动能传给涡轮输出。由于在液力耦合器内只有泵轮和涡轮两个工作轮，液压油在循环流动的过程中，除了与泵轮和涡轮之间的作用力之外，没有受到其他任何附加的外力。根据作用力与反作用力大小相等的原理，液压油作用在涡轮上的扭矩应等于泵轮作用在液压油上的扭矩，即发动机传给泵轮的扭矩与涡轮上输出的扭矩相等。这就是液力耦合器的传动特点，$M_p = M_t$，变扭比 $K = 1$。

变扭比即扭矩放大倍数，例如手动变速器 1 挡传动比为 3，则扭矩放大 3 倍，变扭比 $K = 3$。

设涡轮转速为 n_t，泵轮转速为 $n_p = n_e$，那么 n_t/n_p 为液力耦合器的传动比 i 的倒数。根据液力耦合器的传动特点，可以计算出其传动效率 η。

$\eta = P_t/P_e =$ ($M_t \times n_t$) / ($M_e \times n_e$)，且 $P = M \times n/9\ 550$，分子和分母中的 9 550 已约去。因 $M_p = M_t$，故，$\eta = n_t/n_e$。所以

$$\eta = P_t/P_e = n_t/n_e$$

式中 η——传动效率；

P_p——发动机传给泵轮的功率；

P_t——涡轮的输出功率；

M_p——泵轮的输入扭矩（即发动机扭矩 M_e，$M_p = M_e$）；

M_t——涡轮的输出扭矩。

由上述计算式可见，液力耦合器的传动效率等于涡轮转速与泵轮转速之比。涡轮与泵轮的转速差越大，传动比越小，传动效率就越低；反之，涡轮与泵轮的转速差越小，传动比越大，传动效率就越高。

具体地说，在刚刚挂上挡而汽车未起步时，涡轮转速为 0，液力耦合器的传动效率为 0；汽车刚起步时，车速较低，涡轮转速也低，因而传动效率也较低；随着汽车加速，涡轮转速逐渐提高，涡轮与泵轮的转速差逐渐减小，因而液力耦合器的传动效率亦随之增高。理论上，当涡轮转速等于泵轮转速时，传动效率应为 100%，但实际上，若涡轮转速等于泵轮转速，则泵轮与涡轮叶片外缘处的液压油的压力相等，导致泵轮上的液压油不能冲向涡轮，液力耦合器内的液压油没有循环流动，从而不能将泵轮上的动能传递给涡轮输出，液力耦合器将失去传递扭矩的作用。因此，液力耦合器工作正常时，涡轮的转速必须小于泵轮的转速，也就是说，液力耦合器的效率永远达不到 100%。

液力耦合器曾在 1930 年美国的 Oldmobile 等极少数汽车上使用过，由于其在遇到阻力减速时不能起增加扭矩的作用，而且在汽车低速行驶时传动效率很低，故早以无车使用。耦合器的耦合特性在高车速时传动效率高且扭矩大小不变，这是优点。

二、液力变扭器结构与工作原理

液力变扭器就是为了解决耦合器低车速效率低和不增扭矩的问题而设计的，但它高车速时也有缺点，如下所述。

液力变扭器的结构与液力耦合器相似，它有 3 个工作轮，即泵轮、涡轮和导轮。其中泵轮和涡轮的构造与液力耦合器基本相同；导轮则位于泵轮和涡轮之间，并与泵轮和涡轮保持一定的轴向间隙，通过导轮固定套固定于变速器壳体上。发动机运转时带动液力变扭器的壳体和泵轮一同旋转，泵轮内的液压油在离心力的作用下，由泵轮叶片外缘冲向涡轮，并沿涡轮叶片流向导轮，再经导轮叶片流回泵轮叶片内缘，形成循环的液流。导轮的作用是改变涡轮的输出扭矩。由于从涡轮叶片下缘流向导轮的液压油仍有相当大的冲击力，只要将泵轮、涡轮和导轮的叶片设计成一定的形状和角度，就可以利用上述冲击力来提高涡轮的输出扭矩。

在汽车起步之前，涡轮转速为 0，发动机通过液力变扭器壳体带动泵轮转动，并对液压油产生一个大小为 M_p 的扭矩，该扭矩即液力变扭器的输入扭矩。液压油在泵轮叶片的推动下，以一定的速度按图 7-9 中箭头所示方向冲向涡轮上缘处的叶片，对涡轮产生冲击扭矩，该扭矩即液力变扭器的输出扭矩。此时涡轮静止不动，冲向涡轮的液压油沿涡轮叶片流向涡轮下缘，在涡轮下缘以一定的速度，沿着与涡轮下缘出口处叶片相同的方向冲向导轮，对导轮也产生一个冲击扭矩，并沿固定不动的导轮叶片流回泵轮。当液压油对涡轮和导轮产生冲

击扭矩时，涡轮和导轮也对液压油产生一个与冲击扭矩大小相等、方向相反的反作用扭矩 M_t 和 M_s，其中 M_t 的方向与 M_p 的方向相反，而 M_s 的方向与 M_p 的方向相同。根据液压油受力平衡原理，可得 $M_p = M_e + M_s$。由于在变扭器外缘传力和耦合器相同，涡轮对液压油的反作用扭矩 M_t 与液压油对泵轮的冲击扭矩 M_p 大小相等，方向相反，即在变扭器外缘仍然是 $M_t = M_p$，因此可知，液力变扭器的输出扭矩在数值上等于输入扭矩与导轮对液压油的反作用扭矩之和。显然这一扭矩要大于输入扭矩，即液力变扭器具有增大扭矩的作用。液力变扭器输出扭矩增大的部分即固定不动的导轮对循环流动的液压油的反作用力矩，其数值不仅取决于由涡轮冲向导轮的液流速度，也取决于液流方向与导轮叶片之间的夹角。当液流速度不变时，叶片与液流的夹角越大，反作用力矩亦越大，液力变扭器的增扭作用也就越大。一般液力变扭器的最大输出扭矩可达输入扭矩的 2.6 倍左右，一般汽车最大可达 2.0 ~ 2.2。图 7-10 所示为液力变扭器起步时增扭的工作原理。

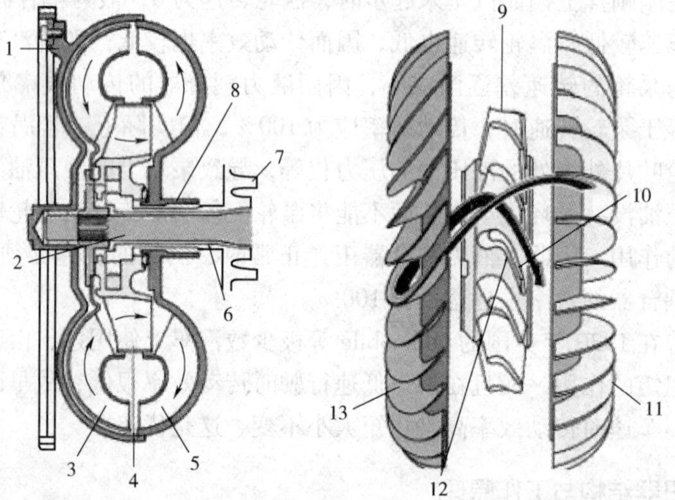

图 7-10　液力变扭器起步时增扭的工作原理（图中为便于理解已经把外壳脱去）

1—飞轮与变扭器的连接；2—变扭器输出轴；3，13—涡轮；4—固定导轮；5，13—泵轮；6—导轮固定套；7—油泵后端壳；8—变扭器轴套；9—导轮；10—导轮反面；12—导轮正面

当汽车在液力变扭器输出扭矩的作用下起步后，与驱动轮相连接的涡轮也开始转动，其转速随着汽车的加速不断增加。这时由泵轮冲向涡轮的液压油除了沿着涡轮叶片流动外，还要随着涡轮一同转动，使得由涡轮下缘出口处冲向导轮的液压油的方向发生变化，不再与涡轮出口处叶片的方向相同，而是顺着涡轮转动的方向向前偏斜一个角度，使冲向导轮的液流方向与导轮叶片之间的夹角变小，导轮上所受的冲击力矩也减小，液力变扭器的增扭作用亦随之减小。车速越高，涡轮转速越大，冲向导轮的液压油方向与导轮叶片的夹角就越小，液力变扭器的增扭作用亦越小；反之，车速越低，液力变扭器的增扭作用就越大。因此，与液力耦合器相比，液力变扭器在汽车低速行驶时有较大的输出扭矩，在汽车起步、上坡或遇到较大行驶阻力时，能使驱动轮获得较大的驱动力矩。

当涡轮转速随车速的提高而增大到某一数值时，冲向导轮的液压油的方向与导轮叶片之间的夹角减小为 0，这时导轮将不受液压油的冲击作用，液力变扭器失去增扭作用，其输出扭矩等于输入扭矩。

若涡轮转速进一步增大，冲向导轮的液压油方向继续向前偏斜，使液压油冲击在导轮叶片的背面，这时导轮对液压油的反作用扭矩 M_s 的方向与泵轮对液压油的扭矩 M_e 的方向相反，故此涡轮上的输出扭矩为二者之差，即 $M_t = M_p = M_e - M_s$，液力变扭器的输出扭矩反而比输入扭矩小，其传动效率也随之减小。

涡轮上的输出扭矩与泵轮上的输入扭矩之比，称为液力变扭器的变扭系数，或称变扭比，一般用 K 表示，即

$$K = M_t/M_e = (M_e \pm M_s)/M_e$$

根据液力变扭器传动效率的计算公式，可得

$$\eta = P_t/P_p = (M_t \times n_t)/(M_e \times n_e) = [(M_e \pm M_s)/M_e] \times (n_t/n_e) = K \times n_t/n_e$$

由上述分析可知，当涡轮转速较低时，变扭系数 K 大于1，液力变扭器的传动效率高于液力耦合器的传动效率；当涡轮转速增加到某一数值时，变扭系数等于1，液力变扭器的传动效率等于液力耦合器的传动效率；此后，若涡轮转速继续增大，液力变扭器的传动效率将小于液力耦合器的传动效率，其输出扭矩也随之下降。

因此，上述这种液力变扭器是不实用的，但若把固定导轮的变扭器改成沿发动机旋转方向可转动而反向不能转动的单向可滑转的导轮，就把耦合器和变扭器的优点兼顾了。

三、综合式液力变扭器结构与工作原理

目前在自动变速器的汽车上使用的变扭器都是综合式液力变扭器，它和液力变扭器的不同之处在于其导轮不是完全固定不动的，而是通过单向超越离合器（又称单向啮合器或自由轮离合器）支撑在固定于变速器壳体的导轮固定套上（见图7-11）。这一单向超越离合器使导轮可以沿顺时针方向旋转（从发动机前面看），但不能沿逆时针方向旋转。

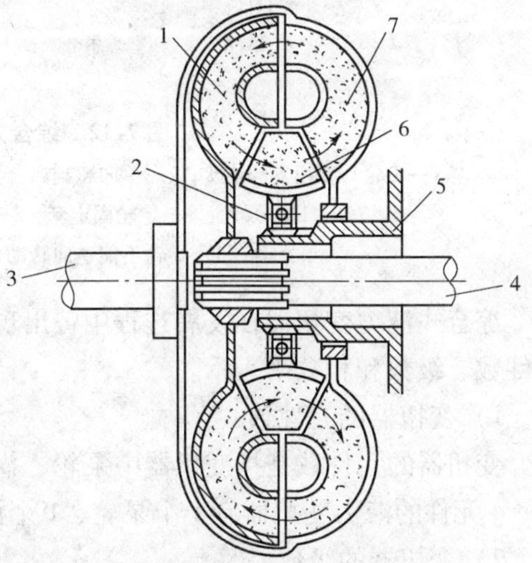

图7-11　综合式液力变扭器

1—涡轮；2—单向离合器；3—发动机曲轴；4—涡轮轴；5—导轮固定套；6—导轮；7—泵轮

[技师指导] 导轮在变扭器内能与发动机同向转动，而反向锁止不动。

当涡轮转速较低时，从涡轮流出的液压油从正面冲击导轮叶片正面（图7-12），对导轮施加一个逆时针方向旋转的力矩，但由于单向超越离合器在逆时针方向具有锁止作用，将导轮锁止在导轮固定套上固定不动，因此这时该变扭器的工作特性和液力变扭器相同，即具有一定的增扭作用（变扭系数 K 大于1）。当涡轮转速增大到某一数值时，液压油对导轮的冲击方向与导轮叶片之间的夹角为0，此时变扭系数 K 等于1。

若涡轮转速继续增大，液压油将冲击导轮叶片的背面，对导轮产生一个顺时针方向的扭矩。由于单向超越离合器在顺时针方向没有锁止作用，可以像轴承一样滑转，所以导轮在液压油的冲击作用下开始沿顺时针方向旋转。由于自由转动的导轮对液压油没有反作用力矩，液压油只受到泵轮和涡轮的反作用力矩的作用，因此变扭器不能起增扭作用，其工作特性和

液力耦合器相同。这时涡轮转速较高，该变扭器亦处于高效率的工作范围。

导轮开始空转的工作点称为耦合点。由上述分析可知，综合式液力变扭器在涡轮转速从0至耦合点的工作范围内按液力变扭器的特性工作，在涡轮转速超过耦合点转速之后按液力耦合器的特性工作。因此，这种变扭器既利用了液力变扭器在涡轮转速较低时所具有的增扭特性，又利用了液力耦合器在涡轮转速较高时所具有的高传动效率特性。

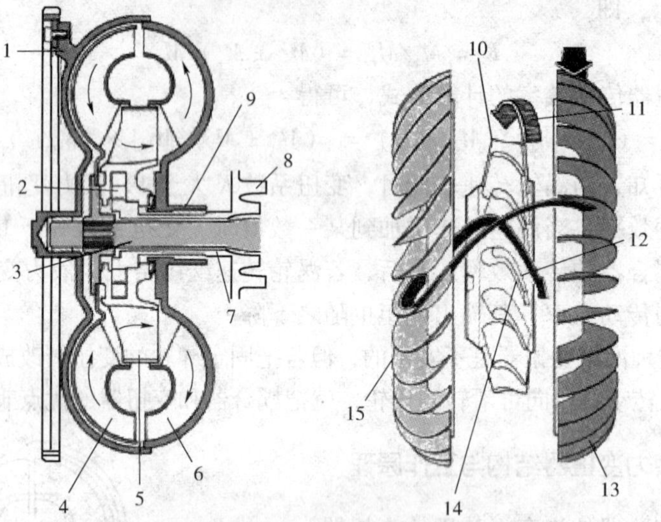

图 7-12 综合式液力变扭器工作原理

1—飞轮与变扭器的连接；2—单向超越离合器；3—变扭器输出轴；4，15—涡轮；5—单向导轮；6，13—泵轮；7—导轮固定套；8—油泵后端壳；9—变扭器轴套；10—导轮；11—导轮不能逆向转动；12—导轮反面；14—导轮正面

综合式液力变扭器在发展过程中曾出现过许多较复杂的类型，这些类型可以用变扭器的元件数、级数和相数来表示。

1）变扭器的元件数

变扭器的元件数是指变扭器中泵轮、涡轮、导轮的总个数，如3元件、4元件、5元件等。4元件的液力变扭器有1个泵轮、1个涡轮和2个带单向超越离合器的导轮。

2）变扭器的级数

变扭器的级数是指涡轮的列数。只有1列涡轮的称为单级变扭器，有2列及2列以上涡轮的称为多级变扭器。

3）变扭器的相数

由于变扭器中离合器或制动器的作用，使变扭器在不同的工作范围内具有不同的工作特性，这种不同工作特性的个数就称为变扭器的相数。例如，综合式液力变扭器由于导轮中单向超越离合器的锁止和滑转而使变扭器的工作特性发生变化，以耦合点为界分别具有液力变扭器和液力耦合器两种工作特性，因此可称为2相变扭器。变扭器还可以通过增加带有单向超越离合器的导轮或泵轮的个数以及采用锁止离合器等方式，而成为3相、4相变扭器。

尽管各种结构复杂的变扭器曾成功地应用于汽车自动变速器中，但由于其制造成本高，而且元件数多，引起的液力损失较大，最高效率不如简单的3元件单级2相变扭器。

因此，目前轿车自动变速器上使用的变扭器都是3元件2相综合式液力变扭器，即综合式液力变扭器。

四、带锁止离合器的综合式液力变扭器

变扭器是用液力来传递汽车动力的，而液压油的内部摩擦会造成一定的能量损失，因此传动效率较低。为提高汽车的传动效率，减少燃油消耗，现代轿车自动变速器普遍采用带锁止离合器的综合式液力变扭器。锁止离合器可分为单片压盘式和多片式两种。外装式是20世纪80年代末大众把锁止离合器设计在变速器内的形式，2005年以后已停止使用这种结构。

1. 单片压盘式锁止离合器

这种变扭器内有一个由液压油操纵的锁止离合器，锁止离合器的主动盘即为变扭器壳体，从动盘是一个可做轴向移动的压盘，它通过花键套与涡轮连接。压盘背面后腔的液压油与变扭器泵轮、涡轮中的液压油相通，并保持一定的油压（该压力称为变扭器压力，由阀体内变扭器调压区控制）；压盘左侧前腔（压盘与变扭器壳体之间）的液压油通过变扭器输出轴中间的控制油道A与阀板总成上的锁止控制阀相通。在非锁止工况（即变扭和耦合工况）时，压盘前面的液压油从A油道进入B油道，然后流出去往水箱下的散热器，从而冲开压盘，使压盘向右移动，处于分离工况。当锁止条件成熟时，控制系统控制阀板的锁止区元件把A和B油道切换，即B进油A泄油（泄油和出油不一样）。B进油时压盘后的压力高于压盘前的压力，压盘左移，压盘摩擦材料和变扭器前壳的缝隙变小，节流作用更强，前后压力差增大。在前后两面压力差的作用下，压盘压紧在主动盘（变扭器壳体）上（图7-13），这时输入变扭器的动力通过锁止离合器的机械连接，由压盘经减振盘直接传至涡轮输出，传动效率为100%。另外，锁止离合器在接合时还能减少变扭器中液压油因液体摩擦而产生的热量，有利于降低液压油的温度。现在车型的液力变扭器的锁止离合器压盘上还装有减振盘（与手动变速器离合器从动盘扭转减振器相同），以减小锁止离合器在接合瞬间产生的冲击力。压盘式锁止离合器只有A和B两条油道。图7-14所示为带减振弹簧的压盘式锁止离合器实物。

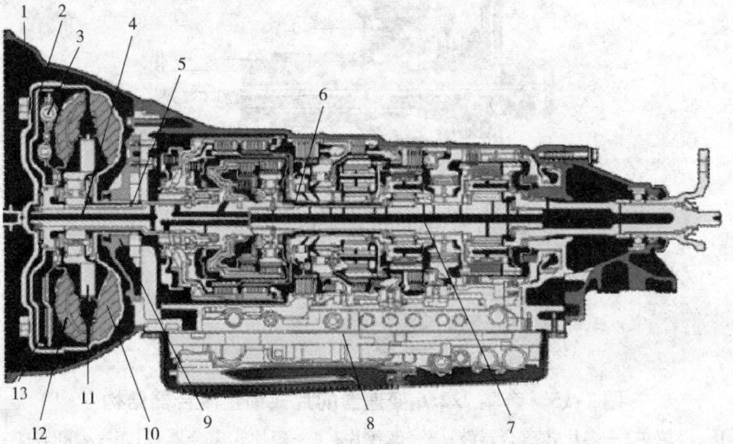

图7-13　带锁止离合器的综合式液力变扭器（单片压盘式）

1—前腔；2—压盘；3—减振盘；4—A油道；5—B油道；6—齿轮变速机构；7—润滑油道；8—阀体；9—油泵；10—泵轮；11—导轮；12—涡轮；13—后腔

图 7-14　带减振弹簧的压盘式锁止离合器实物

1—变扭器前壳；2—锁止离合器；3—扭转减振器；4—涡轮；5—泵轮

2. 多片式锁止离合器

现代变速器采用多片式锁止离合器（简称片式锁止离合器）中的综合式液力变扭器逐渐增多，这种变扭器的特征是变扭器前壳呈碗形。图 7-15 所示为奔驰 722.6 变速器的片式锁止离合器结构。片式锁止离合器有 A、B 和 C 三条油道。

锁止离合器分离：A 油道进油至变扭器，B 油道出油至散热器，C 油道泄油。此时可以完成变扭器的变扭工况和耦合工况。

锁止离合器锁止：A 油道仍然进油至变扭器，B 油道仍然出油至散热器，C 油道进油至活塞左侧推动活塞右移将摩擦片压紧。此时动力传递路线为变扭器壳→多片式离合器鼓→摩擦片→多片式离合器毂→涡轮→输出轴。

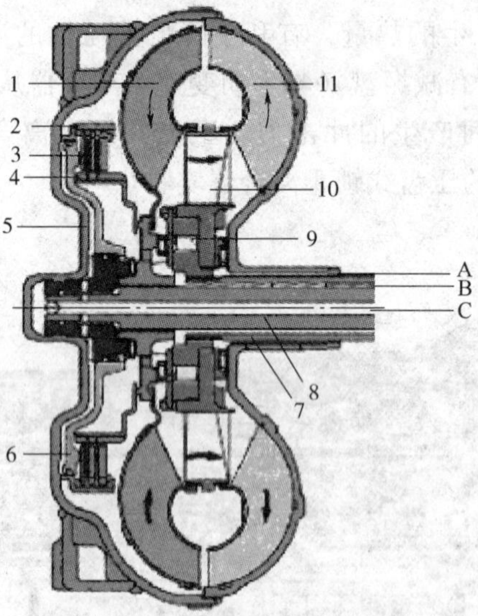

图 7-15　奔驰 722.6 变速器的片式锁止离合器结构

1—涡轮；2—多片式离合器鼓；3—摩擦片；4—多片式离合器毂；5—变扭器壳；
6—活塞；7—导轮轴；8—输出轴；9—单向自由轮；10—导轮；11—泵轮

变速器锁止离合器的锁止时机与变速器电脑的控制软件有关。锁止控制阀由自动变速器电脑通过锁止电磁阀来控制，若是液控变速器，则由调速器油压控制。自动变速器电脑根椐车速、节气门开度、发动机转速、自动变速器液压油温度、操纵手柄位置、控制模式等因素，按照设定的锁止控制程序向锁止电磁阀发出控制信号，操纵锁止离合器锁止。

五、液力变矩器故障的判断与更换

对自动变速器维修，入门并不难，这主要表现在它的拆装比较好学。修一台自动变速器需要的时间和修一台手动变速器需要的时间大体相同。手动变速器维修很少有返工的，而自动变速器维修经常返工。自动变速器结构复杂且多变，有些故障现象不易捕捉，实物检查也困难，更换实物一段时间后，可能又坏了，需再找导致实物快速损坏的原因，所以对自动变速器的维修需理论推理和有效的确认手段结合起来运用。

（一）单向离合器故障与维修

1. 汽车低速时车速上不去

在低速区域车速上升非常缓慢，如20～30 km/h或20～40 km/h（因车型不同，速度区域的宽度略有不同）时速度上不去，过了低速区，到了中、高速后汽车加速正常。这是典型的变矩器内单向离合器打滑故障。

液力变矩器能否取得增矩效果以及汽车低速行驶时的加速性能如何，主要取决于固定导轮的单向离合器。单向离合器只要不打滑，液力变矩器的增矩效果就可以得到保证，汽车低速时就会增速良好。

在增矩工况时，液流冲击导轮的正面，负责固定导轮的单向离合器一旦打滑，导轮就发生逆时针旋转，使导轮改变液流方向的任务无法实现。导轮失效使液力变矩器变成液力耦合器，丧失了增矩作用。

检修时，将手指从变矩器驱动毂处伸入，用手指直接旋转导轮的花键。因为本田汽车发动机为逆时针转动，所以导轮外圈应逆时针转动，顺时针锁止；其他汽车发动机都是顺时针转动，所以导轮外圈应顺时针转动，逆时针锁止。如逆时针能转动，说明单向离合器滚柱或楔块磨损，锁止作用失效，必须更换液力变矩器总成。

2. 汽车中高速时车速上不去

汽车低速时加速良好，到了中高速后，车速上升缓慢，到了70～90 km/h时车速就几乎不再上升了。出现这种故障的原因很多，但属于液力变矩器的故障只有一种，就是支承导轮的单向离合器发生卡滞。

液力变矩器进入耦合区后，涡轮和泵轮转速相等，油液流动角度变到了最小点，由冲击导轮的正面，改为冲击导轮的背面。这时导轮应旋转，如果此时导轮不旋转，导轮就成了障碍物，阻碍油液的流动，从而阻碍车速的提高。单向离合器卡滞越严重，对汽车中高速时车速提速的阻碍就越大。

由于耦合区只发生在汽车中、高速行驶时，所以单向离合器卡滞后，汽车在低速区域仍然能保持良好的加速性能。只有到中、高速后，才会出现加速性能不足的故障。判断单向离合器是否发生卡滞，最简单的方法，就是用手指沿单向离合器旋转方向（除本田汽车外，其余均为顺时针方向）旋转导轮花键。对于比较严重的卡滞现象，这种判断方法是很有效的。但任何故障的发展都有一个过程，单向离合器的卡滞也是逐渐加重的，在单向离合器轻微卡滞时，手感往往不准。

单向离合器在轻微卡滞阶段与导轮发生摩擦而导致过热，在液力变矩器驱动毂上能看见蓝色的过热斑迹。单向离合器无论是卡滞还是打滑，都必须更换整个液力变矩器。用手指检查单向离合器是否发生故障的方法很简单，但使用此法必须先拆下变速器。拆装变速器非常麻烦，下面介绍一种不拆变速器就可以检查出单向离合器故障的方法：失速试验法。

（二）失速试验

1. 失速概念

涡轮固定不动，只有泵轮旋转，这种工况称为失速。失速转速是当涡轮处于静止状态时，发动机所能达到的最高转速。车型不同，发动机的功率不同，失速转速标准值也不同。汽车的变扭器设计的变扭比不同，则失速转速标准值也不同。具体来说，发机动机功率大此值高，变扭器的变扭比 K 大则此值高。失速转速标准值较低时只有 1 200 r/min 左右，而失速转速标准值较高时能达到 2 800 r/min 以上。大部分汽车液力变矩器失速转速为 2 000 ~ 2 500 r/min。

为什么发动机功率大则此值高，变扭器的变扭比 K 大此值也高呢？因为涡轮不动时，可以认为阻力扭矩一定，发动机功率大时带动泵轮运动，$P=M\times n$，即功率 P 大时，失速转速 n 也跟着变大。注意到变扭器在涡轮不动时是增扭阶段，变扭比 K 最大，若设计 K 很大，从导轮正面叶片返回的液流的增扭作用就强，由于有高强度回液流的支撑，泵轮转速会很高，所以正常的失速转速 n 也跟着变大。

2. 失速试验的目的

失速试验的目的是不拆下变速器而判断故障的具体部位，如变矩器、发动机、变速器，机械部分、液压控制部分，倒挡、前进挡。另外，失速试验也用于修复故障重新装配后，检查故障是否已经排除。

[**技师指导**] 很多人认为失速试验对变速器的前进挡离合器片或倒挡离合器片有损害，因而不敢去做这样的试验，其实一点都不用担心，过去一台丰田佳美车共计做了将近 100 次失速试验也没有任何问题，注意每次只要能读出数值即可，不要一次试验持续时间太长。

3. 失速试验前的检查

（1）发动机本身不应有故障，否则不要做失速试验。

（2）首先热车，达到自动变速器标准的工作温度（60 ℃ ~80 ℃）。

（3）在温度正常的前提下，检查自动变速器油的液面高度，其高度应在油尺 HOT 标记处，同时还应检查发动机润滑油液面的高度是否正常。

（4）因为发动机和自动变速器冷却较慢，因此不要在多于两个挡位上做失速试验。

（5）试验完后要怠速运转几分钟，使自动变速器油在熄火前冷却下来。

4. 失速试验

拉紧驻车制动器，用三角木塞住车轮，启动发动机，将制动踏板踩到底保持踏住不放松。挂上前进挡 D 挡，在 D 位试前进挡位离合器，在 R 位试倒挡位离合器。把节气门踏板踩到底，迅速观察转速表转速，然后立即放松节气门踏板（从踩到底到放松最好不要超过 5 s），使发动机回到怠速运转。在节气门全开位置上滞留时间过长，容易造成离合器和制动器烧蚀。

如图 7-16 所示，用三角木塞住所有车轮，拉紧驻车制动，踩住制动踏板，启动发动机，眼睛盯住发动机转速表，挂 D 挡，然后迅速将加速踏板踩到底。实际上若制动系统的刹车和手制动良好，可以不用三角木塞住车轮，只要车前和车后宽敞即可。

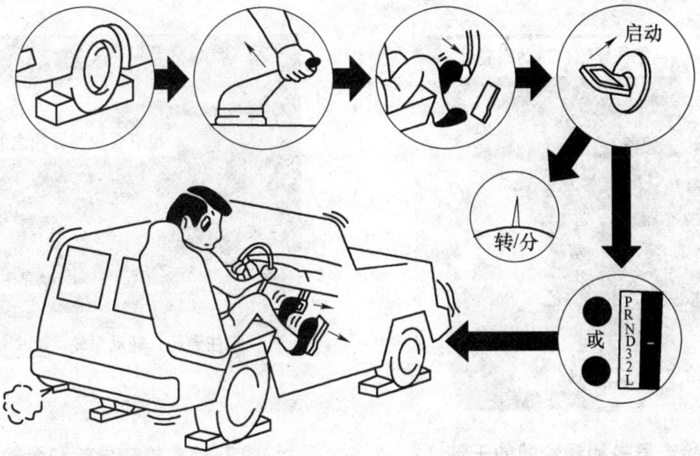

图 7-16 失速试验

将加速踏板踩到底后，如失速转速明显超过上限值，应立即放松加速踏板，终止该项试验。节气门在全开位置上的时间最好为 3 s，不要超过 5 s。失速转速过高说明变速器内部的离合器或制动器已经发生打滑，继续试验会造成打滑的摩擦件烧蚀。

[完成任务] 你要进行失速试验的车型是：__________；发动机排量是：__________；标准发动机失速转速是：__________；实际的失速转速是：__________；可能故障原因（可以写无故障）是：__________；失速试验时是否有金属噪声：__________。

5. 失速试验结果的判断

（1）失速转速在上下限之间，说明发动机动力足，变扭器无导轮打滑故障，变速器内部主要元件也无打滑现象。

（2）失速转速低于标准值，说明液力变矩器输出转矩不足。故障可能源于两个方面：固定导轮的单向离合器打滑，或发动机自身输出动力不足。

6. 液力变矩器内部干涉的检查

发动机在 P 位或 N 位启动时，若听到变速器内有异响，应首先检查变矩器（此时为空挡位，变速器传动机构还未参与工作）。

1）检查导轮和涡轮间是否发生干涉

将变矩器输出端向上，放在工作台上，将涡轮轴（变速器输入轴）插入变矩器，并确保插到位。将油泵输出端向上，装入涡轮轴，在油泵完全装配到位后，用手固定变矩器和油泵，使它们保持不动。分别在顺时针和逆时针两个方向上旋转涡轮轴，如图 7-17 所示。如转不动涡轮轴、手感发紧或转动时听到变矩器内部有刮碰声，说明该变矩器内部的导轮和涡轮发生运动干涉。变矩器不允许打开（打开会破坏动平衡），只能整体更换。

2）检查导轮和泵轮是否发生干涉

将油泵输入端向上，放在工作台上，将变矩器输出端向下，装入油泵。待油泵完全装配到位（油泵输出端缺口已卡入油泵驱动键，导轮的花键也与油泵的支撑花键连接），用手固定住油泵，使其保持不动，逆时针旋转变矩器，如图 7-18 所示。如变矩器转动不畅或产生干涉噪声，则应更换此变矩器。

图 7-17　检查导轮和涡轮间的干涉

图 7-18　检查导轮和泵轮间的干涉

在检查导轮与涡轮、导轮与泵轮是否干涉的过程中，用手固定油泵，实际就是固定住导轮。检查导轮与涡轮是否干涉时，旋转涡轮轴，实际上就是旋转涡轮。检查导轮与泵轮是否干涉时，旋转变矩器，实际上就是旋转泵轮。

[**完成任务**] 根据图 7-17 和图 7-18 提示，完成下面任务。

(1) 检查导轮和涡轮间的干涉时，是否感觉阻力不均：____________。

(2) 检查导轮和泵轮间的干涉时，是否感觉阻力不均：____________。

7. 维修液力变矩器时需注意的事项

1）液力变矩器的动平衡

液力变矩器充当发动机的飞轮，所以其动平衡非常重要，维修时需注意以下几点。

(1) 拆变矩器前，在飞轮壳和变矩器上作装配记号。装配时按原角度装配，最大限度地保证变矩器的动平衡。

(2) 飞轮齿圈损坏后，起动时，起动机齿轮不能与齿圈正常啮合，如果齿圈焊在挠性板上，则齿圈和挠性板一起更换；如果齿圈焊在变矩器壳上，则齿圈和变矩器壳一起更换。在实际中，也存在挠性板变形或开裂导致动不平衡或加减速时开裂的挠性板异响导致动不平衡等问题。

2）手工冲洗变矩器的方法

驱动毂面朝下，将变矩器里的脏油尽量倒干净。驱动毂面朝上，倒入新的自动变速器油，再将涡轮轴插到位，用手尽量快地旋转涡轮轴（涡轮随轴旋转），然后将输出端向下，用双手摇晃变矩器，尽量将变速器内的油倒干净。倒入新的自动变速器油，重复上述工作，然后再次将变速器油尽量倒干净。倒入洁净的自动变速器油，重复上述工作，把清洗后的自动变速器油也尽量倒干净。

3）变矩器装配前需先加自动变速器油

变矩器在装车前必须先加自动变速器油，如装车后再加自动变速器油，发动机工作时，因变矩器内缺油，容易造成锁止离合器烧蚀，同时伴随“嗡嗡”的变扭器缺油声。装配时一部分变速器油从变扭器内流出是正常的。

4）液力变矩器径向圆跳动检查

把液力变矩器和曲轴连接好，把表架固定在发动机后端，百分表触针垂直打在变矩器的输出端上，并压缩 1 mm，用棘轮扳手将曲轴旋转 360°，看百分表针的摆动量。液力变矩器输出端插在油泵内齿轮上，油泵内齿轮和外齿轮的工作间隙通常小于0.15 mm。如变矩器输出端径向圆跳动过大，则会造成工作时油泵内齿轮和外齿轮冲击，导致油泵齿轮早期磨损，同时也会损坏油泵前的油封。变矩器输出端（驱动毂）径向圆跳动不得大于0.20 mm，检查方法见图 7-19。如变矩器输出端径向圆跳动过大，则很可能是挠性板变形或与变扭器之间的连接螺丝力矩不一致，最后考虑是否是变扭器变形。

图 7-19　变矩器输出端径向圆跳动检查方法

[完成任务] 根据图 7-19 提示，完成下面任务。

检查变矩器输出端径向圆跳动数值：__________；这个数值大对哪个液压元件损害最大：__________。

5）液力变矩器装配时的注意事项

在拆装变矩器时，严禁使用气动扳手。因为气动工具不好控制，挠性板和变矩器的连接螺栓有时会顶坏变矩器外壳，使锁止离合器不能正常锁止，造成变矩器损坏。

实践中有一个例子是，维修人员在修理时丢了一个变扭器和挠性板之间的连接螺丝，只好用其他螺丝替代，不过长度却长了一点，结果使变扭器前壳被顶变形，导致变扭器报废。

错误的工作方法：先将变矩器安装到飞轮上，再安装自动变速器是错误的，原因是有损坏油泵前油封和油泵转子的可能。

正确的安装方法：先把变矩器完全插入到变速器油泵转子花键上，再把带变矩器的变速器整体抬上车安装。

6）更换新变矩器时的注意事项

更换变矩器时，要保证它的外形尺寸与车上拆下的一致，以及更换的变矩器与旧的型号相同。

以好的旧变扭器替换坏变扭器时，观察变扭器的整体高度与旧的是否一致；油泵驱动花键的宽度、深度是否相同；油泵驱动轴套的直径是否一致；变速器输入轴前的花键与现在的变扭器内的涡轮能否配合。导轮支承套与现在变扭器的导轮花键能否配合。在导轮支撑套和涡轮轴之间，现代车常把铜套支承改成滚针轴承支承，查看支承类型是否相同等。

六、变扭器液压油的供给与冷却

变扭器的传动效率总是低于100%，也就是说在传递动力的过程中总有一定的能量损失。事实上这部分损失很大，而且危害很大。这些损失的能量绝大部分被变扭器中的液压油以内部分子摩擦的形式转化为热量，并使变扭器中的液压油油温升高。为了防止液压油因温度过高而变质，必须将受热后的液压油送至冷却器进行冷却，同时不断地向变扭器输入冷却后的液压油。

变扭器中的液压油是由自动变速器中的油泵提供的，从油泵输出的液压油一部分经过变扭器轴套与导轮固定套之间的间隙进入变扭器内；受热后的液压油经过导轮固定套与变扭器输出轴之间的间隙或中空的变扭器输出轴流出变扭器，经油管进入布置在发动机水箱附近或水箱内的自动变速器液压油冷却器冷却，冷却后流回自动变速器的油底壳。图 7-20 所示为丰田佳美 A540E 变速器的散热系统。

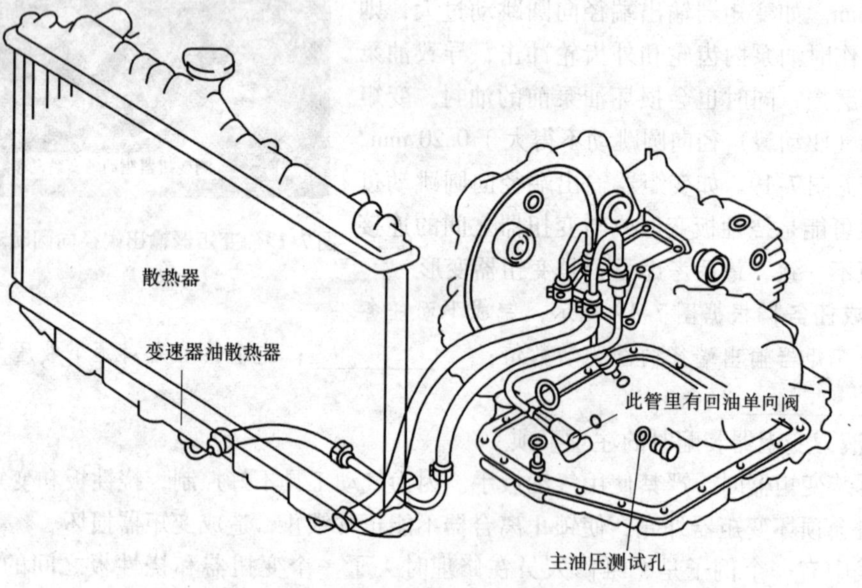

图 7-20　丰田佳美 A540E 变速器的散热系统

[技师指导] 汽车使用时间长时，在发动机的散热系统会形成外部或内部堵塞，主要为散热器外部堵塞，如春天的柳絮和泥土影响水箱散热器翅片通风形成的外部阻塞。所以在换油时应对脏的散热系统加以清洗，发动机水冷和风冷系统正常才能保证正常的水和空气循环。

变速器油使用时间长时，在变速器的“散热系统”会形成堵塞，影响变速器散热。所以在换油时应对脏的散热系统加以清洗，洁净的变速器油才能保证正常的循环。高压洗车水枪的水柱会使散热器翅片变形，造成散热器通风能力下降，影响变速器散热。

[完成任务] 在一辆已行驶一段时间的车上找到 ATF 油的散热器，测量得到的散热器的输入端温度是：＿＿＿＿＿＿；输出端油温是：＿＿＿＿＿＿；温差是：＿＿＿＿＿＿。

第三节　油泵结构与检修

油泵是自动变速器最重要的总成之一。油泵由变扭器后驱动轴套上的缺口或花键驱动，一些前驱车也由在变扭器内伸出的一根油泵轴驱动。在发动机运转时，不论汽车是否行驶，油泵都在运转，为自动变速器中的变扭器、换挡执行机构、液压控制阀等部分提供一定压力的液压油，以保证它们正常工作。常见的自动变速器油泵有五种类型：外啮合齿轮泵（本田车用）、内啮合齿轮泵、摆线转子泵、双行程叶片泵及变量泵等。外啮合泵在发动机的机油泵中较常见，双行程叶片泵本质是叶片泵，本节只介绍其中的三种。

一、内啮合齿轮泵结构与工作原理

内啮合齿轮泵是自动变速器中应用最多的一种油泵，各种丰田汽车自动变速器都采用这种油泵，它具有结构紧凑、尺寸小、重量轻、自吸能力强、流量波动小、噪声低等特点。内啮合齿轮泵主要由小齿轮、内齿轮、前泵壳、后泵盖四部分组成，如图 7-21 所示。月牙形隔板（简称月牙板）只是前泵壳的一部分。

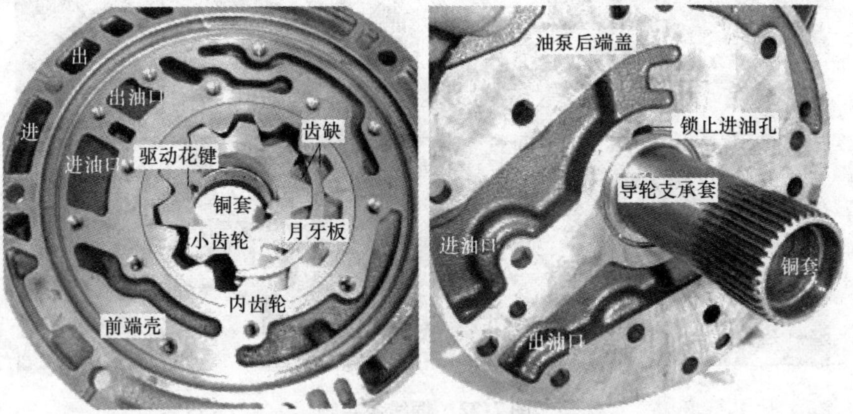

图 7-21　内啮合齿轮泵实物

［**技师指导**］油泵前壳体上的其余三条油道为：控制锁止离合器锁止的锁止油道、控制锁止离合器分离的分离油道、C0 直接挡离合器接合油道。

小齿轮为主动齿轮，由变扭器后的花键槽驱动；内齿轮为从动齿轮，它通常安装在变扭器的后方；月牙形隔板的作用是将小齿轮和内齿轮之间的工作腔分隔为吸油腔和压油腔，使彼此不通；泵壳上有进油口和出油口。

发动机运转时，变扭器壳体后端的轴套带动小齿轮和内齿轮一起顺时针方向旋转（以图 7-21 为参照）。此时，在吸油腔，由于小齿轮和内齿轮不断退出啮合，容积不断增加，以致形成局部真空，将液压油从进油口吸入，且随着齿轮的旋转，齿间的液压油被带到压油腔；在压油腔，由于小齿轮和内齿轮不断进入啮合，容积不断减少，将液压油从出油口排出。这就是内啮合齿轮泵的泵油过程。

油泵的理论泵油量等于油泵的排量与油泵转速的乘积，此处的排量是指油泵转一周排出液体的量。内啮合齿轮泵的排量取决于小齿轮的齿数、模数及齿宽，这些参数在汽车设计时就已经确定好了。

油泵的实际泵油量一般小于理论泵油量，原因是油泵的出油口和进油口总有一定的连通，会导致泄漏。其泄漏量与连通间隙的大小及输出压力有关，间隙越大，输出压力越高，泄漏量就越大。

二、摆线转子泵结构与工作原理

摆线转子泵是一种特殊齿形的内啮合齿轮泵，它具有结构简单、尺寸紧凑、噪声小、运转平稳、高转速性能良好等优点；其缺点是流量脉动大，加工精度要求高。

摆线转子泵由一对内啮合的转子及泵壳、泵盖等组成，如图 7-22 所示。内转子为外齿轮，其齿廓曲线是外摆线；外转子为内齿轮，其齿廓曲线是圆弧曲线。内外转子的旋转中心不同，两者之间有一个偏心距 e。一般内转子的齿数可以为 8、10 等，而外转子比内转子多 1 个齿。内转子的齿数越多，出油脉动就越小。通常自动变速器上所用的摆线转子泵的内转子都是 10 个齿。

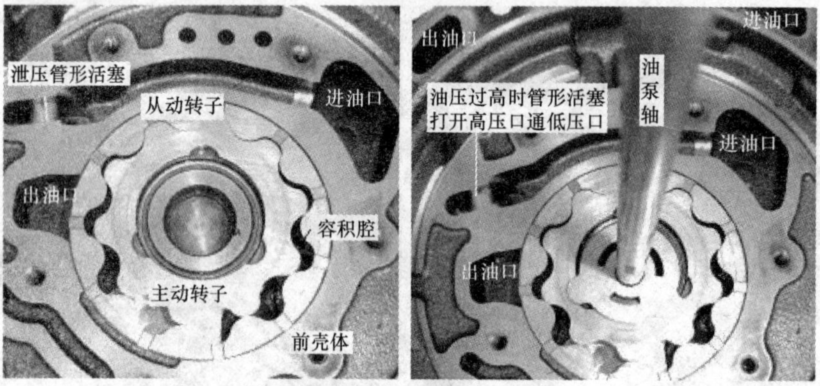

图 7-22　摆线泵实物

发动机运转时，带动油泵内外转子沿相同的方向旋转。内转子为主动齿，外转子的转速比内转子每圈慢 1 个齿。内转子的齿廓和外转子的齿廓是一对共轭曲线，它能保证在油泵运转时，不论内外转子转到什么位置，各齿均处于啮合状态，即内转子每个齿的齿廓曲线上总有一点和外转子的齿廓曲线相接触，从而在内转子、外转子之间形成与内转子齿数相同个数的工作腔。这些工作腔的容积随着转子的旋转而不断变化，当转子沿顺时针方向旋转时，内转子、外转子中心线右侧的各个工作腔的容积由小变大，以致形成局部真空，将液压油从进油口吸入；在内转子、外转子中心线左侧的各个工作腔的容积由大变小，将液压油从出油口排出。这就是摆线转子泵的泵油过程。

摆线转子泵的排量取决于内转子的齿数、齿形、齿宽及内外转子的偏心距。齿数越多，齿形、齿宽及偏心距越大，排量就越大。

有人认为摆线转子泵和内啮合泵一样，只是齿形不同，这种认识是错误的，实际差别很大。第一是内齿轮和小齿轮的齿数相差数目不同；第二是运油方式不同，一个是内齿轮与小齿轮共同形成的运油腔运油，另一个是内齿轮和小齿轮必须有月牙板才能形成运油腔。

三、变量泵结构与工作原理

油泵的排量都是固定不变的，称为定量泵。为保证自动变速器的正常工作，油泵的排量应足够大，以便在发动机怠速运转的低速工况下也能为自动变速器各部分提供足够大流量和压力的液压油。

定量泵的泵油量随转速的增大而成正比例增加，发动机怠速一般为750 r/min，高速一般为6 000 r/min，可见泵油量在8倍左右。当发动机在中高速运转时，油泵的泵油量将大大超过自动变速器的实际需要，此时油泵泵出的大部分液压油将通过阀板上的主调压阀泄油返回油底壳，油泵泵油量越大，发动机拖动油运转时的阻力越大。因此这种定量泵在高转速时，过多的泵油量使阻力增大，从而增加了发动机的负荷和油耗，造成了一定的动力损失。

为了减少油泵在高速运转时由于泵油量过多而引起的动力损失，目前用于汽车自动变速器的叶片泵大部分设计成排量可变的形式（称为变量泵或可变排量式叶片泵）。采用这种油泵的车型有福特、马自达、大宇等轿车。图7-23所示为马自达车系变量泵的实物。

这种叶片泵的定子不是固定在泵壳上，而是可以绕一个销轴做一定的摆动，以改变定子与转子的偏心距，从而改变油泵的排量。在油泵运转时，定子的位置由定子侧面控制腔内来自油压调节阀的反馈油压来控制。当油泵转速较低时，泵油量较小。油压调节阀将反馈油路关小，使反馈压力下降，定子在回位弹簧的作用下绕销轴向右摆动一个角度，加大了定子与转子的偏心距，油泵的排量随之增大；当油泵转速增高时，泵油量增大，出油压力随之上升，推动油压调节阀（主调压阀，用于控制油泵口油压）将反馈油路油压变大，使控制腔内的反馈油压上升，定子在反馈油压的推动下绕销轴向左摆动，定子与转子的偏心距减小，油泵的排量也随之减小，从而降低了油泵的泵油量，直到出油压力降至原来的数值。

定量泵的泵油量和发动机转速成正比，并随发动机转速的增加而不断增加，变量泵的泵油量在发动机转速超过某一数值后就不再增加，保持在一个能满足油路压力的水平上，从而减少油泵在高转速时的运转阻力，提高汽车的燃油经济性。

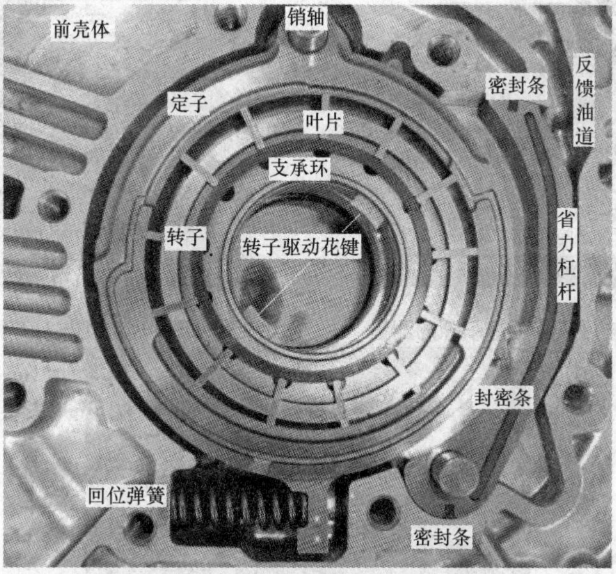

图7-23　马自达车系变量泵实物

[技师指导] 如图7-23所示，省力杠杆上两侧面和两端部有四条油封，一旦密封失效，则变量性能下降。

四、内啮合油泵的检修

1. 油泵的分解

（1）拆下油泵后端轴颈上的密封环。

（2）按照对称交叉的顺序依次松开油泵螺栓，打开油泵。

（3）用油漆在小齿轮和内齿轮端面上作一标记，取出小齿轮及内齿轮。一些自动变速器厂家已在齿轮的端面上用圆形坑、方形坑或三角形坑作了标记。

（4）拆下油泵前端盖上的唇形油封，装时别忘在唇口上涂上自动变速器油。

在分解油泵时应注意，对于油泵壳体为铝材料，例如宝马车系的一些油泵壳，不要损伤铝合金的油泵前端盖，不可用冲子在油泵齿轮和油泵壳上作标记。

2. 油泵零件的检修

（1）用厚薄规分别测量油泵内齿轮外圆与油泵壳体之间的间隙或内齿轮齿顶与月牙板之间的间隙（两数值一样，图 7-24）、内齿轮（指从齿顶测起）与月牙板之间的间隙（图 7-25）、小齿轮及内齿轮端面与泵壳平面的间隙（图 7-26）。将测量结果与表 7-1 对照，如不符合标准，则应更换齿轮、泵壳或油泵总成。

（2）检查油泵小齿轮、内齿轮、泵壳端面有无肉眼可见的磨损痕迹。特别是油泵前后端盖的端面沟状磨损情况，这是不能用测量端面间隙的方法测量的，但实际中会影响泵油量，如有则应更换新件。

图 7-24　小齿轮与月牙板之间间隙的测量

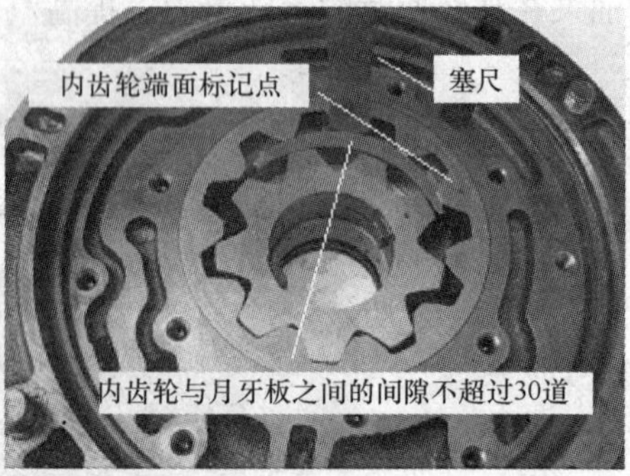

图 7-25　内齿轮与月牙板之间间隙的测量

图 7-26　小齿轮及内齿轮端面与泵壳平面的间隙的测量

表 7-1　油泵测量标准　　mm

检查项目	标准间隙	最大间隙
内齿轮与壳体的间隙	0.07～0.15	0.30
齿顶与月牙板的间隙	0.11～0.14	0.30
齿轮与泵壳的间隙	0.02～0.05	0.10

以上检查是针对影响泵油量的因素的检修，在实际维修中还要检查和更换一些相关部件。

检查导轮支承套是否变蓝（见图 7-27），即检查变扭器导轮是否有烧蚀痕迹。这样检查有利于预见性维修或提醒。检查导轮支承套管内前后铜套内径是否正确，有无严重的偏磨损。导轮支承套管内前后铜套是密封锁止离合器用于锁止离合器分离的油压，一旦泄漏量过大，进入变扭器的油量会变少，导致油压过低，会影响变扭器的传动效率，使油温升高，油氧化变质，同时导致润滑压力过低，烧蚀各个单向离合器及行星排齿轮。

检查油泵前端盖内铜套（图 7-28）内径是否正确，有无严重的偏磨损。油泵前端盖内铜套是用于密封锁止离合器锁止油压的，一旦泄漏量过大，会使锁止离合器因锁止压力不足而打滑。

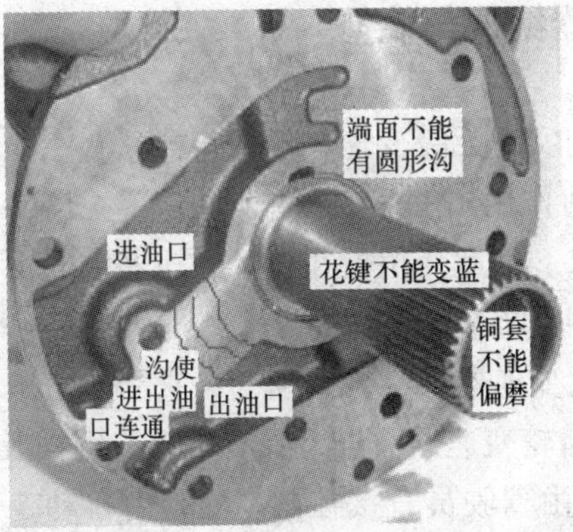

图 7-27　导轮支承套检查

图 7-28　油泵前端盖内铜套检查

[技师指导] 在图 7-27 和图 7-28 中的进出油口之间的分隔平面，若有刹车盘一样的圆状沟，则测端隙方法不能检出，但也应更换，因为出油口的高压油会从圆状沟返回进油口。

油泵前端盖唇形油封（见图 7-29）每次抬下变速器后必须更换。因油封在抬变速器时很易损坏，加之它与变扭器后轴套之间的磨损，容易造成前油封漏油，所以必须更换。那么此油封能密封从铜套和变扭器驱动轴套之间渗出的油吗？在设计时已充分考虑过这个问题，设计上在此油封和铜套之间做了个回油孔，渗出的油会从回油孔回油，一般不会渗出油来。但一旦出现唇口损坏，油可以在旋转力的作用下飞溅出来。

（3）油泵前端盖 O 形油封（见图 7-30）每次抬变速器后必须更换。尽管油泵和变速器壳体之间有螺丝紧固，油也会在油泵和变速器壳体（无论两者之间有无密封纸垫）之间渗出来，因为向外有油封密封，所以只能向油泵和变速器壳体间隙内渗油。但一旦此油封损坏，容易造成前油封漏油，所以必须更换。

图 7-29　油泵前端盖唇形油封

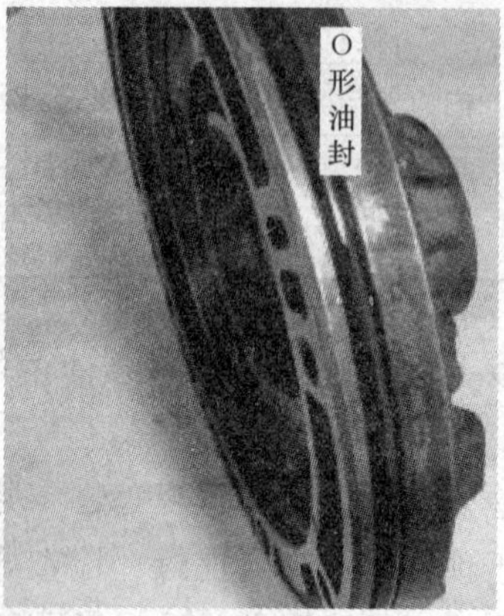

图 7-30　油泵前端盖 O 形油封

(4) 油泵后端轴颈上的密封环。除铸铁密封环可以反复使用外，其他性质环需定期更换。

[**完成任务**] 请在相应自动变速器油泵的拆装手册指导下进行拆装，并按本节讲解的内容进行检修，试从表面粗糙度角度确定部件是否可用。

第四节　齿轮变速器结构与检修

虽然自动变速器中的变扭器能够在很大的范围内实现无级变速，但变扭器只有在输出转速接近输入转速时才具有较高的传动效率，且其增扭作用不够大，只能增加 2 ~ 4 倍，此值远不能满足汽车起步后迅速加速到高车速的使用要求。因此变扭器在自动变速器中的主要作用是使汽车起步平稳，并在换挡时减缓传动系统的冲击负荷。

汽车在行驶过程中主要是靠自动变速器中的齿轮变速器来实现变速的，它能使扭矩增大 3 ~ 5 倍。自动变速器中的齿轮变速器和传统的手动齿轮变速器一样，具有空挡、倒挡及 4 ~ 7 个不同传动比的前进挡，只不过它的挡位变换不是由驾驶员直接控制，而是由自动变速器的电控系统或液控系统（液控自动变速器已淘汰）来控制，通过换挡执行机构动作来改变齿轮变速机构的传动比，从而实现自动换挡。

自动变速器中的齿轮变速器所采用的变速齿轮有普通齿轮和行星齿轮两种。采用普通齿轮的变速器由于尺寸较大，本田车系常用，奔驰车系五速变速器车型也有采用。目前绝大多数轿车自动变速器中的齿轮变速器采用的是行星齿轮，这种齿轮变速器也称为行星齿轮变速器，本书主要介绍这种形式的自动变速器。

行星齿轮变速器由行星齿轮机构和换挡执行机构两部分组成。行星齿轮机构的作用是改变传动比和传动方向，即构成不同的挡位；换挡执行机构的作用是控制行星齿轮机构实现挡位的变换。

本章编写顺序是行星齿轮机构如何改变传动比（理论重点）；执行元件的结构和工作原理（实践维修重点）；最后详细讲述辛普森式、改进辛普森式、拉维娜式及类拉维娜式机构四种主要形式的变速器（理论重点）。

一、行星齿轮机构结构与变速原理

（一）行星齿轮机构类型和示意画法

行星齿轮机构有多种类型，其中最简单的行星齿轮机构是由 1 个太阳轮、1 个齿圈、1 个行星架和支承在行星架上的三个或四个行星齿轮组成的。图 7-31 所示为单行星轮行星排模型。

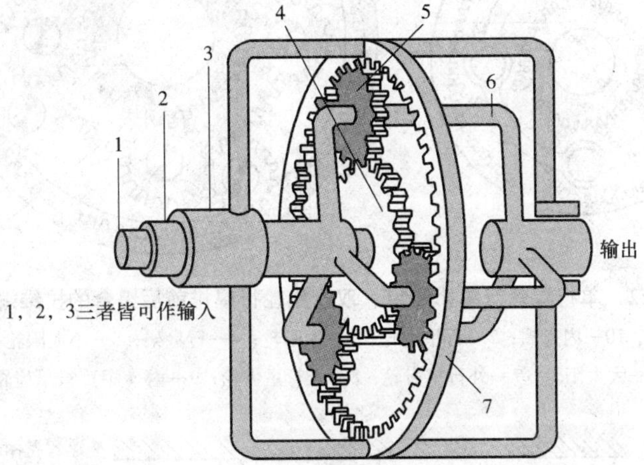

图 7-31　单行星轮行星排模型

1—驱动太阳轮；2—驱动行星架；3—驱动内齿圈；4—太阳轮；5—行星轮；6—行星架；7—内齿圈

太阳轮、内齿圈及行星架有一个共同的固定轴线，也就是太阳轮的中心线；行星齿轮支承在固定于行星架的行星齿轮轴上，并同时与太阳轮和内齿圈啮合。当行星齿轮机构运转时，空套在行星架行星齿轮轴上的几个行星轮一方面可以绕着自身的轴线（行星架）旋转，另一方面又可以随着行星架一起绕着太阳轮回转，就像宇宙中行星的运动一样，兼有自转和公转两种运动状态，行星齿轮的名称即由此而来。

在行星排中，具有固定轴线的太阳轮、内齿圈和行星架称为行星排的 3 个基本元件，只有基本元件做主动和从动才能实现变速。注意图 7-31 中行星轮没有固定的参考轴线，它的轴线就是行星架。

如图 7-32 所示，若在一个半径方向上，内齿圈和太阳轮之间有一个行星轮则称为单行星轮行星排；若在一个半径方向上，内齿圈和太阳轮之间有两个行星轮则称为双行星轮行星排。单行星轮行星排和单行星轮行星排组合称为辛普森机构，单行星轮行星排和双行星轮行星排组合称为拉维娜机构。

实际上，我们不可能每次都画出和图 7-33（a）一样的行星排，所以必须学会行星排的示意画法，这样才能从侧面观看整个变速器从前到后的每一部分。如图 7-33（b）齿轮变速机构的示意画法，只画行星排的上半部分。注意：下边示意图对应下边部分，但图中下半部分省略。知道了示意画法我们就可以在很短的时间内，用简单的线条说明整个变速器的内部结构。图 7-33 中 C = Clutch（英语）或 K = Klutch（德语）代表离合器，B = Brake 代表制动器，F = Free wheel 代表单向离合器，C、K、B、F 字母后面的数字，如 C0 和 C1 中，0 和 1 表示它们是不同位置的离合器。

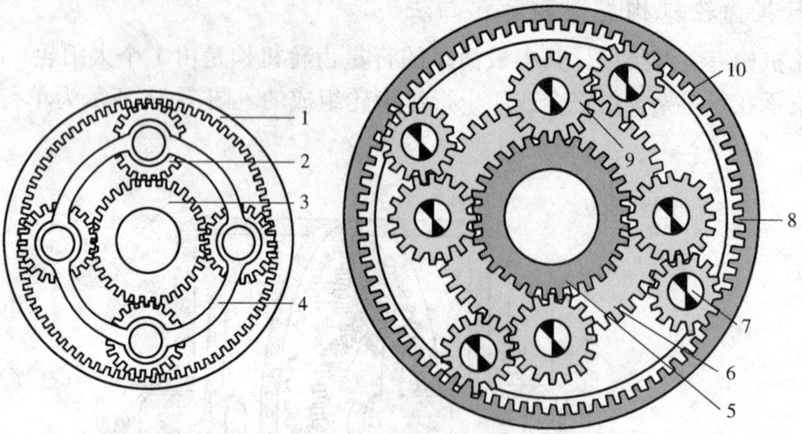

图 7-32　单行星轮行星排和单、双行星轮行星排前后组合的拉维娜机构

1，10—内齿圈；2—行星齿轮；3—太阳轮；4—行星架；5—小太阳轮；
6—大太阳轮；7—外行星齿轮；8—长行星齿轮；9—内（短）行星齿轮

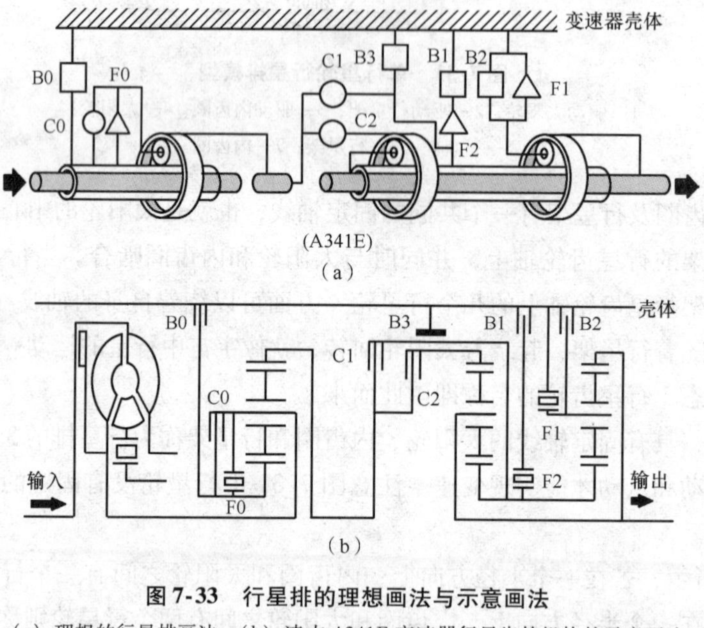

图 7-33　行星排的理想画法与示意画法

（a）理想的行星排画法；（b）凌志 A341E 变速器行星齿轮机构的示意画法

多个行星排可按以下几种不同的方式组合分类：

（1）按照行星排的组合方式不同，行星齿轮机构可以分为单行星轮行星排和单行星轮行星排组合式、单行星轮行星排和双行星轮行星排组合式。如图 7-34 所示，辛普森机构是两个单行星轮行星排组合。其特点是前后排共用太阳轮，前排行星架和后排内齿圈与输出轴相连并作为输出。图 7-34 中前后行星排可以互换位置变成前排内齿圈和后排行星架与输出轴相连并作为输出。如图 7-35 所示拉维娜机构是单行星轮行星排与双行星轮行星排组合而成。其特点是一个单行星轮行星排和一个双行星轮行星排组合，前后排共用内齿圈，前排及后排长短行星轮共用行星架。图 7-35 中前后排也可以互换位置，不过互换后，应以内齿圈和行星架分别作为输出，具体结构参考本书奔驰车系。

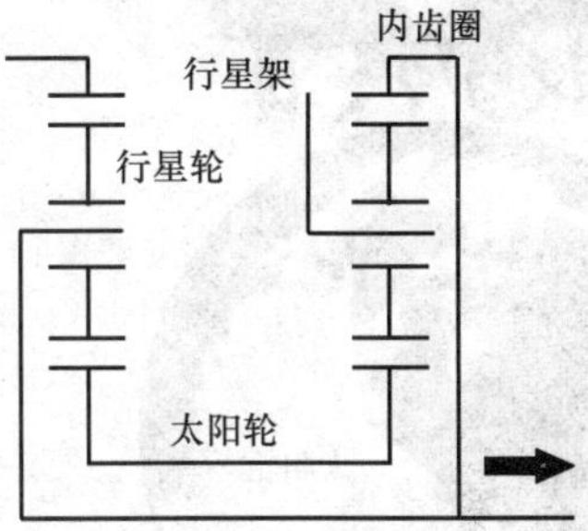

图 7-34 辛普森机构（前架后圈输出）

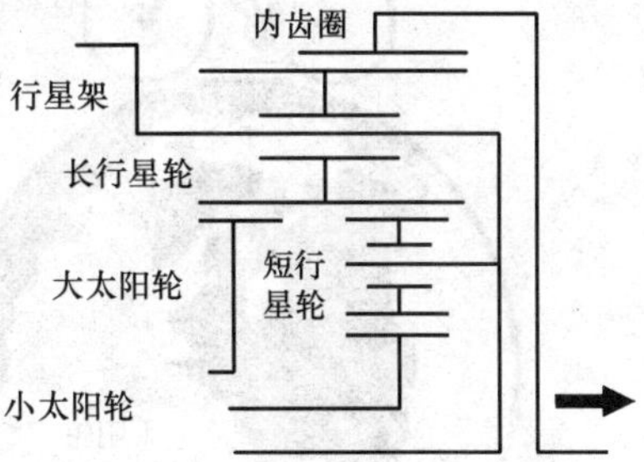

图 7-35 拉维娜机构（内齿圈输出）

（二）行星齿轮变速的基础知识

1. “马拉车”和“自行车”的运动

（1）太阳轮固定时，行星轮自转方向和行星架旋转方向相同。

（2）内齿圈固定时，行星轮自转方向和行星架旋转方向相反。

如图 7-36 所示，人骑自行车时，车轮先转动，车轴后平动。如图 7-37 所示，马拉车时，车轴先平动，车轮后转动。即，轮转动先于轴平动就叫自行车运动，而轴平动先于轮转动就叫马拉车运动。我们在骑自行车时，车轮在绕车轴顺时针自转，假设绕地球骑一周，车轴在地球外缘顺时针自转了一周。所以可以联想地球为太阳轮，车轮为行星轮，车轴为行星架。可以看出，太阳轮固定时，行星轮自转方向和行星架的旋转方向相同。马在拉车时，假设也绕地球一周，轴在绕地球顺时针自转时，轮绕轴顺时针自转。

图 7-36 自行车运动

图 7-37 马拉车运动

从图 7-38 中可以看出，太阳轮固定时，行星轮的自转方向和行星架旋转方向相同。可见马拉车原理和自行车原理结论相同。

如图 7-39 所示，人在内齿圈里骑自行车，马在内齿圈里拉车时又会怎样呢？用笔在纸上画一下，人在内齿圈里逆时针骑自行车时（仍是车轮先动），车轮在车轴上顺时针转动；马在内齿圈里逆时针拉车时，车轮在车轴上顺时针转动。所以可以联想车轮为行星轮，车轴为行星架，由此可以得出，内齿圈固定时，行星轮自转方向和行星架旋转方向相反。马拉车原理和自行车原理结论相同，主要用于行星架初始方向的判别。

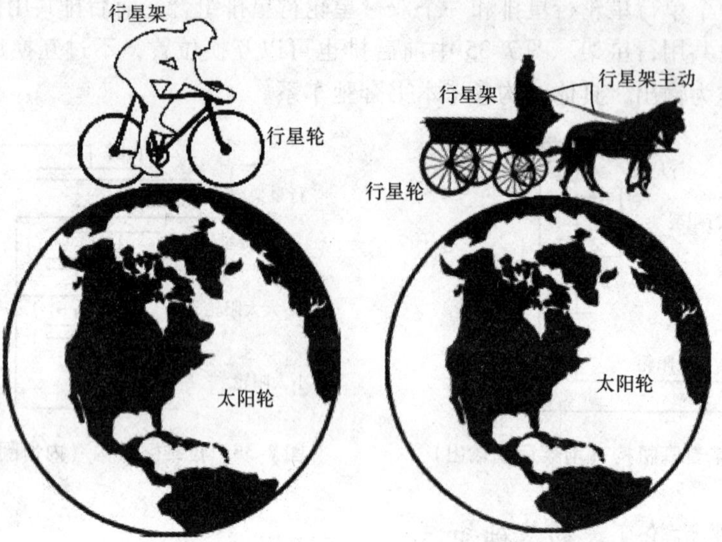

图 7-38　太阳轮固定时，行星轮的自转方向和行星架旋转方向相同

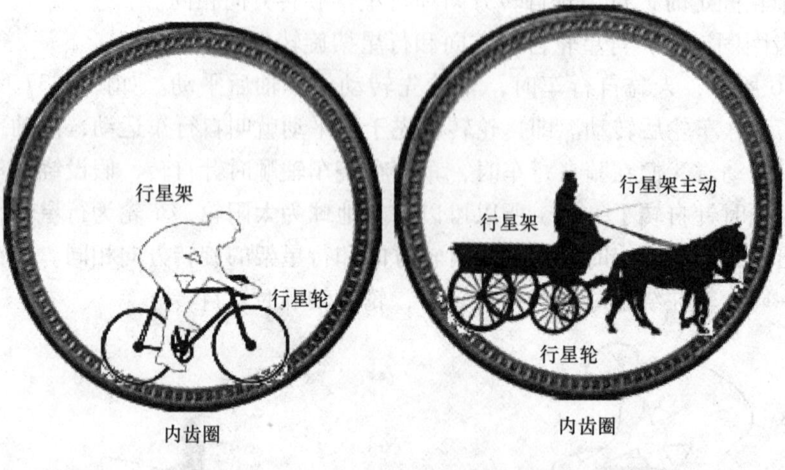

图 7-39　内齿圈固定时，行星轮的自转方向和行星架旋转方向相反

2. 轴和轮同时运动的分析

行星架自转方向与行星轮自转方向相同时，内齿圈的运动要加速。如图 7-40（a）所示，轴不动，行星轮 1 s 顺时针自转一周时，传动带（内齿圈）转过 1 m。

如图 7-40（b）所示，1 s 内轴向右平动 0.5 m，同时伴随着 1 m 行星轮顺时针自转一周时，传动带（内齿圈）转过 1.5 m。

由以上两例对比可以得出：行星架自转方向与行星轮自转方向相同时，内齿圈的运动要加速。这一点可用下面的转速关系式证明。

3. 行星排三个基本元件的转速关系

单行星轮行星排：

$$n_1 + \alpha n_2 = (1 + \alpha) n_3 \qquad \text{公式（1）}$$

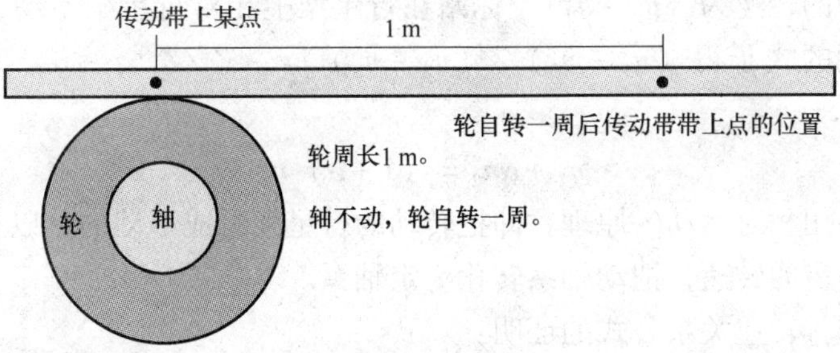

（a）

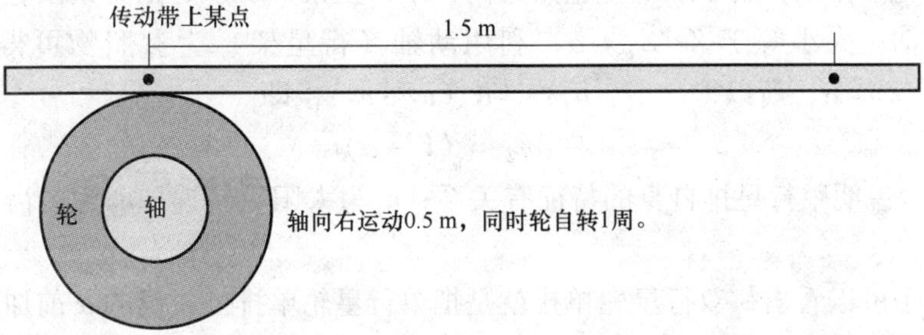

（b）

图 7-40　仅轮自身运动与轴和轮同时运动分析

（a）仅轮自身运动；（b）轴和轮同时运动

双行星轮行星排：

$$n_1 - \alpha n_2 = (1 - \alpha) n_3 \qquad \text{公式（2）}$$

式中，α 为内齿圈齿数和太阳轮齿数之比，跟行星排自身的结构特征有关系，很显然 α 大于 1，实际中有个范围值，不能过大也不能过小，一般为 1.5～4.5；n_1为太阳轮转速；n_2为内齿圈转速；n_3为行星架转速。

以上公式在单排中用于其中一个转速为 0 时求输入与输出的转速之比，即剩余两者的比值；在复合排中用于列方程组，消去不是输入和输出的转速项，再求比值，即得复合排传动时机构的传动比。

单行星齿轮单排的三个基本元件转速关系方程为：

$$n_1 + \alpha n_2 = (1 + \alpha) n_3$$

式中，含有 α，说明跟行星排自身的特征有关系；n_1为太阳轮转速；n_2为内齿圈转速；n_3为行星架转速。

上述公式（1）的导出和应用对理解美国车系及日本车系的自动变速器工作原理至关重要，那么这个公式是如何导出的呢？

单行星轮行星排转速关系式证明：

固定行星架时（即定轴），太阳轮 Z_1带动内齿圈 Z_2的传动比是 Z_2/Z_1，即 α，但显然主动和从动反向，所以传动比为 $-\alpha$，这个负号代表主动和从动部分方向相反。

传动比也可以用转速比 $\boldsymbol{n}_1/\boldsymbol{n}_2$得出（这里 n_1和 n_2本身已是矢量，有正负之分，即实际代入 n_1和 n_2转速数值时要带正负号，本书规定顺时针为正），由转速比求得的传动比很显然要和齿数比求得的传动比相等，即 $\boldsymbol{n}_1/\boldsymbol{n}_2 = -Z_2/Z_1 = -\alpha$。

在实际中，行星架是可以运动的，即动轴，但假设你站在行星架上观察，太阳轮转速为

(n_1-n_3)，内齿圈的转速为 (n_2-n_3)。你站在行星架上相对行星架不动，即定轴系。此时可以应用上面定轴的式子得 $(n_1-n_3)/(n_2-n_3)=-Z_2/Z_1=-\alpha$，所以 $n_1-n_3=-\alpha(n_2-n_3)$，即

$$n_1+\alpha n_2=(1+\alpha)n_3$$

此式的证明利用相对运动的原理，即把转动的行星架看成不动的，以行星架为参照物观察太阳轮转速和内齿圈转速，把动轴系转化为定轴系。

双行星轮行星排转速关系公式的证明：

在双行星轮单排中，由于双行星轮共用同一个行星架，所以定轴时太阳轮带动内齿圈转动时同向，传动比大小等于 $Z_2/Z_1=\alpha$，利用动轴（行星架）为参照物可得 $(n_1-n_3)/(n_2-n_3)=Z_2/Z_1=\alpha$，所以得 $(n_1-n_3)=\alpha(n_2-n_3)$，即

$$n_1-\alpha n_2=(1-\alpha)n_3$$

式中，含有 α，说明跟行星排自身的特征有关系；n_1 为太阳轮转速；n_2 为内齿圈转速；n_3 为行星架转速。

从这个式子可以看出，双行星轮单排就是把单行星轮单排公式里的 α 前加了个负号，或者说直接把 α 换成 $-\alpha$。

使用公式时的注意事项：

设太阳轮转速为 n_3，内齿圈转速仍为 n_2，n_1 为行星架转速，列式时仍用 $n_1+\alpha n_2=(1+\alpha)n_3$，则错误，正确的列式应为 $n_3+\alpha n_2=(1+\alpha)n_1$，第一个 n 必须是太阳轮转速，第二个 n 必须是内齿圈转速，第三个 n 必须是行星架转速。这与 n 的下脚标没有关系，只与假设有关。

4. 行星排三个基本元件的齿数关系

行星轮行星排：行星架虚拟齿数 Z_3 = 内齿圈齿数 Z_2 + 太阳轮齿数 Z_1，且行星架虚拟齿数 Z_3 > 内齿圈齿数 Z_2 > 太阳轮齿数 Z_1；

双行星轮行星排：行星架虚拟齿数 Z_3 = 内齿圈齿数 Z_2 − 太阳轮齿数 Z_1，且内齿圈齿数 Z_2 > 行星架虚拟齿数 Z_3 > 太阳轮齿数 Z_1。

由于设内齿圈齿数 (Z_2) 与太阳轮齿数 (Z_1) 之比为 α，所以在假设太阳轮为一个齿时，内齿圈就为 α 个齿，那么行星架就为 $(1+\alpha)$ 个齿，三个基本元件的齿数比已固定。在单排中三个基本元件有一个转速为 0 时，可直接算出传动比。

单行星轮行星排齿数关系证明：

假设 $n_2=0$，代入公式（1），得太阳轮与行星架的传动比为

$$n_1=(1+\alpha)n_3$$

所以

$$n_1/n_3=1+\alpha=1+Z_2/Z_1$$

由转速求得的传动比得齿数比 Z_3/Z_1，又因为 $n_1/n_3=Z_3/Z_1$。所以 $1+Z_2/Z_1=Z_3/Z_1$，$(Z_1+Z_2)/Z_1=Z_3/Z_1$，即

$$Z_3=Z_1+Z_2$$

证毕。

双行星轮行星排齿数关系证明：

假设 $n_2=0$，代入式（2）得 $n_1=(1-\alpha)n_3$，所以太阳轮与行星架的传动比为：$n_1/n_3=1-\alpha=1-Z_2/Z_1$。由转速求得的传动比应为齿数比 $-Z_3/Z_1$（行星架是反向运动），所以

$$1-Z_2/Z_1=-Z_3/Z_1,\ (Z_1-Z_2)/Z_1=-Z_3/Z_1$$

即

$$Z_3=Z_2-Z_1$$

证毕。

5. 力矩比例关系

单行星轮行星排中，太阳轮、内齿圈、行星架上的力矩分别为（规定顺时针为正力矩）

$$M_1=F_1r_1,\ M_2=\alpha F_1r_1,\ M_3=-(1+\alpha)F_1r_1$$

式中，M_1 为太阳轮扭矩；M_2 为内齿圈扭矩；M_3 为行星架扭矩；r_1 为行星轮半径；F_1 为齿轮啮合边界切向力。

M_1、M_2、M_3 力矩比为

$$M_1:M_2:M_3=1:\alpha:[-(1+\alpha)] \qquad \text{公式（3）}$$

公式（3）的证明：

行星轮在行星架上不自转，而行星架本身也不自转时，行星架的力矩与内齿圈和太阳轮两个作用在行星轮上的力矩之和相平衡。r_1、r_2、r_3 分别为太阳轮、内齿圈、行星架的节圆半径。由于内齿圈和太阳轮的齿数比等于半径比，即 $\alpha=Z_2/Z_1=r_2/r_1$，所以 $r_2=\alpha r_1$，且 $2r_3=r_1+r_2$。r_3 为行星架与太阳轮的中心距。由行星轮 2 在水平方向上力的平衡条件可知：$F_1=F_2$ 且 $-F_3=(F_1+F_2)$。

因此，太阳轮、内齿圈、行星架上的力矩分别为：

$$M_1=F_1r_1, M_2=\alpha F_1r_1, M_3=-(1+\alpha)F_1r_1$$

所以

$$M_1:M_2:M_3=1:\alpha:[-(1+\alpha)]$$

证毕。

继续往下推可得另一个结论，如不考虑摩擦损失，根据能量守恒定律，三个元件上输入和输出的功率代数和应等于0，即 $P_1+P_2-P_3=0$。

$M\omega$ 相当于 Mn（$P=Mn/9\,550$ 且 $\omega=2\pi n$），所以

$$M_1\omega_1+M_2\omega_2-M_3\omega_3=0$$

式中，ω_1、ω_2、ω_3分别为太阳轮、内齿圈、行星架的角速度。

$$F_1r_1\omega_1+\alpha F_1r_1\omega_2-(1+\alpha)F_1r_1\omega_3=0$$

约去 F_1r_1，得 $\omega_1+\alpha\omega_2-(1+\alpha)\omega_3=0$，把式中 ω 换成转速 n，得

$$n_1+\alpha n_2=(1+\alpha)n_3$$

说明也可以推出公式（1）。

6. 单排行星齿轮机构的自由度

一个行星排中的三个基本元件，一个作为动力输入，一个作为动力输出。由于实际工作中，输出接有负载，即输出一定接在有阻力的元件上起拖动作用。此时第三者若不受控制，因输出上接有负载，动力不会传给输出元件带动负载工作，动力会传给第三个基本元件，这就是两个自由度产生的效果。为了组成具有一固定传动比的传动机构，且动力输出给负载，自由度必须限制成1。

限制方法在变速器内有以下三种：

（1）第一种方法是在太阳轮、内齿圈和行星架这三个基本元件中，作输入的基本元件和作输出的基本元件不能固定（停转），余下的第三个基本元件应加以固定或以一定转矩转动。三个基本元件中一者作为输入，被固定的一者不消耗动力，也不传递动力，所以只能从剩下的一个基本元件输出。

（2）第二种方法是将第三者与输入或输出互相连接在一起（即两者转速相同），使行星排变为只有1个自由度的机构，获得确定的传动比，它的传动比是1：1，我们称它为直接挡。

（3）第三种方法是使第三者其运动受到一定约束，即让第三者与输出或输入在转速上有一定的比例关系。

在上边三种限制自由度的方法中，第一种和第二种事实上是第三种方法的特例。第三种方法较难理解，只适用于双排传力的情况。例如：辛普森机构的1挡，对于改进辛普森机构，由于与改进辛普森机构的自身结构有关系，可以是1挡、2挡或拉维娜机构的2挡。

行星排在运转时，由于行星齿轮存在着自转和公转两种运动状态，因此其传动比的计算方法和普通的定轴式齿轮传动机构不同。为了计算各种行星齿轮机构的传动比，下面先分析最简单的单排行星齿轮机构传动比的计算方法，其他各种形式的行星齿轮机构的传动比可以用同样的方法推导出。由于在单排行星齿轮机构中，行星齿轮只起中间轮（惰轮）的作用，因此单排行星齿轮机构的传动比取决于太阳轮齿数 Z_1 和齿圈齿数 Z_2，而与行星齿轮的齿数无关。

假设行星架不运动，很显然当太阳轮带动内齿圈运动时，传动比大小为 Z_2/Z_1，方向相反。那么，设 $Z_2/Z_1=\alpha$，事实上，一旦一个行星排从工厂生产出来，这个 α 值就是个定值，可以通过数内齿圈齿数和太阳轮齿数，作比值来实际求出某个行星排的 α 值。应明确 α 是一个大于1的一个具体数，以后就用 α 来代表 Z_2/Z_1 的比值，进而反映这个行星排的特征。

由公式（1）或公式（2）可以看出，在太阳轮、内齿圈和行星架这三个基本元件中，可以任选其中两个基本元件分别作为主动件和从动件，只要第三个基本元件有确定的转速（0或某一数值），即可计算出该机构的传动比。下面分别讨论单行星轮行星排各种可能的情况。

（三）单排行星齿轮传动比计算巩固性练习

（1）将内齿圈固定（即 $n_2=0$），以太阳轮为主动件，行星架为从动件，即可获得减速传动（图7-41），其传动比可按公式（1）求得，即

$$n_1+\alpha\times 0=(1+\alpha)n_3$$

推出

$$i=n_1/n_3=1+\alpha$$

由于齿圈的齿数 Z_2 大于太阳轮的齿数 Z_1，α 大于1，因而 $1+\alpha$ 这一传动比的数值要大于2。

[技师指导] 若假设太阳轮为1个齿，则可知内齿圈为 α 个齿，行星架为（$1+\alpha$）个齿，根据传动比齿数比计算公式，可得 $Z_3/Z_1=(1+\alpha)/1=1+\alpha$。

（2）将太阳轮固定，以内齿圈为主动件，行星架为从动件，即可获得减速传动（图7-42），其传动比为 $i=n_2/n_3=(l+\alpha)/\alpha=(Z_1+Z_2)/Z_2=1+Z_1/Z_2$，由于太阳轮的齿数 Z_1 小于齿圈的齿数 Z_2，因而这个传动比 i 大于1，但小于2。

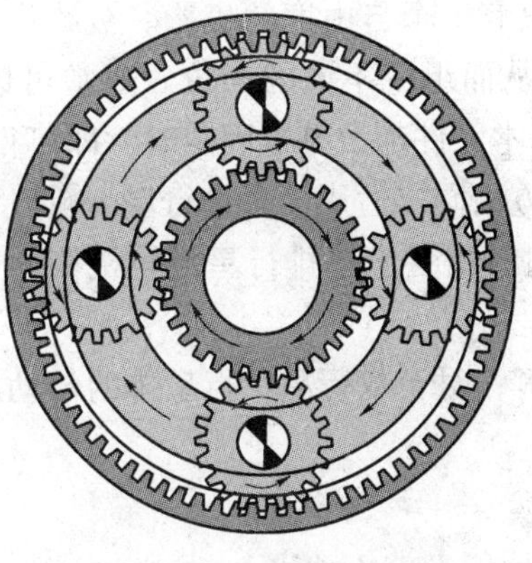

图 7-41　太阳轮带动行星架转动

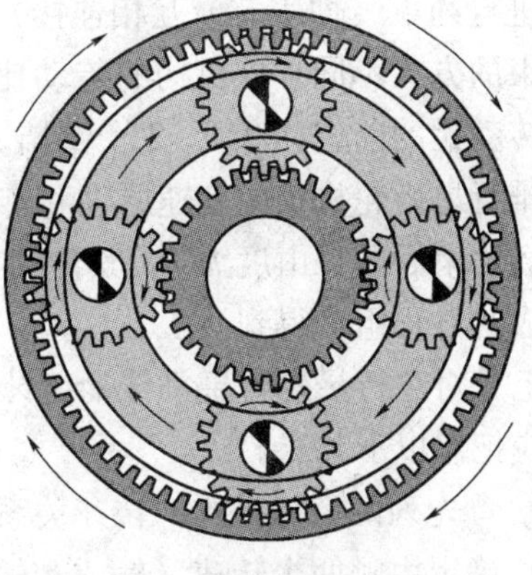

图 7-42　内齿圈带动行星架转动

(3) 将太阳轮固定，以行星架为主动件，内齿圈为从动件，此时传动比为 $i = n_3/n_2 = \alpha/(1+\alpha) = Z_2/(Z_1+Z_2)$，该值小于1，因此是增速传动（图7-43），相当于超速挡。

(4) 若将行星架固定，则行星齿轮的轴线亦被固定，行星齿轮只能自转，不能公转，行星排成为一个定轴式齿轮传动机构，而且太阳轮和齿圈的转向相反。此时若以太阳轮为主动件，内齿圈为从动件，即可获得反向减速传动，其传动比为 $i = n_1/n_2 = -Z_2/Z_1$。此时，相当于倒挡（除奔驰车系以外，都适用）（图7-44）。

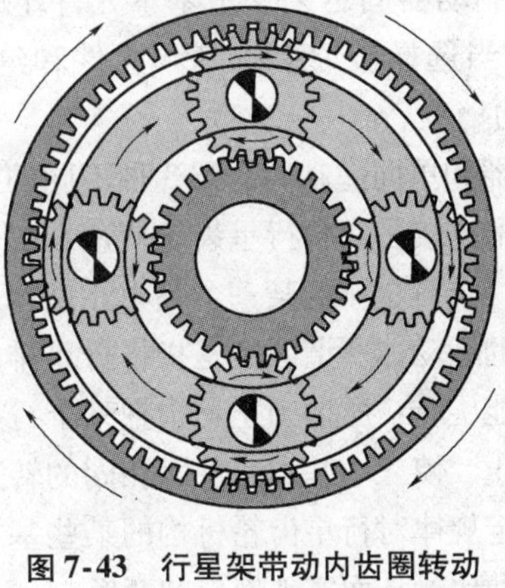

图 7-43　行星架带动内齿圈转动

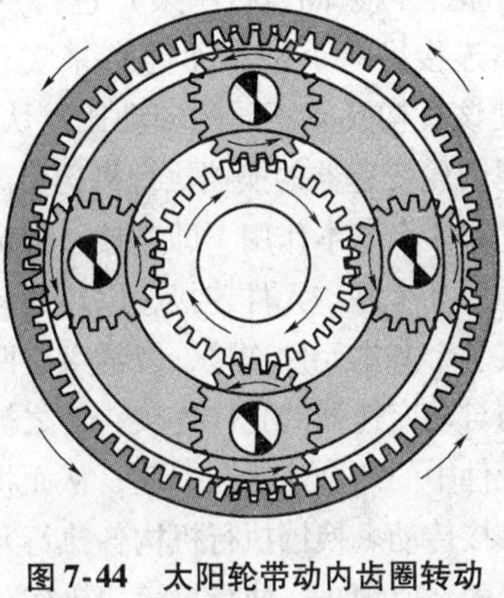

图 7-44　太阳轮带动内齿圈转动

(5) 若三个基本元件都没有被固定，各个基本元件都可以自由转动，则此时该机构具有两个自由度，因此不论以哪两个基本元件为主动件、从动件，都不能获得动力传递，即此时该机构失去传动作用而处于空挡状态。

(6) 若将任意两个基本元件互相连接起来，也就是说使 $n_1 = n_2$ 或 $n_2 = n_3$，则由行星排的运动特性方程可知，第三个基本元件的转速必与前两个基本元件的转速相同，即三个基本元件将以同样的转速一同旋转。此时不论以哪两个基本元件为主动件、从动件，其传动比都是1，这种情况相当于直接挡。

仅靠一个单排行星齿轮机构是不能满足汽车在不同运行工况下对传动比的要求的，用于汽车自动变速器的行星齿轮机构通常是由2～3个单排行星齿轮机构组成的。这种行星齿轮机构同样也具有两个以上的自由度。为了使它具有确定的传动比，同样也要对某些基本元件的运动进行约束（即固定或互相连接），使它变为只有 1 个自由度的机构。被约束的基本元件或约束的方式不同，该机构的传动比也就不同，从而组成不同的挡位。通常可以有 4～7 个不同传动比的前进挡和 1～2 个倒挡。当所有的基本元件都没有被固定时，即可得到空挡。上述单排行星齿轮机构的变速原理和传动比的计算方法同样适用于多排行星齿轮机构。只要该机构经约束后的自由度为 1，其传动比就可以通过解由各个单排行星齿轮机构的运动特性方程组成的方程组来得到。

以上是对单行星轮行星排传动比计算方法的讲解，对于双行星轮行星排的传动比的计算方法，应把握以下几点。

（1）首先列两个行星排的转速关系式；

（2）确定由哪两个转速（输入和输出转速）的比值来求传动比；

（3）消去共用速度项；

（4）乘积化交叉求出传动比。

二、换挡执行机构结构与工作原理

行星齿轮变速器的换挡执行机构和传统的手动齿轮变速器不同，行星齿轮变速器中的所有齿轮都处于常啮合状态，它的挡位变换不是通过移动齿轮使之进入啮合或脱离啮合来实现的，而是通过以不同执行元件（离合器、制动器、单向离合器）对行星齿轮机构的基本元件（太阳轮、内齿圈、行星架）进行约束（即通过制动器固定某一个基本元件于壳体上或用离合器连接另一个基本元件）来实现的。通过适当选择被约束的基本元件和约束方式，就可以使该机构具有不同的传动比，从而组成不同的挡位。

行星齿轮变速器的换挡执行机构由离合器、制动器和单向超越离合器 3 种不同的执行元件组成，它有 3 个基本作用，即连接、固定和锁止。所谓连接是指将行星齿轮变速器的输入轴与行星排中的某个基本元件连接，以传递动力，或将前一个行星排的某一个基本元件与后一个行星排的某一个基本元件连接，以约束这两个基本元件的运动；所谓固定是指将行星排的某一基本元件与自动变速器的壳体连接，使之被固定住而不能旋转；所谓锁止是指把某个行星排的三个基本元件中的两个连接在一起，从而将该行星排锁止，使三个基本元件以相同的转速一同旋转产生直接传动。换挡执行机构各执行元件通过按一定规律对行星齿轮机构的某些基本元件进行连接、固定或锁止，使行星齿轮机构获得不同的传动比，从而实现挡位的变换。

（一）离合器结构与工作原理

离合器的作用是连接，即将行星齿轮变速器的输入轴和行星排的某个基本元件连接或将行星排的某两个基本元件连接，使之成为一个整体，它是自动变速器中最重要的换挡执行元件之一。作为自动变速器换挡执行元件的离合器是一种多片湿式离合器（没油时不能正常工作）。

图 7-45 所示为离合器结构与工作原理。离合器活塞安装在离合器鼓内，它是一种环状活塞，由活塞内外圆的密封圈保证其密封，从而与离合器鼓一起形成一个封闭的环状液压缸，并通过离合器鼓内圆轴颈上的进油孔与控制油道相通。钢片和摩擦片交错排列，两者统称为离合器片。钢片的外花键齿安装在离合器鼓的内花键齿圈上，可沿齿圈键槽做轴向移动；摩擦片通过其内花键齿与离合器毂的外花键齿连接，也可沿键槽做轴向移动；摩擦片的两面均为摩擦系数较大的铜基粉末冶金层或合成纤维层，现在多为合成纤维层。

离合器鼓或离合器毂分别以一定的方式和变速器输入轴或行星排的某个基本元件连接，一般离合器鼓为主动件，离合器毂为从动件，离合器毂与基本元件相连。本例中毂与内齿圈做成一体。当来自控制阀的液压油进入离合器液压缸时，作用在离合器活塞上的液压油的压力推动活塞，使之克服回位弹簧的弹力移动，将所有的钢片和摩擦片相互压紧在一起；钢片与摩擦片之间的摩擦力使离合器鼓和离合器毂连接为一个整体，分别与离合器鼓和离合器毂连接的输入轴或行星排的基本元件也因此被连接在一起，此时离合器处于接合状态。

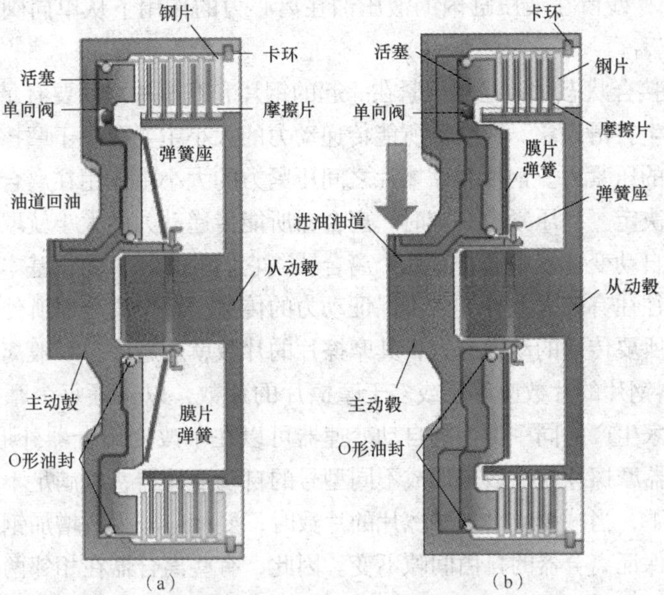

图 7-45　离合器的结构与工作原理

(a) 离合器分离时；(b) 离合器接合时

当液压控制系统将作用在离合器液压缸内液压油的压力解除后，离合器活塞在回位弹簧的作用下压回液压缸的底部，并将液压缸内的液压油从进油孔排出。此时钢片和摩擦片相互分离，两者之间无压力，离合器鼓和离合器毂可以朝不同的方向或以不同的转速旋转，离合器处于分离状态。此时，离合器活塞和离合器片或离合器片和卡环之间有一定的轴向间隙，以保证钢片和摩擦片之间无任何轴向压力。这一间隙称为离合器的自由间隙(图 7-46)，其大小可以用挡圈的厚度来调整。一般离合器自由间隙的标准为 0.7～2.0 mm。离合器自由间隙标准的大小取决于离合器片的片数和工作条件。通常离合器片数越多或离合器的交替工作越频繁，其自由间隙就越大（因为行驶时摩擦片会膨胀，使自由间隙过小）。

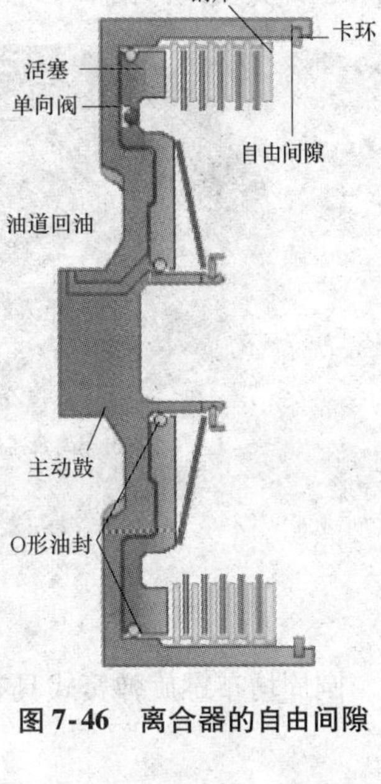

图 7-46　离合器的自由间隙

有些离合器在活塞和钢片之间有一个碟形环，它具有一定的弹性，可以减缓离合器接合时的冲击力。离合器处于分离状态时，其液压缸内仍残留有少量液压油。由于离合器鼓是随变速器输入轴或行星排某一基本元件一同旋转的，残留在液压缸内的液压油在离心力的作用下被甩向液压缸外缘处，并在该处产生一定的油压。若离合器鼓的转速较高，这一压力有可能推动离合器活塞压向离合器片，使离合器处于半接合状态，导致钢片和摩擦片因互相接触摩擦产生不应有的磨损，影响离合器的使用寿命。为了防止这种情况出现，在离合器活塞或离合器鼓的液压缸壁面上设有一个由钢球组成的单向阀。当液压油进入液压缸时，钢球在油压的推动作用下压紧在阀座上，单向阀处于关闭状态，保证了液压缸的密封；当液压缸内的油压被解除后，单向阀的钢球在离心力的作用下离开阀座，使单向阀处于开启状态，残留在液压缸内的液压油在离心力的作用下从单向阀的阀孔中流出，保证了离合器彻底分离。

当离合器处于接合状态时，互相压紧在一起的钢片和摩擦片之间要有足够的摩擦力，以保证传递动力时不产生打滑现象。离合器所能传递动力的大小主要取决于摩擦片的面积、片数及钢片和摩擦片之间的压紧力。钢片和摩擦片之间压紧力的大小由作用在离合器活塞上液压油的油压及活塞的面积决定。当压紧力一定时，离合器所能传递动力的大小就取决于摩擦片的面积和片数。在同一个自动变速器中通常有几个离合器，它们的直径、面积基本上相同或相近，但所传递动力的大小往往有较大差异。为了保证动力的传递，每个离合器所使用的摩擦片的片数各不相同。离合器所要传递的动力越大，其摩擦片的片数就应越多，一般离合器摩擦片的片数为 2 ~6 片。离合器钢片的片数应等于或多于摩擦片的片数，以保证每个摩擦片的两面都有钢片。此外，同一厂家生产的同一类型的自动变速器可以在不改变离合器外形和尺寸的情况下，通过增减各个离合器摩擦片的片数来形成不同型号的自动变速器，以满足不同排量车型的使用要求。在这种情况下，当减少或增加摩擦片的片数时，要相应减少或增加钢片的个数或增减调整垫片的厚度，以保证离合器的自由间隙不变。因此，有些离合器在相邻两个摩擦片之间装有两片钢片，这是为了保证自动变速器在改型时的灵活性，并非漏装了摩擦片。检查离合器主动片和从动片是否变形时，可以把两个片叠在一起，看它们中间是否有缝隙。检查压盘和锥盘是否变形时，可以把它们放在平台上用高度尺多角度进行测量。

离合器活塞回位弹簧有 4 种形式，即圆周均布螺旋弹簧式、中央螺旋弹簧式、波形弹簧式和膜片弹簧式。图 7-47 所示为回位弹簧的类型。

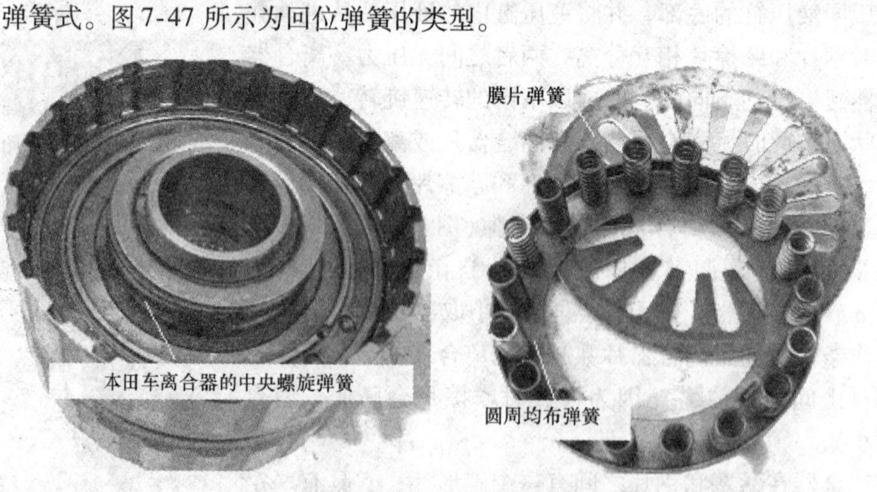

图 7-47　回位弹簧的类型

圆周均布螺旋弹簧式具有压力分布均匀、轴向尺寸小、成本低等优点，为绝大多数自动变速器的离合器所采用；其缺点是要占据较大的径向空间。

中央螺旋弹簧式的轴向尺寸较大，而且压力分布不够均匀，因此较少采用。

膜片弹簧式是采用一个由薄弹簧钢板制成的碟形膜片弹簧作为离合器活塞的回位弹簧。膜片弹簧的外圆被一个卡环固定在离合器鼓上，以此作为膜片弹簧工作的支点，并依靠自身的弹力使内圆端面压在离合器活塞上，从而使活塞靠向离合器鼓液压缸的底部，此时离合器处于分离状态；当液压油进入液压缸推动活塞时，膜片弹簧的内圆端面被活塞压向离合器压盘，使膜片弹簧变形，并通过膜片弹簧内外圆之间的一个环形部分推压离合器压盘，将离合器片压紧在一起。由于活塞的推力是通过膜片弹簧传给离合器压盘的，根据杠杆原理，作用在离合器压盘上的压力将大于液压油作用在离合器活塞上的压力。因此，膜片弹簧式可以允许活塞有较小的尺寸。此外，膜片弹簧还具有理想的非线性弹性特性，液压油在推动活塞移动时要克服的回位弹簧弹力较小，而且随着活塞的移动，回位弹簧的弹力基本保持不变，使液压油的压力得到充分利用，并且有省力杠杆的作用，液压油对活塞用很小的力，即可使活塞对钢片产生很大的压力。实际中很多制动器中也用膜片弹簧的杠杆原理。波形弹簧式在国内很少见。

20 世纪 90 年代末，在一些汽车的变速器上出现了离心平衡式离合器。离心平衡式离合器在设计上取消了活塞（或离合器鼓）上的单向阀，增加了密封片，如图 7-48 所示。离合器分离后活塞内外两侧的离心液压相互平衡，使离合器活塞在回位弹簧的作用下完全回位，增强了离合器的控制能力。

工作原理如下：

（1）有液压油进入离合器室时，离合压力大大超过对面离心平衡室中回位弹簧和离心压力的双重作用，从而推动活塞右移，使离合器片接合。

（2）在离合器室活塞左侧，压力油在弹簧作用下排出时，不能排出的变速器油液在离心力作用下作用在离合器活塞外沿推压活塞，阻止活塞回位。而在活塞右侧，在平衡室的油液离心力使之向相反方向推压活塞，结果是两力相抵，弹簧向左推动活塞充分回位。因为作用于离合室油液的离心力与作用于离心平衡室中油液的离心力相互抵消，因此由离合鼓转动速度而产生的离心力影响消失，结果是在整个转动过程中都能得到稳定的活塞推力，以减少换挡振动。

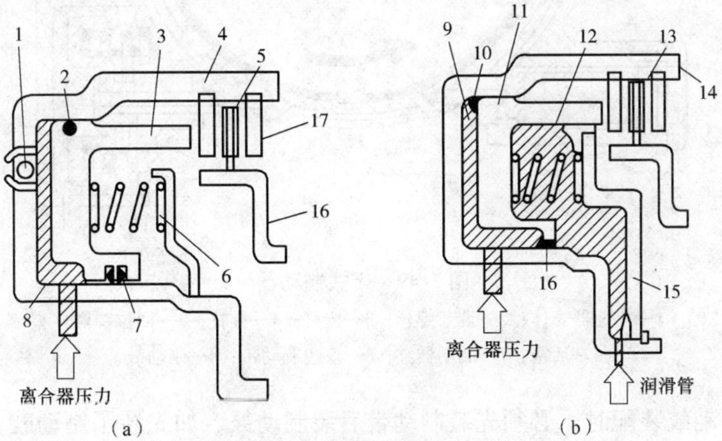

图 7-48　两种离合器结构对比

（a）有单向阀的传统离合器；（b）带离心平衡式的离合器

1—单向阀；2，7—O 形环；3—离合器活塞；4，14—离合器外鼓；5，13—摩擦片；6—回位弹簧；8，9—离合器室；10—密封件；11—连接的密封活塞；12—平衡室；15—带有密封功能的回位弹簧座；16—离合器内鼓；17—钢片

（二）制动器的结构与工作原理

制动器的作用是将行星排中的太阳轮、内齿圈、行星架这 3 个基本元件之一固定到变速器壳上，使之不能旋转。在自动变速器中作为换挡执行机构的制动器的结构形式较多，目前最常见的是带式制动器和片式制动器两种。

1. 带式制动器结构与工作原理（相当于鼓式制动）

如图 7-49 所示，带式制动器由制动鼓、制动带、液压缸及活塞等组成。制动鼓与行星排的某一基本元件连接，并随之一同旋转。制动带的一端支承在变速器壳体上的制动带支架或制动带调整螺钉上，另一端与液压缸活塞上的推杆连接。制动带内表面为一层摩擦系数较大的摩擦衬片。制动带的工作由作用在活塞上的液压油压力控制。当液压缸的施压腔无液压油时，带式制动器不工作，制动带与制动鼓之间有一定的间隙，制动鼓可以随着与它相连接的行星排基本元件一同旋转。

当液压油进入制动器液压缸的施压腔时，作用在活塞上的液压油压力推动活塞，使之克服回位弹簧的弹力移动，活塞上的推杆随之向外伸出，将制动带箍紧在制动鼓上，于是制动鼓被固定住而不能旋转，制动鼓又与基本元件相连，则太阳轮相对变速器壳体不动，此时制动器处于制动状态。若液压控制系统控制制动缸的供油道与油底壳相通，则制动缸内的弹簧推液压缸内的活塞，将液压油推出液压缸，制动带释放。

也有一些车在需要分离时控制系统控制液压油进入活塞左腔（释放腔），马自达车系和尼桑车系多用这种控制释放的方法，由于释放腔活塞面积大于施压腔一侧的活塞面积，活塞两侧所受的液压油压力不相等，释放腔一侧的压力大于施压腔一侧的压力，因此活塞在这一压力差及回位弹簧弹力的共同作用下向后移，推杆随之回缩，制动带被放松，使制动器由制动状态转变成释放状态。

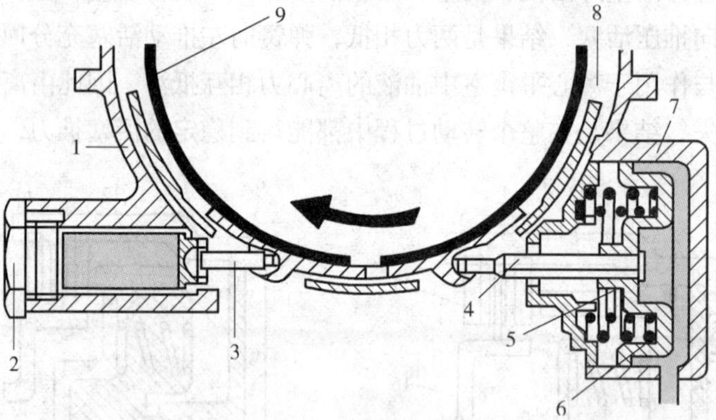

图 7-49　带式制动器

1—变速器壳体；2—调节螺丝；3—支杆；4—推杆；5—回位弹簧；6—活塞；7—制动器缸；8—双边制动带；9—制动鼓

制动带和制动鼓装配时，必须先装制动带后装制动鼓，如先装了制动鼓，制动带就装不进去了。有的车系制动带的对面有一个可调的推杆，当自由间隙不正确时，可以调整推杆，待制动鼓完全装配到位后，再装制动间隙调整装置（有的为横销）和伺服装置。注意推杆必须完全入位，如有一侧推杆不能入位，则说明制动带已经变形失效，必须更换新的制动带。除倒挡制动带（工作压力大）拧到头需退回5圈外，其余制动带拧到头退回2圈左右，用手转动一下制动鼓，应没有丝毫卡滞才行。有的车系活塞回位只靠弹簧，不设调节螺丝，这种控制方式可以使靠油压回位的控制系统得到简化。这种车的自由间隙调整一般为换新推杆，变速器大修包里有几种不同长度的推杆。

带式制动器结构简单、轴向尺寸小、维修方便，在早期的自动变速器中应用较多，但其工作平顺性较差。为克服这一缺陷，可在控制油路中设置缓冲阀或减振阀，使之在开始接合时液压缸内的油压能缓慢上升，以缓和制动力的增长速度，改善工作平顺性。

2. 片式制动器结构与工作原理（相当于盘式制动）

片式制动器由制动鼓、制动器活塞、回位弹簧、钢片、摩擦片及制动毂等组成。它的工作原理和多片湿式摩擦离合器基本相同。但片式制动器的制动鼓（相当于离合器鼓）是固定在变速器壳体上的；钢片通过外花键齿安装在固定于变速器壳体上的制动鼓内花键齿圈中，或直接安装在变速器壳体上的内花键齿圈中；摩擦片则通过内花键齿和制动毂上的外花键齿连接。

如图7-50（a）所示，当制动器不工作时，钢片和摩擦片之间没有压力，制动毂可以自由旋转。如图7-50（b）所示，当制动器工作时，来自控制阀的液压油进入制动鼓内的液压缸中，油压作用在制动器活塞上，推动活塞将制动器摩擦片和钢片压紧在一起，与行星排某一基本元件连接的制动毂就被固定住而不能旋转。

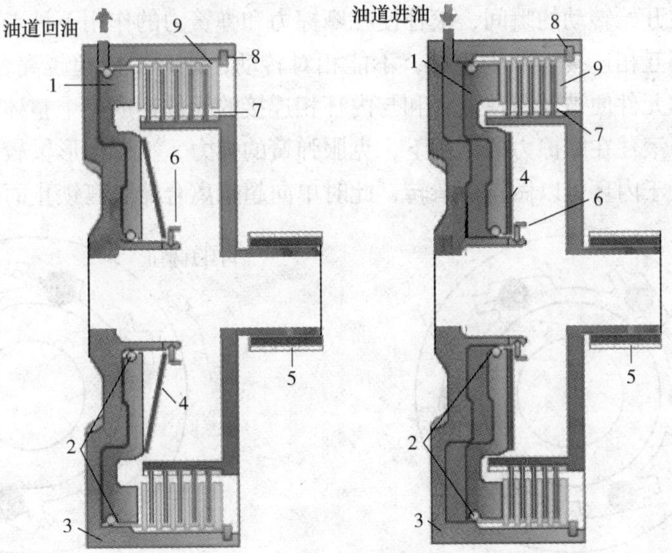

图7-50　片式制动器结构与工作原理

（a）片式制动器不工作；（b）片式制动器工作

1—活塞；2—O形油封；3—变速器壳体；4—膜片弹簧；5—太阳轮；6—弹簧座；7—摩擦片；8—卡环；9—钢片

片式制动器的工作平顺性优于带式制动器，因此近年来在轿车自动变速器中，采用片式制动器的越来越多，就跟汽车应用盘式刹车的越来越多一样。另外，片式制动器也易于通过增减摩擦片的片数来满足不同排量发动机的要求。

片式制动器结构和离合器结构相似，维修方法相同，一般检修参考离合器即可。

（三）单向超越离合器结构与工作原理

单向超越离合器在行星齿轮变速器中的作用和离合器、制动器相同，也是用于固定或连接几个行星排中的太阳轮、行星架、齿圈等基本元件，以使行星齿轮变速器组成不同传动比的挡位。因此，它也是行星齿轮变速器的换挡元件之一。不同之处在于，它是依靠其单向锁止原理来发挥固定或连接作用的，其连接和固定也只能是单方向的。当与之相连接的元件受力方向与锁止方向相同时，该元件即被固定或连接；当受力方向与锁止方向相反时，该元件即被释放或脱离连接。

单向超越离合器无须控制机构，其工作完全由与之相连接的元件的受力方向控制。它能随着行星齿轮变速器挡位的变换，在与之相连接的基本元件受力方向发生变化的瞬间即产生接合或脱离，可保证换挡平顺无冲击（想想自行车的单向离合器是不是很平顺），同时还能大大简化液压控制系统。

单向超越离合器有多种形式，目前最常见的是滚柱斜槽式和楔块式两种。

1. 滚柱斜槽式单向超越离合器

滚柱斜槽式单向超越离合器由外环、内环、滚柱、滚柱回位弹簧等组成（图7-51）。内环通常用内花键和行星排的某个基本元件或变速器壳体连接，外环则通过外花键和行星排的另一个基本元件或变速器壳体连接。在外环的内表面制有与滚柱相同数目的楔形槽，内、外环之间的楔形槽内装有滚柱和弹簧。弹簧的弹力将各滚柱推向楔形槽较窄的一端。当外环相对于内环顺时针转动时，在开始转动的瞬间，滚柱便在摩擦力和弹簧力的作用下被卡死在楔形槽较窄的一端。于是内外环互相连接为一个整体，不能相对转动，此时单向超越离合器处于锁止状态，与外环连接的基本元件便被固定住或者和与内环相连接的元件连成一个整体。当外环相对于内环逆时针转动时，滚柱在摩擦力的作用下，克服弹簧的弹力，滚向楔形槽较宽的一端，出现打滑现象，外环相对于内环可以做自由滑转，此时单向超越离合器脱离锁止而处于自由状态。

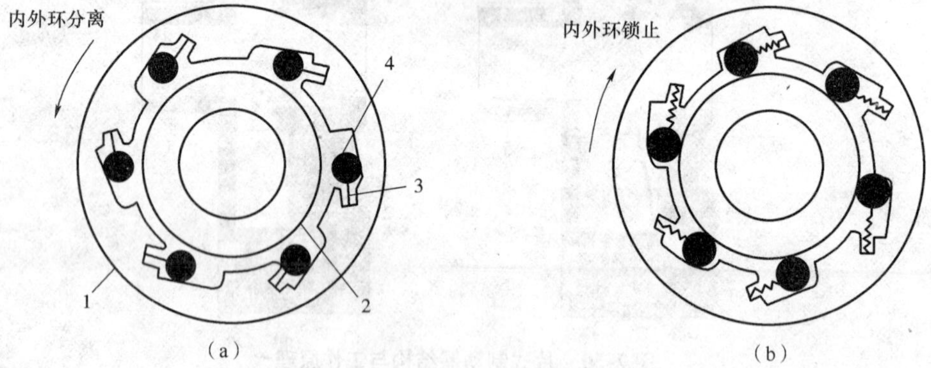

图7-51　滚柱斜槽式单向超越离合器

（a）自由状态；（b）锁止状态

1—外环；2—内环；3—弹簧在宽槽处；4—滚柱在窄槽处

单向超越离合器的锁止方向取决于外环上楔形槽的方向。在装配时不可装反，否则会改变其锁止方向，使行星齿轮变速器不能正常工作。有些单向超越离合器的楔形槽开在内环上，其工作原理和楔形槽开在外环上的相同。

2. 楔块式单向超越离合器

楔块式单向超越离合器的构造和滚柱斜槽式单向超越离合器相似，也有外环、内环、滚子（楔块）等（图7-52）。不同之处在于，它的外环和内环上都没有楔形槽，其滚子不是圆柱形的，而是特殊形状的楔块。楔块在A方向上的尺寸略大于内外环之间的距离B，而C方向上的尺寸则略小于B。当外环相对于内环顺时针旋转时，楔块在摩擦力的作用下立起，因自锁作用被卡死在内外环之间，使内环和外环无法相对滑转，此时单向超越离合器处于锁止状态；当外环相对于内环逆时针旋转时，楔块在摩擦力的作用下倾斜，脱离自锁状态，内外环可以相对滑转，此时单向超越离合器处于自由状态。

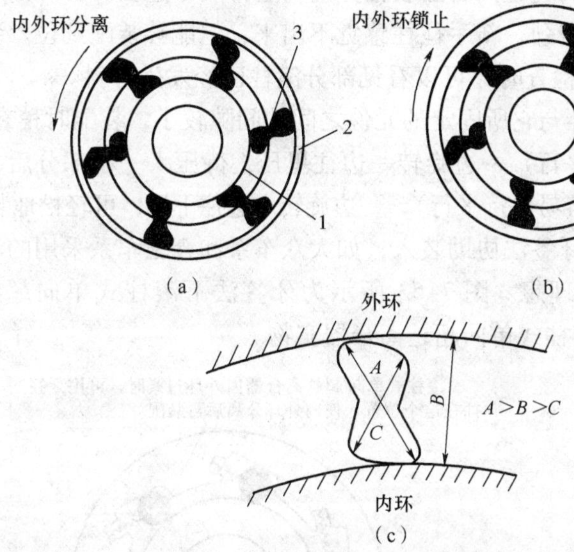

图7-52 楔块式单向超越离合器

(a) 自由状态；(b) 锁止状态；(c) 楔块尺寸

1—内环；2—外环；3—楔块；4—保持架

楔块式单向超越离合器的锁止方向取决于楔块的安装方向。在维修时不可装反，以免影响自动变速器的正常工作。日本车系和美国车系多采用此种结构。

3. 单向超越离合器维修时的注意事项

单向超越离合器的使用寿命主要取决于润滑效果。由于单向超越离合器大部分时间都是满负荷工作的，所以自动变速器油一旦供应不足就可能导致单向超越离合器早期磨损。

对于结构为滚柱式的单向超越离合器，由于其旋转时易将自动变速器油抛出，而经常处于半干润滑状态，易发生损坏。所以检修时，应拆开检查滚柱式单向超越离合器的每一个独立零件，特别是要注意滚柱表面应光滑，没有局部磨平的痕迹，与之配合的座圈也应光滑，没有任何剥落的痕迹，在旋转方向上不应有丝毫的卡滞。在行驶中放松节气门踏板时，单向超越离合器在运动方向上如发生卡滞，就会导致和它配套的行星齿轮机构停止运动，而发出严重的异响声。

部分变速器内滚柱式单向超越离合器的骨架是塑料的，如奥迪等。塑料骨架的单向超越离合器是不能维护的，维修时只需检查它在运动方向上有无卡滞、在非运动方向上能否锁止就行了。塑料骨架的单向超越离合器如随意分解，重新组装后往往出现离合器打滑的现象。此种单向超越离合器如出现故障应整体更换。

楔块式单向超越离合器使用寿命比滚柱式单向超越离合器要长。楔块式单向超越离合器上有自动变速器油的油孔。在支配滚柱式单向超越离合器的前后离合器花键毂上各有一个自动变速器油油孔。变速器长期在恶劣环境下使用，工作温度过高，或自动变速器油使用时间过长，氧化的自动变速器油产生的积炭一旦堵塞单向超越离合器上的自动变速器油油孔，单向超越离合器就会因半干摩擦而早期磨损。所以维修时要反复地用化油器清洗剂冲洗自动变速器油油孔，使其恢复完全畅通。

欧美的自动变速器单向超越离合器装错方向时通常装不进去。日韩的自动变速器单向超越离合器装错方向时略感费劲，新手往往感觉不出来，但能够装配到位。装好旋转时能听到轻微的“咔咔”声，拆下检查时，可以看见部分滚柱已经发生弯斜。

滚柱式单向超越离合器与它所固定的元件之间的间隙较小，装配时稍有歪斜就很难入位。装配时最好用双手（保持平行）一边旋转一边往里压，待压入一小部分后，即可用离合器鼓底部压它（接触面积大，容易保持平行），一边旋转一边往下压，可轻松地装配到位。

若装配不进去，可用牙签法协助装入，如大众车系和奔驰车系采用的滚柱式单向超越离合器，采用此法效果非常理想。图 7-53 所示为牙签法下滚柱式单向超越离合器示意图，图 7-54 所示为牙签法下滚柱式单向超越离合器实物。

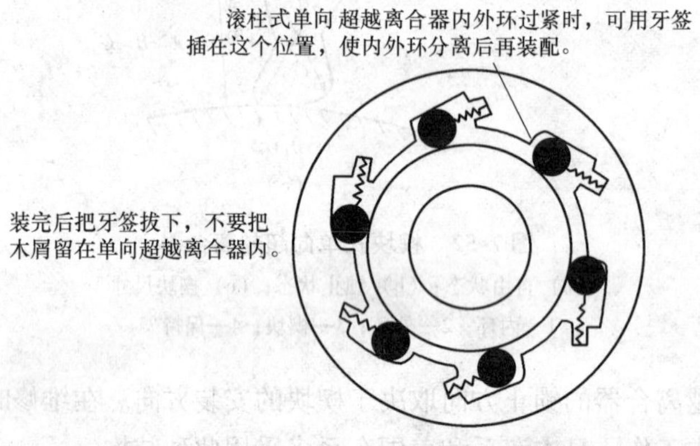

图 7-53　牙签法下滚柱式单向超越离合器示意图

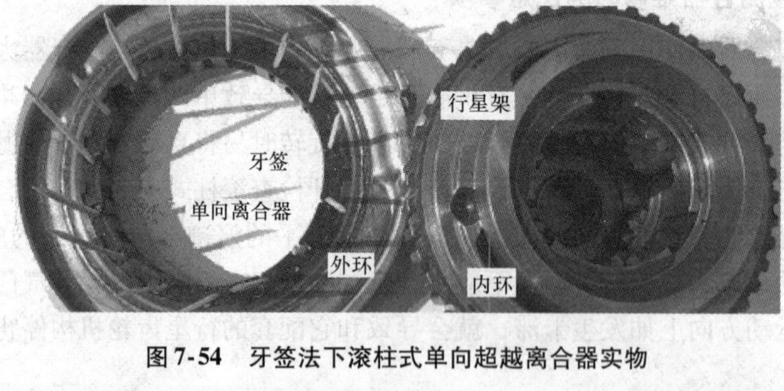

图 7-54　牙签法下滚柱式单向超越离合器实物

金属的滚柱式单向超越离合器，保持架大都是薄铜片制作的，装配时严禁敲打。因为，敲打易造成保持架变形，滚柱滚动不畅，只要打出一个通常在这个单向离合器负责的挡位上滑行时就可以听到“嗡嗡”的异响声。缺少经验时，这类故障很难找到。

三、典型行星齿轮变速器结构与工作原理

不同车型自动变速器在结构上往往有很大差异，主要表现在：前进挡的挡数不同，离合器、制动器及单向超越离合器的数目和布置方式不同，所采用的行星齿轮机构的类型不同。现在自动变速器的行星齿轮变速器常采用4个前进挡，新型轿车自动变速器的行星齿轮变速器大部分采用5 ~7个前进挡。前进挡的数目越多，行星齿轮变速器中的离合器、制动器及单向超越离合器的数目就越多，但单向超越离合器有减少的趋势，现在一般只用一个，只有美国车系和日本系车仍有很多单向超越离合器。离合器、制动器、单向超越离合器的布置方式主要取决于行星齿轮变速器前进挡的挡数及所采用的行星齿轮机构的类型。对于行星齿轮机构类型相同的行星齿轮变速器来说，其离合器、制动器及单向超越离合器的布置方式及工作过程基本上是一致的。因此，了解不同类型行星齿轮机构所组成的行星齿轮变速器的结构和工作原理，是掌握不同车型自动变速器结构和工作原理的关键。目前轿车自动变速器所采用的行星齿轮机构的类型主要有四类，即辛普森式行星齿轮机构、改进辛普森式行星齿轮机构、拉维娜尔赫式行星齿轮机构及类拉维娜尔赫式行星齿轮机构。

辛普森式行星齿轮机构主要应用于丰田车系、宝马车系；改进辛普森式行星齿轮机构主要应用于马自达、尼桑、通用、福特等车系；拉维娜尔赫式行星齿轮机构主要应用于国内大众捷达、宝来、高尔夫的01M变速器，帕萨特的01N变速器，奥迪A6的01V变速器，新型宝马6速，现代索纳塔的KM175、KM176、KM177及三菱的F4A33/32等；类拉维娜尔赫式行星齿轮机构主要应用于奔驰4挡722.3、722.4，5挡722.5及722.6，7挡变速器722.9（奔驰没有六挡变速器）。

（一）辛普森式行星齿轮变速器结构与工作原理

辛普森式行星齿轮变速器是由辛普森式行星齿轮机构和相应的换挡执行元件组成的，目前丰田轿车自动变速器都采用这种行星齿轮变速器。辛普森式行星齿轮机构是一种十分著名的双排行星齿轮机构，它是由两个内啮合式单排行星齿轮机构组合而成的。其结构特点是：前后两个行星排的太阳轮连接为一个整体，称为前后太阳轮组件；前一个行星排的行星架和后一个行星排的齿圈连接为另一个整体，称为前行星架和后齿圈组件；

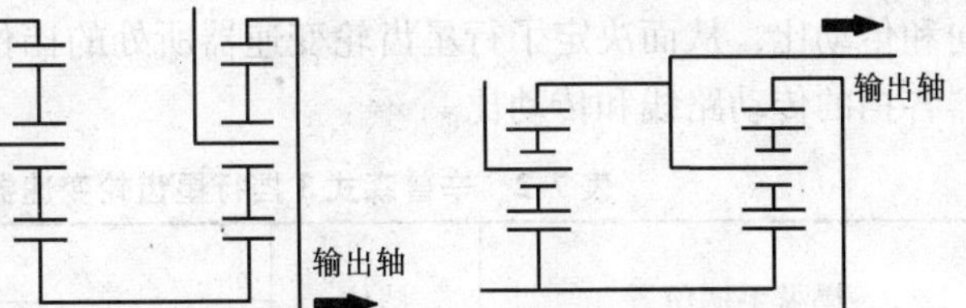

图7-55 两种辛普森式行星齿轮机构啮合方式

输出轴通常与前行星架和后齿圈组件连接。经过上述的组合后，该机构成为一种具有4个独立元件的行星齿轮机构。这4个独立元件是前齿圈、前后太阳轮组件、后行星架、前行星架和后齿圈组件。图7-55所示为两种辛普森式行星齿轮机构啮合方式。根据前进挡的挡数不同，可将辛普森式行星齿轮变速器分为辛普森式3挡行星齿轮变速器和辛普森式4挡行星齿轮变速器及辛普森式5挡行星齿轮变速器三种。

1. 辛普森式3挡行星齿轮变速器结构与工作原理

辛普森式3挡行星齿轮变速器已经淘汰，但本部分知识是理解复杂变速器的基础。

在辛普森式行星齿轮机构中设置5个换挡执行元件（2个离合器、2个制动器、1个单向超越离合器），即可使之成为一个具有3个前进挡和1个倒挡的行星齿轮变速器。这5个换挡执行元件的布置如图7-56所示。离合器C1用于连接输入轴和前后太阳轮组件，离合器C2用于连接输入轴和前齿圈，制动器B1用于固定前后太阳轮组件，制动器B2和单向超越离合器F1都是用于固定后行星架。制动器B2和B1可以采用带式制动器，也可以采用片式制动器。

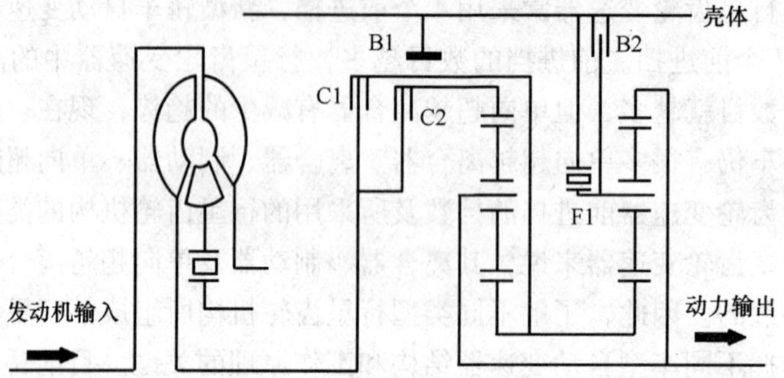

图7-56　辛普森式3挡行星齿轮变速器结构示意图

这5个换挡执行元件在各挡位的工作情况如表7-2所示。由表7-2可知，当行星齿轮变速器处于停车挡和空挡之外的任何一个挡位时，5个换挡执行元件中都有2个处于工作状态（接合、制动或锁止状态），其余3个不工作（分离、释放或自由状态）。处于工作状态的2个换挡执行元件中至少有一个是离合器C1或C2，以便使输入轴与行星排连接。当变速器处于任一前进挡时，离合器C2都处于接合状态，此时输入轴与行星齿轮机构的前齿圈接合，使前齿圈成为主动件，因此离合器C2也称为前进离合器。倒挡时，离合器C1接合，C2分离，此时输入轴与行星齿轮机构的前后太阳轮组件接合，使前后太阳轮组件成为主动件；另外，离合器C1在3挡（直接挡）时也接合，因此离合器C1也称为倒挡及高挡离合器。制动器B1仅在2挡才工作，称为2挡制动器。制动器B2在1挡和倒挡时都工作，因此称为低挡及倒挡制动器。由此可知，换挡执行元件的不同工作组合决定了行星齿轮变速器的传动方向和传动比，从而决定了行星齿轮变速器所处的挡位。下面分析辛普森式3挡行星齿轮变速器各挡的传动路线和传动比。

表7-2　辛普森式3挡行星齿轮变速器换挡执行元件工作情况

操纵手柄位置	挡位	换挡执行元件				
		C1	C2	B1	B2	F1
D	1挡		○			○
	2挡		○	○		
	3挡	○	○			
R	倒挡	○			○	
2或L	1挡		○		○	
	2挡		○	○		

注：○—接合、制动或锁止。

（1）1挡：此时前进离合器C2接合，使输入轴和前齿圈连接，同时单向超越离合器F1处于自锁状态，后行星架被固定。来自液力变扭器的发动机动力经输入轴、前进离合器C2传给前齿圈，使前齿圈顺时针转动。在前行星排中，由于前行星架经输出轴和汽车驱动轮连接，在汽车起步之前其转速为0，起步后以1挡行驶时其转速很低，因此前行星轮在前齿圈的驱动下，一方面沿顺时针方向公转，带动前行星架顺时针转动，另一方面沿顺时针方向自转，并带动前后太阳轮组件逆时针转动。在后行星排中，由于和输出轴连接的后齿圈转速很低，当后行星轮在后太阳轮的驱动下沿顺时针方向自转时，对后行星架产生一个逆时针方向的力矩，而低挡单向超越离合器F1对后行星架在逆时针方向具有锁止作用，因此后行星架固定不动，使后齿圈在后行星轮的驱动下顺时针转动（图7-57）。由此可知，在前进一挡时，由输入轴传给行星齿轮机构的动力是经过前后行星排同时传给前行星架和后齿圈组件，再传给与之相连接的输出轴，从而完成动力输出的。

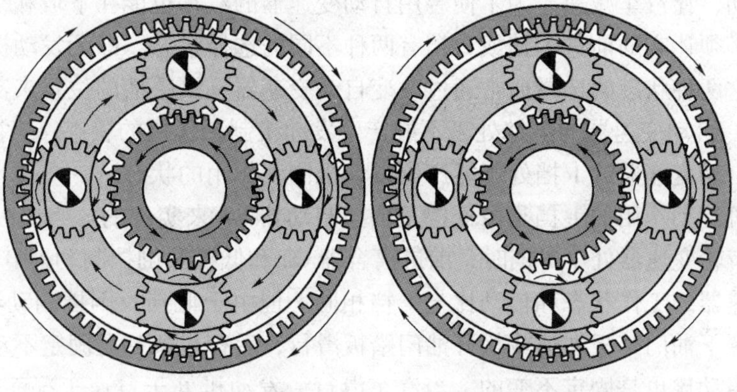

（a）　　　　　　　　　　　　　　　　（b）

图7-57　1挡时前后行星排的工作原理示意图

（a）前行星排；（b）后行星排

设前齿圈、前后太阳轮组件、后行星架、前行星架和后齿圈组件的转速分别为n_1、n_2、n_3、n_4，并设前后行星排的齿圈和太阳轮的齿数之比分别为α_1和α_2。根据单排行星齿轮机构的运动特性方程，可以分别得出前后行星排的运动特性方程。

前行星排运动特征方程为

$$n_2 + \alpha_1 \times n_1 = (1 + \alpha_1) \times n_4 \qquad \text{公式 (1)}$$

后行星排运动特征方程为

$$n_2 + \alpha_2 \times n_4 = (1 + \alpha_2) \times n_3 \qquad \text{公式 (2)}$$

由于后行星架的转速$n_3=0$，故由公式（1）和公式（2）消去n_2得

$$\alpha_1 \times n_1 - \alpha_2 \times n_4 = (1 + \alpha_1) \times n_4$$

$$\alpha_1 \times n_1 = (1 + \alpha_1 + \alpha_2) \times n_4$$

乘积化交叉得

$$n_1/n_4 = (1 + \alpha_1 + \alpha_2)/\alpha_1$$

所以1挡的传动比为　$i = (1 + \alpha_1 + \alpha_2)/\alpha_1$

当汽车在行驶中处于1挡工作状态时，若驾驶员突然松开油门踏板，发动机转速将立即降至怠速，此时汽车在惯性的作用下仍以原来的车速前进，即车身推车轴，车轴推车轮。驱

动轮将通过主减速器增速后再经自动变速器输出轴顺时针（从变速器前向后看）向前带动行星齿轮变速器运转，行星齿轮机构的前行星架和后齿圈组件成为主动件，前齿圈则成为从动件。当前行星架沿顺时针方向带动前行星轮转动时，由于前齿圈转速较低，前行星轮在沿顺时针方向公转的同时也沿逆时针方向自转，从而带动前后太阳轮组件以较高转速沿顺时针方向转动，导致后太阳轮和后齿圈同时以较高的转速沿顺时针方向带动后行星齿轮转动，使后行星轮在自转的同时对后行星架产生一个顺时针方向的力矩。由于低挡单向超越离合器F1对后行星架在顺时针方向无锁止作用，后行星架在后行星轮的带动下沿顺时针方向自由转动，在这种情况下，辛普森式行星齿轮机构的4个独立元件中有2个处于自由状态，使行星齿轮机构失去传递动力的作用，与驱动轮连接的输出轴的反向驱动力无法经过行星齿轮变速器传给变速器输入轴，此时汽车相当于做空挡滑行。这种情况在一般使用条件下有利于提高汽车的乘坐舒适性和燃油经济性，但在汽车下陡坡时却无法利用发动机的怠速运转阻力来实现发动机制动，让汽车减速。为了使装用自动变速器的汽车也能在下坡和平道滑行时实现发动机制动，必须让它的前进1挡或2挡有两种不同的选择状态，即无发动机制动和有发动机制动两种。这两种状态的选择通常通过改变自动变速器操纵手柄的位置来实现。当操纵手柄位于D位时，自动变速器的1挡处于不能产生发动机制动作用的状态；当操纵手柄位于L位或1位时，自动变速器的1挡处于能产生发动机制动作用的状态。

具有发动机制动作用的1挡是由低挡及倒挡制动器B2来实现的。当操纵手柄位于L位或1位而行星齿轮变速器处于1挡时，前进离合器C2和低挡及倒挡制动器B2同时工作，此时行星齿轮变速器的工作状态和传动比与1挡相同。但由于低挡及倒挡制动器B2处于制动状态，不论是踩下油门踏板加速或松开油门踏板滑行，后行星架都是固定不动的，因此行星齿轮变速器的传动比也是固定不变的。当汽车滑行，发动机处于怠速工况而车速仍较高时，驱动轮在汽车惯性的作用下通过变速器输出轴和行星齿轮变速器，驱动行星齿轮变速器输入轴以原来的转速旋转，导致与行星齿轮变速器输入轴连接的涡轮的转速高于与发动机曲轴连接的泵轮的转速，来自汽车驱动轮的反向驱动力通过变扭器作用于发动机曲轴。同样，发动机怠速运转的牵制阻力通过变扭器和行星齿轮变速器作用于驱动轮，使驱动轮转速下降，汽车随之减速，从而实现发动机制动。

（2）2挡：当前进离合器C2和2挡制动器B1同时工作时，行星齿轮变速器处于2挡。此时输入轴仍经前进离合器C2和前齿圈连接，同时前后太阳轮组件被2挡制动器B1固定（图7-58）。发动机动力经液力变扭器和行星齿轮变速器输入轴传给前齿圈，使之沿顺时针方向转动。由于前太阳轮转速为0，因此前行星轮在前齿圈的驱动下一方面沿顺时针方向自转，另一方面沿顺时针方向公转，同时带动前行星架及输出轴沿顺时针方向转动。此时后行星排处于自由状态，在后齿圈的驱动下沿顺时针方向一边自转一边公转，带动后行星架沿顺时针方向公转。由此可知，2挡时发动机的动力是经前行星排传至输出轴的。

前行星排的运动特性方程为：

$$0+\alpha_1\times n_1=(1+\alpha_1)\times n_4$$

故2挡的传动比

$$i=(1+\alpha_1)/\alpha_1$$

在上述2挡状态下，汽车滑行时驱动轮的反向驱动力可经过行星齿轮变速器传至发动机，即具有发动机制动作用。

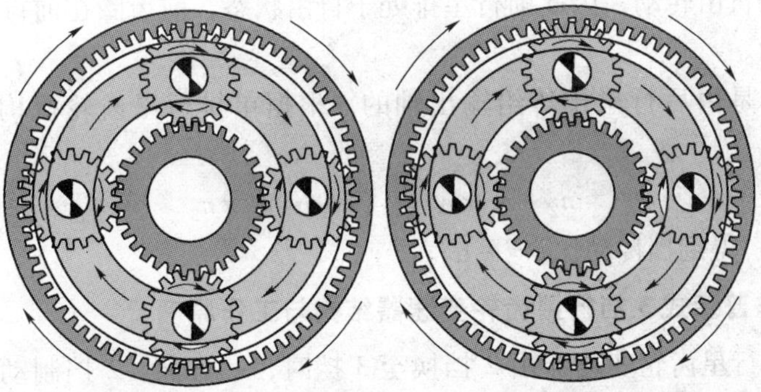

图 7-58　2 挡时前后行星排的工作原理示意图

（3）3 挡：当行星齿轮变速器处于 3 挡时，前进离合器 C2 和倒挡及高挡离合器 C1 同时接合，把输入轴与前齿圈及前后太阳轮组件连接为一个整体（图 7-59）。

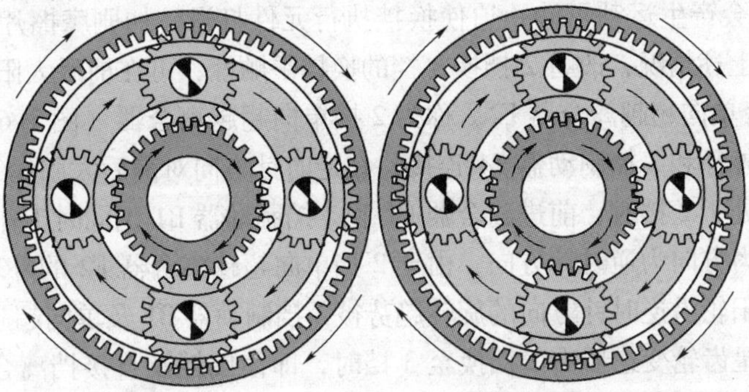

（a）　　（b）

图 7-59　3 挡时前后行星排的工作原理示意图

（a）前行星排；（b）后行星排

由于这时前行星排中有两个基本元件互相连接，从而使前行星排固定地连成一体而旋转。输入轴的动力通过前行星排直接传给输出轴，其传动比 i 等于 1，即直接挡。此时后行星排处于自由状态，后行星轮在后齿圈的驱动下沿顺时针方向一边自转一边公转，带动后行星架沿顺时针方向转动，松开油门踏板时，在 3 挡状态下的发动机制动效果已经非常不明显。

（4）倒挡：倒挡时，倒挡及直接挡离合器 C1 接合，使输入轴与前后太阳轮组件连接，同时低挡及倒挡制动器 B2 产生制动，将后行星架固定（图 7-60）。此时发动机动力经输入轴传给前后太阳轮组件，使前后太阳轮沿顺时针方向转动，由于后行星架固定不动，因此在后行星排中，后行星轮在后太阳轮的驱动下沿逆时针方向转动，并带动后齿圈沿逆时针方向转动，与前行星架和后齿圈组件连接的输出轴也随之沿逆时针方向转动，从而改变传动方向。此时，前行星排

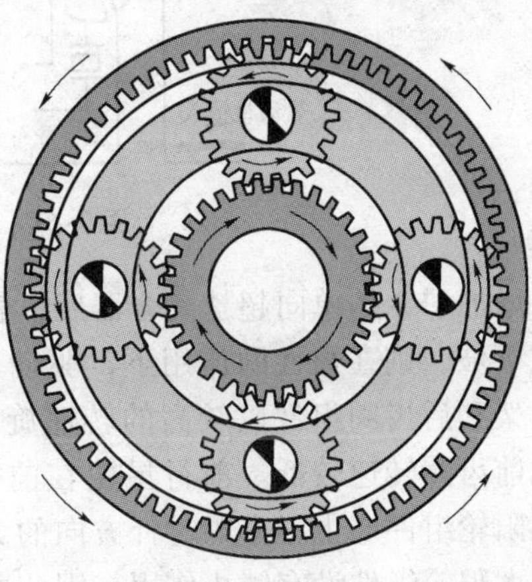

图 7-60　倒挡时后行星排的工作原理示意图

中由于前齿圈可以自由转动，因此前行星排处于自由状态，前齿圈在前行星轮的带动下沿逆时针方向自由转动。

倒挡时的动力是由后行星排传给输出轴的，根据单排行星齿轮机构的运动特性方程，可得

$$n_2 + n_1 \times \alpha_2 = (1 + \alpha_2) \times n_3$$

由于 $n_3 = 0$，解得倒挡传动比 $i = -\alpha_2$。

2. 改进后的辛普森式3挡行星齿轮变速器结构与工作原理

辛普森式3挡行星齿轮变速器由2挡换至3挡时，一方面，2挡制动器B1要释放；另一方面，倒挡及高挡离合器C1要接合，这两个换挡执行元件的工作交替应及时准确，太快或太慢都会影响换挡质量和变速器的使用寿命。例如，若2挡制动器B1释放后倒挡及高挡离合器C2来不及接合，会使行星齿轮变速器出现打滑现象，使发动机出现空转，并出现换挡冲击；若2挡制动器B1未完全释放，倒挡及高挡离合器C1便过早接合，则行星齿轮机构各独立元件之间会产生运动干涉，迫使换挡执行元件打滑，加剧摩擦片或制动带的磨损。

为了防止出现上述情况，改善2挡换3挡的换挡平顺性，可在前后太阳轮组件和2挡制动器B1之间串联一个单向超越离合器F2，称为2挡单向超越离合器（图7-61）。其内环和前后太阳轮组件连接，外环和2挡制动器B1连接，在逆时针方向对前后太阳轮组件具有锁止作用。当行星齿轮变速器处于2挡时，前进离合器C2和2挡制动器B1仍同时工作。汽车加速时，前后太阳轮组件的受力方向为逆时针方向，由于2挡单向超越离合器F2的外环被2挡制动器B1固定，因此前后太阳轮沿逆时针方向的旋转趋势被2挡制动器B1及单向超越离合器锁止，使2挡得以实现。当行星齿轮变速器由2挡换至3挡时，即使倒挡及直接挡离合器C1在2挡制动器B1释放之前就已接合，但由于倒挡及直接挡离合器C1接合之后，前后太阳轮组件的受力方向变为顺时针方向，而在顺时针方向上2挡单向超越离合器F2对前后太阳轮组件没有锁止作用，前后太阳轮组件仍可以沿顺时针方向旋转，因此使换挡得以顺利进行。

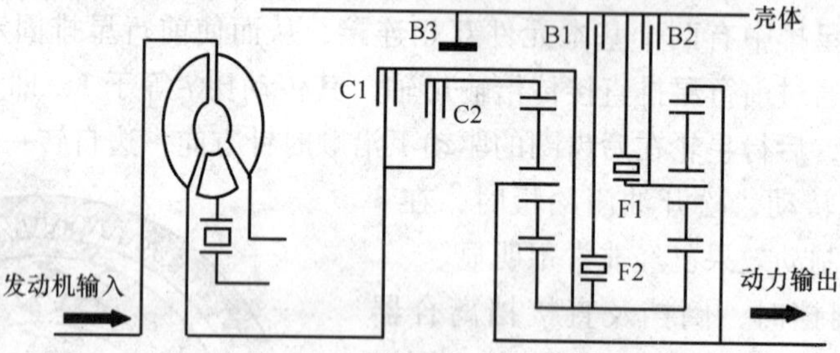

图7-61　2挡单向超越离合器的布置

增加了2挡单向超越离合器后，若汽车在行星齿轮变速器处于2挡时松开油门踏板减速或下坡，则在惯性的作用下，驱动轮将通过变速器输出轴反向带动行星齿轮机构的前行星架和后齿圈组件以较高的转速旋转。由于此时发动机处于怠速运转状态，在汽车滑行时前齿圈转速较低。前行星轮在前行星架的带动下沿顺时针方向作公转的同时，对前后太阳轮组件产生一个顺时针方向的力矩，而在顺时针方向上2挡单向超越离合器F1对前后太阳轮组件没有锁止作用，因此即使2挡制动器B1仍处于制动状态，前后太阳轮组件还是可以沿顺时针方向自由旋转的。这样，在辛普森行星齿轮机构的4个独立元件中有

2 个处于自由状态，使该行星齿轮机构失去传递动力的能力，驱动轮和发动机脱离连接关系，不能产生发动机制动作用。改进后的辛普森式 3 挡行星齿轮变速器换挡执行元件的工作情况见表 7-3。

表 7-3　改进后的辛普森式 3 挡行星齿轮变速器换挡执行元件工作情况

操纵手柄位置	挡位	换挡执行元件						
		C1	C2	B1	B2	B3	F1	F2
D	1 挡		○				○	
	2 挡		○	○				○
	3 挡	○	○					
R	倒挡	○			○			
2 或 L	1 挡		○		○			
	2 挡		○			○		

注：○—接合、制动或锁止。

为了在需要时让 2 挡也能产生发动机制动作用，必须在前后太阳轮组件和变速器壳体之间另外设置一个制动器 B3，即 2 挡强制制动器。制动器 B3 在 2 挡是否工作是由操纵手柄的位置决定的，当操纵手柄位于前进挡位置（D）时，制动器 B3 不工作；当操纵手柄位于前进低挡位置（2 或 L）而行星齿轮变速器处于 2 挡时，制动器 B3 工作。这样不论汽车加速或减速，前后太阳轮组件都被该制动器固定，此时的 2 挡在汽车松开油门踏板减速或下坡时能产生发动机制动作用。目前大多数轿车自动变速器已采用这种结构。

3. 辛普森式 4 挡行星齿轮变速器结构与工作原理

早期的轿车自动变速器多采用 3 挡行星齿轮变速器，其最高挡 3 挡是传动比为 1 的直接挡。进入 20 世纪 90 年代后，各国对汽车燃油经济性的要求日趋严格，越来越多的轿车自动变速器采用了 4 挡、5 挡行星齿轮变速器，其最高挡 4 挡是传动比小于 1 的超速挡，对于 5 挡变速器 5 挡为超速挡。这种自动变速器的优点是：不仅能降低汽车燃油消耗，还可以使发动机经常处于较低转速的运转工况，以减小运转噪声，延长发动机的使用寿命。

辛普森式 4 挡行星齿轮变速器是在辛普森式 3 挡行星齿轮变速器的基础上发展起来的，它有两种类型：一种是在辛普森式 3 挡行星齿轮变速器原有的双排行星齿轮机构的基础上增加一个单排行星齿轮机构，用 3 个行星排组成 4 挡行星齿轮变速器；另一种是对辛普森式双排行星齿轮机构进行改进，通过改变前后行星排各基本元件的组合方式和增加换挡执行元件，使之成为带有超速挡的 4 挡行星齿轮变速器（也就是改进的辛普森机构）。

3 个行星排辛普森式 4 挡行星齿轮变速器结构与工作原理：辛普森式 4 挡行星齿轮变速器是在不改变原辛普森式 3 挡行星齿轮变速器的主要结构和大部分零部件的情况下，另外增加一个单排行星齿轮机构和相应的换挡执行元件来产生超速挡。这个单排行星齿轮机构称为超速行星排，它安装在行星齿轮变速器的前端（图 7-62），其中行星架是主动件，与变速器输入轴连接；齿圈则作为被动件，与后面的双排行星齿轮机构连接。超速行星排的工作由直接离合器 C0 和超速制动器 B0 来控制，直接离合器 C0 用于将超速行星排的太阳轮和行星架连接，超速制动器 B0 用于固定超速行星排的太阳轮。根据行星齿轮变速器的变速原理，当超速制动器 B0 放松，直接离合器 C0 接合时，超速行星排处于直接传动状态，其传动比为 1；当超速制动器 B0 制动，直接离合器 C0 放松时，超速行星排处于增速传动状态，其传动比小于 1。

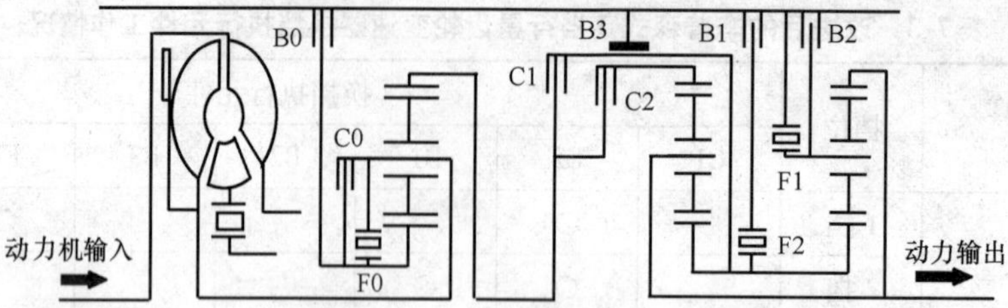

图 7-62　3 个行星排的辛普森式 4 挡行星齿轮变速器

C0—直接离合器；C1—倒挡及高挡离合器；C2—前进离合器；B0—超速制动器；B3—2 挡制动器；B2—低挡及倒挡制动器；B3—2 挡强制制动器；F0—直接单向超越离合器；F1—低挡单向超越离合器；F2—2 挡单向超越离合器

在图 7-62 中，后两排具有的特点是：双星排的前后太阳轮共用，行星架和内齿圈共同作为输出，前内齿圈与后行星架独立。凡是具有上述特点的双行星排就称为辛普森机构。把含有辛普森机构的变速器称为辛普森式变速器。由 3 个行星排组成的辛普森式 4 挡行星齿轮变速器各换挡执行元件在不同挡位的工作情况见表 7-4。

当行星齿轮变速器处于 1 挡、2 挡、3 挡或倒挡时，超速行星排中的超速制动器 B0 放松，直接离合器 C0 和 F0 接合（加油时 C0 和 F0 的作用都使行星架和太阳轮同步，收油门时仅由 C0 实现发动机制动），使超速行星排处于传动比为 1 的直接传动状态。更准确地说是内齿圈有阻力时，行星架使太阳轮顺时加速转动，太阳轮通过 F1 主动锁止行星架。在发动机顺时针带动自动变速器输入轴转动时，它就使超速行星排的太阳轮和行星架锁止为一个整体，以实现传动比为 1（注：但不能实现发动机制动）。由于直接离合器 C0 在自动变速器处于超速挡之外的任何挡位（包括停车挡、空挡和倒挡）都处于接合状态，有了发动机制动，似乎可以把 F0 拿掉，但当发动机刚启动而油泵尚未建立起正常的油压时，直接离合器 C0 就已处于半接合状态，这样容易使其摩擦片因打滑而加剧磨损。为了防止出现这种情况，在直接离合器 C0 并列的位置上布置一个直接单向超越离合器 F0，使超速行星排的行星架能在逆时针方向上对太阳轮产生锁止作用，防止直接离合器 C0 的摩擦片在半接合状态下打滑。但设计 C0 的主要目的是实现动力由车轮反传回发动机，进而实现发动机制动。设计 F0 的主要目的是实现直接传动，而防止直接离合器 C0 的摩擦片在半接合状态下打滑是它的一个连带效果。

表 7-4　3 个行星排辛普森式 4 挡行星齿轮变速器换挡执行元件工作情况

操纵手柄位置	挡位	换挡执行元件										停车锁
		C1	C2	B1	B2	B3	F1	F2	C0	B0	F0	
P	P								○			○
R	R	○			○				○		○	
N	N								○			

续表

操纵手柄位置	挡位	换挡执行元件										停车锁
		C1	C2	B1	B2	B3	F1	F2	C0	B0	F0	
D	D1		○				○		○		○	
	D2		○	○				○	○		○	
	D3	○	○	●					○		○	
	D4		○	●						○		
2	21		○				○		○		○	
	22		○	●		○			○		○	
	23		○	●					○		○	
L	L1		○						○		○	
	L2		○	●	○	○			○		○	
注：○—接合、制动或锁止；●—接合或制动，在汽车滑行时不传递动力。												

直接单向超越离合器 F0 的另一个作用是改善由 3 挡升至超速挡的换挡平顺性，同时控制相对容易。

（1）在 3 挡升至超速挡的换挡过程中，若无 F0 存在，直接离合器 C0 释放早，而超速制动器 B0 工作晚，就会造成超速行星排各基本元件之间的空转，使发动机转速升高，同时在超速制动器 B0 工作时伴随换挡冲击。因为有 F0 的存在，在 3 挡升 4 挡过程中，即使直接离合器 C0 释放早了，仍然可用 F0 保持在 3 挡，等待 4 挡的超速制动器 B0 工作。

（2）若超速制动器 B0 制动过早和直接离合器 C0 释放晚，则必然造成运动干涉，引起发动机转速下降，甚至损坏超速制动器 B0 和直接离合器 C0。为了防止运动干涉，设计上可以让直接离合器 C0 释放早些，再让超速制动器 B0 接合，这样控制上相对简单。

由超速排可知，传动比在小于 1 和等于 1 之间切换，可以试想当在 1、2 挡时，只要超速排传动比为 1，1、2 挡传动比由辛普森机构来实现减速即可。3 挡超速排和前两挡一样，传动比也为 1，若辛普森机构传动比为 1，则整个变速器的传动比为 1。4 挡时若辛普森机构传动比为 1，超速排传动比小于 1，则整个变速器的传动比小于 1。

[**技师指导**] 对于四挡辛普森式变速器，1 挡固定行星架，2 挡固定太阳轮，3 挡同步，4 挡行星架带内齿圈超速，倒挡太阳轮传内齿圈。此口诀对于四挡拉维娜式变速器也适用。

1 挡时 C0 和 F0 工作实现传动比为 1，C2 离合器接合把动力传至前内齿圈。在起步时，前行星架和后内齿圈与车轮相连，阻力大于太阳轮（太阳轮自由），前内齿圈顺时针带动太阳轮逆时针超速转动；在后排，由于后内齿圈与车轮相连，则动力传至行星架且使行星架逆时针转动，行星架刚一动就被单向离合器 F1 锁止，此时行星架阻力远大于内齿圈，动力只好由后太阳轮传给后内齿圈，后内齿圈顺时针转动，此时没有动力输出。试想若前内齿圈和前太阳轮的齿数比等于后内齿圈和后太阳轮的齿数比，则这时传动比为 1，不能用于起步，但后内齿圈的转动马上会带动前行星架顺时针转动。可设太阳轮转速为 n_1、前内齿圈转速

为 n_2。前架转速为 n_3、后架转速为 n_4，设顺时针为正。

起步时，前排：

$$n_1 + \alpha_1 n_2 = (1 + \alpha_1)\ n_3$$

后排：

$$n_1 + \alpha_2 n_3 = (1 + \alpha_2)\ n_4$$

通过把前后排方程消去 n_1，得 $n_2/n_3 = (1 + \alpha_1 + \alpha_2)/\alpha_1$，这个式子含有 α_1 和 α_2，表明前后排全参与了变速。

[技师指导] 对于四挡辛普森式变速器，1 挡固定行星架，2 挡固定太阳轮，3 挡同步，4 挡行星架带内齿圈超速，倒挡太阳轮传内齿圈。此口诀对于四挡拉维娜式变速器也适用。

口诀解释如下：

(1) 1 挡固定行星架。

1 挡固定行星架是指在 D 位 1 挡、2 位 1 挡用 F1 固定行星架；在 L1 由 B2 固定行星架。区别在于固定行星架时有发动机制动。提醒一下，发动机制动是发动机帮助汽车减速，而不是让发动机熄火。即动力可以由发动机传到车轮，也可由车轮反传回发动机。而单向离合器制动基本元件没有发动机制动，即动力可以由发动机传到车轮，但不能由车轮反传回发动机。这个道理和骑自行车一样，后轮毂上的飞轮外圈可带动内圈转动，从而带动整个车轮转动，滑行时整个车轮却不能带动飞轮外圈转动。本书若是用于教学时，先熟悉利用行星排转速关系求传动比，再讲此口诀，最后再讲哪个挡哪几个执行元件工作，可以达事半功倍的效果，当然本书顺序也是这样的。

(2) 2 挡固定太阳轮。

2 挡固定太阳轮是指前内齿圈传前行星架，若在 D 位 2 挡时用 B1 和 F2 串联阻止太阳轮逆时针、2 位 2 挡或 L 位 2 挡用 B3 阻止太阳轮逆时针。区别很简单，D 位 2 挡无发动机制动，2 位 2 挡和 L 位 2 挡有发动机制动。

(3) 三挡两者同步。

三挡两者同步是指前内齿圈和太阳轮同步转动，共同夹行星架转动，传动比很显然是 1:1，理论上有发动机制动，但实际上由于传动比较小，车轮反拖发动机时效果不明显，一般认为没有发动机制动效果。

(4) 四挡行星架带动内齿圈。

四挡时因为辛普森机构传动比为 1:1，超速行星排的行星架带动内齿圈超速形成 4 挡。

(5) R 挡太阳轮传内齿圈。

R 挡时，后行星架固定，后太阳轮传后内齿圈。

这种形式的 4 挡行星齿轮变速器可以使原辛普森式 3 挡行星齿轮变速器的大部分零部件都得到利用，有利于减少生产投资，降低成本。20 世纪末的丰田新型 5 挡自动变速器是在这种形式的 4 挡自动变速器上发展而来，不过采用辛普森式自动变速器的轿车有减少的趋势，主要是因为拉维娜尔赫式更紧凑，控制更简单。

四、大众拉维娜尔赫式自动变速器

(一) 四挡 01M 变速器

捷达、宝来、高尔夫采用的横置前驱 4 挡自动变速器 01M，帕萨特采用的 4 挡纵置前驱自动变速器 01N；奥迪 A6 采用的 5 挡纵置前驱自动变速器 01V，Sigatar、Magotan 采用的 6 挡横置前驱自动变速器 09G 都采用拉维娜尔赫式行星齿轮变速机构，拉维娜尔赫式行星齿轮变速器将是发展趋势。它由一个前面单行星轮式行星排和一个后面双行星轮式行星排组合而成：大太阳轮、长行星齿轮、行星架和齿圈共同组成一个单行星轮式行星排；小太阳轮、短行星齿轮、长行星齿轮、行星架和齿圈共同组成一个双行星轮式行星排。有些书（包括很多关于它们的专门资料）中介绍的拉维娜机构的前后排顺序颠倒了。实际上大众只有图 7-63 这种结构形式，其执行元件工作规律如表 7-5 所示。

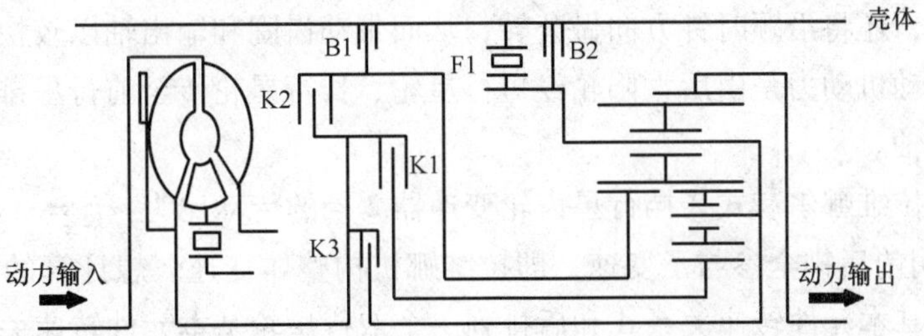

图 7-63　01M 自动变速器的拉维娜尔赫式行星齿轮变速机构

表 7-5　大众 01M 4 挡行星齿轮变速器换挡执行元件工作规律

操纵手柄位置	挡位	执行元件规律				
		K1	K2	K3	B1	B2
D 位	1 挡	○				
	2 挡	○			○	
	3 挡	○		○		
	4 挡			○	○	
1 位	1 挡	○				○
R 位	倒挡		○			○
注：○—接合、制动或锁止。						

(1) 1 挡：1 挡时，只 1 ~ 3 挡离合器 K1（在德语里 Klutch 翻译成离合器）工作。发动机动力经输入轴和前进离合器 K1 传至后太阳轮，使后太阳轮沿顺时针方向转动，并通过短行星轮带动长行星轮沿顺时针方向转动。由于内齿圈与车轮相连有阻力，因此行星架要做逆时针转动，但 F1 会阻止行星架逆时针转动。行星架阻力大于内齿圈，这时动力由后小太阳轮传递给齿圈，从而带动齿圈和输出轴以较慢转速沿顺时针方向转动。此时发动机动力是由后太阳轮经短行星轮、长行星轮传给内齿圈和输出轴。若设前排的内齿圈齿数与太阳轮的齿数比为 α_1，后排内齿圈齿数与太阳轮的齿数比为 α_2，则传动比为 α_2。

当汽车滑行、输出轴反向驱动行星齿轮变速器时，内齿圈通过长行星轮对行星架产生一个沿顺时针方向的力矩，此时 1 挡单向超越离合器 F1 脱离锁止状态，使行星架沿顺时针方向自由转动，行星齿轮机构因此失去传递动力的能力，无法实现发动机制动。

为了使 1 位 1 挡能产生发动机制动作用，可将操纵手柄拨入前进低挡 1 位置。这样在 1

挡时，前进离合器 K1 和低挡及倒挡制动器 B2 同时工作。行星架由低挡及倒挡制动器 B2 固定，此时动力传递路线及传动比和前述 1 挡时完全相同，而且不论汽车加速或滑行，行星架都固定不动。在汽车下坡或滑行时，驱动轮可以通过行星齿轮变速器同向带动发动机，利用发动机怠速运转阻力实现发动机制动。

（2）2 挡：2 挡时，1 ~3 挡离合器 K1 和 2、4 挡制动器 B1 一起工作。发动机动力经输入轴和 1 ~3 挡离合器 K1 传至后太阳轮，使后太阳轮沿顺时针方向转动，并通过短行星轮带动长行星轮沿顺时针方向转动。由于前太阳轮被 2、4 挡制动器 B1 固定，因此长行星轮在做顺时针自转时，还将沿顺时针方向做公转，从而带动齿圈和输出轴以较快转速沿顺时针方向转动。此时发动机动力是由后太阳轮经短行星轮、长行星轮传至前行星排，再由前行星排传至齿圈和输出轴。

根据分析，拉维娜尔赫式 2 挡行星齿轮变速器 2 挡的传动比为：$i_2 = (\alpha_1 + \alpha_2) / (1 + \alpha_1)$，此结果说明前后排全参与了变速，即拉维娜机构整体变速。想计算的读者只需将前排列一个单行星轮基本元件转速关系式和后排列一个双行星轮基本元件转速关系式，两个公式可参考行星轮基本知识章节。再求输入与输出的转速比，即传动比。

这种拉维娜尔赫式 4 挡行星齿轮变速器在 2 挡时具有向发动机传递动力的能力，在汽车滑行时能产生发动机制动作用。

（3）3 挡：3 挡时，1 ~3 挡离合器 K1 和 3、4 挡离合器 K3 同时接合，使输入轴同时和后太阳轮及行星架连接。由于后太阳轮和行星架成为一个整体，两者以相同的转速随输入轴转动，因此短行星轮和长行星轮不能做自转，只能是前后太阳轮及行星架一起做公转，从而导致齿圈一同转动。发动机动力由后小太阳轮和行星架传至齿圈和输出轴，此时传动比 i 等于 1，因此 3 挡是直接挡。

在上述 3 挡状态下，该行星齿轮变速器还具有反向传递动力的能力，在汽车滑行时会产生发动机制动作用，但效果不明显。

（4）4 挡：在 3 挡工作时，1 ~3 挡离合器 K1 和 3、4 离合器 K3 同时工作，使后行星排有 2 个基本元件互相连接，形成直接挡。4 挡时，3、4 挡离合器 K3 和 2、4 挡制动器 B1 同时工作，使输入轴与行星架连接，同时前太阳轮被固定，发动机动力经 3、4 挡离合器 K3 传至行星架，行星架带动长行星轮沿顺时针方向一边自转一边公转，并带动齿圈和输出轴沿顺时针方向转动，其传动比为 $i_4 = \alpha_1 / (1 + \alpha_1)$。由于其值小于 1，所以 4 挡为超速挡。

在 4 挡状态下，该行星齿轮变速器还具有反向传递动力的能力，在汽车滑行时会产生发动机制动作用，但效果不明显。

（5）倒挡：倒挡时，倒挡及直接挡离合器 K2 接合，使输入轴同前太阳轮连接，同时低挡及倒挡制动器 B2 产生制动，将行星架固定。发动机动力经输入轴传给前太阳轮，使前太阳轮沿顺时针方向转动，并带动长行星轮沿逆时针方向转动。由于行星架固定不动，长行星轮只能做自转，从而带动齿圈和输出轴朝逆时针方向转动。此时的传动比 i 等于 $-\alpha_1$。在倒挡时，该行星齿轮变速器也能实现发动机制动作用。

由于此车只有 F1 一个单向离合器，所以很容易得出 D 位 1 挡 =3 位 1 挡 =2 位 1 挡≠1

位1挡，不等1位1挡是因为其挡是有发动机制动的挡位，而其他1挡是无发动机制动的挡位。而D位2挡=3位2挡=2位2挡，且有发动机制动。D位3挡=3位3挡，且有发动机制动。

（二）奥迪 A6 01V 5 挡自动变速器

在拉维娜尔赫式4挡行星齿轮变速器的输出轴后增加一个行星排，就可以使之成为具有5挡的奥迪 A6 01V（即5HP-19变速器）行星齿轮变速器。

与4挡01M变速器相比，它仅在输出轴后的行星排上增加了1个直接挡离合器K4，1、2挡制动器B3。图7-64所示为奥迪 A6 01V 5挡拉维娜尔赫式行星齿轮变速器结构。这种行星齿轮变速器在不同挡位下各换挡执行元件的工作情况见表7-6。由表7-6可知，这种行星齿轮变速器与01M相比的工作特点是：R挡要多减一步速；1、2挡也要多减一步速。

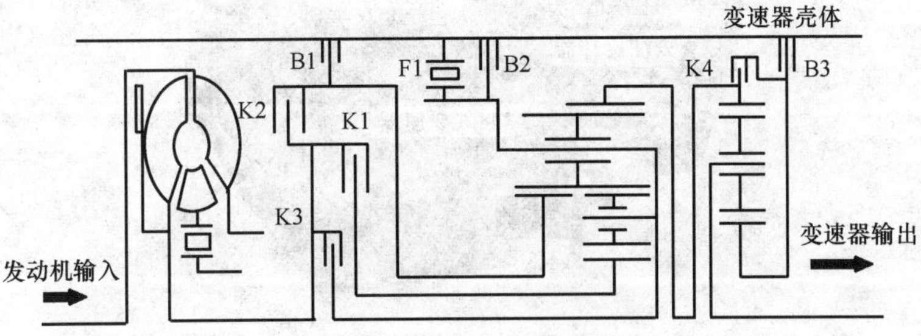

图7-64　奥迪 A6 01V 5挡拉维娜尔赫式行星齿轮变速器结构

表7-6　奥迪 A6 01V 5挡拉维娜尔赫式变速器换挡执行元件工作情况

操纵手柄位置	挡位	执行元件规律							
		K1	K2	K3	B1	B2	F1	K4	B3
D位	1挡	○					○		○
	2挡	○			○				○
	3挡	○			○			○	
	4挡	○		○				○	
	5挡			○	○			○	
2位	1挡	○							○
R位	倒挡		○			○			○
注：○—接合、制动或锁止。									

由于此车只有一个单向离合器F1，所以很容易得出D位1挡=4位1挡=3位1挡，D位2挡=4位2挡=3位2挡=2位2挡，D位3挡=4位3挡=3位3挡，D位4挡=4位4挡。其他车系采用这种拉维娜结构的自动变速器的有新款宝马6挡轿车等。

（三）大众 09G 6 挡自动变速器

大众09G 6挡自动变速器是由日本AISI（爱信）公司配套，它由一个单行星轮行星排齿轮系统和一个Ravigneaux（拉维娜尔赫式）行星齿轮变速机构组成，可在经济型和运动型两和换挡程序间切换，通过换挡杆选择“D”或“S”即可实现，在D位为经济型（标准），手柄移至S位时为运动型。手动换挡功能通过在D位控制面板的图示右移进入手动模式，此功能通过Tiptronic开关F189内的三个霍尔电子开关识别。向前点动加挡，向后点动减挡。仪表自动由自动模式切换为手动模式。图7-65所示为大众09G六挡自动变速器的外观图。

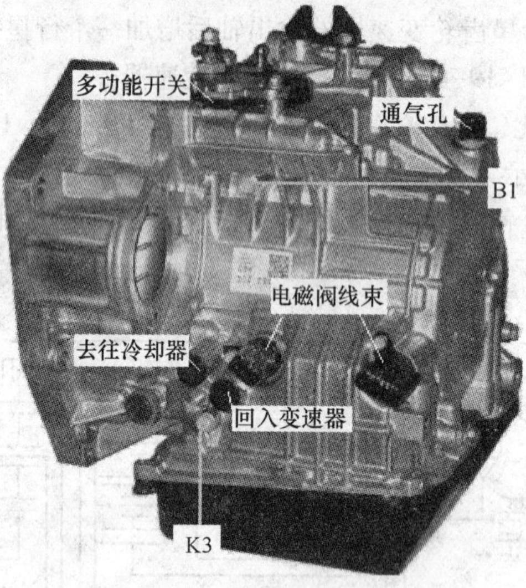

（a）

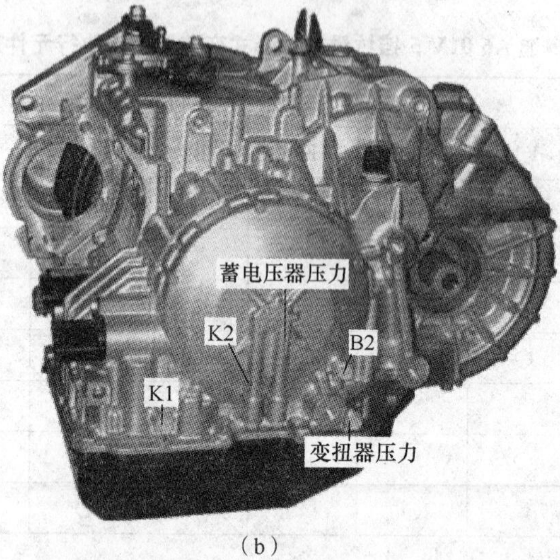

（b）

图7-65　大众09G六挡自动变速器的外观图

［**完成任务**］请根据图7-65（a）、（b），在大众速腾AISIN六速09G变速器上找到相应的外围元件名称。

图7-66所示为大众09G 6挡自动变速器示意图，表7-7所示为大众09G 6挡变速器换挡执行元件工作情况。

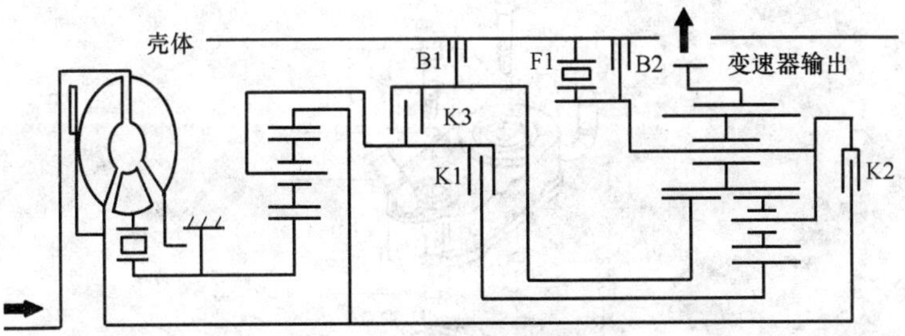

图 7-66　大众 09G 6 挡自动变速器示意图

表 7-7　大众 09G 6 挡变速器换挡执行元件工作情况

操纵手柄位置	挡位	执行元件规律					
		K1	K2	K3	B1	B2	F1
D 位	1 挡	○				（○）	○
	2 挡	○			○		
	3 挡	○		○			
	4 挡	○	○				
	5 挡		○	○			
	6 挡		○		○		
R 位	倒挡			○		○	
注：○—接合、制动或锁止。							

第五节　01M 变速器结构组成和拆装关键点

［**技师指导**］从车上抬下变速箱前要断开蓄电池的供电，拆下起动机，拆下变速器外围连接件，转动曲轴拆下变扭器与飞轮的连接螺栓，再将带变扭器的变速箱整体抬下，绝不允许不带变速器而将变扭器单独抬下，因为那样操作会损坏油泵前唇形油封，甚至损坏油泵。

在抬下变速器后，从前部取出变扭器，如需清洗内部则进行清洗作业，若无清洗作业则用塑料袋堵住加油口，防止异物侵入。

一、01M 变速器结构

拆装散热器和加油管，如图 7-67 所示，图 7-68 所示为阀体部分分解图。

拆装印刷线束如图 7-69 所示，拆装时需使用专用工具 3373，使用 3373 可防止损坏印刷线束。为了使安装的手控阀位置和操纵手柄一致，先将换挡轴换至 P 挡，再将手控阀放在 P 挡位置后进行固定，最后将连接螺栓拧紧。将手控阀放在滑阀箱 P 挡位置的方法是手控阀在滑阀箱内推至底，如图 7-70 箭头所示。由于顺时针紧固螺栓会使手控阀有脱出的可能，所以一只手如箭头所示把住手控阀，另一只手紧固螺栓。

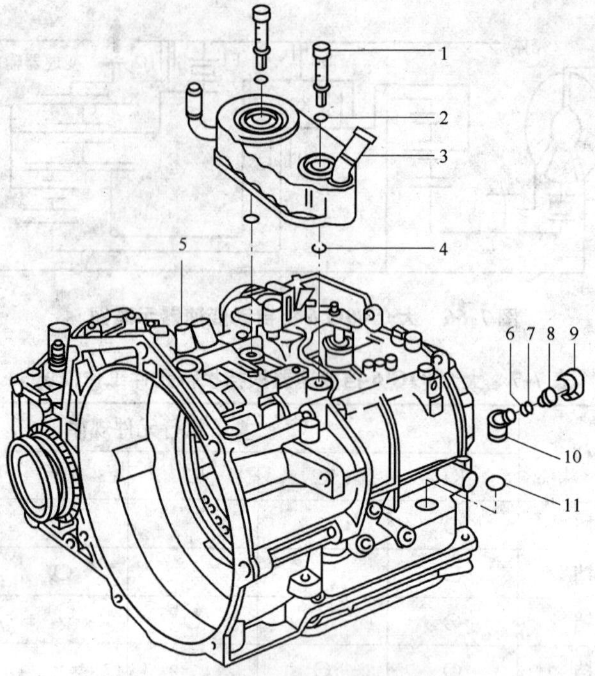

图 7-67　拆装散热器和加油管

1—空心管；2，4，6，7，11—O 形圈；5—变速器支架；3—ATF 散热器；8—加油塞；9—油塞；10—加油管

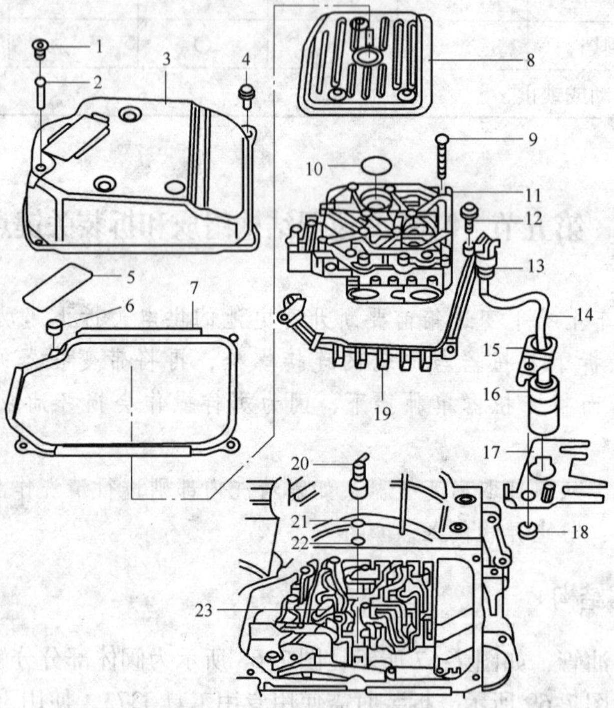

图 7-68　阀体部分分解图

1—放油螺塞；2—溢流管；3—油底壳；4—螺栓（12 N · m）；5—磁铁；6—隔套；7—密封垫；
8—过滤网；9—螺栓（5 N · m）；10，13，21，22—O 形圈；11—滑阀箱；12，18—螺栓（10 N · m）；
14—电磁阀线束；15，17—固定夹；16—电插头；19—印刷线束；20—B1 制动器供油管；23—手动滑阀操纵杆

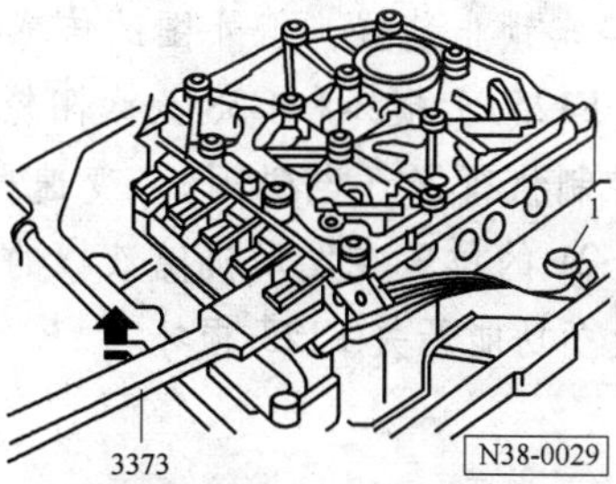

图 7-69　拆装印刷线束

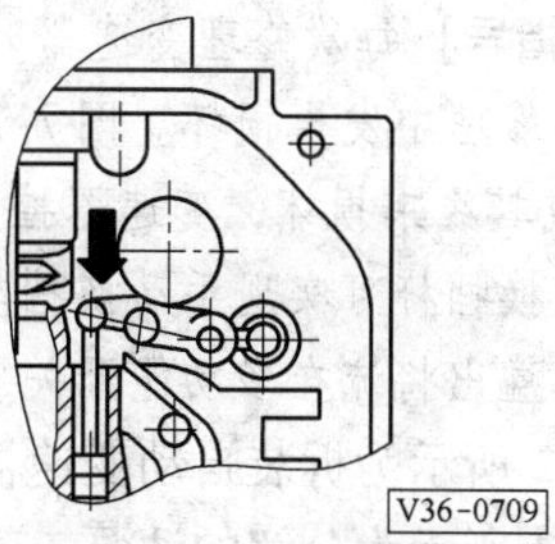

图 7-70　手控阀位置确定

[**技师指导**] 在分解变速器齿轮变速机构前一定要先拆阀体，将阀体与齿轮变速机构的油管和密封圈拆下后才能分解齿轮变速机构，否则修理中极易损坏阀板向齿轮变速机构的供油管密封。对于有损坏的元件，如胶垫、纸垫、密封圈，以及一些螺栓，要求修理时全部更换新件。在 48 000 公里换 ATF 油时，先旋下放油螺塞，再旋下溢流管放油（溢流管的高度就是油面高度），放油后还要将油底壳拆下更换油阀体下的滤网，装上溢流管后从加油管加入新的 ATF 油液直至溢流管淌油，装上放油螺塞。启动发动机工作，挂挡排系统内的气体，通过诊断仪检测到变速器油温在 30 ℃时打开放油螺塞，溢流管不淌油则继续加至淌油，若溢流管淌油则让油淌完，再装上放油螺塞。

图 7-71 所示为停车锁止装置和外围元件。

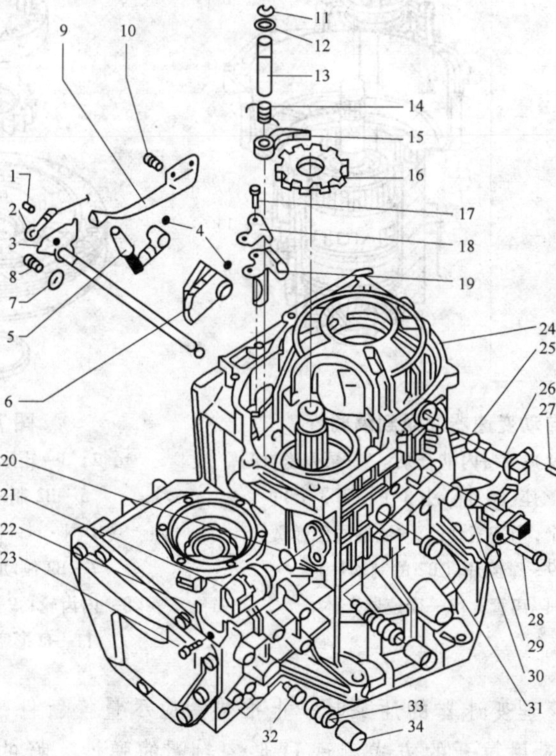

图 7-71　停车锁止装置和外围元件

1—螺栓（4 N · m）；2—手动滑阀操纵杆；3—带齿扇形手控定位的换挡轴；4—紧固套；5—推杆；6—切口扇形板；7—安全垫圈；8，10，27，28—螺栓（10 N · m）；9—钢板弹簧；11—弹性圈；12—垫圈；13—销轴；14—驻车棘爪弹簧；15—驻车棘爪；16—驻车棘轮；17—螺母（14 N · m）；18—支撑板；19—导板；20，25，29，30，31—O 形圈；21—多功能开关 F125；22—固定夹；23—螺母（10 N · m）；24—壳体；26—G38 大太阳轮转速传感器；32—通风管；33—通风装运；34—通风管套

[**技师指导**] 每次修理变速器时不一定非要分解停车锁止装置，但外围的传感器一定要拆下，以免在修理中发生损坏。图 7-71 中若多功能开关 F125 21 损坏和 G38 大太阳轮转速传感器 26 损坏，或其线束损坏，变速器控制单元 J217 将不控制执行器（电磁阀），变速器不再自动，但通过移动换挡杆可实现手动换挡。多功能开关 F125 21 的位置在发动机储液罐的下部，一旦防冻液过热溢出将流在多功能开关 F125 上，从而导致多功能开关 F125 损坏。

图 7-72 所示为拆装自动变速器油泵到隔离管。

图 7-73 所示为分解的油泵。

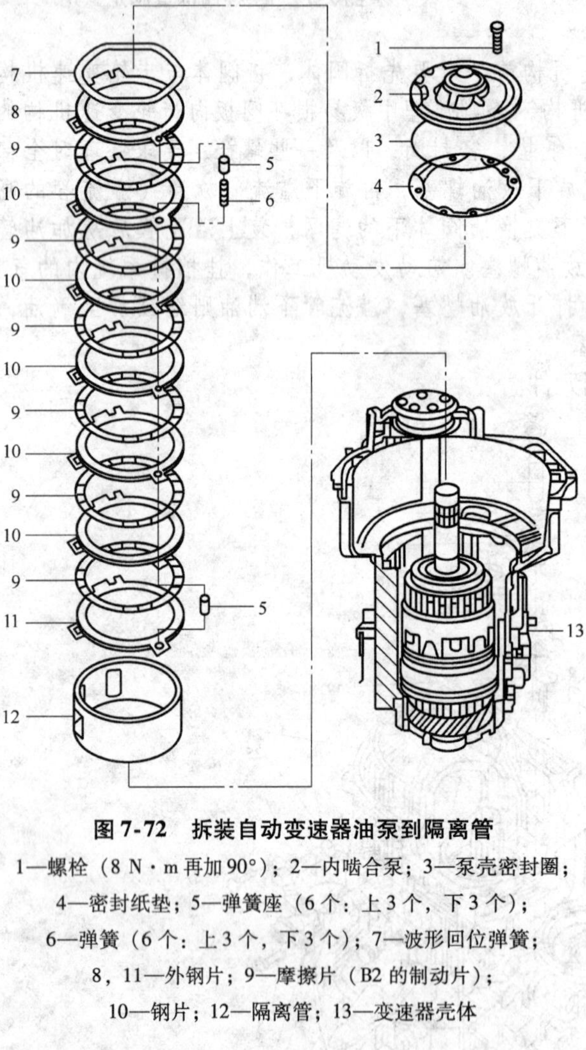

图 7-72　拆装自动变速器油泵到隔离管

1—螺栓（8 N · m 再加 90°）；2—内啮合泵；3—泵壳密封圈；
4—密封纸垫；5—弹簧座（6 个：上 3 个，下 3 个）；
6—弹簧（6 个：上 3 个，下 3 个）；7—波形回位弹簧；
8，11—外钢片；9—摩擦片（B2 的制动片）；
10—钢片；12—隔离管；13—变速器壳体

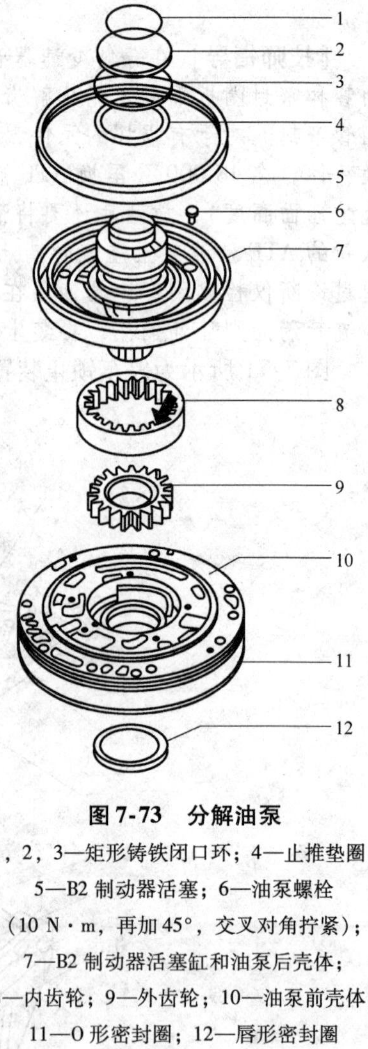

图 7-73　分解油泵

1，2，3—矩形铸铁闭口环；4—止推垫圈；
5—B2 制动器活塞；6—油泵螺栓
（10 N · m，再加 45°，交叉对角拧紧）；
7—B2 制动器活塞缸和油泵后壳体；
8—内齿轮；9—外齿轮；10—油泵前壳体；
11—O 形密封圈；12—唇形密封圈

[**技师指导**] 每次修理变速器的油泵时，止推垫圈应尽量换新件；O 形密封圈易发胀无弹性而发生漏油，修理时用拉开的方式测试 O 形密封圈的弹性，好的 O 形密封圈应在拉开后迅速回到原形。油泵内齿轮上有端面标记，标记指向后端盖，油泵的三隙：端隙、外齿轮和月牙板内侧间隙、内齿轮和月牙板外侧间隙需要测量。

图 7-74 所示为拆装倒挡离合器 K2 到大太阳轮。

图 7-75 所示为倒挡离合器 K2 的分解。

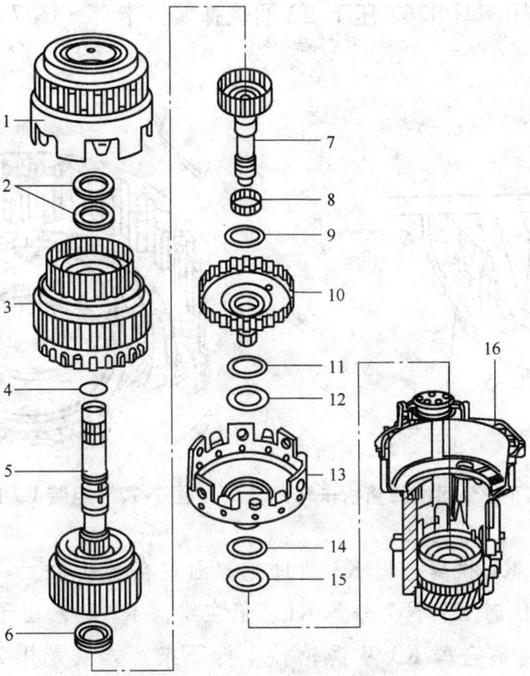

图 7-74　拆装倒挡离合器 K2 到大太阳轮

1—倒挡离合器 K2（驱动大太阳轮）；2—调整用垫片；3—1～3 挡离合器 K1；4—O 形圈；
5—涡轮轴（下部为离合器 K3 驱动行星架）；6—带垫圈的推力滚针轴承；7—行星架驱动毂；
8—径向滚针轴承；9，11—轴向滚针轴承；10—小太阳轮驱动毂；12—带台肩垫片；
13—大太阳轮输入毂；14—径向轴承；15—垫片；16—变速器壳体

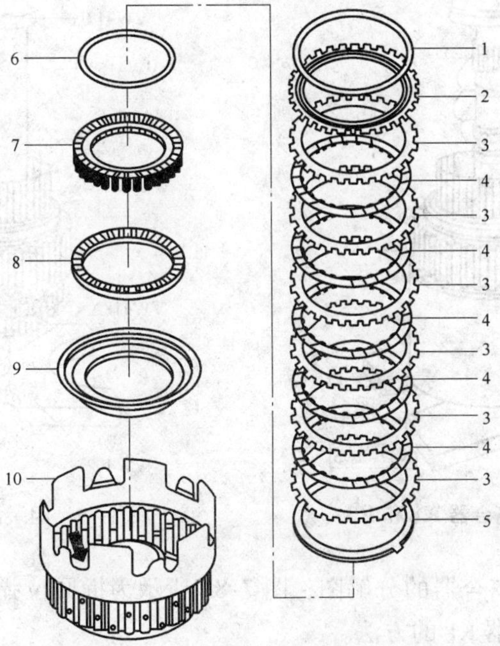

图 7-75　倒挡离合器 K2 的分解

1—弹性挡圈；2—压盘（带棱向外）；3—钢片；4—摩擦片；5—波形缓冲弹簧；6—回位弹簧座卡环；
7—回位弹簧；8—回位弹簧座；9—离合器活塞；10—倒挡离合器 K2 的外鼓

图 7-76 所示为用专用工具 3267 压下 K2 回位弹簧拆卡环，图 7-77 所示为组装 K2 时卡环要入环槽中。

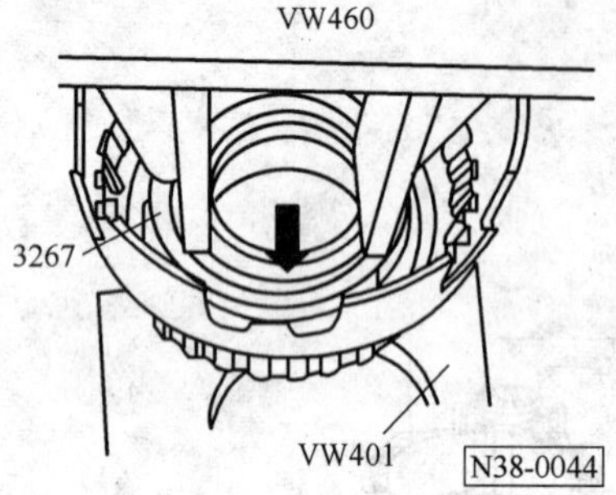

图 7-76　用专用工具 3267 压下 K2 回位弹簧拆卡环

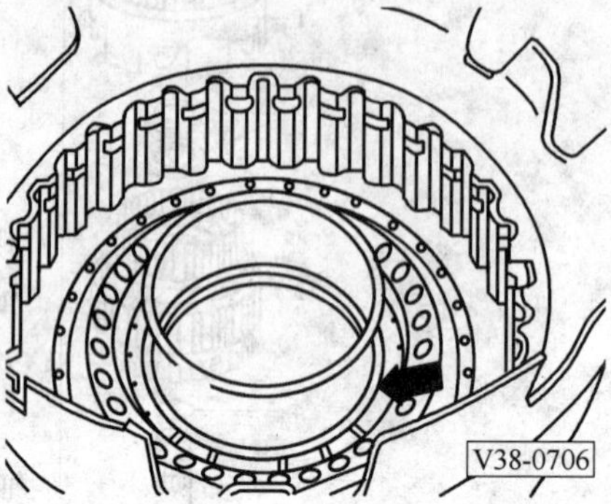

图 7-77　组装 K2 时卡环要入环槽中

［**技师指导**］离合器 K1 和离合器 K3 通过花键固定在涡轮轴上。离合器 K1 驱动小太阳轮，K3 驱动行星架，维修时 K3 不必分解 K1。但在维修 K1 时，由于 K3 的阻碍而无法修理 K1，所以要用液压压具将离合器 K3 从涡轮轴上拆下来。方法是用 3310 和 VW402 支撑 K1 离合器鼓下侧，用 VW402 压涡轮轴上部。修理完 K1 后组装 K1 和涡轮轴时，用 VW402 和 VW418A 支撑涡轮轴下侧，用 VW412 和 VW415A 压涡轮轴的上部，注意观察工作时是否有异常，有异常应停止。

如图 7-78、图 7-79 所示分别为分解离合器 K1、K3 和组装离合器 K1、K3。

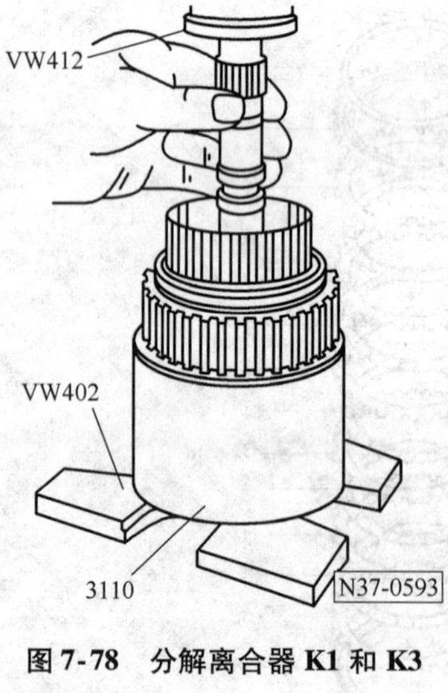

图 7-78　分解离合器 K1 和 K3

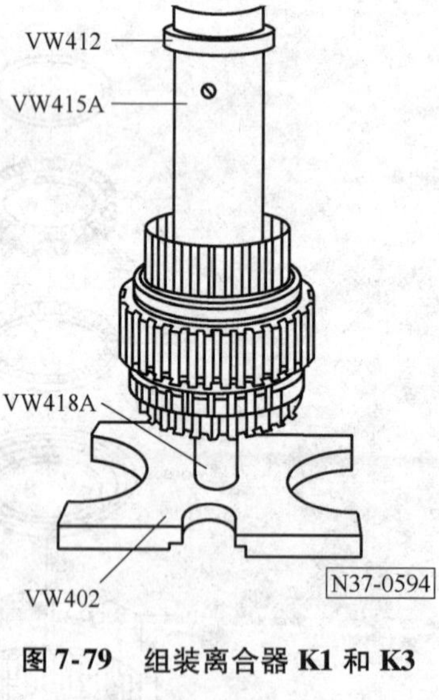

图 7-79　组装离合器 K1 和 K3

图 7-80 所示为 K1 离合器的分解图，图 7-81 所示为拆回位弹簧座的专用工具和方法，图 7-82 所示为组装离合器 K1 的方法。

［**技师指导**］在组装离合器 K1 时，要注意四个塑料定位片的位置，可以在拆开时就记住，若没有记住可查看资料，如图 7-82 所示，a 为一片带棱钢片，指向小太阳轮驱动鼓，

然后依次装入摩擦片、钢片、摩擦片、钢片、摩擦片，这时装入四个塑料定位片，然后再装入其他摩擦片、钢片和波形弹簧。

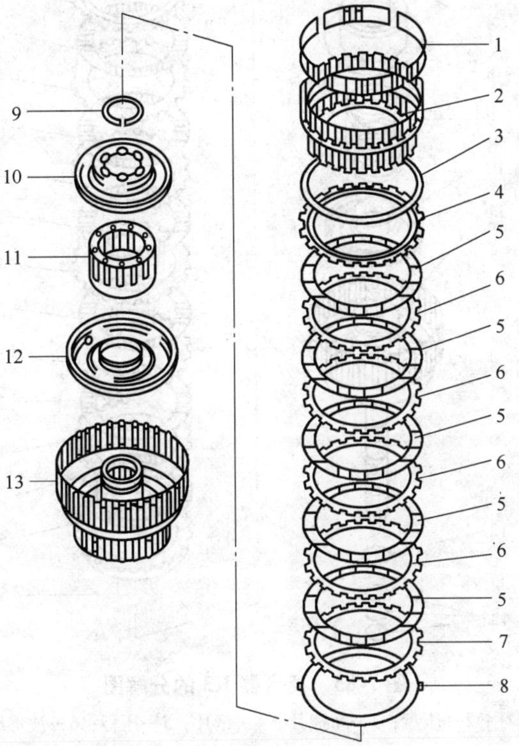

图 7-80　K1 离合器的分解图

1—塑料定位架（4 件）；2—小太阳轮驱动鼓；3—卡环（弹性挡圈）；4—压盘；5—摩擦片；6—钢片；7—2 mm 钢片；8—波形缓冲弹簧；9—弹性挡圈；10—回位弹簧座；11—圆周均布弹簧；12—带单向阀的活塞；13—K1 离合器鼓

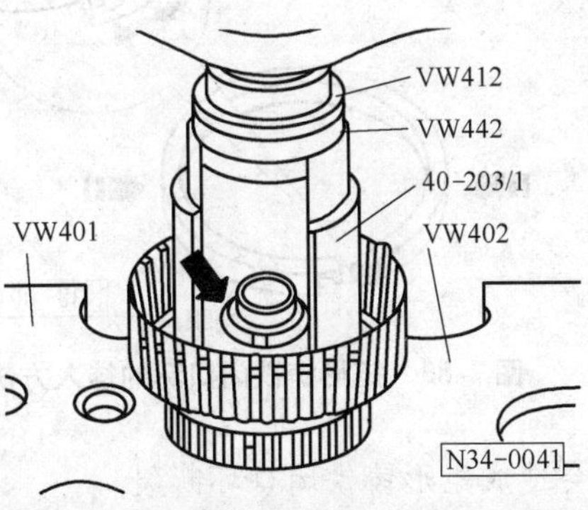

图 7-81　拆回位弹簧座的专用工具和方法

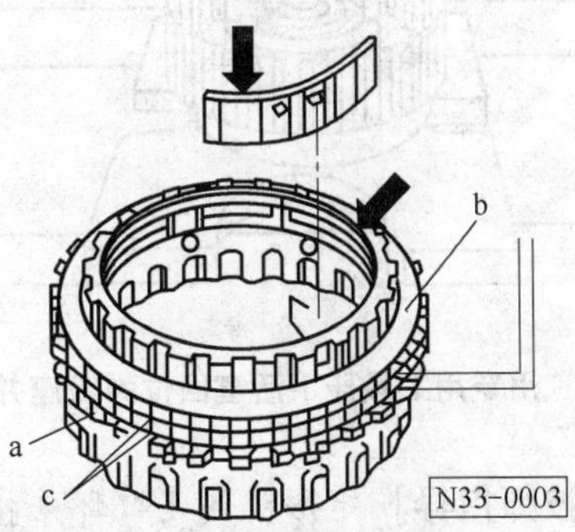

图 7-82　组装离合器 K1 的方法

图 7-83 所示为离合器 K3 的分解图，图 7-84 所示为用专用工具压下活塞回位弹簧座并拆下卡环，图 7-85 所示为矩形铸铁闭口环的挂入方法。

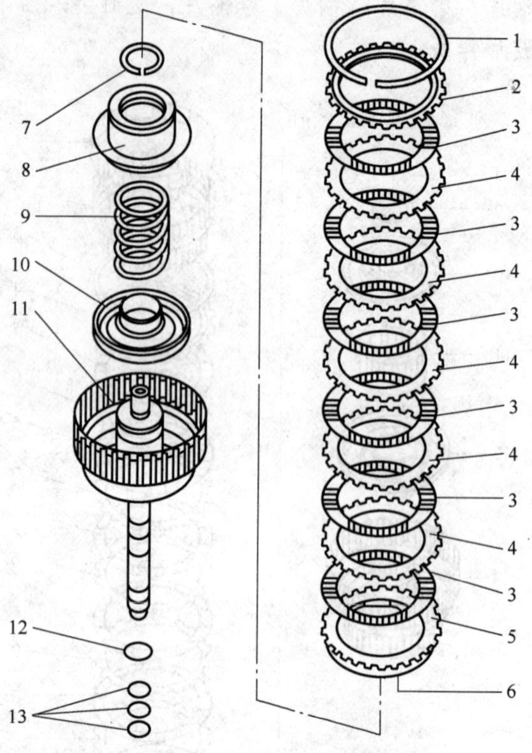

图 7-83　离合器 K3 的分解图

1，7—卡环；2—压盘；3—摩擦片；4—钢片；5—压板；6—波形缓冲弹簧；
8—回位弹簧座；9—回位弹簧；10—活塞；11—K3 离合器鼓；12—O 形密封圈；
13—矩形铸铁闭口环（3 个）

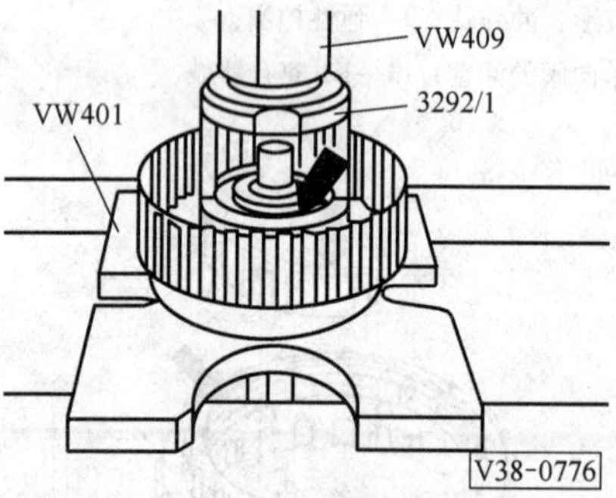

图 7-84　用专用工具压下活塞回位弹簧座并拆下卡环

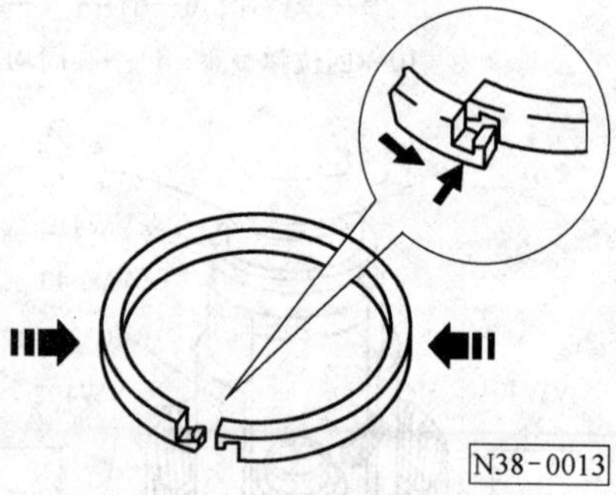

图 7-85　矩形铸铁闭口环的挂入方法

[技师指导] 矩形铸铁闭口环未挂入时就组装会造成矩形铸铁闭口环断裂。

如图 7-86 所示为拆装单向离合器 F1 和倒挡制动器 B1。

[技师指导] 图 7-86 中 3 单向离合器 F1 的装入要用专用工具将滚柱排开，在重力作用下，单向离合器 F1 的外圈下落到行星架上。两个卡环 1 和 2 的开口要对准 F1 的小尾巴。卡环 1 支撑 B2 制动器的隔离管 12，卡环 2 固定单向离合器 F1（也就是固定 B1 制动器的液压缸）。

图 7-87 所示为拆装行星架至后端盖。

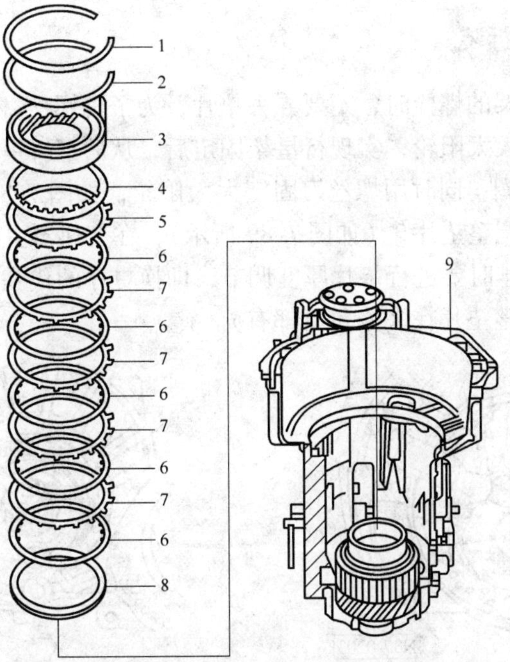

图 7-86　拆装单向离合器 F1 和倒挡制动器 B1

1—用于支撑支撑管的卡环；2—用于固定 3 的卡环；3—单向离合器 F1 的外圈和 B1 的液压缸；4—膜片弹簧（内部凸起与液压缸活塞接触）；5—压盘 B1；6—摩擦片；7—钢片；8—调整垫片；9—变速器壳体

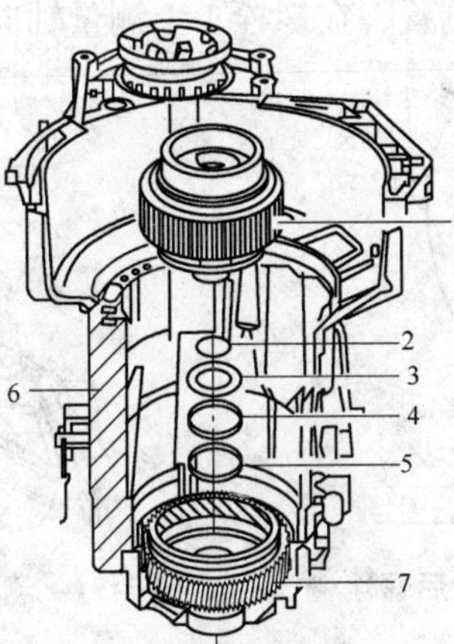

图 7-87　拆装行星架至后端盖

1—行星架；2—O 形圈；3，5，9—垫片；4—轴向轴承；6—变速器壳体；7—内齿圈；8—用于调整的垫片；10—螺栓（30 N·m）；11—定位销；12—螺栓（8 N·m）

二、01M 变速器的拆装

在拆装变速器行星架的螺栓时，不要弄丢垫片，为了拆螺栓，要手动挂入 P 挡制动内齿圈，同时用螺丝刀固定大太阳轮，实现行星架固定后，从后部拆下螺栓。在组装时也要通过手动挂入 P 挡制动内齿圈，同时用螺丝刀固定大太阳轮，如图 7-88 所示，实现行星架固定后，再紧固螺栓。对于调整垫片 3（如图 7-89 所示），在变速器更换从大太阳轮驱动毂至内齿圈的轴承或更换行星排时要进行垫片厚度调节，即换更厚的代替原来的，或换更薄的代替原来的（不同厚度的调整垫片在大修包里都有）。

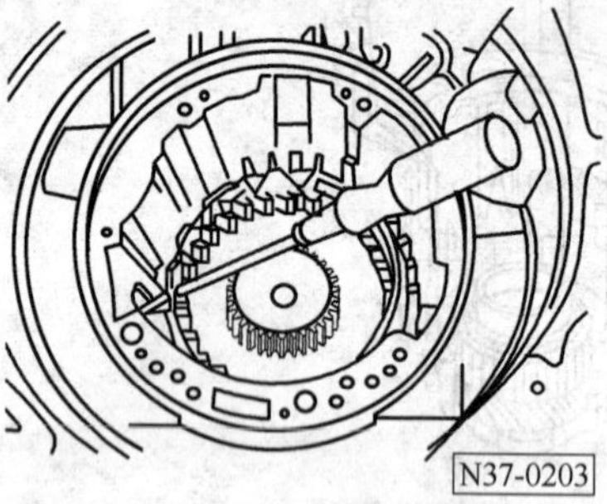

图 7-88　用螺丝刀固定大太阳轮

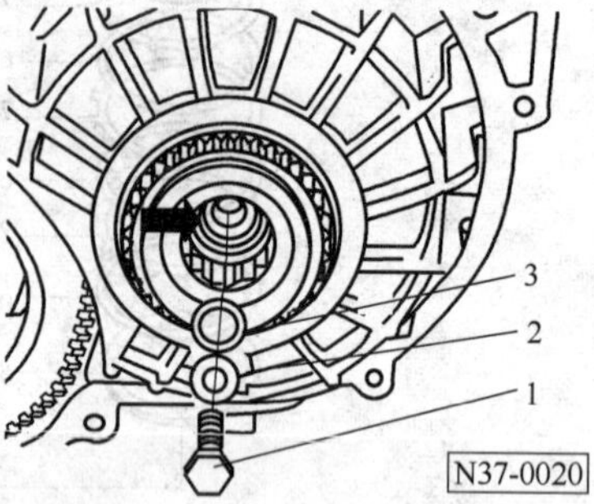

图 7-89　调整垫片 3 的位置

如图 7-90 所示，在确定调整垫片 3 的厚度时，不要装入旧的调整垫片，固定行星架后，将 1 和 2 拧入行星架，将变速器倒置，在螺栓 1 上测量轴向窜动量，如图 7-91 所示。

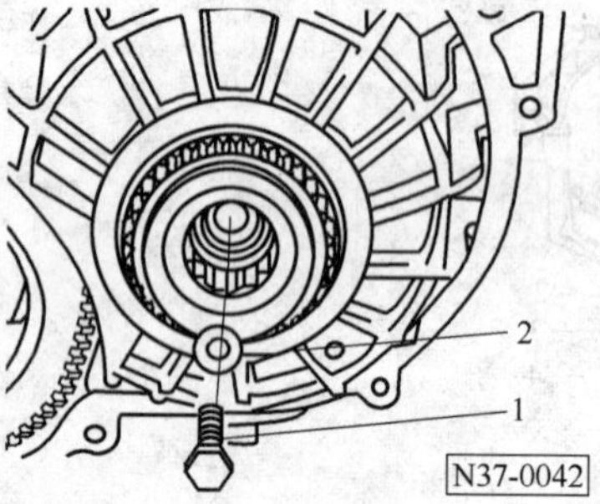

图 7-90　安装不带调整垫片的后螺栓

1，2—螺栓

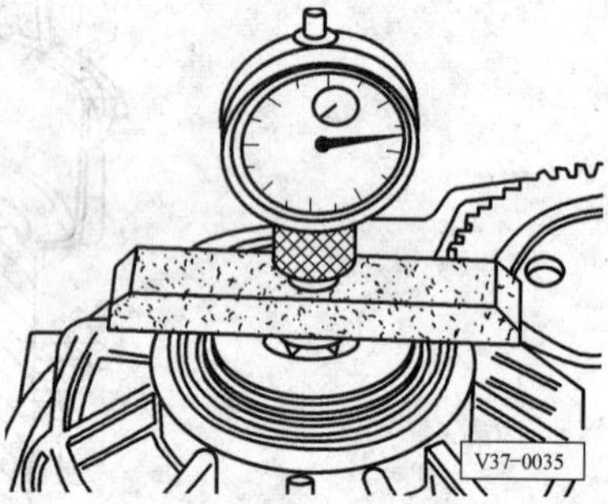

图 7-91　测量行星架小输入轴的轴向窜动量

［完成任务］例如，在表 7-8 中百分表测量行星架的窜动量若为 2.0 mm，请确定垫片厚度是多少：＿＿＿＿＿＿。使用这个调整垫片后，行星架的窜动量在多少范围内变动（标准为 0.23～0.37 mm）：＿＿＿＿＿＿。

表 7-8　行星架小输入轴防窜调整垫片查询表　　mm

测量值	调整垫圈	测量值	调整垫圈
1.26～1.35	1.0	2.26～2.35	2.0
1.36～1.45	1.1	2.36～2.45	2.1
1.46～1.55	1.2		

续表

测量值	调整垫圈	测量值	调整垫圈
		2.45 ~ 2.55	2.2
1.56 ~ 1.65	1.3	2.56 ~ 2.65	2.3
1.66 ~ 1.75	1.4	2.66 ~ 2.75	2.4
1.76 ~ 1.85	1.5		
		2.76 ~ 2.85	2.5
1.86 ~ 1.95	1.6	2.86 ~ 2.95	2.6
1.96 ~ 2.05	1.7	2.96 ~ 3.05	2.7
2.06 ~ 2.15	1.8		
		3.06 ~ 3.15	2.8
2.16 ~ 2.25	1.9	3.16 ~ 3.25	2.9

确定 B1 调整垫片的厚度 A：首先确定哪个是 B1 的调整垫片，也是不带原调整垫片测量间隙。调整垫片厚度由间隙尺寸 X 确定，$X = K + I/2 - m$；如图 7-92 所示，其中 A 为调整垫片厚度，X 为间隙尺寸，I 为 B1 制动器活塞至制动缸外沿的距离（见图 7-93），m 为带 B1 压盘和组片（钢片和摩擦片）的厚度（见图 7-94），K 为固定值 26.8 mm（由变速器内部的结构高度确定，不可调）。调整后的 B1 的自由间隙如图 7-95 所示。

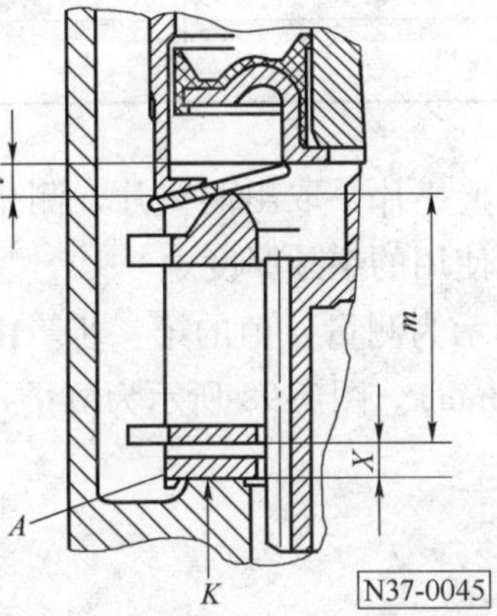

图 7-92　A、K、X、I、m 的尺寸位置

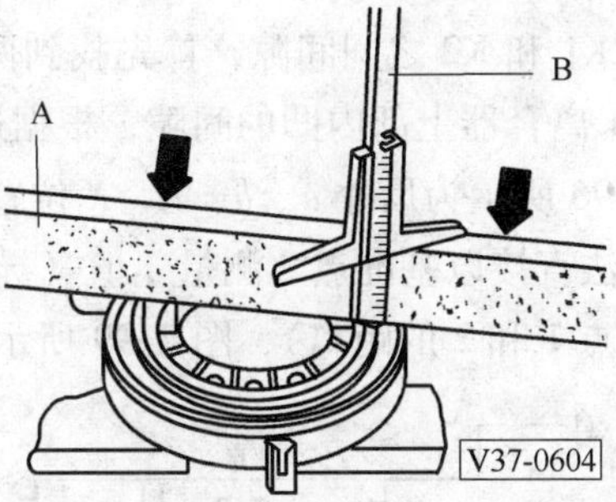

图 7-93　测量深度 I（导板厚度 48.20 mm）

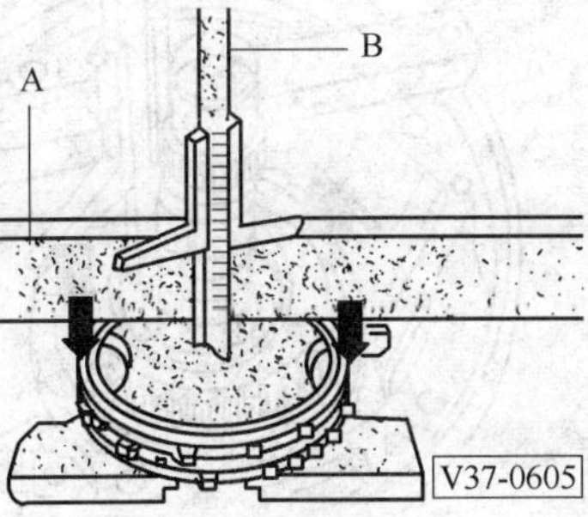

图 7-94　测量 m

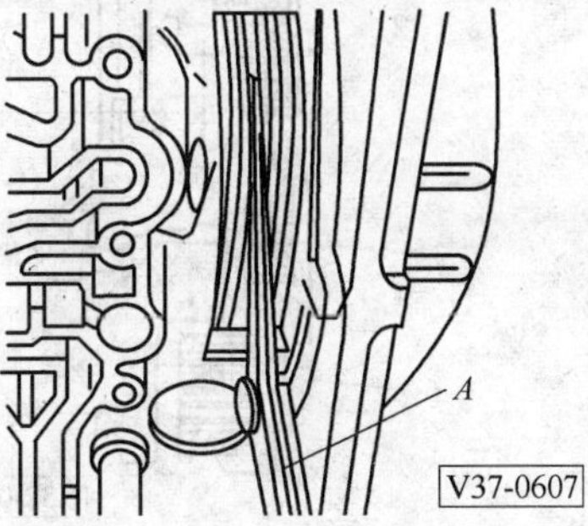

图 7-95　用塞规量间隙 A

在图 7-94 中测量 m 时，导板厚度固定为 48.20 mm。在图 7-95 中用塞规量得的间隙 A 为 1.20 ~ 1.80 mm。调整垫片厚度可查表 7-9。

表 7-9　由间隙 *X* 确定的 B1 调整垫片查询表　　mm

间隙尺寸 X	调整垫片	间隙尺寸 X	调整垫片
2.36 ~ 2.45	1.0	3.36 ~ 3.45	1.0 + 1.0
2.46 ~ 2.55	1.1	3.46 ~ 3.55	1.0 + 1.1
2.56 ~ 2.65	1.2		
		3.56 ~ 3.65	1.1 + 1.1
2.66 ~ 2.75	1.3	3.66 ~ 3.75	1.1 + 1.2
2.76 ~ 2.85	1.4	3.76 ~ 3.85	1.2 + 1.2
2.86 ~ 2.95	1.5		
		3.86 ~ 3.95	1.2 + 1.3
2.96 ~ 3.05	1.6	3.96 ~ 4.05	1.3 + 1.3
3.06 ~ 3.15	1.7	4.06 ~ 4.15	1.3 + 1.4
3.16 ~ 3.25	1.8		
		4.16 ~ 4.25	1.4 + 1.4
3.26 ~ 3.35	1.9		

调整 K1 和 K2 之间间隙，首先找到两个塑料的调整垫片，取出两垫片，测量油泵后凸圆柱到 K1 离合器上部内凹的间隙，根据这个间隙确定使用的垫片厚度。

图 7-96 所示为尺寸 a、b、A、X 位置，图 7-97 所示为测量 a 值的第一步。由于导板较长，故无法直接以基准点 2 测量 a 值（导板厚度 19.5 mm）。图 7-98 所示为测量 a 值的第二步（基准点 1 和 2 的距离），图 7-99 所示为测量 b 值。

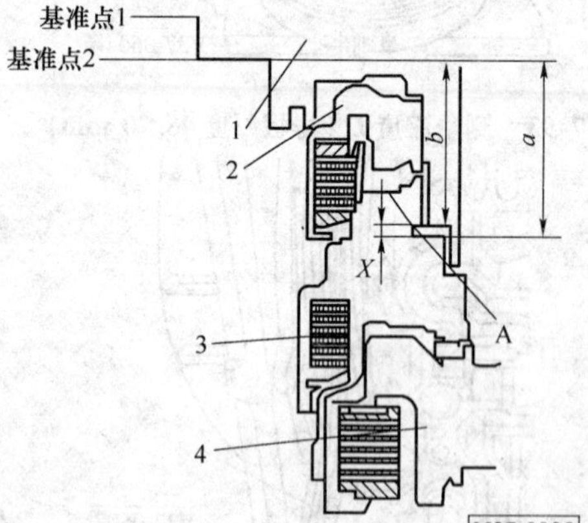

图 7-96　尺寸 *a*、*b*、A、*X* 位置

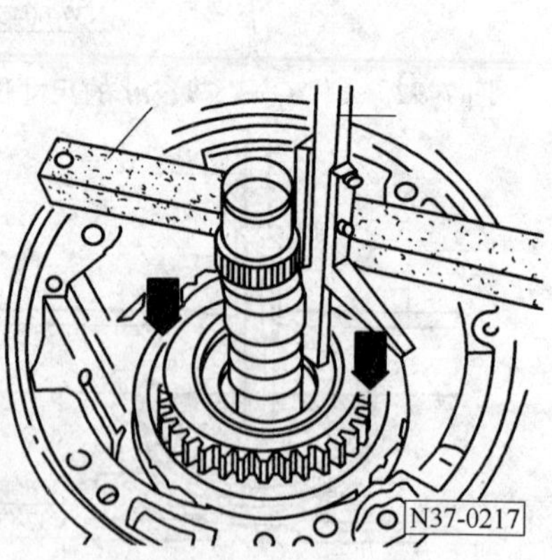

图 7-97　测量 *a* 值第一步

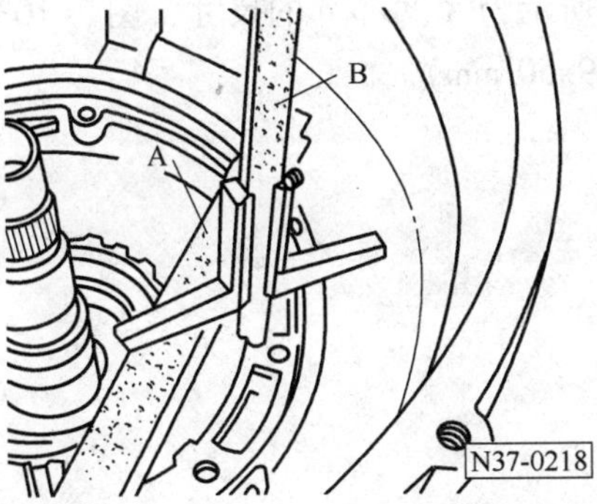

图 7-98　测量 *a* 值第二步（基准点 1 和 2 的距离）

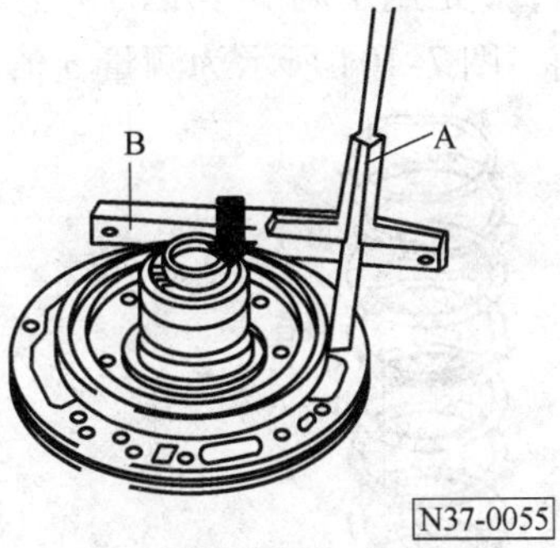

图 7-99　测量 *b* 值

间隙尺寸 $X = a - b$，离合器 K1 和 K2 间隙的调整垫片可查 7-10 表。装上油泵后，确认离合器 K1 和 K2 间隙的方法为用工具拉动涡轮轴的轴向窜动量应为 0.5 ~ 1.2 mm，如图 7-100 所示。

表 7-10　由间隙 *X* 确定的 K1 和 K2 间隙调整垫片查询表　　mm

间隙尺寸 *X*	调整垫圈
约 2.54	1.4
2.55 ~ 3.09	1 + 1
3.10 ~ 3.49	1.2 + 1.2
3.50 ~ 3.89	1.4 + 1.4
3.90 ~ 4.29	1.6 + 1.6
4.30 ~ 4.69	1.8 + 1.8
4.70 ~ 5.04	1.2 + 1.2 + 1.6
5.05 ~ 5.25	1.2 + 1.2 + 1.8

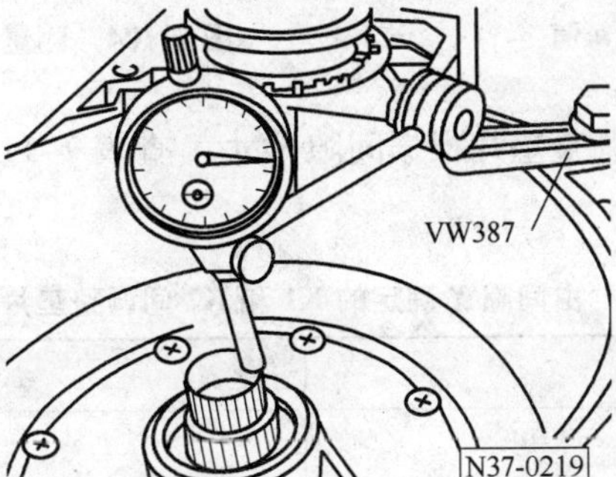

图 7-100　确认离合器 K1 和 K2 间隙的方法

确定制动器 B2 调整垫片的厚度（如图 7-101 所示），图 7-101 中，1 为固定的 3 mm 厚度的钢片，2 是用于调节厚度的调整片。图 7-102 所示为 X、a、b 的尺寸，图 7-103 所示为测量 a 值，图 7-104 所示为测量 b 值（导板厚度 19.50 mm）。

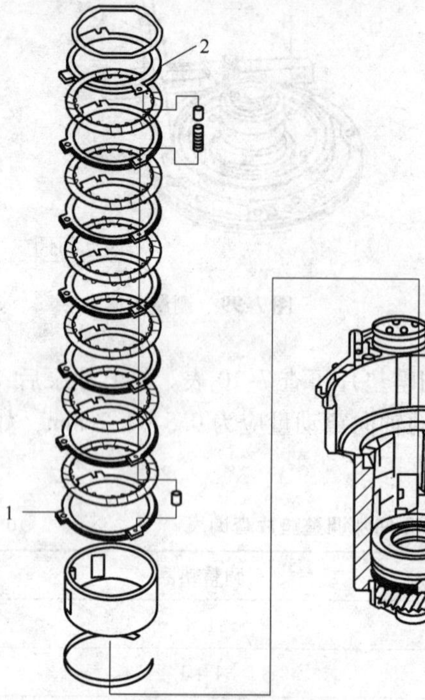

图 7-101　B2 的分解图

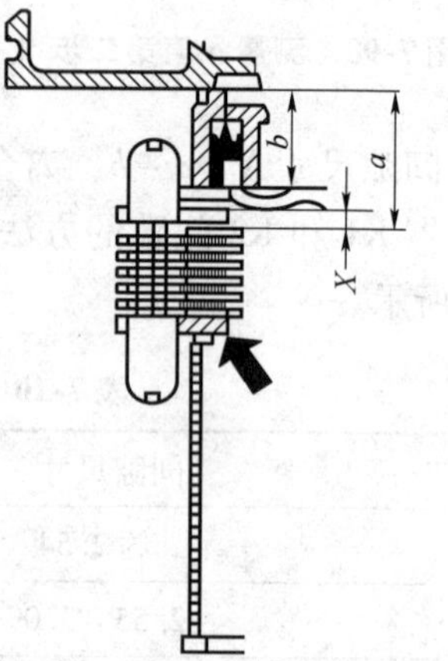

图 7-102　X、a、b 的尺寸

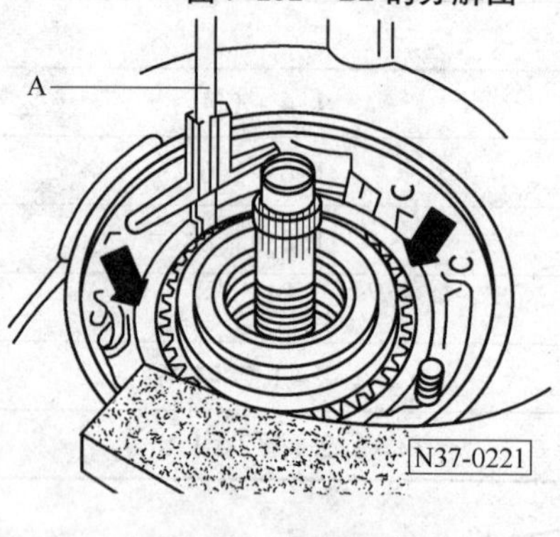

图 7-103　测量 a 值

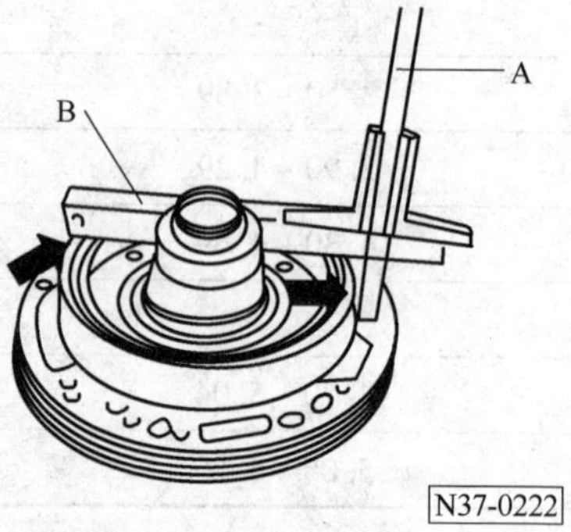

图 7-104　测量 b 值（导板厚度 19.50 mm）

间隙尺寸 $X=a-b$，B2 调整垫片根据间隙尺寸 X 查表 7-11，可以是单个调整垫片或两个叠加。

表 7-11　由间隙 X 确定的 K1 和 K2 间调整垫片查询表　　mm

间隙尺寸 X	调整垫圈
4.25 ~ 4.49	2.75
4.50 ~ 4.74	3.00
4.75 ~ 4.99	3.25

续表

间隙尺寸 X	调整垫圈
5.00～5.24	3.50
5.25～5.49	3.75
5.50～5.74	2.00+2.00
5.75～5.99	2.00+2.25
6.00～6.24	2.25+2.25
6.25～6.49	2.25+2.50
6.50～6.74	2.50+2.50
6.75～7.00	2.50+2.75

图7-105所示和图7-106所示分别为拆装二轴（输出轴组件）和拆装二轴主动大齿轮。图7-107所示为拆装二轴主动大齿轮下侧轴承内圈，图7-108所示为安装二轴（小齿轮轴）主动大齿轮下侧轴承内圈，图7-109所示为安装二轴主动大齿轮下侧轴承外圈，图7-110所示为拆装二轴下侧的轴承座，图7-111所示为拆装二轴下侧轴承座的固定点（如箭头所示），图7-112所示为敲入二轴油封，图7-113所示为拆卸二轴，图7-114所示为敲入二轴下侧轴承外圈，图7-115所示为安装二轴下侧轴承内圈。

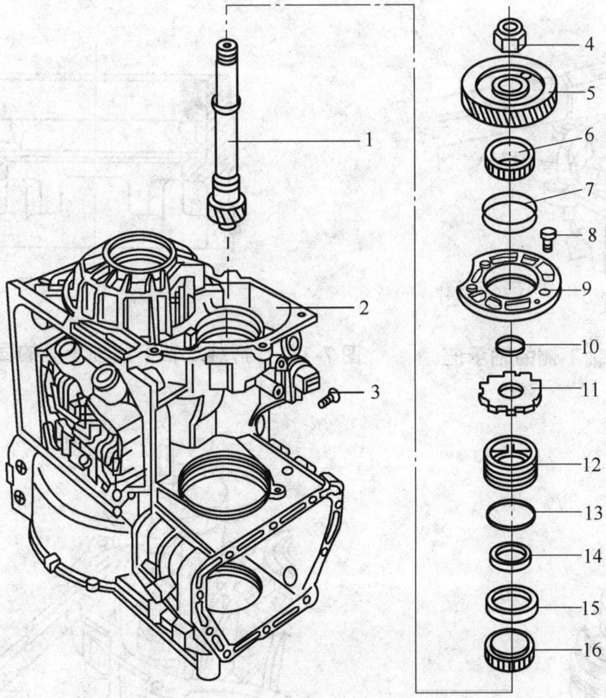

图7-105　拆装二轴（输出轴组件）

1—小齿轮轴（二轴）；2—变速器壳体；3—螺栓（12 N·m）；4—六角螺母（250 N·m）；5—从动齿轮；6，16—轴承内圈；7，15—轴承外圈；8—螺栓（25 N·m）；9—轴承盖；10—调整垫片；11—驻车棘轮；12—轴承支承座（200 N·m）；13—O形密封圈；14—小齿轮轴密封圈

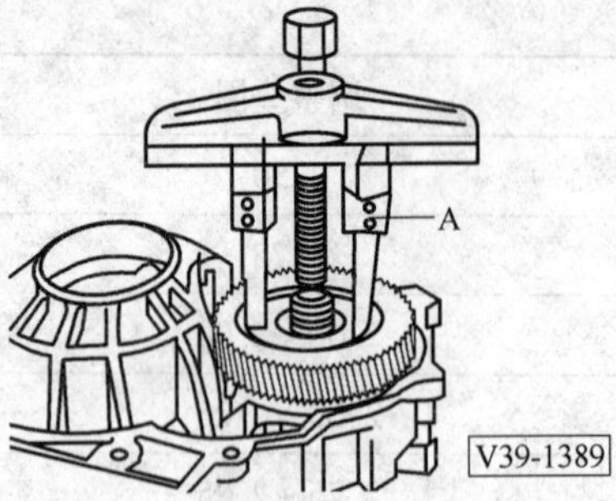

图 7-106　拆装二轴主动大齿轮

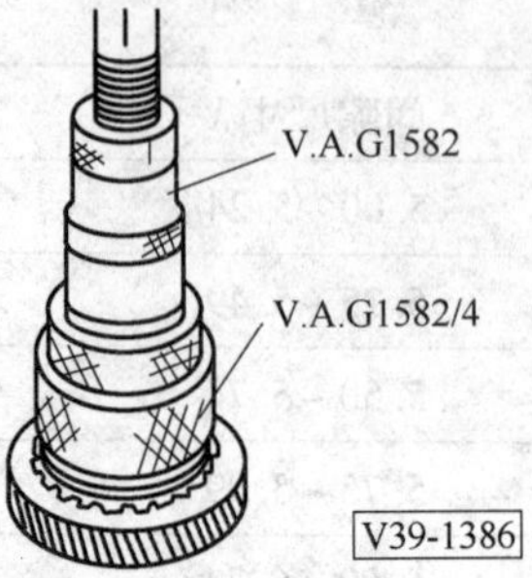

图 7-107　拆装二轴主动大齿轮下侧轴承内圈

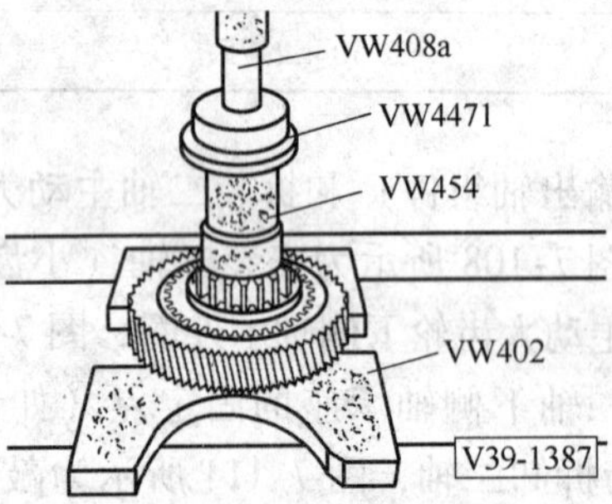

图 7-108　安装二轴主动大齿轮下侧轴承内圈

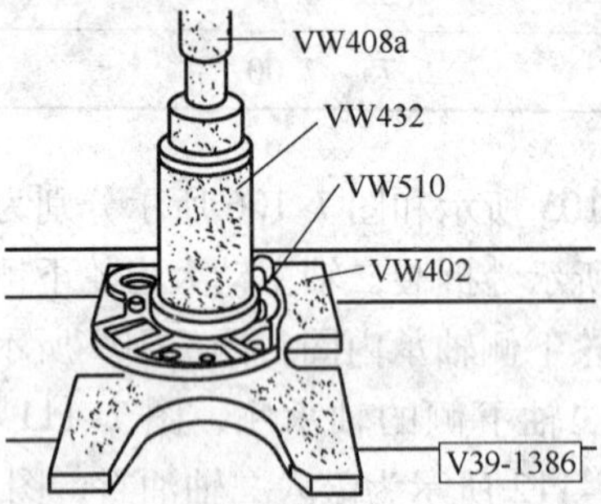

图 7-109　安装二轴主动大齿轮下侧轴承外圈

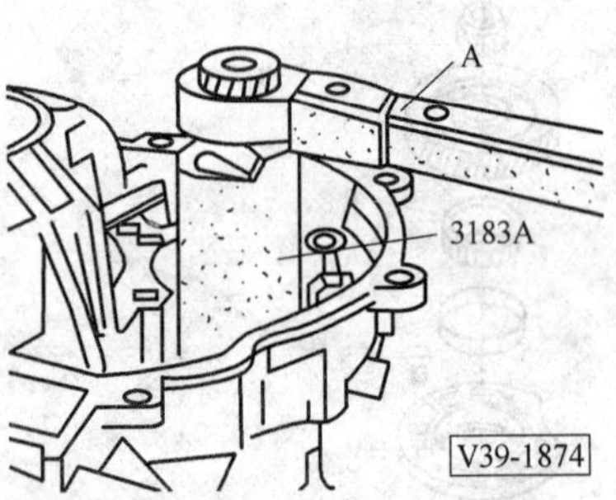

图 7-110　拆装二轴下侧的轴承座

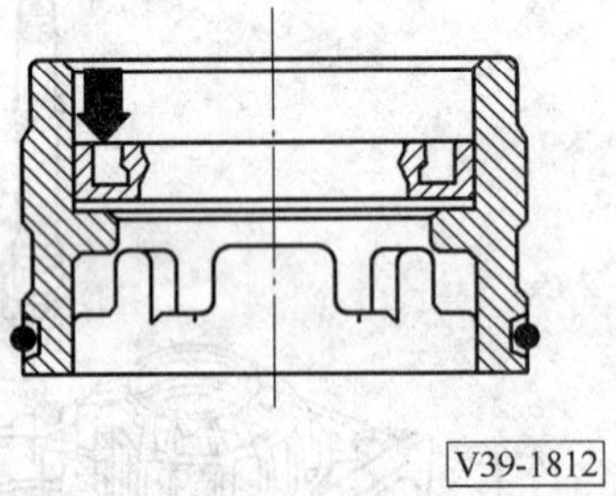

图 7-111　拆装二轴下侧轴承座的固定点（如箭头所示）

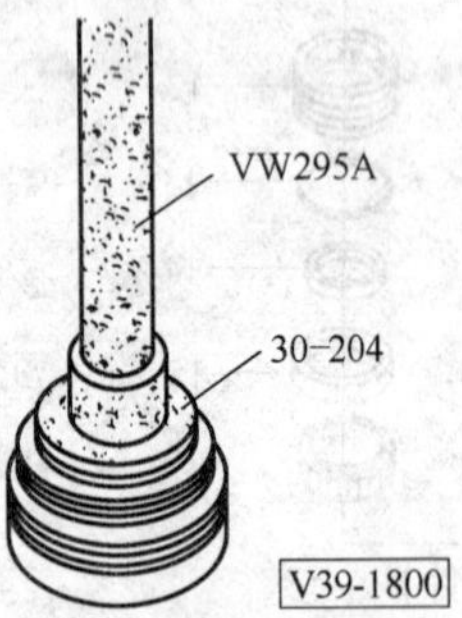

图 7-112　敲入二轴油封

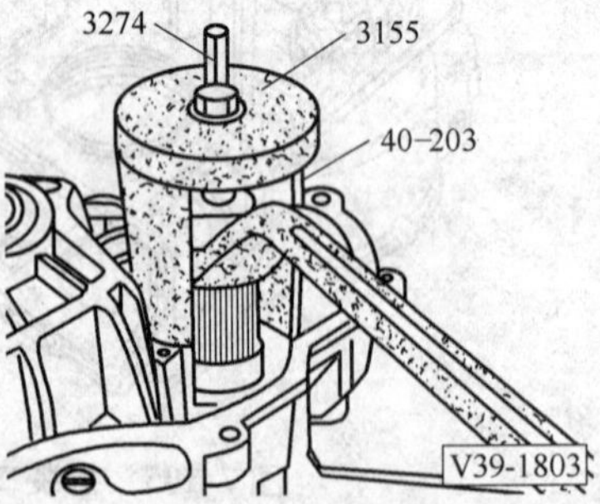

图 7-113　拆卸二轴

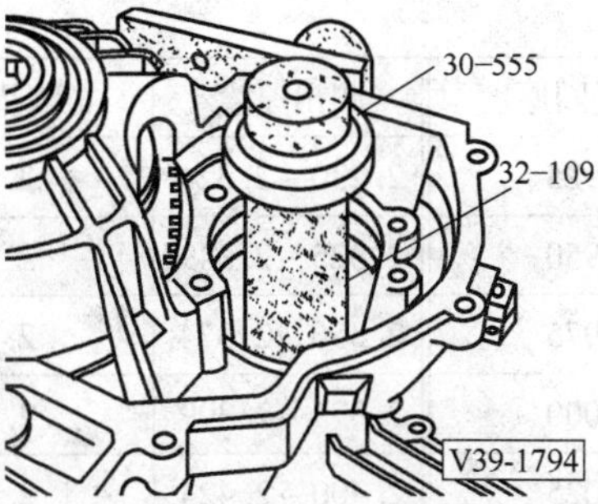

图 7-114　敲入二轴下侧轴承外圈

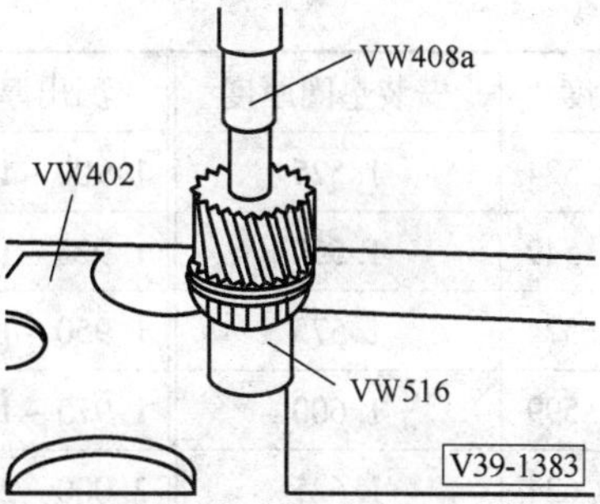

图 7-115　安装二轴下侧轴承内圈

［**技师指导**］小齿轮轴（二轴）1 和从动齿轮 5 是用花键连接的，应用专用拉具拆下从动齿轮 5；小齿轮轴（二轴）的上部支承为轴承盖 9，轴承松紧调整由螺母 4 的力矩确定，下部轴承支承座为 12，轴承松紧由轴承支承座 12 的力矩决定。装配后，可通过测量小齿轮轴的摩擦力矩确定轴承的松紧度。

调整小齿轮轴：放入两个调整垫片（每个 1.5 mm 厚，如图 7-116 所示），测量二轴轴向窜动量（如图 7-117 所示），调整垫圈 10 的厚度也是通过测量后查表 7-12 确定的。

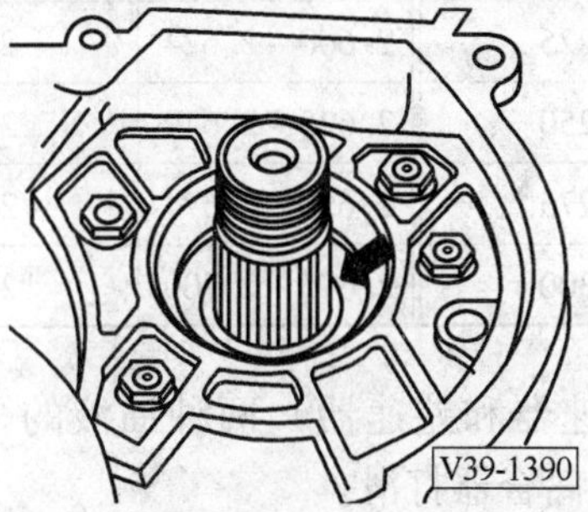

图 7-116　放入两个调整垫片（每个 1.5 mm 厚）

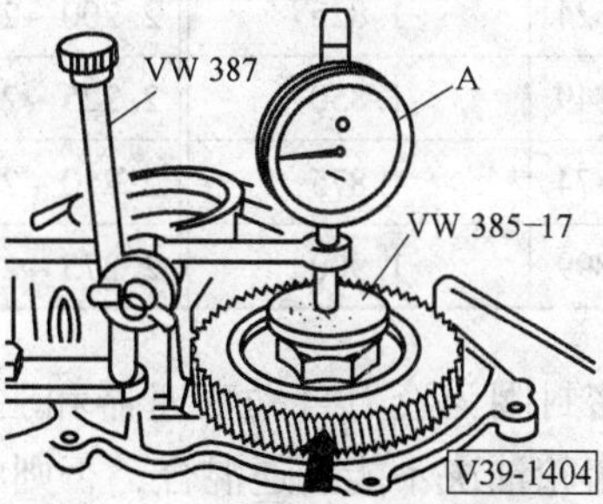

图 7-117　测量二轴轴向窜动量

［**技师指导**］在确定二轴（小齿轮轴）调整垫片厚度时，先放入两个厚 1.5 mm 的调整垫片，二轴上的大螺母按标准力矩（250 N · m）紧固，测量二轴窜动量（从差速器小齿轮处顶起二轴，也可用螺丝刀撬起大齿轮）。

表 7-12　二轴调整垫片查询表　　mm

测出厚度/mm	安装垫圈厚度/mm	测出厚度/mm	安装垫圈厚度/mm	测出厚度/mm	安装垫圈厚度/mm
0.975 ~ 0.999	1.000	1.150 ~ 1.174	1.175	1.325 ~ 1.349	1.350
1.000 ~ 1.024	1.025	1.175 ~ 1.199	1.200	1.350 ~ 1.374	1.375
1.025 ~ 1.049	1.050	1.200 ~ 1.224	1.225	1.375 ~ 1.399	1.400
1.050 ~ 1.074	1.075	1.225 ~ 1.249	1.250	1.400 ~ 1.424	1.425
1.075 ~ 1.099	1.100	1.250 ~ 1.274	1.275	1.425 ~ 1.449	1.450
1.100 ~ 1.124	1.125	1.275 ~ 1.299	1.300	1.450 ~ 1.474	1.475
1.125 ~ 1.149	1.150	1.300 ~ 1.324	1.325	1.475 ~ 1.499	1.500

续表

测出厚度	安装垫圈厚度	测出厚度	安装垫圈厚度	测出厚度	安装垫圈厚度
1. 500 ~ 1. 524	1. 525	1. 900 ~ 1. 924	1. 925	2. 230 ~ 2. 324	2. 325
1. 525 ~ 1. 549	1. 550	1. 925 ~ 1. 949	1. 950	2. 325 ~ 2. 349	2. 350
1. 550 ~ 1. 574	1. 575	1. 950 ~ 1. 974	1. 975	2. 350 ~ 2. 374	2. 375
1. 575 ~ 1. 599	1. 600	1. 975 ~ 1. 999	2. 000	2. 375 ~ 2. 399	2. 400
1. 600 ~ 1. 624	1. 625	2. 000 ~ 2. 024	2. 025	2. 400 ~ 2. 424	2. 425
1. 625 ~ 1. 649	1. 650	2. 025 ~ 2. 049	2. 050	2. 425 ~ 2. 449	2. 450
1. 650 ~ 1. 674	1. 675	2. 050 ~ 2. 074	2. 075	2. 450 ~ 2. 474	2. 475
1. 675 ~ 1. 699	1. 700	2. 075 ~ 2. 099	2. 100	2. 475 ~ 2. 449	2. 500
1. 700 ~ 1. 724	1. 725	2. 100 ~ 2. 124	2. 125	2. 500 ~ 2. 524	2. 525
1. 725 ~ 1. 749	1. 750	2. 125 ~ 2. 149	2. 150	2. 525 ~ 2. 549	2. 550
1. 750 ~ 1. 774	1. 775	2. 150 ~ 2. 274	2. 175	2. 550 ~ 2. 574	2. 575
1. 775 ~ 1. 799	1. 800	2. 175 ~ 2. 199	2. 200	2. 575 ~ 2. 599	2. 600
1. 800 ~ 1. 824	1. 825	2. 200 ~ 2. 224	2. 225	2. 600 ~ 2. 624	2. 625
1. 825 ~ 1. 849	1. 850	2. 225 ~ 2. 249	2. 250	2. 625 ~ 2. 649	2. 650
1. 850 ~ 1. 874	1. 875	2. 250 ~ 2. 274	2. 275	2. 650 ~ 2. 674	2. 675
1. 875 ~ 1. 899	1. 900	2. 275 ~ 2. 299	2. 300	2. 675 ~ 2. 700	2. 700

O 形密封圈为液力自动变速器和驱动桥（主减速器和差速器）两种油液的分隔油封，液压油和齿轮油决不能互通混合，否则将导致变速器离合器打滑。

图 7-118 所示为拆装差速器组件，图 7-119 所示为在旧的轴承调整座上作记号，图 7-120 所示为用转动工具 3155 转动轴承调整座。

［**技师指导**］在拆装轴承调整座前要对位置作记号，旋下时记住多少圈，这样在装配时直接按圈数旋紧，可大大提高工作效率。驱动法兰油封 6 是易损的油封，一旦漏油损害很大，应及时更换。法兰盘和法兰轴采用两体结构，这样设计是为了实现在不拆开变速器内弹性挡圈 17 的情况下，可更换驱动法兰油封 6。对于法兰盘和法兰轴采用一体结构时，法兰轴和半轴齿轮的固定通常用长螺栓紧固圆形片，这个圆形片起到弹性挡圈 17 的作用。在拆下半轴法兰的长螺栓后，圆形片不会在重力作用下移位，所以可以在拆掉半轴法兰盘后更换半轴油封。

图 7-121 所示为分解后的 01M 差速器组件。

［**技师指导**］在差速器壳内，两半轴齿轮可通过转动直接从差速器壳体拿出，而要拆开差速器的行星齿轮则要用钻头钻掉铁皮销，压出行星齿轮轴才能拿出整体式止推垫圈和两个行星齿轮。只要不出润滑故障，差速器几乎不损坏。工作中主要是轴承调整座的差速器壳体支承轴承在修理中调节不当出现轴承异响或主减速器异响。轴承异响是因为松紧度调整不正确，而主减速器异响是由主减速器主动圆柱齿轮和从动圆柱齿轮未全齿啮合造成的。

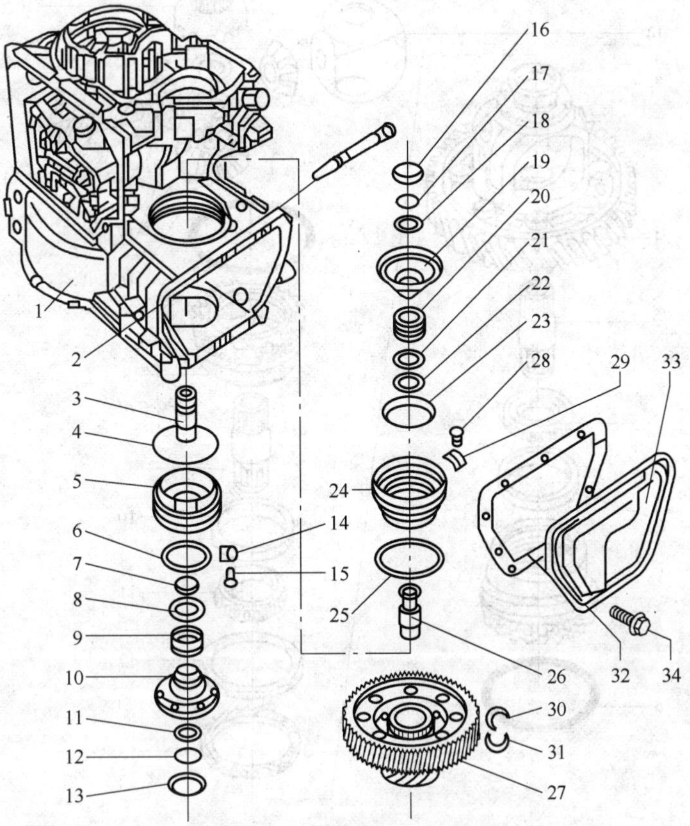

图 7-118　拆装差速器组件

1—变速器壳体；2—带油位高度的里程表传感器；3，26—法兰轴；4，25—O 形密封圈；5—轴承调整座；6，23—驱动法兰油封；7—锥形环（台肩指向止推垫圈）；8，21—止推垫圈；9—压力弹簧；10，19—驱动法兰；11—碟形弹簧；12，17，30，31—弹性挡圈；13—密封盖；14—防松锁片；15—螺栓（12 N · m）；16—轴承内圈；18—碟形弹簧；20—压力弹簧；22—锥形环；24—轴承体（150 N · m）；27—主减速从动齿轮；28—螺栓（12 N · m）；29—防松锁片；32—密封垫；33—侧盖；34—螺栓（28 N · m）

图 7-119　在旧的轴承调整座上作记号

图 7-120　用转动工具 3155 转动轴承调整座

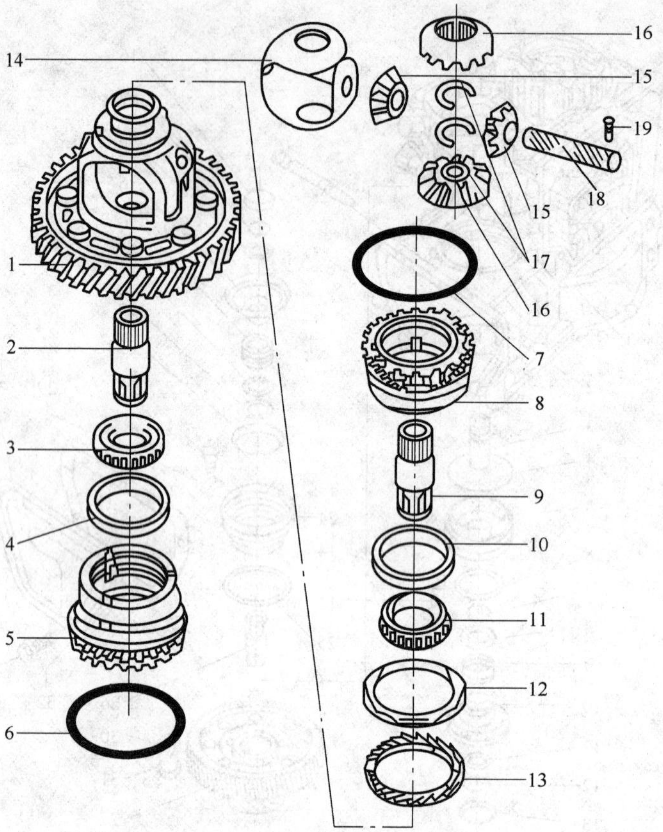

图 7-121　分解后的 01M 差速器组件

1—带有主减速器从动齿轮的差速器壳体；2，9—法兰轴；3，11—轴承内圈；
4，10—轴承外圈；5，8—轴承调整座；6，7—密封圈；12—中间衬套；
13—车速表主动齿轮；14—整体式止推垫圈；15—差速器行星齿轮（锥齿轮）；
16—半轴齿轮；17—弹性挡圈；18—差速器行星齿轮（锥齿轮）轴；19—铁皮销

［**技师指导**］在更换驱动桥齿轮油时，从侧面的放油螺栓处放油，从里程表传感器座孔处加油，加油量在 Min 和 Max 之间（如图 7-122 所示），在 Max 和 Min 两点之间可容纳 0.1 L 油，这样的设计可减少加工工序，降低成本。在更换半轴油封时，要拆下支臂球头的三个螺栓（如图 7-123 所示），因此要做四轮定位，确定车轮外倾（可在拆时作记号，安装时按记号安装就不用做四轮定位了）。

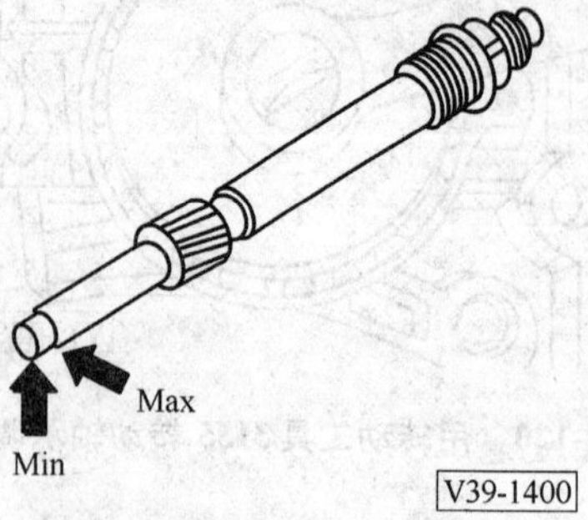

图 7-122　主减速器油面位置

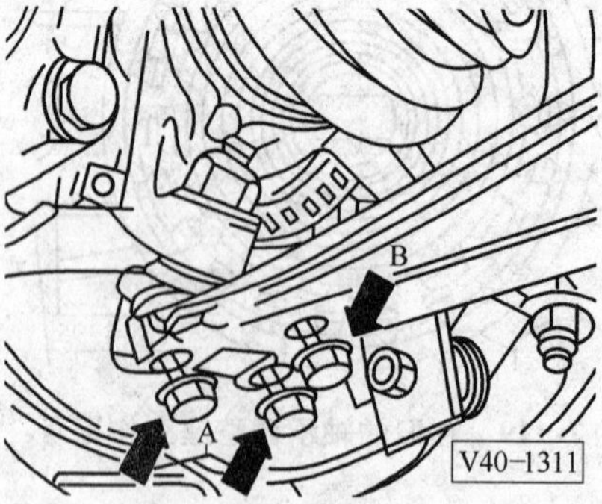

图 7-123　拆下支臂球头三个螺栓

第六节　01M 变速器控制系统

大众 01M 变速器控制系统采用全电控控制系统。在控制部分只包括手控阀和电控的传感器、电脑、执行器两个组成部分。由于手控阀简单，且作用与丰田车相当，其结构参考后边的油路图，在此不作介绍。

大众 01M 变速器无节气门拉索，这就要求主调压由电脑根据节气门信号控制电磁阀（N93）来控制产生模拟的节气门油压能进行调节控制。

一、01M 变速器电路图

01M 变速器电路图如图 7-124 ~ 图 7-126 所示。

二、执行器

1. 阀体电磁阀

01M 阀体电磁阀分为两种：一种为开关阀，另一种为脉冲阀（占空比阀）。开关阀有 N88、N89、N90、N92、N94（电脑通电或断电，可以用 1 表示通电，用 0 表示断电）。电磁阀位置如图 7-127 所示。

[技师指导] 脉冲阀有 N91、N93（电脑通占空比信号，不能用 0、1 来表示占空比）。7 个电磁阀 N88、N89、N90、N91、N92、N93、N94 及一个手动阀来共同控制阀板的油压调节和油路换向，它们是 01M 变速器的“人机控制”系统。

在电子控制系统中，电子控制单元根据各传感器和开关提供的输入信号，控制各电磁阀的接通与断开，从而实现换挡和其他操作。图 7-128 所示为 AG4 自动变速器开关型电磁阀的工作原理。

开关型电磁阀用来控制作用在换挡滑阀端部的先导油压。当电磁阀线圈断电时，油压将球阀口冲开，滑阀上端压力为零，滑阀在弹簧作用下处于上位，执行元件泄油。当电磁阀线圈通电时，球阀在电磁力作用下关闭阀座，经节流孔流入的先导压力油在滑阀上端建立油压，克服弹簧力使滑阀向下移动，使得主油路通向相应的执行元件。

[技师指导] 大众的开关型电磁阀电阻一般在 50 ~60 Ω，通 12 V 电压时会有一响声，再通电时响声消失。轻轻振动一下使钢球与阀座脱离，再通电时才会有响声。这与丰田的通电泄压电磁阀有本质区别，造成此现象的主要原因是大众的开关型电磁阀内无弹簧，而丰田的电磁阀内有弹簧。

在自动变速器中，一般为调节主油路压力和换挡离合器、制动器的接合压力，系统中设置了 PWM（pulse width modulation）脉冲宽度调节阀。通过控制单元控制 PWM 电磁阀的占空比来控制主油压调节的输出油压和锁止离合器的锁止压力调节。

（1）主油压调节 PWM 电磁阀。

在主油压调节中，PWM 电磁阀的占空比越大，通过主油压调节阀调节出的主油压越小。调节主油路压力的 PWM 电磁阀是通过控制一个机械阀调节作用到主调压机械阀上的，导致控制压力和主调压输出压力相反。

（2）锁止用 PWM 电磁阀。

锁止用 PWM 电磁阀直接作用到锁止机械阀，导致控制占空比越大，锁止离合器锁止的压力越高。

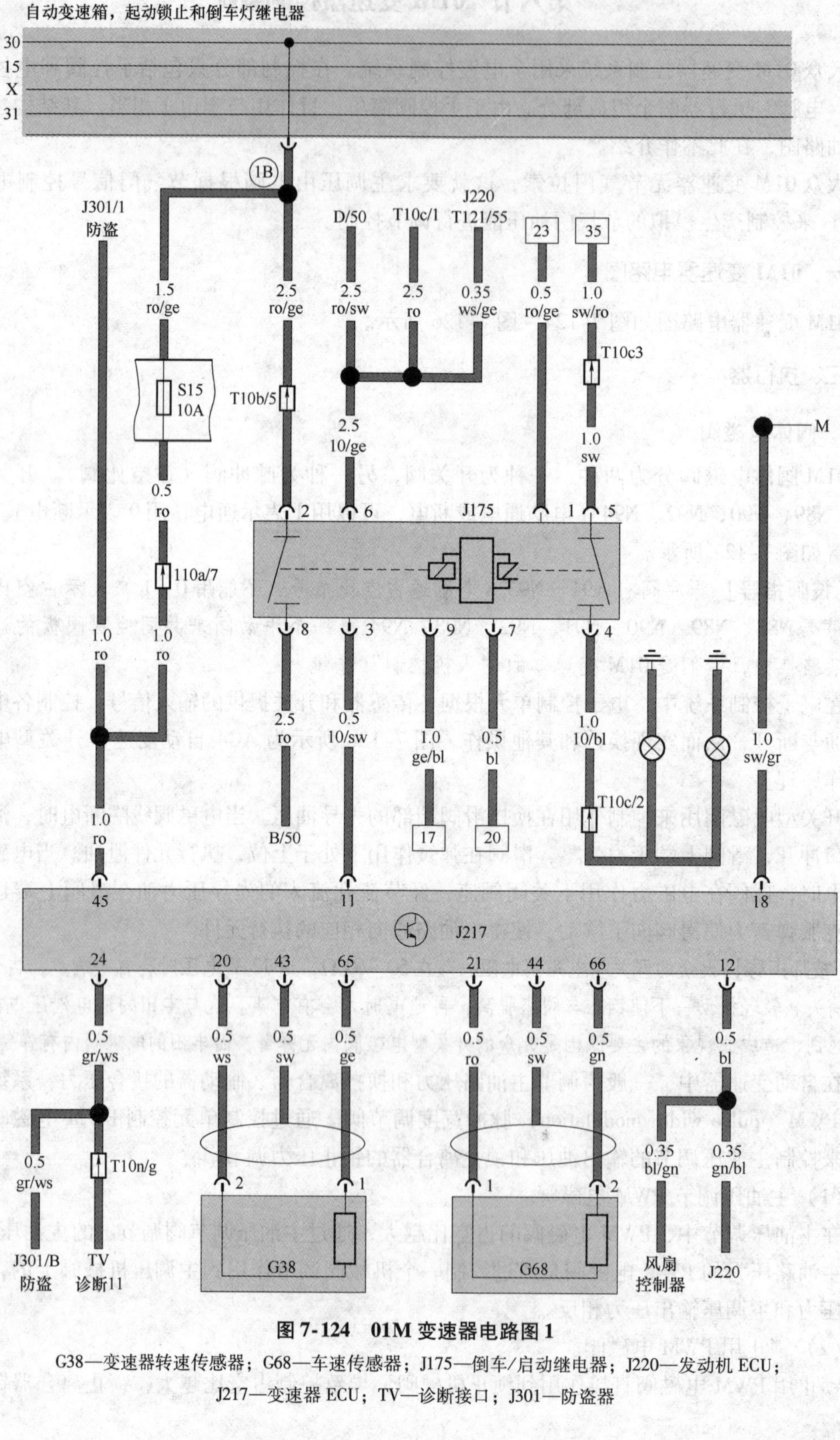

图 7-124　01M 变速器电路图 1

G38—变速器转速传感器；G68—车速传感器；J175—倒车/启动继电器；J220—发动机 ECU；
J217—变速器 ECU；TV—诊断接口；J301—防盗器

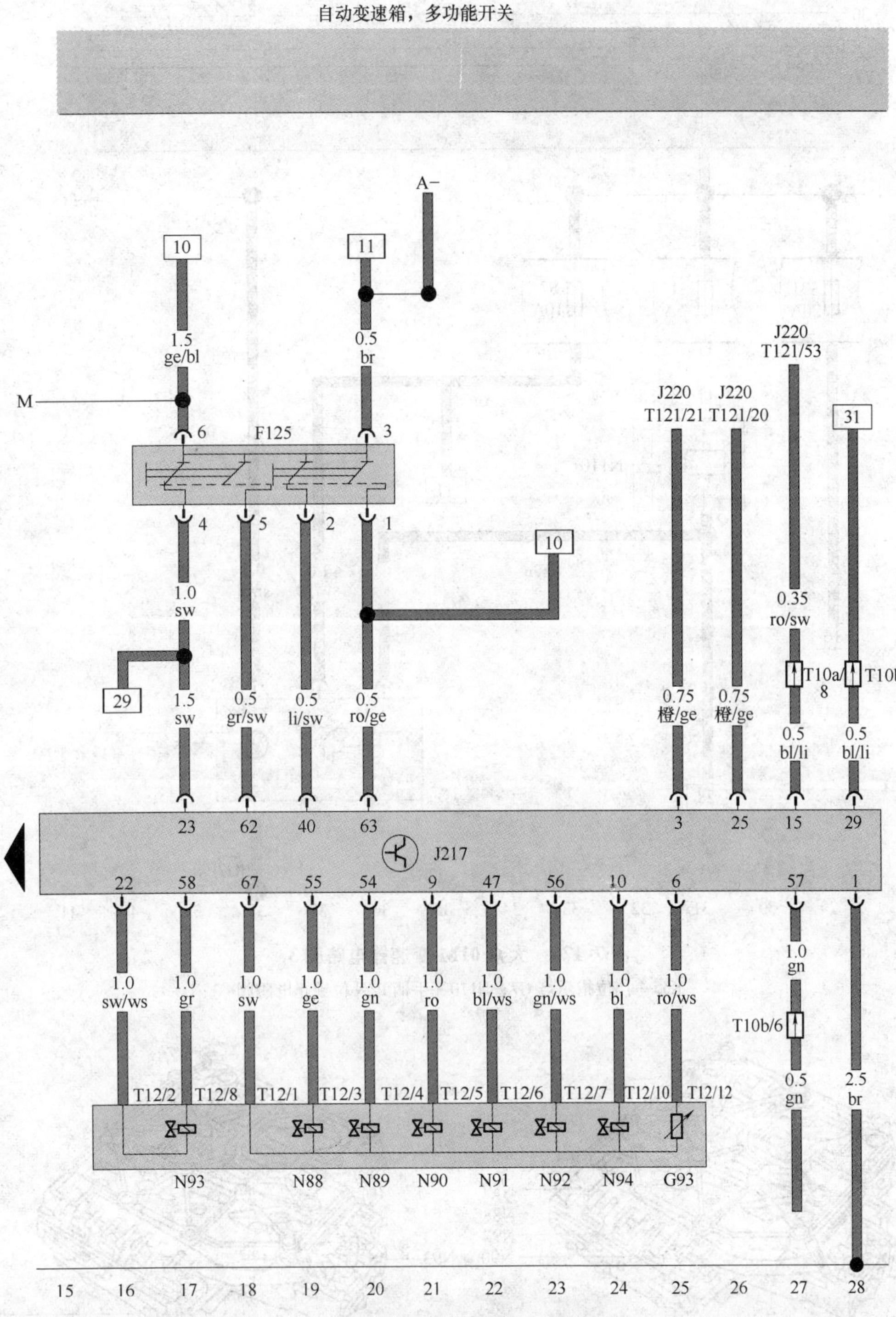

图 7-125　01M 变速器电路图 2

F125—多功能开关；G93—油温传感器；A—蓄电池 Accumulator；N88—K1 离合器控制阀（通电 K1 工作）；N89—B2 制动器控制阀（断电 B2 工作）；N90—K3 离合器控制阀（通电 K3 工作）；N91—锁止离合器控制阀（脉冲阀）；N92—改善换挡质量（正常换挡时，通电对 K1、K3 离合器进行平顺性控制）；N93—主油压调节 PWM 电磁阀（脉冲阀）；N94—改善换挡质量（汽车加速换挡时，通电进行 K1 防打滑控制）；J220—发动机 ECU

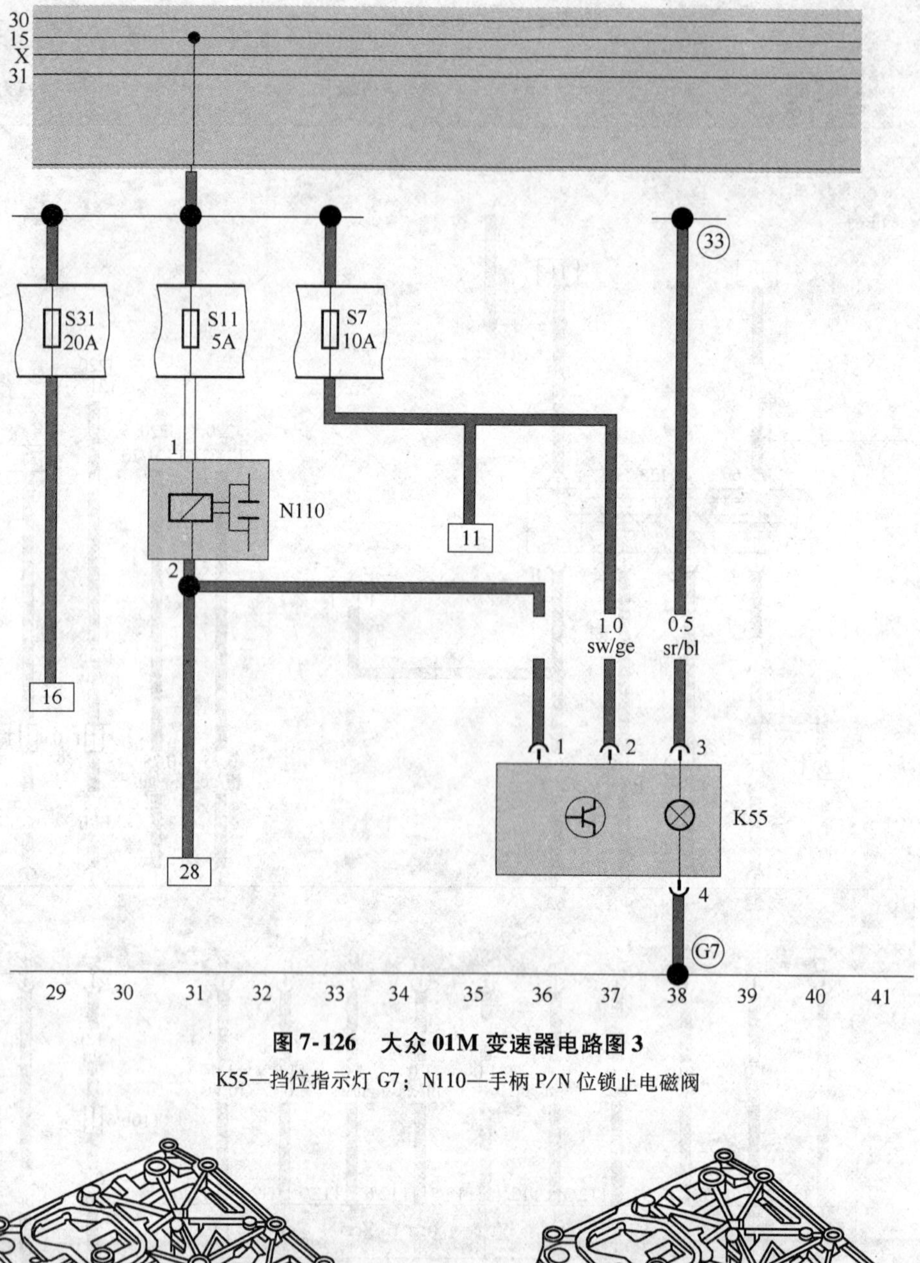

图 7-126　大众 01M 变速器电路图 3

K55—挡位指示灯 G7；N110—手柄 P/N 位锁止电磁阀

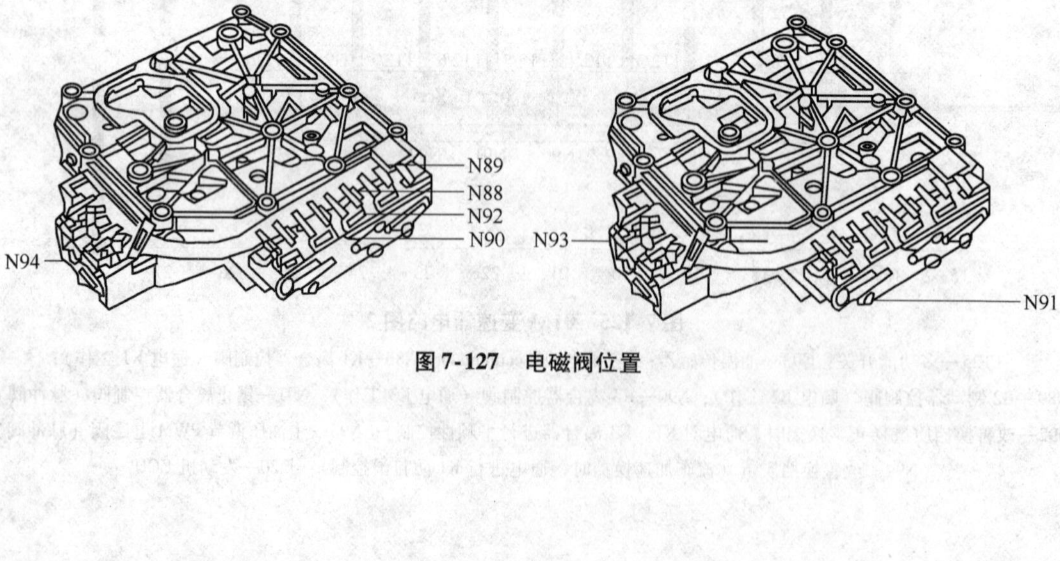

图 7-127　电磁阀位置

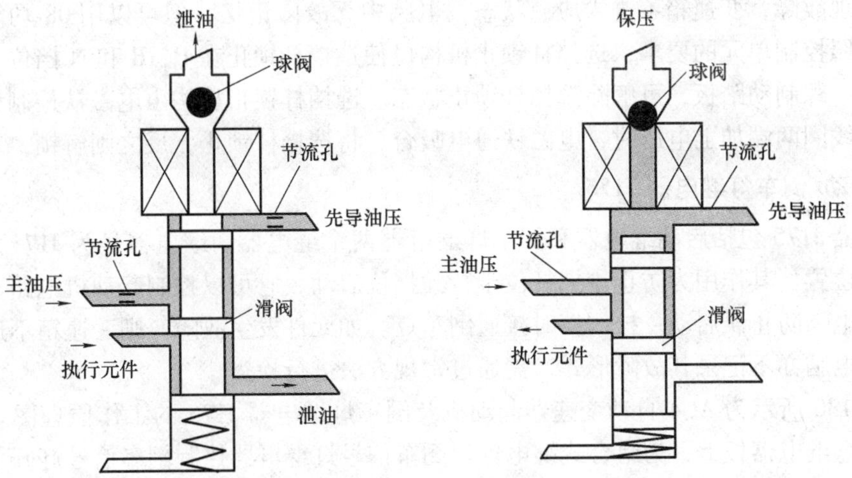

图 7-128　AG4 自动变速器开关型电磁阀工作原理

第七章中大众捷达、宝来、帕萨特的 01M 和 01N 变速器油路图所示为其工作原理图。占空比与电磁线圈平均电压（平均电流）成正比，线圈所产生的电磁力与平均电流成正比。压力油经节流孔供给比例阀 N93 所在油路，油路中的油压受比例阀 N93 控制，由电磁力与油压力的平衡来确定。随着节气门开度的变化，发动机的转速也在变化，主压力油的压力随之变化。控制单元根据节气门开度和其他相关参数，输出相应占空比的脉冲信号，调节主油路压力。一般情况下，当发动机负荷大时，需传递的力矩大，液压系统主压力也随之上升，使结合元件传递扭矩相应增大。这样根据传力需要来改变系统油压，可减小油泵能量消耗，降低发动机油耗。在换挡时为减小换挡冲击，会降低主油路压力（两者见 N93 所在油路）。当电子控制失效时，线圈电流为零，应使主油压压力最大，此时挂挡有冲击。

2. 换挡杆锁止电磁阀 N110

打开点火开关，将换挡杆锁定在 P、N 挡位上，阻止移出 P、N 挡。需解除时按手柄锁止按钮同时踩下刹车踏板。N110 电磁阀位置如图 7-129 所示。

图 7-129　N110 电磁阀位置

如出现故障，变速箱不进入应急状态，电脑中无故障记忆，但可以用 08 功能进行数据读取。按照控制单元的要求，选挡杆锁止机构可使选挡杆锁止在 P、R 和 N 挡位。按选挡杆旁的按钮，踩制动踏板，可解除选挡杆锁止状态。选挡杆锁止机构由电磁铁控制，当控制单元在电磁线圈两端加上电压时，电磁铁通电吸合，将选挡杆锁止，反之则解锁。

3. 启动/倒车灯继电器 J175

继电器 J175 包括启动继电器和倒车灯继电器两个继电器。继电器号为 J175，装在继电器盘 1 号位置。其作用为防止排挡杆位于行驶挡位启动，它可以控制起动机电路，使起动机电路不通电，防止误启动；挂倒挡时接通倒车灯。如元件发生故障，则变速箱不进入应急状态，同时电脑亦不记录其故障形式，需通过常规方法进行检查。

图 7-130 所示为 AG4 自动变速器起动机及倒车灯继电器 J175 的工作原理图。它位于中央保险丝盒继电器板上，为组合式继电器。倒车信号灯继电器控制倒车信号灯开关，起动机继电器可保证发动机只能在 P 和 N 杆位启动。

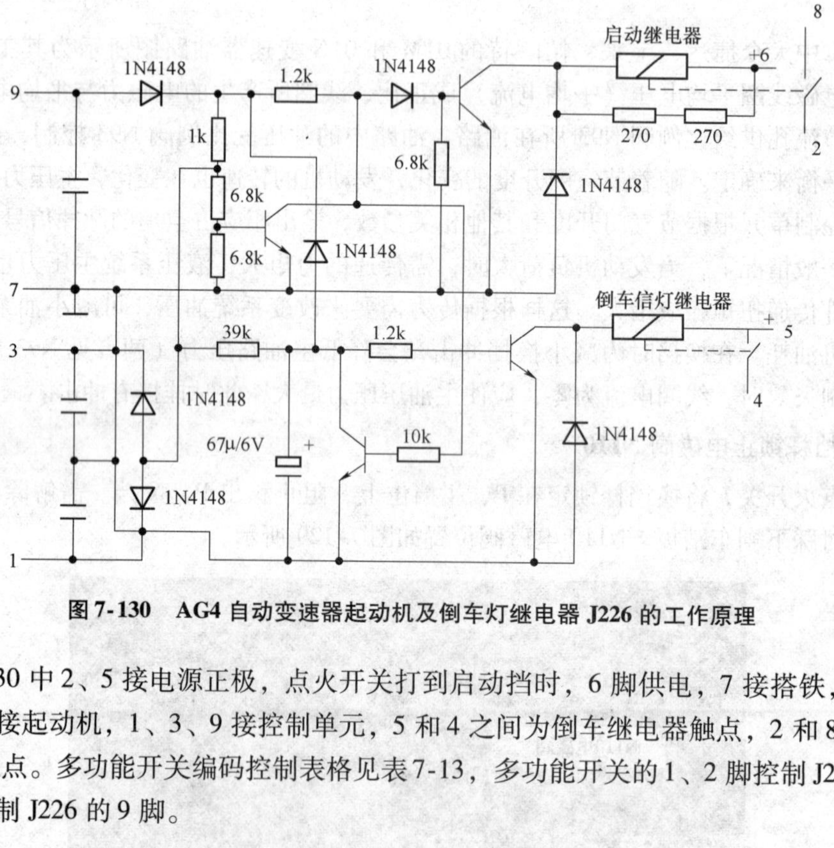

图 7-130　AG4 自动变速器起动机及倒车灯继电器 J226 的工作原理

图 7-130 中 2、5 接电源正极，点火开关打到启动挡时，6 脚供电，7 接搭铁，4 接倒车信号灯，8 接起动机，1、3、9 接控制单元，5 和 4 之间为倒车继电器触点，2 和 8 之间为启动继电器触点。多功能开关编码控制表格见表 7-13，多功能开关的 1、2 脚控制 J226 的 1、3 脚，7 脚控制 J226 的 9 脚。

表 7-13　多功能开关的编码控制表格

杆位 \ 引脚	34（1）	15（2）	35（6）	16（7）
P	0	1	1	1
R	1	1	1	1
N	1	0	1	1

当 9 为低电平时，5 和 4 不通，2 和 8 也不通，倒车信号灯继电器开关和起动机继电器开关均断开，对应 D、3、2、1 挡。

当 9 为高电平时，1 和 3 同时为高电平时，5 和 4 接通，倒车信号灯继电器开关闭合，倒车信号灯亮，而 2 和 8 不通，起动机继电器开关断开，对应 R 挡。

当 9 为高电平时，1 和 3 不同时为高电平时，5 和 4 不通，倒车信号灯继电器开关断开，而 2 和 8 接通，起动机继电器开关闭合，对应 P、N 挡。

4. 发动机控制单元 J220

发动机控制单元 J220 作为变速器控制单元 J217 传感器时，把发动机转速信号 G28 传给自动变控制单元 J217，以替代车速信号 G68；把节气门信号 G69 传给自动变控制单元 J217；图 7－131 所示为发动机控制单元 J220 位置。

在变速器换挡瞬间，发动机控制单元 J220 要作为变速器控制单元 J217 的执行器。在换挡过程中，发动机控制单元 J220 减小点火角，减小动力输出。

图 7-131　发动机控制单元 J220 位置

5. 换挡杆位置指示

液晶仪表指示挡位，仪表挡位显示单元如图 7-132 所示。

图 7-132　仪表挡位显示单元

［技师指导］多功能开关 F125 通过四根线以 0、1 编码形式把手柄位置传给自动变速器电脑 J217，用于识别手柄位置。识别后的手柄位置通过电脑 J217 上 57 引脚通往仪表液晶仪表显示挡位。有 CAN-BUS 装置后，信号可以在 CAN-BUS 中把此信号传给仪表。

6. 空调机

自动变速器控制单元 J217 可以在急加速时，控制空调压缩机停止工作，发动机功率全部用于汽车加速。

三、应急状态、替代功能及基本设定

1. 应急状态

G38、J217、G28、F125、N88 ~ N94 等元件损坏时，变速箱便进入应急状态，即控制单元停止向所有电磁阀的通电控制。手柄在 D、3、2 位时只有 3 挡；在 1 位时只有 1 挡；在 R 位时只有 R 挡。

2. 失效替代

下列失效替代，适用于半电子节气门发动机配有的 01M 变速器。

（1）G69 失效，电脑默认开度为 50%；

（2）F8 失效，节气门开度打开 95% 时默认 F8 闭合；

（3）G68 失效，发动机转速由 G28 替代。

3. 基本设定

更换节气门体发动机控制单元 J220、变速器控制单元 J217、变速器和发动机总成后，要对节气门体作基本设定。

进入自动变速器电脑 02 对节气门体作基本设定的目的是在怠速开关闭合时让电脑记忆 G69 的最小值，同时也要看这个最小值是否在允许范围内，在油门踏到底 F8 闭合时让电脑记忆 G69 开度的最大值，同时也要看这个最大值是否在允许范围内。

［技师指导］自动变速器作基本设定与进入电喷发动机电脑 01-04-098/060 作基本设定是不同的，电喷系统是让电脑记忆电动机能使节气门关闭的最小值，反馈信号由 G88 怠速电位计产生。发动机系统不作基本设定主要影响发动机怠速，自动变速器系统不作基本设定主要影响换挡点和主油压大小。基本设定要进入自动变速器电脑 02-04-000，此时电脑记忆怠速开关闭合时的最小电压，踩下油门踏板 3 s，电脑记忆强制降挡开关闭合时的节气门电压。电脑对此范围重新分段并与车速比较确定换挡点和油压。

第八章

无级变速器技术

第一节　无级变速器简介

无级变速器（Continuously Variable Transmission，简称 CVT）一直是汽车变速器的理想目标。最常见的无级实现方法是通过改变双锥体上传动钢带（图 8-1）或传动链（图 8-2）半径的方法，多层传动钢带压在鱼形骨架上，鱼形骨架两侧的多层钢带与两侧的锥体自适应接触。在图 8-3 的链传动中，转动压块与锥形轮的接触来实现传力。

两种方法都可以很容易实现主动锥盘与从动锥盘半径的增大和减小，实现低速挡至高速挡的过渡。因传动过程中接触部分接触压力高，所以带传动只能用在小排量的轿车上，链传动可以用到稍大排量的轿车上，但总体讲："无级变速器只能用于传递较小的扭矩"。

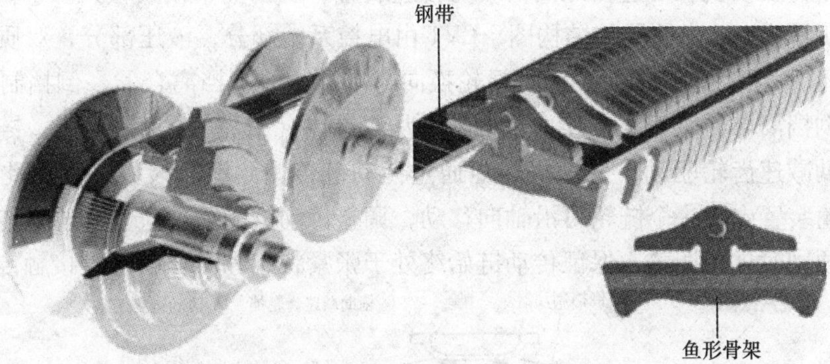

图 8-1　无级变速器的鱼形骨架传动钢带

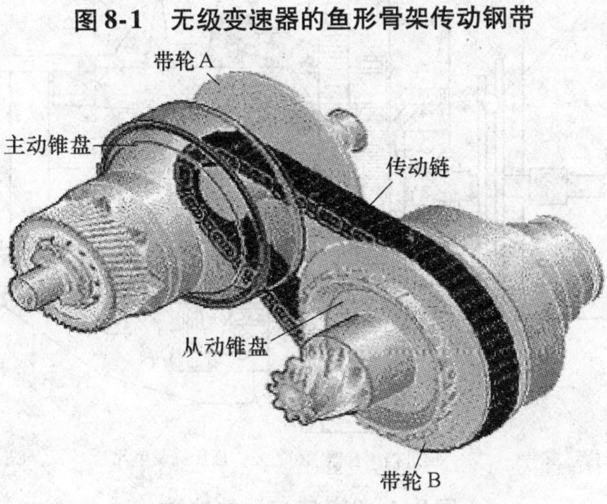

图 8-2　主从双锥体及传动钢链

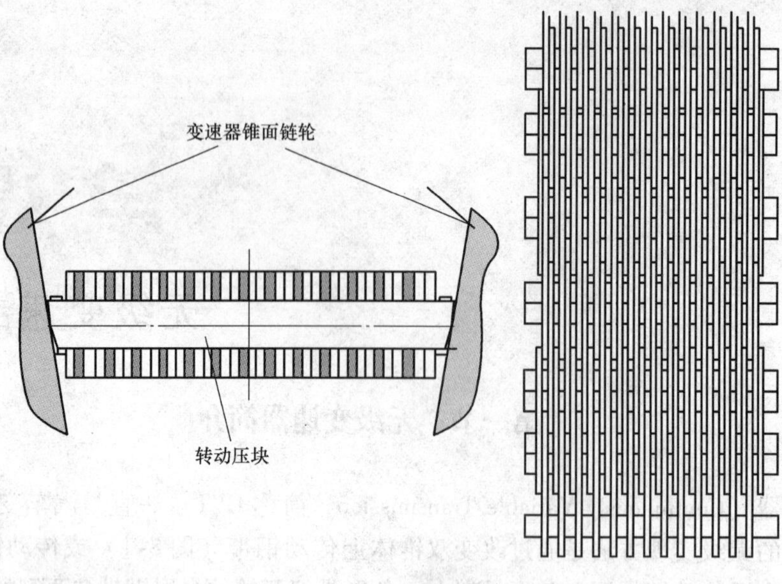

图 8-3　传动链和带轮的接触

1. 钢链式传动带

国内从 2002 年开始在奥迪 A6 2.8 L 装备的 01J 链传动无级变速器，是迄今为止最先进的无级变速器。其他车系如本田的飞度和菲亚特的西也纳采用多层钢带的带传动，由于仍然使用变扭器作为发动机和变速器之间的动力传递装置，所以功率损失较大。

图 8-4 所示为 01J 变速器的结构图，CVT 由电控系统部分，液压部分，双质量飞轮或扭转减振器（不采用液力变扭器），双行星轮换向行星排、前进挡离合器、倒挡制动器（有些书上错写为倒挡离合器）组成的换向机构，主从双锥体（带轮）、钢链组成。链轮装置由发动机通过辅助减速齿轮驱动，发动机转矩通过传动链传递到链轮装置，并由此传给主减速器。每个链轮装置中的一个链轮可沿轴向移动，调整传动链的跨度尺寸和改变传动比。两组链轮装置必须同时进行调整，保证传动链始终处于张紧状态和有足够的盘接触传动压力。

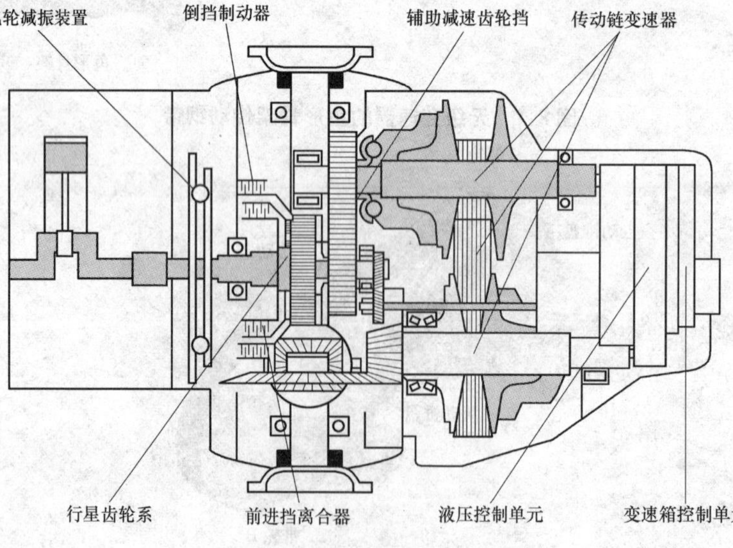

图 8-4　01J 变速器的结构

图 8-5 所示为 01J 变速器的传动示意图，行星齿轮换向机构采用一个双行星轮行星排，主要作用是实现前进挡和倒挡的转换。制动器 B 和离合器 K 均采用湿式摩擦片，工作时要有相应的制动器缸和离合器缸控制。前进挡时，前进挡离合器 K 接合，行星架直接输出动力，双行星轮行星排不改变传动比。倒挡时，制动器 B 制动内齿圈，太阳轮输入，顺时针转动，内行星轮逆时针转动，外行星轮顺时针转动，由于内齿圈不动，行星架逆时针转动，传动比为从动行星架虚拟齿数除以主动太阳轮齿数（行星架虚拟齿数 = 内齿圈齿数 - 太阳轮齿数）。辅助减速机构变速比为 51∶46。

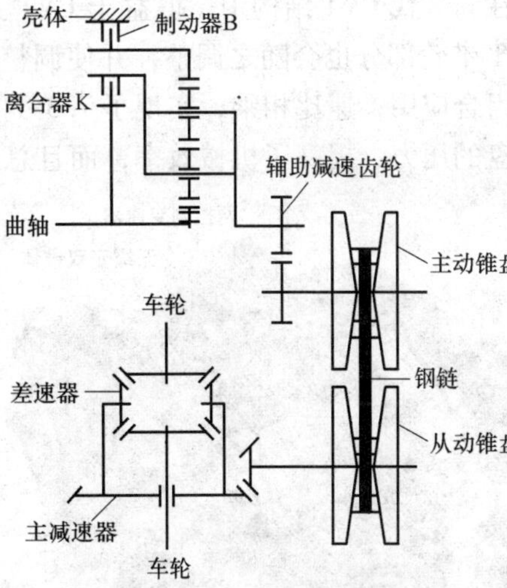

图 8-5　01J 变速器传动示意图

01J 变速器没有用变扭器作为发动机和变速器之间的动力传递，而采用双质量飞轮作为传力装置和减振装置。倒挡制动器接合时为倒挡，前进挡离合器接合为前进挡，两者都不接合时为空挡或驻车挡。油泵轴带动油泵泵油，电控单元（在阀体后部）和人右手共同控制阀体（液控单元），从而控制前进挡离合器、倒挡制动器工作及主从双锥体半径的大小。

知识点：无级变速器若仍采用变扭器作为发动机和变速器之间的传动装置，则整个变速器称为液力无级变速器，是费油的。若采用双质量飞轮作中间传动装置，则称无级变速器，发动机较省油。

2. 加副变速器的 CVT

目前 AT 液力自动变速器已发展到 8 挡甚至 9 挡，限于传统 CVT 的工作原理，通过加大带轮直径实现大速比，不仅使变速器体积增大，更会使机械效率下降。近年来，加装副变速器的新一代 CVT（如图 8-6 所示）开始出现。

因此新一代 CVT 引入行星齿轮以及离合器，不仅将带轮直径减小，同时还将变速器速比扩大到 7.3∶1。图 8-7 所示为新型 CVT 和传统 AT 速比范围对比。在变速器输出轴之前增加一组带离合器的副变速机构，这种一体式行星齿轮结构在传统 AT 内很常见，具有 1.0 和 1.821 两种速比。而传统的 CVT 部分进行了体积削减，通过将带轮直径减小，将速比范围缩小到 4∶1，最终实现了变速器总体积的小型化。工作状态下，在带轮部分提供 4.0～1.0 速比的同时，副变速机构也能从速比 1.821 按需求切换到 1.0，这样两组变速机构速比相乘，就形成了 7.3∶1 的大速比范围的 CVT 变速器。

在低速起步时，副变速器处于 1 挡，速比为 1.821，发动机动力通过液力变矩器传递给 CVT 变速器，车速均匀上升。液力变矩器转速逐渐与发动机转速同步，并最终锁止行程等速传动。

车辆行驶速度逐渐增加时，CVT 带轮从低速位逐渐变为高速位，此时变速器可提供 7.3～1.0 的总速比范围；当车速需要继续提升时，副变速器机构进入 2 挡，副变速器速比从 1.821 降至 1.0，通过离合器进行柔性切换，理论上这一过程类似 AT 变速器的升挡过程，但是由于速比跨度过大，换挡冲击在所难免，这也是 AT 变速器无法完全消除冲击的原因。

而在新一代 CVT 结构中，得益于 CVT 速比任意调整的优势，副变速器机构的换挡过程中，CVT 带轮部分也会随之调整，并使调整过程中的总速比输出不变。通过两组传统变速机构的组合应用，速比相乘，实现了 7.3∶1 的超大范围速比，更重要的是变速器不仅降低了带轮压盘的压力、提高了机械效率，而且总体积缩小。

图 8-6　新一代 CVT

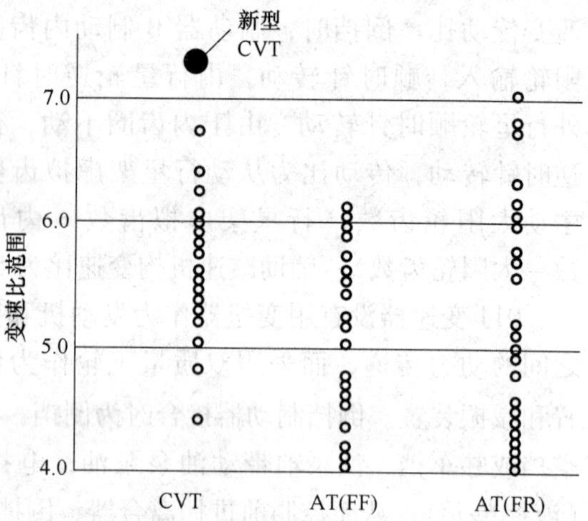

图 8-7　新型 CVT 和传统 AT 变速比范围对比

第二节　奥迪 01J 变速器结构原理与检修

奥迪 6 缸采用飞轮减振装置，4 缸汽油机和 6 缸 TDI 柴油机采用双质量飞轮。上坡或挂车时离合器压力过高时，为了保护离合器系统，进行安全切断。在上坡或挂车时，频繁起步和刹车将导致离合器温度升高，离合器进行过载保护。奥迪 01J 无级变速器可通过控制实现 6 挡有级变速，各挡的最高车速如表 8-1 所示。

表 8-1　奥迪 01J 各挡的最高车速

01J（DZN）	变速器变速比	总变速比	最大车速	备注
1 挡	2.40	12.713	大约 55 km/h	速度是通过轮胎周长 1 930 mm计算得出（轮胎 205/55-16）。最高车速为 235 km/h。标注 * 号为理论车速
2 挡	大约 1.42	大约 7.50	大约 92 km/h	
3 挡	大约 0.98	大约 5.20	大约 134 km/h	
4 挡	大约 0.76	大约 4.00	大约 174 km/h	
5 挡	大约 0.55	大约 2.90	* 大约 239 km/h	
6 挡	0.400	2.119	* 大约 337 km/h	

一、采用双活塞原理

图 8-8 所示为双活塞工作原理。压力缸的特点是压强小，但作用面积大，因此压力大，

作用是保持链和锥盘的接触压力，保证传递的扭矩。分离缸的特点是压强大，但作用面积小，调整油量小，效率高，作用为改变压力平衡、调整速比。为阻止压力缸建立起的离心动态压力，在输出轴侧带轮的压力缸右侧设计了飞溅式油罩盖。

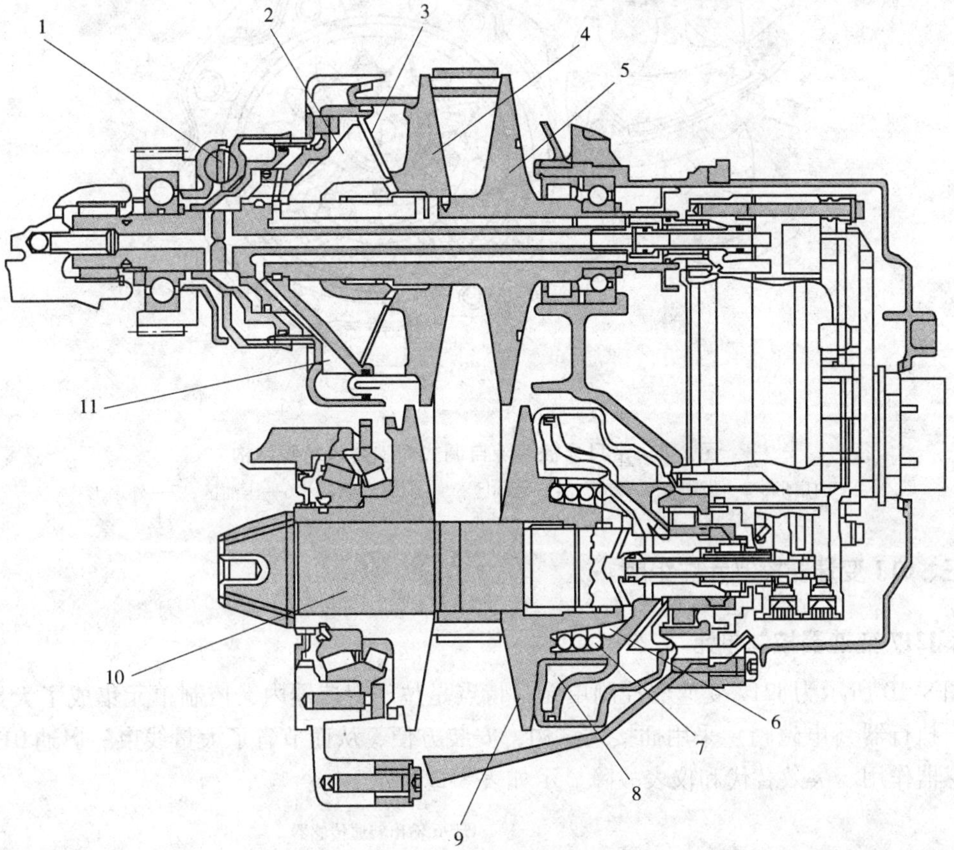

图 8-8　双活塞工作原理

1—扭矩传感器；2—压力缸；3—膜片弹簧；4—变速器锥面链轮；
5—气链轮装置 1；6，11—分离缸；7—螺旋弹簧；8—压力缸；
9—变速器锥面链轮；10—链轮装置 2

01J 变速箱使用另一种 ATF 作为变速介质。只有作为备件供应的 CVT 变速箱用 ATF 才可用于行星齿轮系保养。轿车每行驶 60 000 公里或 4 年需更换自动变速箱 ATF 润滑油。第一次加约 7.5 L，换油为 4.5 ~5.0 L。

二、带半月牙板的两隙自调式内啮合泵

图 8-9 所示为带月牙板的两隙自调式内啮合齿轮泵结构，为了提高油泵的工作效率，设计上应减小油泵齿轮和月牙板内侧的间隙，同时也要减小油泵齿圈和月牙板外侧的间隙，这两隙越大，吸油区和压油区的连通越大，油泵效率越低。为了实现两隙自调为零的目的，半月牙板采用了内扇区和外扇区组合的形式，将内扇区和外扇区中间的密封腔与压油区连通，消除两隙，理论上两隙可为零。

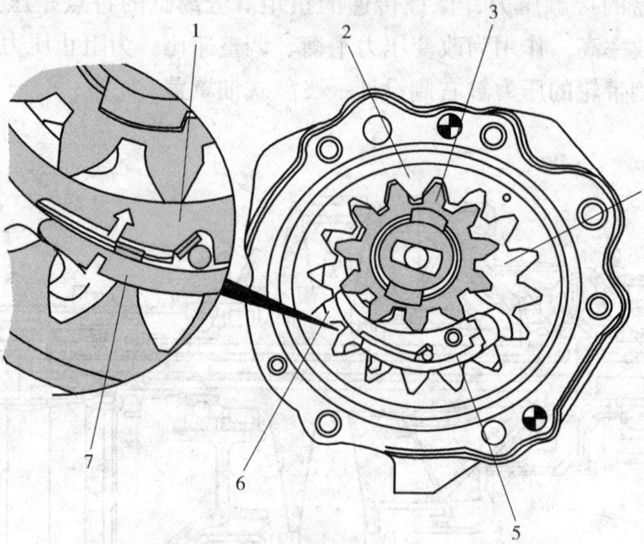

图 8-9　带月牙板两隙自调式内啮合齿轮泵结构

1—内扇形；2—齿圈；3—齿轮；4—吸油区；5—月牙形密封；6—压油区；7—外扇形

三、01J 变速器控制元件组成

1. J217 变速器控制单元

图 8-10 所示为 J217 变速器控制单元，特点是位于变速器内，控制单元集成了大量的传感器，执行器（电磁阀）采用插接式结构，安装方便，从而节省了大量线束。奥迪 01J 变速器传感器作用、失效替代和仪表故障显示如表 8-2 所示。

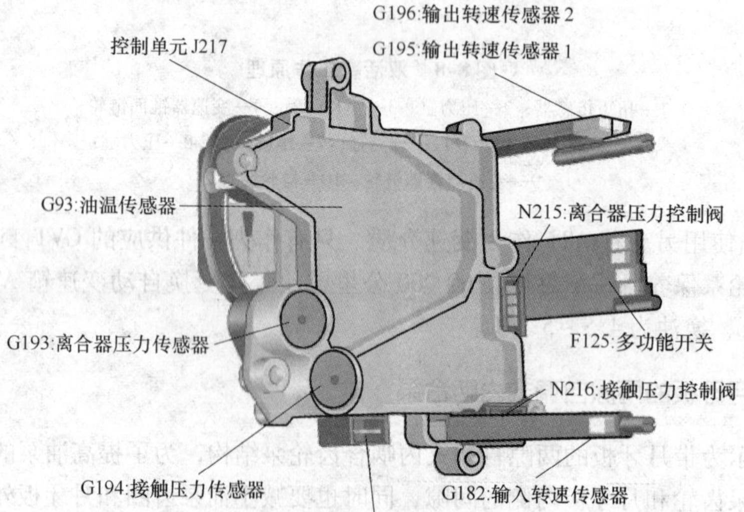

图 8-10　J217 变速器控制单元

表 8-2　奥迪 01J 变速器传感器作用、失效替代和仪表故障显示

传感器代号	传感器	失效状况	替代值	仪表故障显示
G182	变速箱输入转速 1	微量打滑和离合器匹配控制功能失效	发动机转速信号	无
		起步-加速过程可利用固定参数完成		
G195	变速箱输入转速		G196	无
G196	变速箱输入转速 2	坡路停车功能失效	G195	无
G195/G196		坡路停车功能失效	轮速信号	无
G193	离合器压力	安全阀激活—安全切断		闪烁
G194	扭矩传感器压力	爬行控制匹配功能失效		无
G93	变速箱油温	离合器匹配控制功能失效	变速箱控制单元	反转
		当油温高于 145 ℃，发动机输出功率下降	计算得出替代值	闪烁
F125	挡位信号	霍尔传感器“D”损坏，点火功能失效	引入替代程序	闪烁

2. 01J 变速器控制电路图

奥迪 01J 变速器控制电路图如图 8-11 所示。

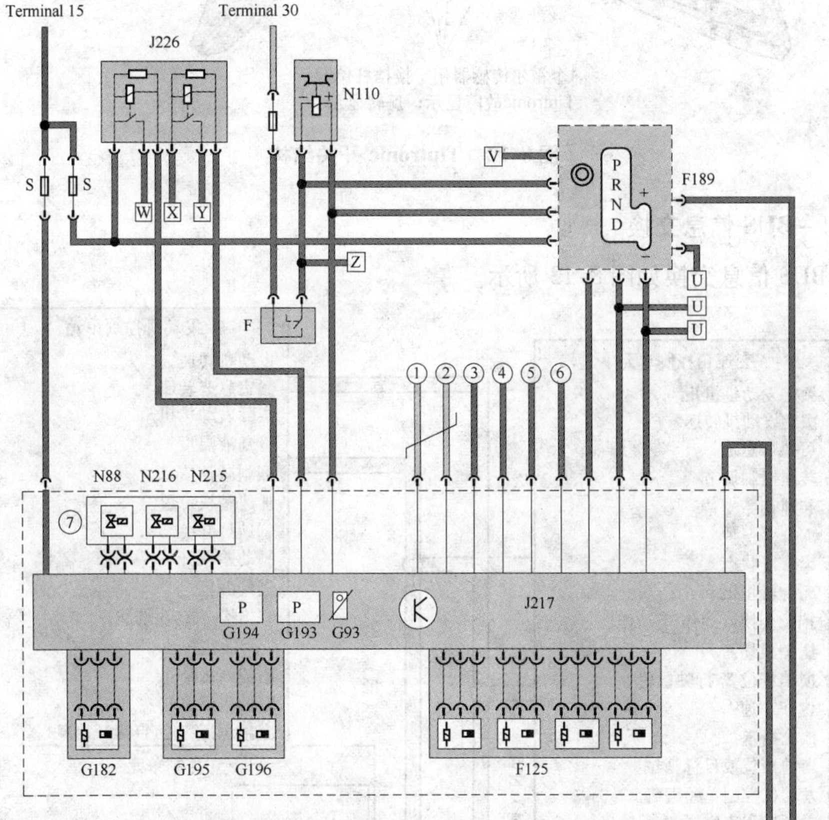

图 8-11　奥迪 01J 变速器控制电路图

F—制动灯开关；F125—多功能开关；F189—Tiptronic 手自一体开关；G93—变速箱油温传感器；G182—变速器输入轴转速；G193—离合器压力传感器 1；G194—压力传感器 2；G195—变速器输出轴转速 1；G196—变速器输出轴转速 2；N88—电磁阀 1（离合器冷却/安全切断）；N110—换挡杆锁止电磁阀；N215—离合器压力控制阀 1；N216—离合器压力控制阀 2；J217—无级变速箱控制单元；J226—和倒车继电器连接和附加信号：U—点动方向盘（选装）；V—来自端子 58d；W—到倒车灯；X—来自点火开关 50；Y—到启动端子 50；Z—到制动灯；1—动力 CAN—Low；2—动力 CAN—High；3—换挡指示（输出）；4—车速（输出）；5—发动机转速信号（输入）；6—K 诊断线（双向）

3. Tiptronic 开关

Tiptronic 开关结构如图 8-12 所示。

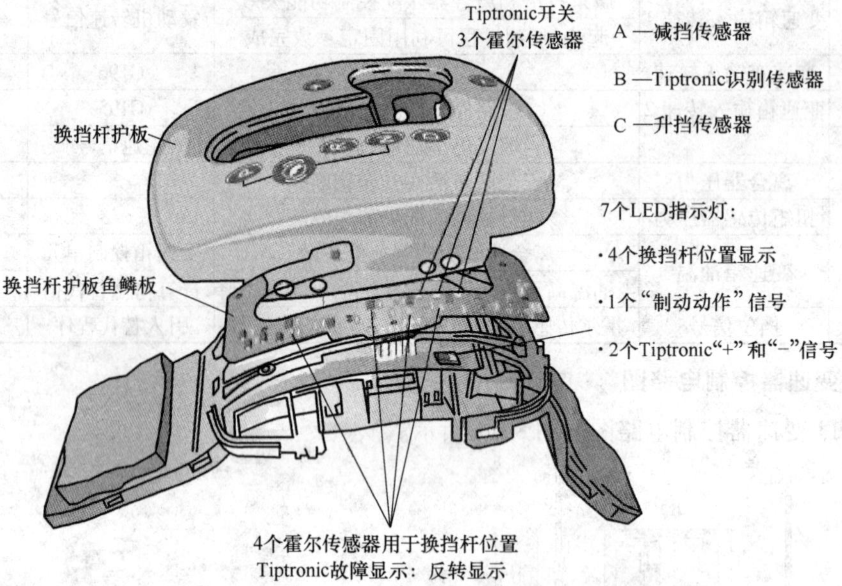

图 8-12　Tiptronic 开关结构

4. CAN – BUS 信息交换

CAN – BUS 信息交换如图 8-13 所示。

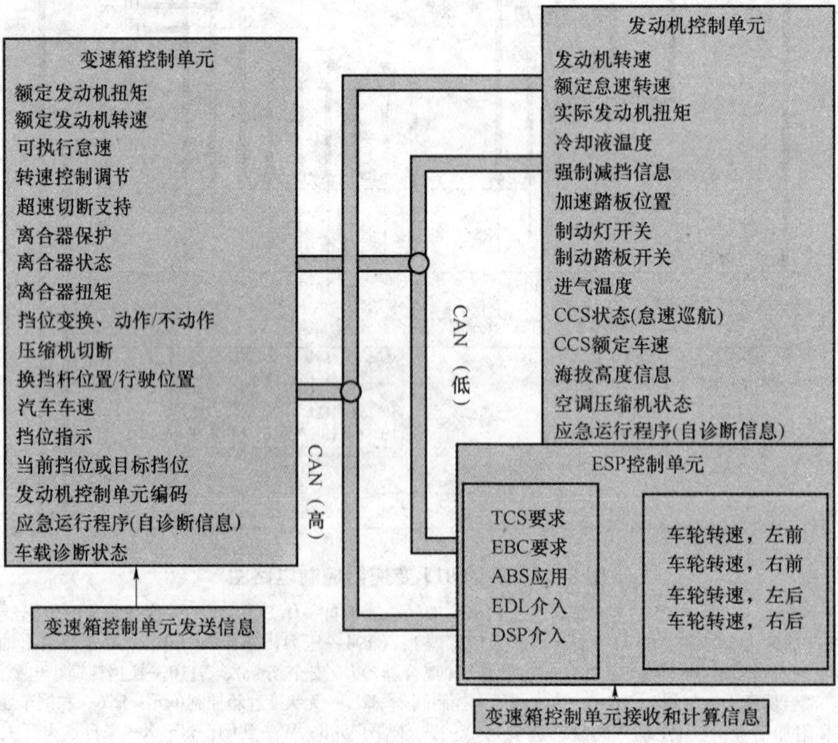

图 8-13　CAN – BUS 信息交换

四、液压系统控制

（一）离合器控制

离合器的控制包括：正常控制、过压控制、过载控制、冷却控制、微量打滑控制和匹配控制。

1. 离合器的正常控制

离合器的正常控制流程如图 8-14 所示。

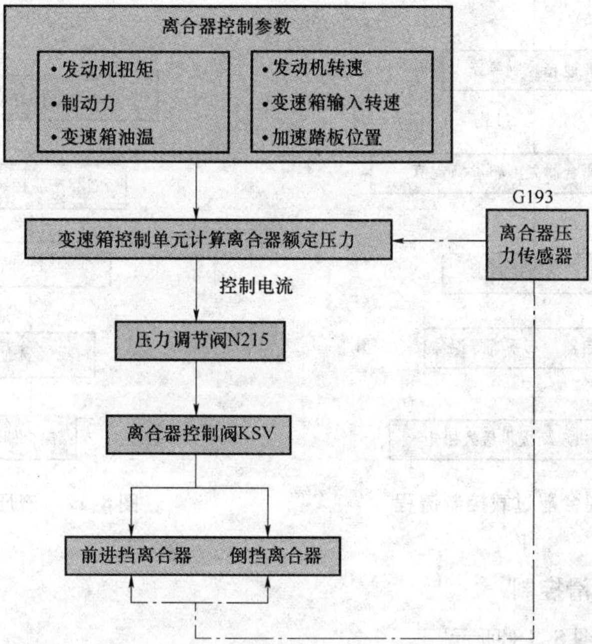

图 8-14　离合器的正常控制流程

2. 离合器过压控制

离合器过压控制流程如图 8-15 所示。

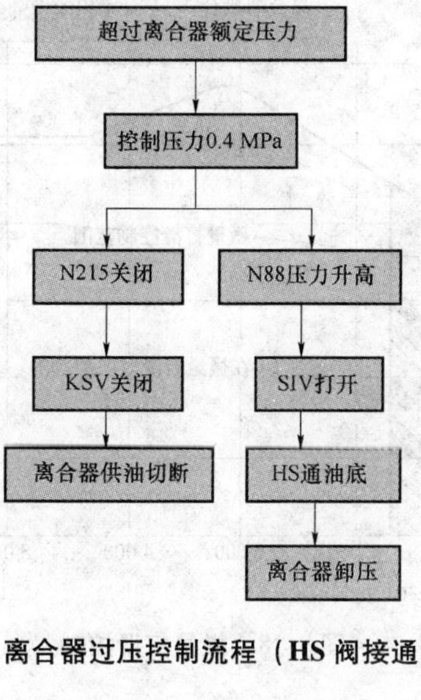

图 8-15　离合器过压控制流程（HS 阀接通油底壳）

3. 离合器过载控制

离合器过载控制流程如图 8-16 所示。

4. 液压离合器冷却控制

液压离合器冷却控制流程如图 8-17 所示。

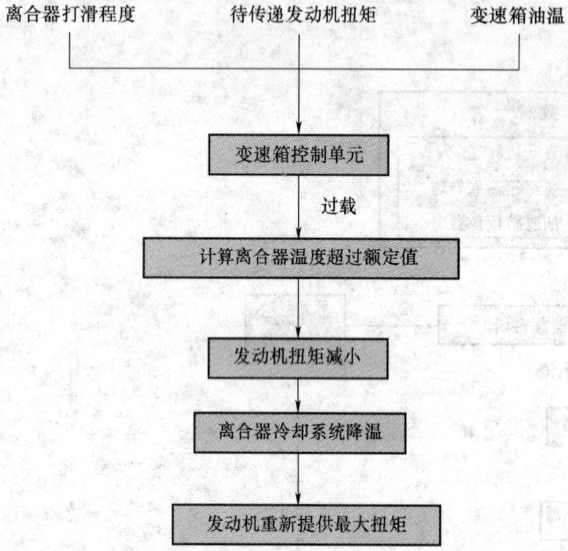

图 8-16　离合器过载控制流程

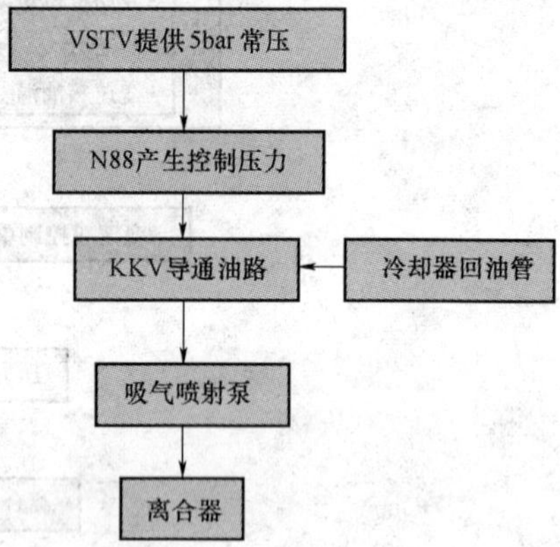

图 8-17　液压离合器冷却控制流程

5. 离合器微量打滑控制

微量打滑控制如图 8-18 所示。

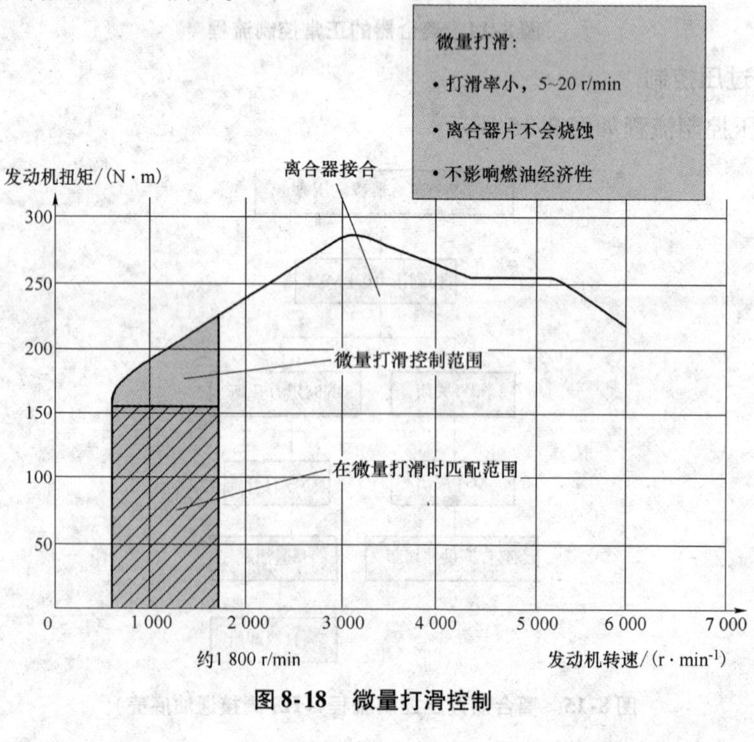

图 8-18　微量打滑控制

6. 离合器匹配控制

离合器压力控制质量：

$$F = N \times \mu$$

式中，F 为离合器摩擦力（离合器传递扭矩）；N 为离合器压力；μ 为摩擦系数，与变速箱油（质量、老化、损耗）、变速箱温度、离合器温度、离合器打滑程度有关。

离合器爬行控制功能：选择前进挡，发动机怠速运转时，爬行控制功能将离合器设定到一个额定的打滑扭矩（离合器扭矩）。

离合器爬行控制的意义：一是当车辆处于静止状态选择前进挡时，爬行控制允许不踩加速踏板，而车辆缓慢移动，因此增强了驾驶舒适性；二是当车辆停于坡路上，制动力不足车辆回溜时，离合器压力将增大，使汽车停住（“坡路停住”功能），提高驾驶的安全性；三是在爬行控制模式下，实现了离合器控制匹配，优化了离合器控制。

（1）爬行模式下匹配。

（2）爬行模式下匹配原理如图 8-19 所示。

（3）部分负荷状态下匹配。

部分负荷状态下匹配如图 8-20 所示。

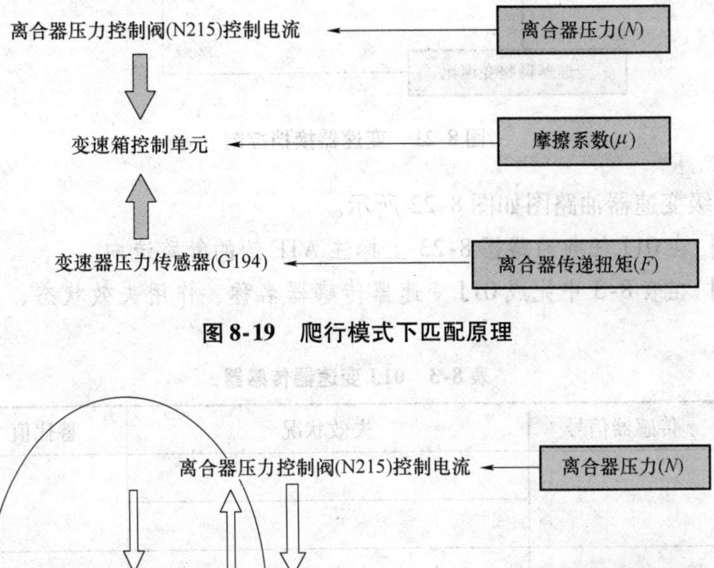

图 8-19　爬行模式下匹配原理

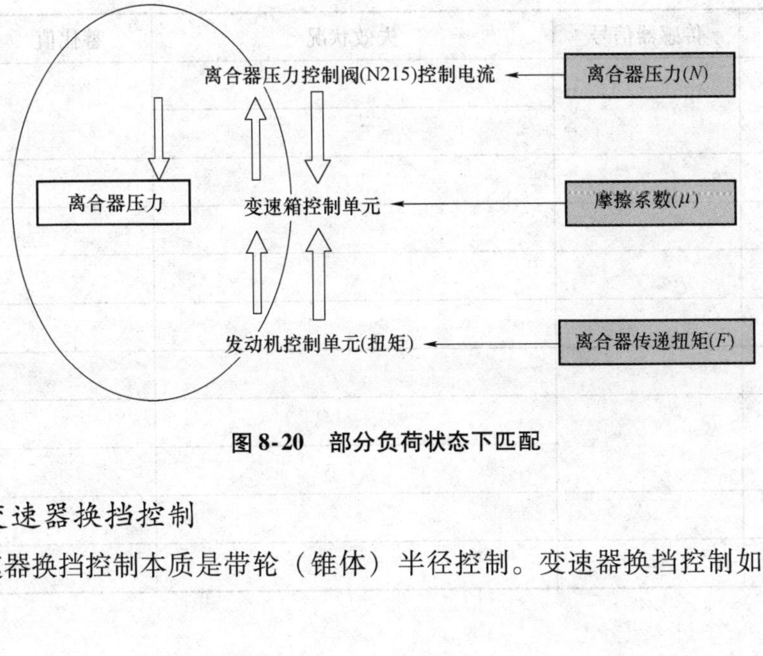

图 8-20　部分负荷状态下匹配

（二）变速器换挡控制

无级变速器换挡控制本质是带轮（锥体）半径控制。变速器换挡控制如图 8-21 所示，以传动比作为控制目标，以电磁阀 N216 作为控制实现的对象。

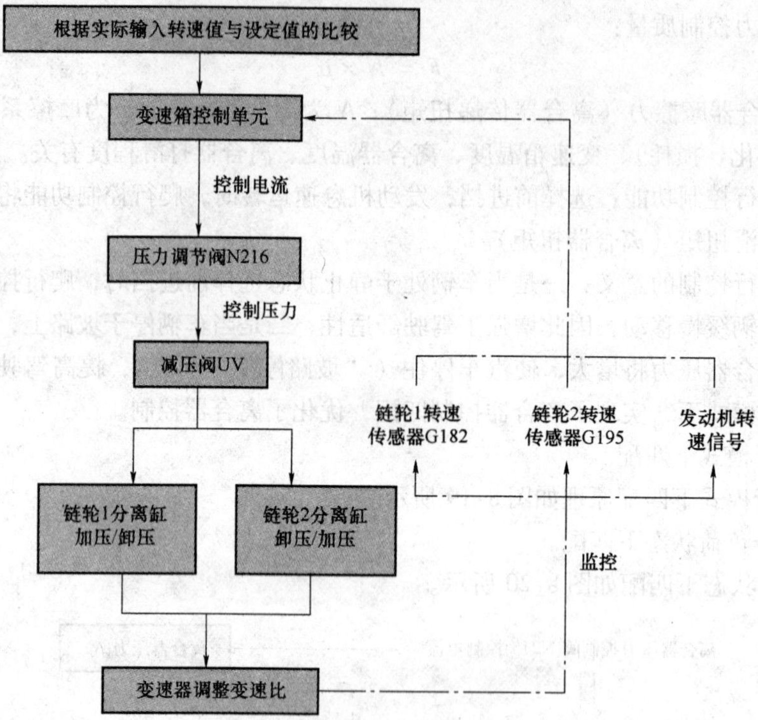

图 8-21　变速器换挡控制

奥迪 01J 无级变速器油路图如图 8-22 所示。

[**完成任务**] 在 01J 任务油路图 8-23 上标注 ATF 油的管路流向。

[**完成任务**] 在表 8-3 中完成 01J 变速器传感器名称、作用失效状态、替代值和仪表故障显示。

表 8-3　01J 变速器传感器

传感器代号	传感器信号	失效状况	替代值	代表故障显示
G182				
G195				
G196				
G195/G196				
G193				
G194				
G93				
F125				
F189				

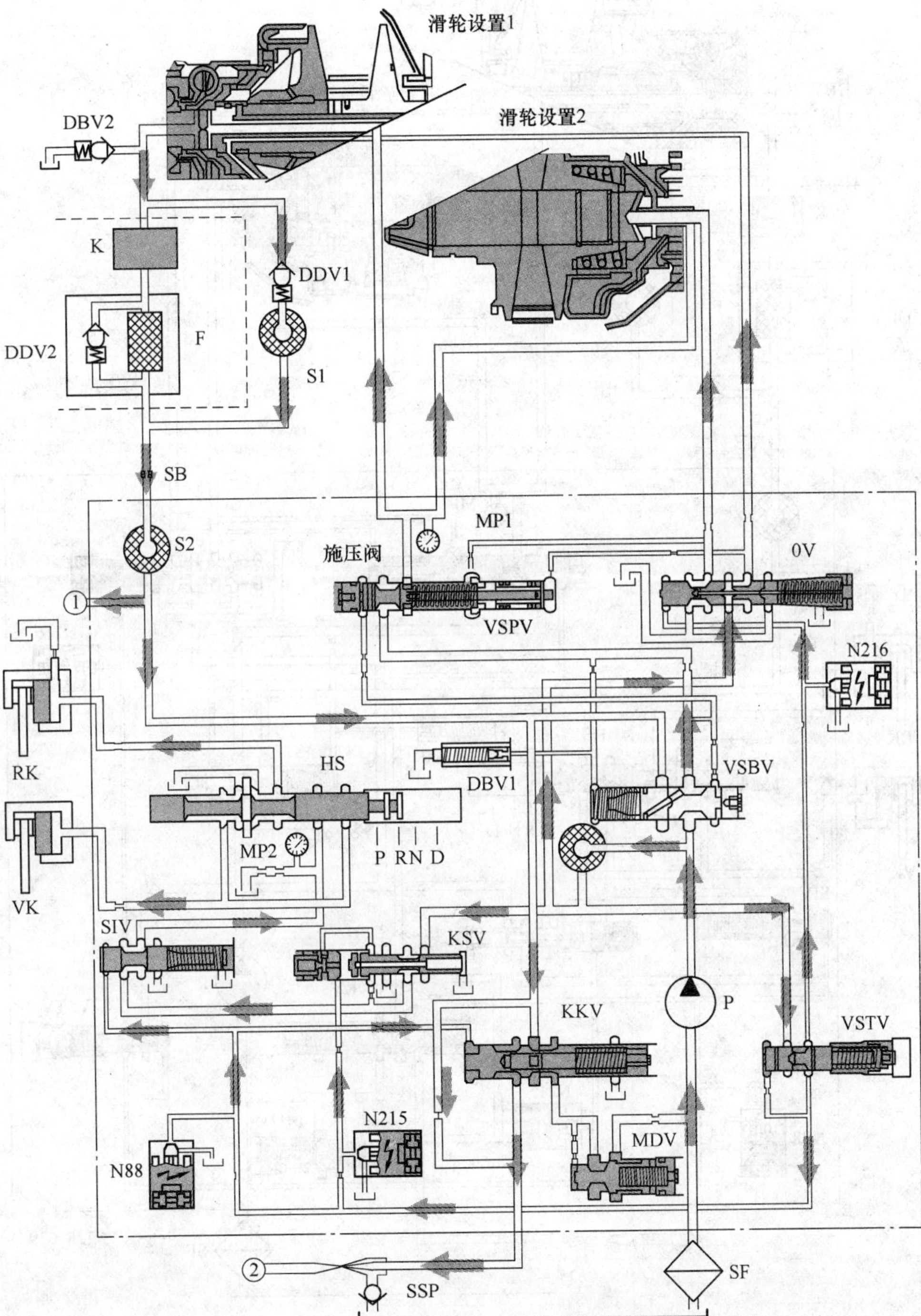

图 8-22　奥迪 01J 无级变速器油路

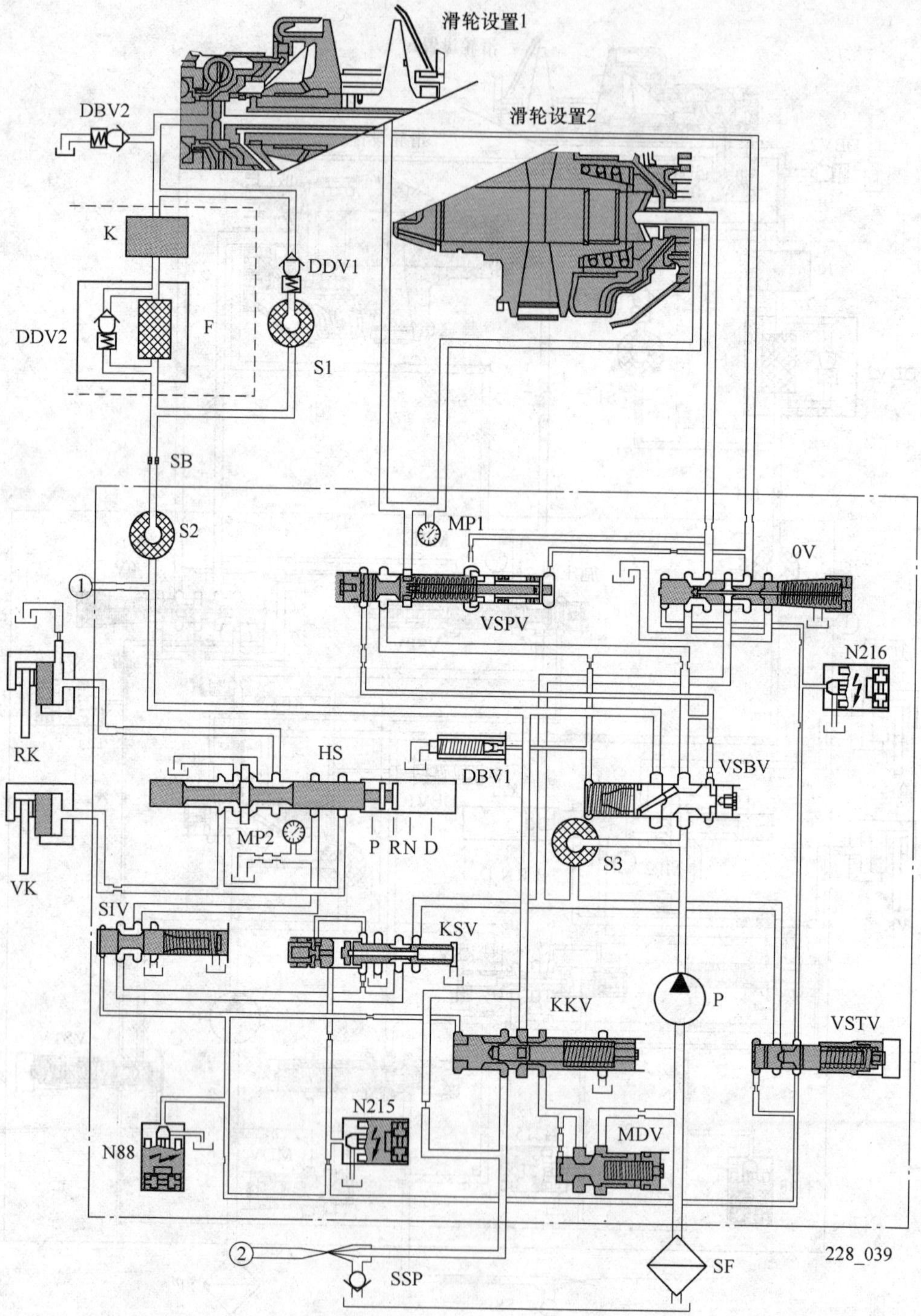

图 8-23　奥迪 01J 无级变速器油路

第三节 01J 变速器故障

一、组合仪表显示

故障引起的仪表显示如图 8-24 所示，分为轻微性故障、一般性故障和严重故障三种情况。

轻微性故障：轻微性故障显示正常，驾驶员根据车辆行驶状况感知该故障。替代程序使车辆可继续行驶，对于驾驶安全性和变速箱安全方面影响并不严重，故障被存储。

一般性故障：一般性故障挡位显示反转（全亮）：替代程序使车辆可继续行驶，对于驾驶安全性和变速箱安全方面影响仍不严重，故障被存储；需尽快到服务站维修，否则可能对变速箱造成更大损伤。

严重故障：严重故障时挡位显示全亮。对于驾驶安全性和变速箱安全方面有严重影响，故障被存储，需马上到服务站维修。注意：该情况可能导致车辆马上停止，或停车后无法再启动车辆。

(a) (b) (c)

图 8-24 故障引起的仪表显示

(a) 01J 轻微性故障；(b) 01J 一般性故障；(c) 01J 严重故障

二、01J 变速箱故障举例

(1) 半轴油封漏油（箭头为麻点腐蚀），如图 8-25 所示。

(2) 扭矩传感器花键磨损（出现连续冲击，严重时可导致发动机熄火），如图 8-26 所示。

图 8-25 半轴油封漏油

图 8-26 扭矩传感器花键磨损

(3) 散热器处冷却油管的供、回油管路接反（挂入 D 挡位后松刹车爬行慢，加油冲击后走车)。

(4) 吸气泵前进挡钢套磨损(挂入 D 挡,松刹车无爬行,加油冲击后走车),如图 8-27 所示。

(5) 油泵异响(油泵驱动轴衬套脱落),如图 8-28 所示。

图 8-27 吸气泵前进挡钢套磨损

图 8-28 油泵驱动轴衬套脱落

(6) 奥迪 01J 电脑多功能开关 F125 故障,应急模式出现(挡位显示区域出现红屏),如图 8-29 所示。。

(7) 主轴与中壳轴承磨损,导致运转时产生异响,如图 8-30 所示。

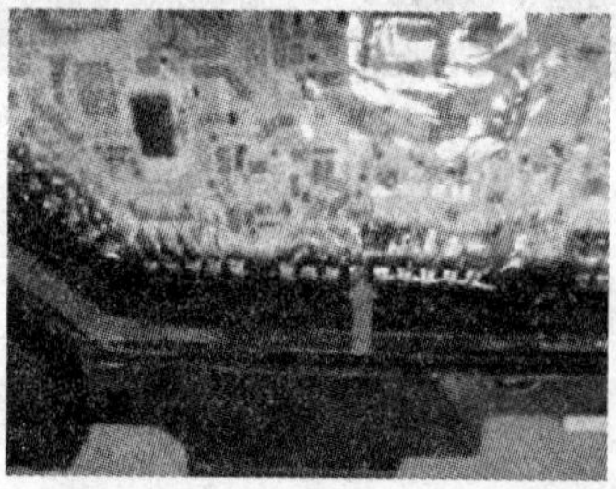

图 8-29 奥迪 01J 电脑多功能开关 F125 故障

图 8-30 主轴与中壳轴承磨损

参 考 文 献

[1] 赵振宁，李东兵．自动变速器原理与检修［M］．修订版．北京：人民交通出版社，2012.
[2]［德］理查德，等．现代汽车技术［M］．杨占鹏，梁桂航，于京诺，等译．北京：机械工业出版社，2010.
[3] 沈锦．汽车底盘构造与检修［M］．北京：机械工业出版社，2007.